高等学校交通运输与工程类专业教材建设委员会规划教材

路基构造物设计

陈忠达　编著

人民交通出版社股份有限公司
北　京

内 容 提 要

本书简要介绍了路基构造物的基本概念和作用,各种构造物的结构形式、特点和适用条件,分章介绍了排水构造物、防护构造物、支挡构造物和抗滑构造物的基本构造、设计原理和方法,同时还介绍了路基构造物所用材料的技术要求、基本性能和组成设计等。

本书力求系统、完整地阐述路基构造物设计理论和方法,可供高等院校相关专业学生学习和工程技术人员参考。

图书在版编目(CIP)数据

路基构造物设计 / 陈忠达编著. — 北京:人民交通出版社股份有限公司,2021.12
 ISBN 978-7-114-17403-2

Ⅰ.①路… Ⅱ.①陈… Ⅲ.①路基工程—构造—结构设计—教材 Ⅳ.①U416

中国版本图书馆 CIP 数据核字(2021)第 114219 号

高等学校交通运输与工程类专业教材建设委员会规划教材
Luji Gouzaowu Sheji

书　名:	**路基构造物设计**
著 作 者:	陈忠达
责任编辑:	李　瑞
责任校对:	孙国靖　龙　雪
责任印制:	刘高彤
出版发行:	人民交通出版社股份有限公司
地　　址:	(100011)北京市朝阳区安定门外外馆斜街 3 号
网　　址:	http://www.ccpcl.com.cn
销售电话:	(010)59757973
总 经 销:	人民交通出版社股份有限公司发行部
经　销:	各地新华书店
印　刷:	北京虎彩文化传播有限公司
开　本:	787×1092　1/16
印　张:	24.25
字　数:	590 千
版　次:	2021 年 12 月　第 1 版
印　次:	2021 年 12 月　第 1 次印刷
书　号:	ISBN 978-7-114-17403-2
定　价:	65.00 元

(有印刷、装订质量问题的图书由本公司负责调换)

前言

设置路基构造物的目的,是改善路基排水条件、保护路基边坡、提高路基支撑能力和抗滑能力,保证路基强度和稳定性,避免路基破坏。路基构造物包括排水构造物、防护构造物、支挡构造物和抗滑构造物等。

目前尚没有一部全面、系统论述路基构造物设计的著作。为此,作者根据长期从事路基工程教学和科研工作积累的资料和经验,收集了国内外历史资料和最新研究成果,编写了《路基构造物设计》一书。编写本书的设想始于十余年前,经数次修改易稿,最终于新冠肺炎疫情防控期间完成书稿。

全书共分六章:第一章介绍路基构造物的基本概念和工程分类,进而分别介绍排水构造物、防护构造物、支挡构造物和抗滑构造物的类型和适用条件;第二章在介绍明渠和暗沟的水文和水力计算的基础上,分别介绍地表排水构造物、地下排水构造物、立交工程排水构造物和涵洞的设计方法;第三章分别介绍砌石防护、锚固防护、综合防护、土钉支护和导治构造物设计方法;第四章介绍支挡构造物的基本构造和土压力的计算方法,重点介绍重力式、薄壁式、加筋土式、锚固式和桩板式等挡土墙的基本原理和设计方法;第五章介绍滑坡推力的计算方法,重点介绍抗滑挡土墙、抗滑桩、预应力锚索的设计方法;第六章介绍圬工材料、砌筑砂浆、水泥混凝土、喷射混凝土和钢材等建筑材料和性能。

全书由陈忠达编写,在编写过程中得到研究生们的帮助,其中章建龙参与第二章编写,滕旭秋参与第三章编写,廖晓峰参与第四章编写,孙建参与第五章编写,徐贵绘制部分插图。

我国道路工程著名专家、长安大学的戴经梁教授对本书编写工作给予了热情的鼓励和大力的支持,对编写大纲和书稿提出了许多宝贵意见,长安大学对本书的出版给予资金方面的支持,人民交通出版社股份有限公司亦给予了大力的帮助,在此一并表示衷心的感谢。

本书所引用的文献均列于书末,文中不再一一注明,对引用文献的作者表示谢意。

由于作者水平有限,书中缺漏和错误在所难免,恳请同行专家和读者不吝赐教,批评指正。

陈忠达

2021 年 4 月 15 日

目录

第一章　绪论 1
　第一节　概述 1
　第二节　排水构造物类型及使用条件 2
　第三节　防护构造物类型及使用条件 6
　第四节　支挡构造物类型及使用条件 8
　第五节　抗滑构造物类型及使用条件 10
　思考题 14
第二章　排水构造物设计 15
　第一节　概述 15
　第二节　水力水文计算 16
　第三节　地表排水构造物 33
　第四节　地下排水构造物 45
　第五节　立交工程排水构造物 57
　第六节　涵洞 66
　思考题 96
第三章　防护构造物设计 98
　第一节　概述 98
　第二节　砌石防护 99
　第三节　锚固防护 110
　第四节　综合防护 116
　第五节　土钉支护 132
　第六节　导治构造物 143
　思考题 154
第四章　支挡构造物设计 155
　第一节　概述 155

1

第二节	土压力计算	163
第三节	重力式挡土墙	187
第四节	薄壁式挡土墙	208
第五节	加筋土挡土墙	221
第六节	锚固式挡土墙	244
第七节	桩板式挡土墙	281
思考题		285

第五章 抗滑构造物设计 287

第一节	概述	287
第二节	滑坡推力计算	288
第三节	抗滑挡土墙	296
第四节	抗滑桩	303
第五节	预应力锚索	323
思考题		340

第六章 建筑材料及性能 341

第一节	圬工材料	341
第二节	砌筑砂浆	342
第三节	水泥混凝土	348
第四节	喷射混凝土	365
第五节	钢材	373
思考题		378

参考文献 379

第一章

绪论

第一节 概 述

路基是在天然地表面按照道路设计线形(位置)和设计横断面(几何尺寸)的要求开挖或填筑而成的带状结构物。由于路基曝露在大自然中,各种自然因素(如水、温度等)的影响和车辆荷载的作用会使路基失稳,甚至破坏。设置路基构造物就是用来改善路基排水条件、保护路基边坡、提高路基支撑能力或抗滑能力,最终达到提高路基强度和稳定性、避免路基破坏的目的。路基构造物包括排水构造物、防护构造物、支挡构造物和抗滑构造物。

排水构造物是排除危害路基的各种水的设施。根据水源的不同,危害路基的水流分为地表水和地下水,相应地排水构造物分为地表排水构造物和地下排水构造物。地表排水构造物通过拦截、汇集、引排和宣泄等手段,消除地表水对路基的影响。在地下水危及路基稳定(包括整体稳定和局部稳定)或严重降低路基强度的情况下,设置地下排水构造物用以拦截、旁引、排除含水层的地下水,疏干坡体内地下水,降低地下水位,隔离水源。

为确保路基的强度与稳定性,防护构造物是不可缺少的工程技术设施,用于保护路基坡面或防止路基遭受水流的侵蚀、冲刷和淘蚀。就其作用和对象而言,防护构造物分为坡面防护构造物和冲刷防护构造物:坡面防护构造物主要是保护路基边坡表面免受雨水冲刷,减缓温差及湿度变化的影响,防止或延缓软弱岩土表面的风化、碎裂、剥蚀演变进程,从而保护路基边坡的整体稳定性,在一定程度上还可兼以美化路基和协调自然环境;冲刷防护构造物主要是对沿河滨海路堤、河滩路堤以及路基旁的堤岸等进行防护,避免因水流的侵蚀、冲刷、淘蚀,波浪的侵袭以及流冰、漂浮物等的撞击而破坏。

支挡构造物是用来支撑路基填土或山坡土体,以防止填土或土体变形失稳的设施。支挡构造物可稳定路堤和路堑边坡,减少土石方工程量和占地面积,防止水流冲刷路基,此外还可用于整治坍方、滑坡等路基病害。

支挡构造物既有支挡作用,又有防止冲刷、保护边坡的功能。防护和支挡的区别在于:一般的防护构造物不能承受侧向土压力的作用,少数能承受很小的侧向土压力,所以要求路基边坡本身稳定,否则,不仅路基得不到防护,而且防护构造物也会遭到破坏;而支挡构造物的作用主要就是支撑土体,承受侧向土压力,且自身能够直立。因此,通常将防止冲刷和风化、主要起隔离作用的构造物称为防护构造物,而将防止路基或山体因重力作用而坍滑、主要起支撑作用的构造物称为支挡构造物。

防治滑坡构造物可分为减滑构造物和抗滑构造物。抗滑构造物主要用于整治坍方、滑坡,一般情况下,支挡构造物承受的是侧向土压力,而抗滑构造物承受的则是滑坡推力。抗滑构造物用构造物来恢复或增强下部支撑力,以阻止滑坡运动,是一种对稳定滑坡有长久作用的有效措施。抗滑构造物主要有抗滑挡土墙、抗滑桩和预应力锚索等。减滑构造物是改变了滑坡地形和地表水、地下水的状态等,即通过改变滑坡体自然条件,而使滑坡运动停止和缓和。减滑构造物主要有地表排水构造物(如排水水沟、防渗设施)、地下排水构造物等。

实际上,抗滑构造物也属于支挡构造物的范畴,但由于支挡构造物涉及的范围广,内容多,故本书将支挡构造物和抗滑构造物分两章介绍,其中第四章介绍以挡土墙为代表的支挡构造物,第六章介绍以抗滑挡土墙和抗滑桩为代表的抗滑构造物。

第二节 排水构造物类型及使用条件

如前所述,排水构造物分为地表排水构造物和地下排水构造物两大类。常用的地表排水构造物有边沟、截水沟、排水沟、跌水与急流槽、渡水槽与倒虹吸等;常用的地下排水构造物主要包括明沟、暗沟(管)、盲沟、渗沟和渗井等。排水构造物的类型及使用条件见表1-1。

排水构造物类型及使用条件　　　　表1-1

构造物类型		结构或布置示意图	特点及适用范围
地表排水构造物	边沟	(图:护坡道、边沟、路中线)	用以汇集和排除路基范围内和流向路基的少量地表水。设于挖方路基的路肩外侧或低路堤的坡脚外侧,多与路中线平行,分路堤边沟和路堑边沟
	截水沟	(图:池塘、截水沟、路基中线、涵洞)	用以拦截并排除路基上方流向路基的地表径流,减轻边沟的水流负担,保证挖方边坡和填方坡脚不受流水冲刷。一般设于路堑坡顶以外或山坡路堤的上方

续上表

构造物类型		结构或布置示意图	特点及适用范围
地表排水构造物	排水沟		主要用于引水,将路基范围内各种水源的水流引至桥涵或路基范围以外的指定地点,根据水源、排水要求和地形等条件设置
	跌水		属于特殊的路基地表排水构造物,主要用于落差较大、距离较短或坡度较陡地段的地表排水,多用于坡度大于10%、水头高差大于1.0m的陡坡地段。其中跌水是引导上游沟渠的水安全地自由跌落入下游沟渠的阶梯式构造物,水流以瀑布形式通过,其作用主要是降低流速和消减流水的能量;急流槽是在陡坡或深沟地段设置的坡度较陡、水流不离开槽底的沟槽,主要用于距离短、水头落差很大的地表排水,急流槽的纵坡比跌水的平均纵坡更陡
	急流槽		
	倒虹吸		属于横跨路基的特殊地表排水构造物,其中水流从路基下方穿越的为倒虹吸,水流从路基上方跨越的为渡水槽,分别相当于涵洞和渡水桥。倒虹吸主要用于原沟渠水位高于路基,不宜设常规涵洞的情况;渡水槽主要用于原水道远较路基高,且路基两侧地形可架设桥梁的情况
	渡水槽		

续上表

构造物类型		结构或布置示意图	特点及适用范围
地表排水构造物	蒸发池		是一种被动的地表排水构造物,汇集地表水后通过渗透和蒸发使之消散,仅用于气候干燥的地区和排水特别困难的地段
	涵洞		主要是为宣泄地表水流(包括小河沟)而设置的横穿路基的小型排水构造物,由洞身、洞口和基础组成,分为(圆)管涵、盖板涵、拱涵、箱涵。其适用于流量小,漂浮物少,不受路堤高度限制的河沟或灌排水道
地下排水构造物	明沟		用于截流浅层的地下水及降低地下水位,还具有引排和疏干的作用,沟底宜埋入不透水层内,可兼排地表水,适用于地下水位高、潜水层埋藏较浅的地段。当沟深小于1.2m时,采用梯形断面的明沟;反之,则采用槽形断面的槽沟
	槽沟		
	暗沟		用于排除泉水或地下集中水流、地下排水构造物汇集的水流等,其作用类似于地表排水沟,构造简单,自身无渗水和汇水的功能

续上表

构造物类型		结构或布置示意图	特点及适用范围
地下排水构造物	盲沟		用于拦截地下水或降低地下水位,盲沟的构造比较简单,排水能力较小。利用沟内分层填充的不同大小颗粒材料的透水性将地下水汇集于沟内,并沿沟排泄至指定地点
	渗沟		用于拦截地下水流、降低地下水位、疏干及引排坡体内的地下水。采用渗透方式汇集地下水,并通过沟底通道将水排至指定地点。构造上较盲沟完备,根据其作用分为截水渗沟、降低地下水位渗沟、边坡渗沟和支撑渗沟等
	渗井		属于立式地下排水构造物。通过竖井穿过不透水层,将上层地下水引入更深的含水层中,以降低上层的地下水位或将上层的地下水完全排除。其适用于上部含水层较薄,水量小,下方为不透水层,再下面为含水层,但水量较小的情况。渗井的上部为集水结构,下部为排水结构
	排水隧洞		常和立式渗井配合使用。当地下水埋藏较深、含水层有规律、水量较大时可采用隧洞,用以排除土体内多层含水层的地下水,特别适用于排除大型滑坡的滑坡体及滑动带(面)的地下水。排水隧洞分为截水隧洞、引排隧洞和疏干隧洞
	排水平孔		是采用小直径的排水管在边坡体内排除深层地下水的一种有效方法,用于排泄坡体内固定的含水层,一般上倾$10°\sim15°$,以利于排水,有时亦称仰斜孔

排水构造物的选择应考虑水的来源、排水构造物的特点及设置位置等因素。减小水对路基的危害,排除影响路基强度和稳定性的各种水是设置排水构造物的目的。

第三节 防护构造物类型及使用条件

防护构造物按其作用和对象不同,分为坡面防护构造物和冲刷防护构造物两大类。坡面防护构造物主要有砌石护坡、护面墙、土钉支护、锚固防护和骨架植物防护等;冲刷防护构造物按其防护形式的性质和作用不同分为直接防护构造物和间接防护构造物两大类,其中直接防护构造物有砌石防护、抛石防护、石笼防护和浸水挡土墙等,间接防护构造物主要是指导治构造物,如丁坝、顺坝和格坝等。防护构造物的类型及使用条件见表1-2。

防护构造物类型及使用条件　　　表1-2

构造物类型	结构或布置示意图	特点及适用范围
片石护坡		适用于坡面防护和冲刷防护,分干砌片石护坡和浆砌片石护坡。 干砌片石护坡适用于坡率不陡于1:1.25土质或岩石稳定边坡的防护;浆砌片石护坡适用于坡率不陡于1:1的易风化岩石和土质稳定边坡的防护。 容许流速:干砌单层1~2m/s,干砌双层2~3m/s,浆砌3~4m/s
混凝土预制板护坡		缺乏片石(块石)的地段,采用混凝土预制板护坡代替浆砌片石护坡,主要用于冲刷防护;能抵抗较大的流速和波浪或冰压力、动水压力。 容许流速:4~8m/s,容许波浪高2m以上
抛石防护		类似于护脚。适用于盛产石料的地区,受水流冲刷和淘刷的路堤边坡和坡脚,经常浸水且水深较大的路堤边坡或坡脚防护以及挡土墙、护坡基础的防护;最适用于砾石河床。 容许流速:3~5m/s。 抛石边坡坡度:1:1.25~1:3
石笼防护		在缺乏大石块的地区,在编织的石笼框架中填充较小的石块,石笼设在坡脚处。适用于受水流冲刷和淘刷较严重以及大风浪作用的路堤坡脚和河岸。 容许流速:4~5m/s

续上表

构造物类型	结构或布置示意图	特点及适用范围
护面墙		适用于易风化的软质岩层的路堑边坡,不严重破碎的硬质岩层的路堑边坡,夹有松散层的路堑边坡,易受侵蚀的土质边坡。 护面墙墙面坡率:1∶0.5~1∶1
锚固防护		利用锚杆(索)周围地层岩土的抗剪强度来传递拉力或保持地层自身稳定。锚杆(索)对地层具有加筋作用,可以增强地层的强度,改善地层的力学性能;与地层形成一种共同工作的复合体。锚杆(索)为受拉杆件,由锚头、自由段和锚固段组成
骨架植物防护		利用框架固定回填土种草植树,以达到防护和绿化的双重目的。造价较低、施工方便、造型美观,能与周围环境自然融合。 骨架形式有拱形、菱形(方格形)、人字形。骨架可用片石砌筑,也可用混凝土预制块砌筑,或用混凝土浇筑。在混凝土框架基础上,利用锚杆锚固,形成锚杆混凝土框架植物防护。 适用于坡率不陡于1∶0.75的土质和全风化、强风化的岩石边坡坡面防护
土工合成材料防护		采用喷播和撒播技术对土质边坡进行生态防护,通过喷播或土工格室内回填土植草技术对岩石边坡进行生态防护。土工合成材料包括土工格网、土工格栅、三维植被网及土工格室等,相应的防护包括土工格栅(网)植草防护、土工三维网植草防护和土工格室植草防护等
土钉支护		由土体、土钉和护面板三部分组成。利用土钉对天然土体就地实施加固,并与喷射混凝土护面板相结合,形成类似于重力式挡土墙的复合加强体,从而使开挖坡面稳定。对土体适应性强,工艺简单,材料用量与工程量较少,可自上而下分级施工。常用于稳定挖方边坡,也可作为挖方工程的临时支护

续上表

构造物类型	结构或布置示意图	特点及适用范围
浸水挡土墙		防止水流对路堤的冲刷和淘刷,支撑路堤填土。用于收缩沿河路堤坡脚,避免路堤挤占河床。 常用于峡谷急流、水流冲刷严重的河段,或洪水持续时间长且流向不固定、水中漂浮物多且大、有强烈流冰的河段。 容许流速:5~8m/s
丁坝		坝根与河岸(或河滩)相接,坝头伸向河槽,与水流呈一定角度。将水流挑离路基或河岸,束河归槽,改变流态。 适用于路基受水流冲刷严重,需要改变水流流向,使路基坡脚淤积变坦的地段。常用于宽浅变迁性河段
顺坝		坝根与河岸相接、坝身与导治线基本重合或平行。具有导流、束水、调整航道曲线、改变流态的作用,基本不改变水流原有的特性。 适用于河床断面较窄、不允许过多占有河道的地段,导治线与河岸距离较近及通航河段,以及河岸或河床地质较差的地段
格坝		建于顺坝与河岸之间,其一端与河岸相连,另一端与顺坝坝身相连。使水流反射入主要河床,防止高水位时水流溢入顺坝与河岸间而冲刷其间的河床及坝内坡脚和河岸。 一般与顺坝联合使用,平面上呈网格状

路基边坡防护构造物应在稳定的边坡上设置,防护类型的选择应考虑道路等级、边坡条件、当地气候、水文、地形、地质条件、筑路材料分布情况以及施工条件和工期等因素,并注意与周围景观相协调,在条件允许的情况下,应优先考虑植被防护。应做到因地制宜,合理设计,精心施工。

第四节 支挡构造物类型及使用条件

常用的挡土墙形式有:重力式、衡重式、悬臂式、扶壁式、加筋土式、锚杆式、锚定板式和桩板式等。各类挡土墙的适用范围取决于墙址地形、工程地质、水文地质、建筑材料、墙的用途、施工方法、技术经济条件及当地的经验等因素。表1-3简要列出了各类挡土墙的结构形式、特点及适用范围。

挡土墙结构类型及使用条件　　　　　　　　表 1-3

构造物类型	结构示意图	特点及适用范围
重力式		主要依靠墙身自重保持稳定。它取材容易,形式简单,施工简便,适用范围广泛。多用浆砌片(块)石,墙高较低(≤6m)时也可用干砌,在缺乏石料的地区可用混凝土浇筑。其断面尺寸较大,墙身较重,对地基承载力的要求较高
衡重式		上下墙背间有衡重台,利用衡重台上填土重力和墙身自重共同作用以维持其稳定。其断面尺寸较重力式小,且因墙面陡直、下墙墙背仰斜,可降低墙高和减少基础开挖量,但地基承载力要求较高。多用作地面横坡陡峻的路肩墙,也可作路堤墙或路堑墙。由于衡重台以上有较大的容纳空间,上墙墙背加缓冲墙后,可作拦截崩坠石之用
悬臂式		钢筋混凝土结构由立壁、墙趾板和墙踵板三部分组成,墙身稳定主要依靠墙踵板上的填土重力来保证。断面尺寸较小,但墙较高时,立壁下部的弯矩大,钢筋与混凝土用量大,经济性差。多用于墙高≤6m 的路肩墙,适用于缺乏石料的地区和地基承载能力较低的地段
扶壁式		钢筋混凝土结构由墙面板(立壁)、墙趾板、墙踵板和扶肋(扶壁)组成,即沿悬臂式挡土墙的墙长,每隔一定距离增设扶肋,把墙面板与墙踵板连接起来。适用于缺乏石料的地区和地基承载力较低的地段,当墙较高(>6m)时,较悬臂式挡土墙经济
加筋土式		由墙面板、拉筋和填土三部分组成,借助拉筋与填土间的摩擦作用,把土的侧压力传给拉筋,从而稳定土体。既是柔性结构,可承受地基较大的变形;又是重力式结构,可承受荷载的冲击、振动作用。施工简便,外形美观,占地面积少,而且对地基的适应性强。适用于缺乏石料的地区和大型填方工程,墙高时可分级修建

续上表

构造物类型	结构示意图	特点及适用范围
锚杆式		由锚杆和钢筋混凝土墙面组成。锚杆一端锚固在稳定的地层中,另一端与墙面连接,依靠锚杆与地层之间的锚固力(即锚杆抗拔力)承受土压力,维持挡土墙的平衡。土石方和圬工量都较少,施工安全,较为经济。适用于缺乏石料的地区或挖基困难的地段,用作具有锚固条件的路堑墙,对地基承载力要求不高,墙高时可分级修建
锚定板式		由锚定板、拉杆、钢筋混凝土墙面和填土组成。锚定板埋置于墙后的稳定土层内,利用锚定板产生的抗拔力抵抗侧向土压力,以维持挡土墙的稳定。基底应力小,圬工数量少,不受地基承载力的限制,构件轻简,可预制拼装、机械化施工。适用于缺乏石料的地区,常用作路堤墙和路肩墙,墙高时可分级修建
桩板式		由钢筋混凝土锚固桩和挡土板组成。利用深埋锚固段的锚固作用和被动抗力抵抗侧向土压力,从而维持挡土墙的稳定。适用于岩质地基、土压力较大、要求基础深埋的地段,墙高不受一般挡土墙高度的限制。开挖面小,施工较为安全

挡土墙类型的选择应根据支挡填土或土体稳定平衡的需要,考虑荷载的大小和方向、基础埋置的深度、地形地质条件、与既有构造物平顺衔接、容许的不均匀沉降、可能的地震作用、墙壁的外观、环保的特殊要求、施工的难易程度和工程造价,综合比较后确定。

第五节 抗滑构造物类型及使用条件

用来支撑滑坡体的抗滑构造物有重力式抗滑挡土墙、竖向预应力锚杆挡土墙、抗滑桩和预应力锚索等,此外,还有抗滑片石垛、抗滑明洞和抗滑拱涵等,而环形截水沟和树枝状排水沟等地表排水构造物及支撑渗沟、边坡渗沟和截水渗沟等地下排水构造物也能整治滑坡。各种抗滑构造物的类型及使用条件见表1-4。

抗滑构造物类型及使用条件

表 1-4

构造物类型	结构或布置示意图	特点及适用范围
环形截水沟	如图 1-1 所示	设于滑坡可能发展的边界 5m 以外,根据需要可以设置数条,分段拦截地表水,向一侧或两侧的自然沟系排出。在坡度陡于 1∶1 的山坡上,常采用陡坡排水槽来拦截山坡上方的地面径流
树枝状排水沟	如图 1-2 所示	设于滑坡体内,汇集并旁引坡面径流于滑坡体外排出。排水沟的布置应尽可能避免横切滑坡体,分主沟和支沟。主沟宜与滑移方向一致,支沟与主沟成 30°~45°斜交
截水渗沟	如图 1-3 所示	当有丰富的深层地下水进入滑坡体时,在垂直于地下水水流的方向上设置,以拦截地下水,并排出滑坡体。布置于滑坡可能发展的范围 5m 以外的稳定土体内,平面上呈环形或折线形,深度一般不小于 10m,基底应埋入最低一层含水层下的不透水层或基岩内
支撑渗沟	如图 1-4 所示	适用深度 2~10m,用以支撑不稳定的滑坡体,兼具有排除和疏干滑坡体内地下水的作用。常采用分岔形平面布置,分主干和支干。主干平行于滑动方向,布置在地下水出露处或由土中水形成坍塌的地方;支干应根据坡面汇水情况布置,可与滑坡移动方向成 30°~45°,并可伸展滑坡体以外,以拦截地下水。如滑坡推力大,范围广,可与抗滑挡土墙联合使用
边坡渗沟	如图 1-5 所示	疏干潮湿的边坡和引排边坡上局部出露的泉水或上层滞水,以支撑边坡,减轻坡面冲刷。垂直嵌入坡体,基底埋入潮湿土层以下较干燥而稳定的土层内。当边坡上仅局部潮湿且面积不大时,宜布置成直条形;当局部潮湿的面积较大时,宜布置成岔形;当边坡普遍潮湿时,应布置成拱形或人字形
重力式抗滑挡土墙	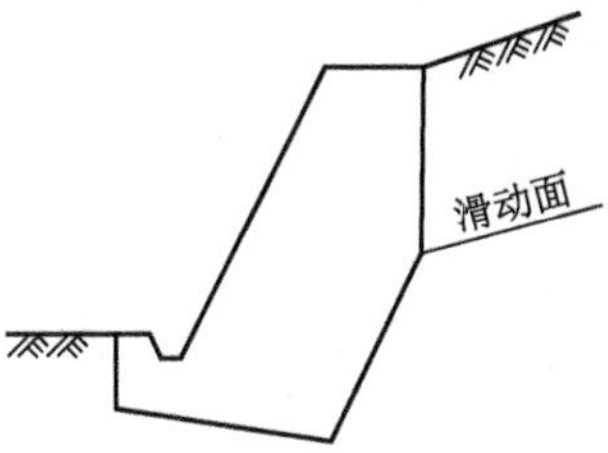 (示意图:重力式挡土墙剖面,标注"滑动面")	重力式抗滑挡土墙应用最广且较为有效,优点是对山体破坏少,稳定滑坡收效快。特别适用于牵引式滑坡;对于大型滑坡,常作为排水、减重等综合措施的一部分;对于中、小型滑坡,可单独使用,也可与支撑渗沟联合使用;以抗滑桩为主要整治措施的工点时,也可用抗滑挡土墙作为辅助措施。对于深层滑坡和正在滑动的滑坡,则不宜采用

续上表

构造物类型	结构或布置示意图	特点及适用范围
竖向预应力锚杆抗滑挡土墙	滑动面；竖向预应力锚杆；灌水泥砂浆	锚杆竖向锚固在地基中，并砌筑于墙身内，最后张拉锚杆，利用锚杆的弹性回缩对墙身施加预应力来提高挡土墙的稳定性。一般一根16Mnϕ22mm的锚杆可替代5m^3的浆砌片石圬工。施工中可用轻型钻机或人工冲孔，灌浆及预应力张拉较简易，多用于岩质地基
抗滑桩	前缘；桩前滑体；受荷段；锚固段；滑体；滑面；滑床	利用桩在稳定岩土中的嵌固力来支挡滑坡体，设置在滑坡前缘，并穿过滑坡体在滑床的一定深度处锚固，垂直于滑坡主滑方向成排布置。抗滑桩不但适用于整治滑动面深和滑坡推力大的大型滑坡，而且浅层和中、厚层的非塑流性滑坡均可采用，对缺乏石料的地区，尤其是尚在活动中的滑坡，采用抗滑桩整治效果更为明显。抗滑桩可单独使用，也可与挡土墙等其他构造物联合使用。对于堆积土滑坡或错落转化的滑坡，采用抗滑桩为主要整治措施时，应辅以桩间挡土墙、支撑渗沟等措施
预应力锚索	锚头；自由段；锚固段	通过钻孔及注浆将锚索锚固于深部稳定地层中，在被加固体表面对锚索施加张拉力，以加固土体使其达到稳定状态或改善内部应力状况。对于倾向路基的斜坡岩层的顺层滑坡，在整治滑坡的工程中，预应力锚索可单独使用，也可与其他构造物联合使用

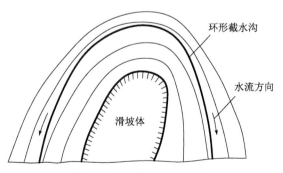

图1-1　环形截水沟平面布置

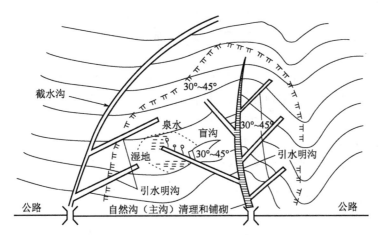

图 1-2　树枝状排水沟平面布置

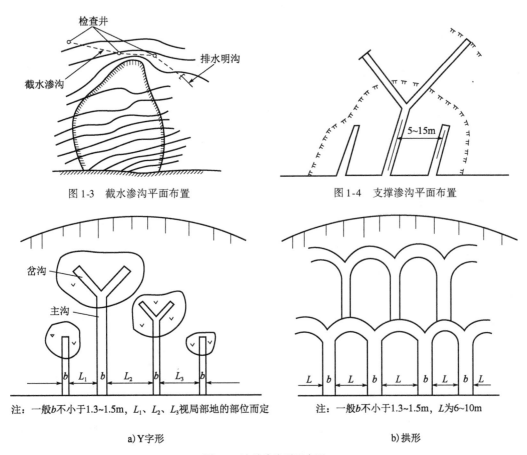

图 1-3　截水渗沟平面布置　　　　　图 1-4　支撑渗沟平面布置

注：一般 b 不小于 1.3~1.5m，L_1、L_2、L_3 视局部地的部位而定　　　注：一般 b 不小于 1.3~1.5m，L 为 6~10m

a) Y 字形　　　　　　　　　　　　　　　b) 拱形

图 1-5　边坡渗沟平面布置

选择抗滑构造物时，应详细调查地形、地质和水文条件，认真研究和确定滑坡的类型及其发展的阶段，分析滑坡形成的主、次因素及彼此关系，结合道路的重要程度、施工条件及其他情况综合考虑。由于滑坡成因复杂，各种因素主次有别，滑坡整治多采用综合措施。根据不同抗滑构造物的特点，合理地综合应用各种抗滑构造物是滑坡整治的关键。

思 考 题

1. 路基构造物设计的目的是什么？路基构造物设计包括哪些类型？
2. 试述路基排水构造物的类型及特点、使用条件。
3. 试述路基防护构造物的类型及特点、使用条件。
4. 试述路基支挡构造物的类型及特点、使用条件。
5. 试述路基抗滑构造物的类型及特点、使用条件。

第二章

排水构造物设计

第一节 概 述

　　水是危害道路的主要自然因素,路基的沉陷、冲刷、坍塌、翻浆,沥青路面的松散、剥落、龟裂,以及水泥混凝土路面的唧泥、错台、断裂等病害,都不同程度地与水的侵蚀有关。水的作用加剧了路基和路面的破坏,加速了道路使用性能的衰减,缩短了道路使用寿命。因而,路基排水构造物是道路工程的重要组成部分,对保证道路的使用寿命具有十分重要的作用。

　　根据水源的不同,影响路基的水流分为地表水和地下水两大类,与此相适应的路基排水构造物,则分为地表排水构造物和地下排水构造物。地表水包括大气降水(雨和雪)以及海、江、湖、河、水渠和水库等的水;地下水包括上层滞水、潜水、层间水等。

　　地表水对路基的危害表现为:地表水对路基产生冲刷和渗透,冲刷可能导致路基整体稳定性受到损害,形成水毁现象;渗入路基土体的水分,使土体湿度增大而降低路基强度;地下水对路基的危害程度,因条件不同而异,轻者能使路基湿软,降低路基强度,重者会引起冻胀、翻浆或边坡滑坍,甚至整个路基沿倾斜基底滑动。水还可能造成掺有膨胀土的路基结构毁灭性的破坏。同时,水对路面也有很大的危害,表现为:路面结构和材料的强度降低,在水泥混凝土路面的接缝和路肩处造成唧泥,在沥青路面的裂缝处产生唧浆;行车荷载作用下引起的唧泥、唧浆和高压水冲刷,会造成路面基层承载能力下降;在冻胀地区,融冻季节水会引起路面承载能力的普遍下降。

　　因此,要合理运用各种排水构造物,尽可能地将停滞在路基范围内的地表水迅速排除,防止水对路基的浸泡和冲刷;同时还要降低地下水位,防止地下水危害路基,保持路基常年处于干燥或中湿状态,确保路基具有足够的强度与稳定性。

　　综上所述,水是造成路基路面破坏的主要原因,减小水对路基路面的危害,排除影响和危

害路基的各种水是路基排水构造物的主要作用。排水构造物设计时,应遵循以下原则:

(1)排水构造物要因地制宜、全面规划、合理布局、综合治理、注重实效、注意经济,并充分利用有利地形和自然水系。一般情况下,地表排水构造物和地下排水构造物宜短不宜长,以使水流不过于集中,做到及时疏散,就近分流。

(2)各种排水构造物的设置,应注意与农田水利相配合,必要时可适当增设涵管或加大涵管孔径,以防止农业用水影响路基稳定,并做到路基排水有利于农田排灌。路基边沟一般不应用作农田灌溉渠道,两者必须合并使用时,边沟的断面应加大,并予以加固,以防水流危害路基。

(3)设计排水构造物前必须进行调查研究,查明水源与地质条件,重点路段应进行排水系统的全面规划,考虑路基排水与桥涵布置相配合,地下排水与地表排水相配合,各种排水构造物的平面布置与竖向布置相配合。对于排水困难和地质不良的路段,还应与路基防护加固相配合,并进行特殊设计。

(4)设置排水构造物时应注意防止附近山坡的水土流失,尽量不破坏天然水系,不轻易合并自然沟溪和改变水流性质,尽量选择有利地质条件布设人工沟渠,减少排水构造物的防护与加固工程。对于重点路段的主要排水构造物,以及土质松软和纵坡较陡地段的排水构造物,应注意必要的防护与加固。

(5)排水构造物要结合当地水文条件和道路等级等具体情况,就地取材,以防为主,既要稳固适用,又必须讲究经济实用。可以考虑先重点后一般,先地下后地表,实行分期修建和逐步完善的步骤,但应注意不留后患,否则将导致短期内路基路面的严重破坏,从而影响交通,并造成经济方面的损失。

(6)排水构造物设计应立足于建立完整、功能齐全的排水体系,注意各种排水构造物的相互衔接和协调,使之相互配合,做到及时地将影响路基的各种水排出。

(7)各种排水构造物设计时,应保证排泄通畅,不产生溢流、冲刷等,也不应产生堵塞、渗漏、淤积、冻结等,同时应便于施工、检查和养护维修。

(8)低填、浅挖路基以及排水困难地段,应采取防、排、截相结合的综合措施,及时拦截有可能流入路基范围的地表水,排除路基内自由水,隔离地下水,保证路基处于干燥或中湿状态。

第二节　水力水文计算

在地形、地质条件一定时,确定排水构造物结构形式和尺寸的主要依据是泄水量的大小与水流特征。因此,在排水构造物设计时,首先要根据降雨条件和水流特征确定设计流量,这一过程称为水文计算。根据设计流量,结合水流的力学性质和其他条件,通过水力计算,即可确定排水构造物的结构形式和尺寸。

一、地表排水构造物的水文计算

(一)水文计算参数

1. 径流系数 ψ

径流系数是指径流量占总降水量的百分率。径流系数受降雨强度、降雨历时、地表覆盖状况、土壤种类和湿度等多种因素的影响,可通过实地试验确定。目前,径流系数通常按汇水区域内的地表类型由表2-1确定。当汇水区域内有多种类型的地表时,可分别为每种类型选取径流系数,按相应的面积大小取加权平均值。设径流系数 ψ_i 的汇水区域面积为 F_i,则汇水区域的加权平均径流系数为:

$$\psi = \frac{\psi_1 F_1 + \psi_2 F_2 + \cdots + \psi_i F_i}{F_1 + F_2 + \cdots + F_i} \quad (2-1)$$

径流系数 ψ 表2-1

地 表 类 型	径流系数 ψ	地 表 类 型	径流系数 ψ
沥青混凝土路面	0.95	陡峻的山地	0.75 ~ 0.90
水泥混凝土路面	0.95	起伏的山地	0.60 ~ 0.80
透水性沥青路面	0.60 ~ 0.80	起伏的草地	0.40 ~ 0.65
粒料路面	0.40 ~ 0.60	平坦的耕地	0.45 ~ 0.60
粗粒土坡面和路肩	0.10 ~ 0.30	落叶林地	0.35 ~ 0.60
细粒土坡面和路肩	0.40 ~ 0.65	针叶林地	0.25 ~ 0.50
硬质岩石坡面	0.70 ~ 0.85	水田、水面	0.70 ~ 0.80
软质岩石坡面	0.50 ~ 0.75		

2. 汇流历时 t_0

汇流历时是指径流从汇水区域内最远点(按水流时间计)到达设计地点所需的时间,由坡面汇流历时 t_1 和沟管内汇流历时 t_2 组成。

(1)坡面汇流历时 t_1。

径流到达沟管入水口所需的时间为坡面汇流历时。计算坡面汇流历时的方法很多,一般按照柯毕(Kerby)公式及其相应的地表粗度系数来计算:

$$t_1 = 1.445 \left(\frac{m_1 L_s}{\sqrt{i_s}}\right)^{0.467} \quad (2-2)$$

式中: t_1——坡面汇流历时(min);

L_s——坡面流的长度(m);

i_s——坡面流的坡度;

m_1——地表粗度系数,按地表情况查表2-2确定。

地 表 粗 度 系 数   表2-2

地表情况	粗度系数	地表情况	粗度系数
沥青路面、水泥混凝土路面	0.013	牧草地、草地	0.40
光滑的不透水地面	0.02	落叶树林	0.60
光滑的压实地面	0.10	针叶树林	0.80
稀疏草地、耕地	0.20		

(2)沟管内汇流历时 t_2。

沟管内汇流历时即径流由沟管入口到达出口所需的时间,需在排水构造物的过水断面和出水口确定后才能计算得到,若设计径流量尚未确定,过水断面和出水口便无法设计确定。在这样的情况下,需采用试算法。计算沟管内汇流历时,先在断面尺寸、坡度变化点或者有支沟

汇入处分段,分别计算各段的汇流历时后再叠加而得,即:

$$t_2 = \sum \frac{l_i}{60v_i} \quad (2\text{-}3)$$

式中:t_2——沟管内汇流历时(min);
i——分段序号;
l_i——第 i 段的长度(m);
v_i——第 i 段的平均流速(m/s)。

沟管的平均流速按曼宁(Manning)公式计算:

$$v = \frac{1}{n} R^{\frac{2}{3}} I^{\frac{1}{2}} \quad (2\text{-}4)$$

式中:n——沟壁或管壁的粗糙系数,按表2-3确定;
I——水力坡降,可取沟或管的底坡;
R——水力影响半径,亦称水力半径(m);

$$R = \frac{A}{\chi} \quad (2\text{-}5)$$

其中:A——过水断面面积(m^2);
χ——过水断面湿周(m)。

人工沟渠的粗糙系数 n 表2-3

沟或管类别	n	沟或管类别	n
塑料管(聚氯乙烯)	0.010	土质明沟	0.022
石棉水泥管	0.012	带杂草土质明沟	0.027
水泥混凝土管	0.013	砂砾质明沟	0.025
陶土管	0.013	岩石质明沟	0.035
铸铁管	0.013	植草皮明沟(流速0.6m/s)	0.050~0.090
波纹管	0.027	植草皮明沟(流速1.8m/s)	0.035~0.050
沥青路面(光滑)	0.013	浆砌片石明沟	0.025
沥青路面(粗糙)	0.016	干砌片石明沟	0.032
水泥混凝土路面(镘抹面)	0.014	水泥混凝土明沟(镘抹面)	0.015
水泥混凝土路面(拉毛)	0.016	水泥混凝土明沟(预制)	0.012

沟管的平均流速也可按式(2-6)近似估算:

$$v = 20 i_g^{0.6} \quad (2\text{-}6)$$

式中:i_g——排水沟管的平均坡度。

3. 降雨强度 q

降雨强度是指单位时间内的降雨量。当地气象站有10年以上自记雨量资料时,可利用气象站观测资料按式(2-7)分析得到设计重现期的降雨强度 q:

$$q = \frac{a}{t+b} \quad (2\text{-}7)$$

式中:t——降雨历时(min);
a、b——地区性参数。

其中设计降雨重现期是指某一预期强度的降雨重复出现的平均周期,对于公路而言,设计降雨重现期见表 2-4。

设计降雨重现期　　　表 2-4

公 路 等 级	重现期(年)
高速公路、一级公路	15
二级及二级以下公路	10

当地缺乏自记雨量资料时,可利用标准降雨强度等值线图和有关转换系数,按式(2-8)计算降雨强度 q:

$$q = c_p c_t q_{5,10} \tag{2-8}$$

式中:c_p——重现期转换系数,为设计重现期降雨强度 q_p 与标准重现期降雨强度 q_5 的比值,按道路所在地查表 2-5 确定;

c_t——降雨历时转换系数,为降雨历时 t 的降雨强度 q_t 与 10min 降雨历时的强度 q_{10} 的比值,按道路所在地区的 60min 转换系数 c_{60},查表 2-6 确定,其中转换系数 c_{60} 可按《公路排水设计规范》(JTG/T D033—2012)确定;

$q_{5,10}$——5 年重现期和 10min 降雨历时的标准降雨强度(mm/min),可按《公路排水设计规范》(JTG/T D033—2012)确定。

重现期转换系数 c_p　　　表 2-5

地　　区	重现期 p(年)			
	3	5	10	15
海南、广东、广西、云南、贵州、四川东部、重庆、湖南、湖北、福建、江西、安徽、江苏、浙江、上海、台湾	0.86	1.00	1.17	1.27
黑龙江、吉林、辽宁、北京、天津、河北、山西、河南、山东、四川西部、西藏	0.83	1.00	1.22	1.36
内蒙古、陕西、甘肃、宁夏、青海、新疆　非干旱区	0.76	1.00	1.34	1.54
内蒙古、陕西、甘肃、宁夏、青海、新疆　干旱区	0.71	1.00	1.44	1.72

注:1. 干旱区约相当 5 年一遇 10min 降雨强度小于 0.5mm/min 的地区。
　　2. 香港、澳门地区资料暂缺。

降雨历时转换系数 c_t　　　表 2-6

c_{60}	降雨历时 t(min)										
	3	5	10	15	20	30	40	50	60	90	120
0.30	1.40	1.25	1.00	0.77	0.64	0.50	0.40	0.34	0.30	0.22	0.18
0.35	1.40	1.25	1.00	0.80	0.68	0.55	0.45	0.39	0.35	0.26	0.21
0.40	1.40	1.25	1.00	0.82	0.72	0.59	0.50	0.44	0.40	0.30	0.25
0.45	1.40	1.25	1.00	0.84	0.76	0.63	0.55	0.50	0.45	0.34	0.29
0.50	1.40	1.25	1.00	0.87	0.80	0.68	0.60	0.55	0.50	0.39	0.33

(二)设计流量计算

设计流量是排水构造物设计的基本依据,其大小与汇水面积、洪水频率、汇水区域内的地形、地貌及植被等因素有关。确定设计流量的方法有推理法、统计分析法、地区分析法和现场评断法等。《公路排水设计规范》(JTG/T D33—2012)建议采用依据以往资料的推理法。路界内各项排水设施所需排泄的设计流量按式(2-9)计算确定：

$$Q_S = 16.67\psi q F \tag{2-9}$$

式中：Q_S——设计流量(m^3/s)；

　　　F——汇水面积(km^2)；

　　　q——设计重现期和降雨历时内的平均降雨强度(mm/min)。

设计流量按以下步骤计算：

(1)确定汇水面积和径流系数。

根据工程实际情况，确定汇水区域，并根据表2-1地表类型选定径流系数或按式(2-1)计算径流系数。

(2)假设汇流历时。

通常路表排水的汇流历时在5min以内，挖方边坡坡面的汇流历时为3~5min，一般可取5min；山坡坡面的汇流历时为15~30min，视坡面长度而定。一般先按上述范围设定一个汇流历时值t_0。

(3)确定降雨强度。

根据公路等级按表2-4确定设计重现期，并按式(2-7)或式(2-8)确定设计重现期的降雨强度。

(4)计算设计流量。

根据汇水面积、径流系数和降雨强度按式(2-9)计算设计流量。

(5)检验汇流历时。

降雨历时通常按汇流时间计，包括汇水区内的坡面汇流历时和沟管内的汇流历时。要求$t_1 + t_2 \leq t_0$，否则，应重新假设汇流历时t_0直至满足要求。

二、地表排水构造物的水力计算

(一)明沟的水力计算

1. 基本计算关系

对于形状规则的明沟断面，以及沟底纵坡平缓，而且断面、沟底纵坡均无急剧变化的排水沟渠，流量和流速可按式(2-10)与式(2-11)计算：

$$v = C\sqrt{RI} \tag{2-10}$$

$$Q = Av = AC\sqrt{RI} \tag{2-11}$$

式中：v——水流的断面流速(m/s)；

　　　Q——水流的断面流量(m^3/s)；

　　　C——流速系数；

　　　A——水流断面的面积(m^2)；

　　　R——水力半径(m)；

　　　I——水力坡降。

2. 流速系数

流速系数(又称谢才系数)C 主要取决于水流条件,如明沟、管道或地表以及其粗糙程度等,应通过试验建立计算公式。各国的计算公式各不相同,对于路基排水而言,我国普遍采用式(2-12)计算:

$$C = \frac{1}{n}R^y \tag{2-12}$$

式中:y——与 R 及 n 有关的指数,三者关系如式(2-13)所示:

$$y = 2.5\sqrt{n} - 0.13 - 0.75\sqrt{R}(\sqrt{n} - 0.10) \tag{2-13}$$

指数 y 值在粗略估算时,可以简化:当 $R \leqslant 1.0$m 时,$y = 1.5\sqrt{n}$;当 $R > 1.0$m 时,$y = 1.3\sqrt{n}$。

3. 最大和最小容许流速

为使沟渠不致冲刷,应限制沟内的最大流速。各种明沟的最大容许流速 v_{max} 应根据试验结果而定。表 2-7 所列的明渠最大容许流速可供参考。表列数值适用的水流深度为 $h = 0.4 \sim 1.0$m,超过此值时应乘以表 2-8 所列的修正系数。

明沟最大容许流速　　　　　　　　　　　表 2-7

明渠类别	v_{max}(m/s)	明渠类别	v_{max}(m/s)
细粒土质砂	0.8	片碎石(卵砾石)加固	2.0
低液限粉土、低液限黏土	1.0	干砌片石	2.0
高液限黏土	1.2	浆砌片石	3.0
草皮护面	1.6	水泥混凝土	4.0

最大容许流速的修正系数　　　　　　　　　　　表 2-8

水流深度 h(m)	<0.4	1.0~2.0	≥2.0
修正系数	0.85	1.25	1.40

为了使沟渠不致产生泥沙淤积,设计时应保证沟渠内的水流流速不要过小。明沟的最小容许流速 v_{min}(m/s)与水中所含的泥沙粒径有关,一般可按经验公式[式(2-14)]计算:

$$v_{min} = \alpha R^{\frac{1}{2}} \tag{2-14}$$

式中:α——与水中所含泥沙粒径有关的系数,见表 2-9。

淤积系数表　　　　　　　　　　　表 2-9

土的类别	α	土的类别	α
粗砂	0.65~0.77	细砂	0.41~0.45
中砂	0.58~0.64	极细砂	0.31~0.41

4. 明沟横断面的水力要素

水流横断面面积 A 及其流速和流量,与沟渠横断面及水力半径和湿周等水力要素有关,常用的明沟横断面有矩形和梯形(分为对称与不对称两种)。梯形沟横断面如图 2-1 所示。其要素包括:沟底宽 b、水深 h 及平均边坡率 $1:m$(不对称时分别为 $1:m_1$ 与 $1:m_2$);湿周 χ 是指水流与沟底及两侧在横断面上的接触长度,而水力半径 R 则为水流横断面面积与湿周之比,

即 $R = A/\chi$。据此可得到以下水力要素的关系式:

$$A = bh + mh^2 \tag{2-15}$$

$$\chi = b + Kh \tag{2-16}$$

$$R = \frac{A}{\chi} \tag{2-17}$$

式中:m——矩形 $m=0$,对称梯形 $m = m_1 = m_2$,不对称梯形 $m = (m_1 + m_2)/2$;

　　K——横断面系数(因边坡坡率而变):对于矩形($m=0$),$K=2$;对于对称梯形,$K = 2\sqrt{1+m^2}$;对于不对称梯形,$K = \sqrt{1+m_1^2} + \sqrt{1+m_2^2}$。

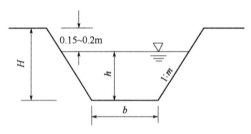

图 2-1　梯形沟横断面示意图

5. 最佳水力横断面的水力要素

明渠的输水能力取决于底坡 i、沟渠的粗糙率及过水断面的大小及形状。一般情况下,底坡的大小随当地的地形而定,粗糙率则取决于所选的渠壁材料。因此,沟渠的输水能力 Q 仅取决于断面的大小及形状。在底坡 i、粗糙率 n 和过水断面积 A 一定的情况下,能够使沟渠的输水能力最大的断面形状称为最佳水力横断面,又称经济横断面。下面以对称梯形沟渠为例,推导最佳水力横断面的水力要素的计算式。

(1)水流深度 h 与水流横断面面积 A 的关系。

将式(2-15)移项代入式(2-16),则得:

$$\chi = \frac{A}{h} + Th \tag{2-18}$$

对于对称梯形,$T = 2\sqrt{1+m^2} - m$,当 m 值一定时,T 为常数。由此可知,χ 随 h 而变化,欲使 χ 最小,取 $\mathrm{d}\chi/\mathrm{d}h = 0$,即:

$$\frac{\mathrm{d}\chi}{\mathrm{d}h} = T - \frac{A}{h^2} = 0$$

则

$$h = \sqrt{\frac{A}{T}} \tag{2-19}$$

(2)水深 h 与底宽 b 的关系。

式(2-19)移项代入式(2-15),可得:

$$b = 2(\sqrt{1+m^2} - m)h \tag{2-20}$$

利用式(2-20)可得到对称梯形沟渠的最佳宽深比。

(3)最佳水力横断面时的湿周 χ_0。

将式(2-19)代入式(2-18),则得:

$$\chi_0 = 2\sqrt{AT} = 2\sqrt{A(K-m)} = 2\sqrt{A}\,(2\sqrt{1+m^2} - m)^{\frac{1}{2}} \tag{2-21}$$

(4)最佳水力横断面时的水力半径 R_0。

将式(2-21)代入式(2-17),并参照式(2-19),则得:

$$R_0 = \frac{1}{2}\sqrt{\frac{A}{T}} = \frac{1}{2}h \tag{2-22}$$

(5)最佳水力横断面时的流速 v_0。

即最佳断面条件下的最大容许流速 v_0,可利用式(2-22)中之 $R_0 = \frac{1}{2}\sqrt{\frac{A}{T}}$ 及 $T = K - m$ 的关系,代入式(2-10)得到:

$$v_0 = \frac{i^{0.5}}{n}\left(\frac{1}{2\sqrt{K-m}}\right)^{y+0.5} A^{0.5y+0.25} = BA^{0.5y+0.25} \tag{2-23}$$

$$B = \frac{i^{0.5}}{n}\left(\frac{1}{2\sqrt{K-m}}\right)^{y+0.5}$$

(6)最佳水力横断面的面积 A_0。

已知设计流量 Q_s,若使之按最佳流速 v_0 通过,则依式(2-11)所表达的水力计算基本关系,即流量为横断面与流速的乘积,利用式(2-23)所得的结果,可得相应的最佳水力横断面面积 A_0 表达式。

因

$$Q_s = A_0 v_0 = A_0 B A_0^{0.5y+0.25} = B A_0^{0.5y+1.25}$$

则

$$A_0 = \left(\frac{Q_s}{B}\right)^{\frac{1}{0.5y+1.25}} \tag{2-24}$$

对于其他形式横断面,可按相同步骤推导。此类计算式用于分析法(又称最佳水力横断面法)设计沟渠横断面。

(二)倒虹吸的水力计算

倒虹吸管内的水流为压力流,计算时应按淹没流的有压状态过水能力计算,其计算图式如图2-2 所示。

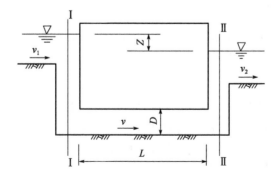

图 2-2 有压淹没流倒虹吸的水力计算图式

图中取上下游断面Ⅰ-Ⅰ和Ⅱ-Ⅱ,并以下游水面为基准面列出伯努利(Bernoulli)能量方程为:

$$Z + \frac{\alpha_1 v_1^2}{2g} = \frac{\alpha_2 v_2^2}{2g} + h_{\omega 1-2} \tag{2-25}$$

式中：Z——上下游水位差(m)；

v_1、v_2——进水口Ⅰ-Ⅰ断面和出水口Ⅱ-Ⅱ断面的平均流速(m/s)；

α_1、α_2——动能分布的不均匀性所引起的修正系数；

$h_{\omega 1-2}$——总流程的水头损失(m)；

g——重力加速度，g = 9.8m/s²。

相对于管身断面面积，进水口和出水口的断面一般都比较大，则：

$$\frac{\alpha_1 v_1^2}{2g} \approx 0, \frac{\alpha_2 v_2^2}{2g} \approx 0$$

则式(2-25)可转化为：

$$Z = \xi_{出}\frac{v^2}{2g} + \frac{v^2}{2g}\sum \xi' + \frac{8g}{C^2} \cdot \frac{L}{D} \cdot \frac{v^2}{2g} \tag{2-26}$$

式中：v——管内流速(m/s)；

$\xi_{出}$——出水口能量损失系数，$v_2 \approx 0$时，$\xi_{出} = 1.0$；

$\sum \xi'$——从进水口到出水口前的各种局部能量损失系数之和；

C——流速系数；

L——管身长度(m)；

D——管内径(m)。

由此可得：

$$v = \frac{1}{\sqrt{\xi_{出} + \sum \xi' + \frac{8g}{C^2} \times \frac{L}{D}}} \sqrt{2gZ} \tag{2-27}$$

若管内断面积为 A，则通过倒虹吸管的流量为：

$$Q = Av = \frac{A}{\sqrt{\xi_{出} + \sum \xi' + \frac{8g}{C^2} \times \frac{L}{D}}} \sqrt{2gZ} \tag{2-28}$$

(三)跌水的水力计算

跌水的水力计算包括进水口、消力池和出水口三部分的水力计算，关键是确定消力池的长度和深度。其水力计算图式如图2-3所示。

1. 进水口

进水口部分水力计算的目的，主要在于选择合适的进水口形式与宽度，以便控制上游水位不致产生显著的降落，避免流速过大造成冲刷危害。

对于矩形断面的进水口，其宽度可按式(2-29)计算：

$$b = \frac{Q_s}{\varepsilon \rho \sqrt{2g} h_0^{\frac{3}{2}}} \tag{2-29}$$

式中：h_0——上游水头(m)，$h_0 = h + \frac{\alpha v_0^2}{2g}$；

h——水深(m);

v_0——平均流速(m/s);

α——系数,为 1.0~1.1;

ε——进水口收缩系数,与进水口段侧壁弯曲处的均匀性有关,为 0.85~0.95;

ρ——流量系数,为 0.30~0.395。

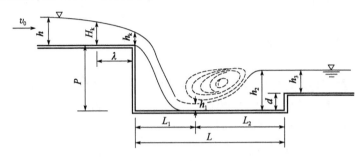

图 2-3 跌水水力计算图式

对于梯形断面,式(2-29)计算的是平均宽度,此时应将梯形面积和高度换算成等面积的矩形面积和高度。

为了采取适当加固措施,尚需要计算进水口的最大流速 v_{max}:

$$v_{max} = \frac{Q_S}{H_k b} \tag{2-30}$$

式中:H_k——图 2-5 中距跌水墙 λ 处的水深。

根据水力学原理,矩形断面沟渠跌水墙处的临界水深 h_k 可按式(2-31)计算:

$$h_k = \sqrt[3]{\frac{Q_S^2}{b^2 g}} \tag{2-31}$$

2. 消力池

消力池的长度由射流长度与水跃长度两部分组成,即 $L = L_1 + L_2$。消力池的水力计算一般采用试算法,即首先假设跌水墙高度 P 和池深 d 值,然后根据计算结果予以修正。

(1)射流长度。

按自由射流公式计算射流长度 L_1:

$$L_1 = 2\varphi \sqrt{0.667 h_0 (P + 0.333 h_0)} \tag{2-32}$$

式中:φ——系数,为 0.95~1.0。

(2)水跃长度。

水跃长度 L_2 按经验公式计算:

$$L_2 = 2.5(0.9 h_2 + a) \tag{2-33}$$

式中:a——水跃高度,$a = h_2 - h_1$,h_1 为矩形断面消力池内水流收缩断面的水深:

$$h_1 + \frac{\alpha Q_S^2}{2g \varphi^2 b^2 h_1^2} = P + h_0 \tag{2-34}$$

h_2——水跃后的共轭水深:

$$h_2 = \frac{h_1}{2}\left(\sqrt{1+\frac{8\alpha Q_S^2}{gb^2h_1^3}}-1\right) \tag{2-35}$$

α——损失系数。

(3)消力池的深度。

消力池的深度 d 按式(2-36)计算：

$$d = (1.05\sim 0.10)(h_2-h_3) \tag{2-36}$$

式中：h_3——消力池出水口的下游水深，可由式(2-37)确定：

$$Q = \rho'\sqrt{2g}h_3^{\frac{3}{2}} \tag{2-37}$$

水流经过消力池末端的消力坎时，坎宽较窄，为了保证池内产生淹没水跃，需选用相适应的流量系数 ρ'，其值与坎前的水深及坎壁厚度有关，为 0.30~0.50。

如果式(2-36)计算的结果与开始的假定值相差不大，则可认为其符合要求，否则应根据计算值重新按上述步骤计算，直到满意为止。

3. 出水口

出水口的侧墙应逐渐扩大形成渐变段，使水流平顺相接，扩散角一般取 30°左右。

以上计算是以单级跌水为准。对于多级跌水，如果落差相等，只需计算一级即可。多级相等落差跌水的每级落差为：

$$P = \frac{\sum P}{N}+d \tag{2-38}$$

式中：$\sum P$——总落差；

N——跌水级数。

(四)急流槽的水力计算

急流槽的水力计算，与跌水有相同之处。设想把跌水墙作倾斜状，使水流沿斜坡流动，再进入消力池，就形成了急流槽。因此，急流槽的水力计算，除进出水口和消力池外，还需考虑槽身的水力计算。

急流槽的水力计算，首先按地形选定槽身尺寸及纵坡 i。

1. 临界纵坡 i_k

临界纵坡 i_k 是指槽中水流的正常水深 h_0 等于临界水深 h_k 时的底坡。由于正常水深应满足式(2-11)的关系，而当 $h_0 = h_k$ 时，可得：

$$i_k = \frac{Q^2}{C_k^2 A_k^2 R_k}$$

由于临界状态应满足：

$$\frac{A_k^3}{b} = \frac{Q^2}{g}$$

又因 $R_k = A_k/\chi_k$，由此可得：

$$i_k = \frac{g}{C_k^2}\times\frac{\chi_k}{b} \tag{2-39}$$

式中：C_k——临界水深时的流速系数；

χ_k——临界水深时的湿周(m);
b——急流槽底宽(m)。

2. 急流槽长度 L

$$L = \sqrt{P^2 + \left(\frac{P}{i}\right)^2} \qquad (2-40)$$

式中：P——槽身的总落差(m);
i——槽底纵坡。

3. 水面曲线长度 L_0

水面曲线长度的一般计算方法，是根据某一水流断面的已知水深求另一水流断面的未知水深。因此，必须建立两断面之间的关系式，按两断面之间能量相等的原理可以导出水面曲线长度的表达式。

对于如图 2-4 所示的急流槽，取起始断面(剖面 I-I)的水深和流速为 h_1 及 v_1，末端断面(剖面 II-II)相应的水流和流速为 h_2 及 v_2，则：

$$L_0 = \frac{\left(h_2 + \frac{\alpha v_2^2}{2g}\right) - \left(h_1 + \frac{\alpha v_1^2}{2g}\right)}{i - I_0} \qquad (2-41)$$

式中：I_0——两断面之间平均水力坡降。

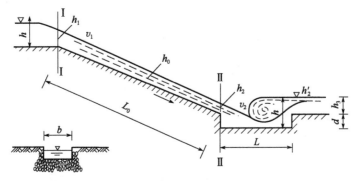

图 2-4 急流槽水力计算图式

4. 判别水跃性质

如前所述，已知水跃后的共轭水深 h_2 和下游沟渠的正常水深 h_3，则当 $h_2 > h_3$ 时，产生远驱水跃；当 $h_2 = h_3$ 时，产生临界水跃；当 $h_2 < h_3$ 时，产生淹没水跃。

为避免下游引起冲刷，除淹没水跃外，当 $h_2 \geq h_3$ 时，均应设置消力池，消力池的水力计算与跌水相同。

三、地下排水构造物的水文计算

地下水的流量计算较为复杂，其储量有无限和有限之分，水力性质则有无压和有压之分，按渗沟埋置情况又有完整式渗沟和不完整式渗沟之分，沟内水流特性又有层流和紊流之分。上述条件不同，计算方法相应有所差异。就路基地下排水渗沟而言，一般可认为储水层(厚度和宽度)为无限和无压的，并假设土质均匀并含有细小孔隙，属完整式渗沟，按层流渗透规律，建立有关水力水文计算方法。下面仅介绍均质含水层中潜水(无压)和平坡渗流($i=0$)条件下的水文计算。

1. 渗流流量和流速的基本关系

按达西(Darcy)定律,流过土中的水量 W 与水力坡降 I、水流横断面面积 A 及时间 t 三者成正比,即:

$$W = KAIt \tag{2-42}$$

式(2-42)两端同除以 At,得:

$$v_\varphi = \frac{W}{At} = KI \tag{2-43}$$

式中:v_φ——渗流速度(m/s);

K——渗流系数(m/s)。

由式(2-43)可知,水在土中的渗流速度 v_φ 与水力坡降 I 成正比,其比例常数为 K。渗流系数 K 为单位时间内在一定土质中通过单位面积的渗透距离,其值随土颗粒组成、粒径和形状以及土的结构、温度等因素而变化。颗粒越粗,组成越均匀,温度越高,渗流系数亦越大,反之则越小,见表 2-10。

各种土的渗流系数 表 2-10

土 类	K(m/d)	土 类	K(m/d)
黏土	<0.001	细砂	1~5
重亚黏土	0.001~0.05	中砂	5~20
轻亚黏土	0.05~0.1	粗砂	20~50
亚砂土	0.1~0.5	砾石	50~150
黄土	0.25~0.5	卵石	100~500
粉砂	0.5~1.0	漂石(填砂)	500~1000

地下水流量亦为流速与水流断面积的乘积,即:

$$Q = Av_\varphi = AKI \tag{2-44}$$

2. 完整式渗沟的流量

沟底挖至隔水层或挖入隔水层内,使沟底不渗水的渗沟,称为完整式渗沟。假定含水层的长度和宽度无限,水的储量也是无限的,且不考虑地面渗水。裘布依(A.J.Dupult)假设为:

(1)在任一竖直线上,各点的渗流为水平方向流动;

(2)在同一竖直线上,各点渗流流速相等。

则相应的裘布依公式为式(2-45):

$$v = K\frac{dy}{dx} \tag{2-45}$$

式中:v——竖直线上某点的水平流速;

y——离沟底的竖直距离;

x——离沟底边缘的水平距离。

根据裘布依假设,可进行如下的近似求解。如图 2-7 所示,对于单位长度的单侧沟壁,将曲线上任意点所对应的竖直渗水面积 $A = y \times 1$,$I = dy/dx$,代入式(2-44)得:

$$q = yK\frac{dy}{dx}$$

即
$$y\mathrm{d}y = \frac{q}{K}\mathrm{d}x$$

积分可得:
$$y^2 = \frac{2q}{K}x + c \tag{2-46}$$

式中:q——单位长度单侧的流量;

x——从渗沟边缘到降落曲线上某一断面的距离;

y——降落曲线上某一断面的水位。

由图 2-5 可知:当 $x=0$ 时,$y=h_g$,代入式(2-46)得:$c=h_g^2$。

因此,可得水流降落曲线方程为:
$$y^2 = h_g^2 + \frac{2qx}{K} \tag{2-47}$$

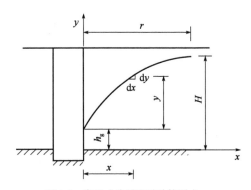

图 2-5 完整式渗透流量计算图式

欲求单位长度单侧渗沟的流量 q,可取 $x=r$,$y=H$,代入式(2-47)得:
$$q = \frac{K(H^2 - h_g^2)}{2r} \tag{2-48}$$

式中:r——影响半径(m);

H——地下水位与不透水层的高差(m);

h_g——渗沟的水流深度(m)。

将式(2-48)代入式(2-47)化简后,得水流降落曲线:
$$y = \sqrt{h_g^2 + \frac{x}{r}(H^2 - h_g^2)} \tag{2-49}$$

而平均的水力坡降 I_0 可近似地取为 $I_0 = \frac{H - h_g}{r}$,代入式(2-48)和式(2-49)得:
$$q = \frac{K(H + h_g)}{2}I_0 \tag{2-50}$$

$$y = \sqrt{h_g^2 + x(H + h_g)I_0} \tag{2-51}$$

由于 h_g 较小,其平方值与 H^2 相比可以略去不计,则式(2-48)可简化为:
$$q = \frac{KH^2}{2r} \tag{2-52}$$

设渗沟长为 L,双壁渗水时的总流量为:
$$Q = 2Lq = KL(H + h_g)I_0 \tag{2-53}$$

3. 不完整式渗沟的流量

沟底位于含水层中,而且沟底有水渗入的渗沟,称为不完整式渗沟。

(1)含水层厚度无限。

如图 2-6 所示,设渗沟的等压面为圆柱面,其单侧渗流断面的张角 $\theta = 90° + \alpha = \frac{\pi}{2} + \alpha$,则

单侧单位长度的流量 q 为：

$$q = Av_\varphi = AKI = Kx\theta \frac{dy}{dx}$$

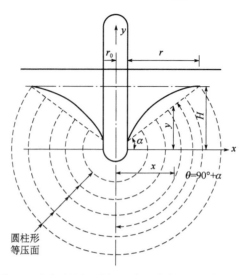

图 2-6　含水层厚度无限的不完整式渗沟流量计算图式

移项并对 $\int_0^y dy = \frac{q}{K\theta}\int_{r_0}^x \frac{dx}{x}$ 积分，得：

$$y = \frac{q}{K\theta}(\ln x - \ln r_0) = \frac{q}{K\theta}\ln\frac{x}{r_0} \tag{2-54}$$

求算流量可取 $x = r + r_0$，$y = H$，代入式（2-54），则：

$$H = \frac{q}{K\theta}\ln\left(\frac{r}{r_0} + 1\right)$$

由于 1 与 r/r_0 比较，数值很小可略去不计，而且当 α 值很小时，以弧度表示的 $\alpha \approx \sin\alpha \approx \tan\alpha = H/r = I_0$，再引入修正系数 ε，则得：

$$q = \frac{K\theta H\varepsilon}{\ln\left(\frac{H}{I_0 r_0}\right)} \tag{2-55}$$

对于沟长 L 双侧渗流的总流量为：

$$Q = 2Lq = \frac{2LK\theta H\varepsilon}{\ln\left(\frac{H}{I_0 r_0}\right)} \tag{2-56}$$

式中：θ——水力坡降曲线的张角，以弧度计；

I_0——平均水力坡降；

ε——修正系数，约为 0.7～0.8；

r_0——圆形渗沟半径（m）。

（2）含水层厚度有限。

如图 2-7 所示，设单向渗流张角成两个扇形 $\theta = \alpha + \beta$，图中阴影部分的水不进入渗沟。当 α 和 β 很小时，则以弧度表示的 α 和 β 近似地与其正弦及正切值相等，即：

$$\alpha \approx \sin\alpha \approx \tan\alpha = \frac{H}{r} = I_0$$

$$\beta \approx \sin\beta \approx \tan\beta = \frac{T}{r + r_0}$$

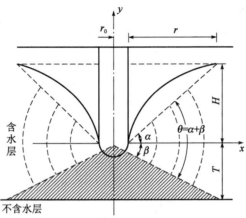

图 2-7 含水层厚度有限的不完整渗沟流量计算图式

与 r 相比,r_0 值较小而略去,则:

$$\beta \approx \frac{T}{r} = \frac{T}{H}I_0$$

$$\theta = \alpha + \beta = I_0 + \frac{T}{H}I_0 = I_0\left(\frac{H+T}{H}\right)$$

代入式(2-56),则得有限含水层时的渗沟总流量为:

$$Q = \frac{2LI_0K(H+T)\varepsilon}{\ln\left(\frac{H}{I_0 r_0}\right)} \tag{2-57}$$

式中:T——含水层底面至渗沟底面的距离(m)。

四、地下排水构造物的水力计算

1. 盲沟水力计算

盲沟(包括盲式渗沟)内部分层填入较大粒径的集料,填料间的空隙大,无规则,水流处于紊流状态,则渗流速度和流量为:

$$v_\varphi = K_m \sqrt{i} \tag{2-58}$$

$$Q = Av_\varphi = AK_m\sqrt{i} \tag{2-59}$$

式中:i——沟底纵坡;

K_m——紊流状态时的渗流系数(m/s);

A——渗透面积(m^2)。

当已知填料粒径 d(cm)和空隙率 ε(%)时,渗流系数可按下列经验公式[式(2-60)]计算:

$$K_m = \left(20 - \frac{14}{d}\right)\varepsilon\sqrt{d} \tag{2-60}$$

设每颗填料为球体 $\left(体积=\dfrac{1}{6}\pi d^3\right)$，则 N 颗填料的平均粒径 $d(\mathrm{cm})$ 为：

$$d = \sqrt[3]{\dfrac{6G}{\pi N \gamma}} \qquad (2\text{-}61)$$

式中：γ——填料固体粒径的重度$(\mathrm{kN/m^3})$；

G——N 颗填料的重力(kN)。

2. 洞式渗沟水力计算

渗沟底部所设的排水洞，相当于顶部可以渗水的简易涵洞，其水力计算与明渠相同。排水洞的构造一般采用正方形横断面，边长为 $0.2\sim0.3\mathrm{m}$，洞内的水可以是满流，也可以是非满流。为减少设计中的反复试算工作量，可以用表解法予以简化，制表的步骤如下：

$$v = C\sqrt{Ri} = S\sqrt{i} \qquad (2\text{-}62)$$

$$Q = Av = J\sqrt{i} \qquad (2\text{-}63)$$

式中：S——流速特性系数，$S = C\sqrt{R} = \dfrac{1}{n}R^{y+0.5}$；

J——流量特征系数，$J = AS$。

对于石砌方洞而言，$n = 0.020$，$y = 1.5\sqrt{n} = 0.212$，$R = \dfrac{A}{\chi} = \dfrac{bh}{2(b+h)}$，当满流时，不同边长 $(b_0 \times h_0)$ 方洞的 S 和 J 值列于表 2-11。多数情况下，排水洞并非满流，因此需要编制一定宽度的各种水深 h（非满流）与满流水深 h_0 的流速及流量的特性系数比值表，见表 2-12，配合表 2-11 使用。

石砌方洞满流的水力特征系数　　　表 2-11

$b_0(\mathrm{m}) \times h_0(\mathrm{m})$	$A_0(\mathrm{m^2})$	$R_0 = \dfrac{b_0 h_0}{2(b_0+h_0)}(\mathrm{m})$	$R_0^{0.5}$	$R^{0.212}$	$C_0 = \dfrac{1}{n}R_0^{0.212}$	$S_0 = C_0\sqrt{R_0}$	$J_0 = A_0 C_0 \sqrt{R_0}$
0.2×0.2	0.04	0.050	0.2236	0.5299	26.495	5.9243	0.2370
0.3×0.3	0.09	0.075	0.2739	0.5774	28.870	7.9075	0.7117
0.4×0.4	0.16	0.100	0.3162	0.6138	30.690	9.7042	1.5527

各种水深的流速和流量特征系数与满流时的比值　　　表 2-12

h/h_0	0.100	0.200	0.300	0.400	0.500	0.600	0.700	0.800	0.900	0.950	0.990	1.000
S/S_0	0.458	0.672	0.815	0.919	1.000	1.064	1.116	1.159	1.196	1.212	1.224	1.000
J/J_0	0.046	0.134	0.244	0.368	0.500	0.638	0.781	0.927	1.076	1.151	1.212	1.000

3. 管式渗沟水力计算

渗沟底部设有管道，这种管式渗沟亦同样可用表解法使计算简化。圆管的水力特征系数与式(2-62)和式(2-63)相同，但水力要素有所不同。

以常用的水泥混凝土管或陶管为例，取粗糙系数 $n = 0.013$，$y = 1.5\sqrt{n} = 0.171$，令管内水深 h 与管径 D 之比为充满度 (h/D)，则可按不同的充满度，编制各种孔径的圆管水力特征系数（流速特性系数 S 和流量特征系数 J）表，见表 2-13。

圆形沟管水力计算表   表2-13

充满度 h/D	$D=125$mm		$D=150$mm		$D=200$mm		$D=250$mm		$D=300$mm	
	S (m/s)	J (L/s)	S (m/s)	J (L/s)	S (m/s)	J (L/s)	S (m/s)	J (L/s)	S (m/s)	J (L/s)
0.10	3.015	1.92	3.406	3.13	4.13	6.7	4.80	12.2	5.42	19.9
0.20	4.626	8.04	5.227	13.08	6.34	28.2	7.36	51.2	8.32	83.3
0.30	5.854	18.13	6.614	29.48	8.02	63.6	9.32	115.4	10.53	187.8
0.40	6.807	31.09	7.691	50.58	9.32	109.0	10.83	197.9	12.24	322.1
0.50	7.551	46.33	8.532	75.38	10.35	168.6	12.01	294.8	13.58	479.9
0.60	8.100	62.40	9.155	101.60	11.10	218.9	12.95	399.1	14.56	646.1
0.70	8.462	77.64	9.563	126.30	11.60	272.5	13.46	454.0	15.22	804.4
0.80	8.009	90.68	9.733	147.60	11.80	318.0	13.70	577.2	15.48	939.2
0.90	8.493	98.80	9.602	160.80	11.64	346.6	13.51	628.7	15.28	1024.0
1.00	8.351	99.66	8.532	150.80	10.35	325.2	13.01	589.5	13.58	959.9

设计时,一方面可根据拟定的 D 值和充满度 h/D,查表2-13,得到 J 和 S 值,并按式(2-62)和式(2-63)确定纵坡为 i 时的流速 v 和流量 Q;另一方面,如果流量 Q 和纵坡 i 一定,则可根据式(2-63)计算 J,并查表2-13,得到相应的 D、h/D 和 S 值,也可查表来选定管径和核算管内水深与流速。

第三节 地表排水构造物

地表水对路基会产生渗透和冲刷作用,渗入路基土体的水分,使土体湿度增大,造成路基承载力降低;而冲刷的结果将导致路基整体稳定性受损,造成边坡失稳滑塌。

一、地表水的处理方式

地表排水是拦截路基上方的地表水,迅速汇集路基范围内的地表水,把地表水导引入顺畅的排水通道,并通过桥涵等将其宣泄到路基的下方。而排引有困难时,也可将地表水拦蓄在坡顶。降落在路基范围内的水,则应将其迅速汇集,并引导和宣泄至路基下方,以免停滞在路基范围内浸湿基身而降低路基强度和稳定性。而对于路基下方,则应采取措施妥善处理路基上方宣泄下来的水流或者路基下方水道内的水流,防止它们冲刷路基坡脚,危及路基稳定性。

二、地表排水构造物类型

常用的地表排水构造物有边沟、截水沟、排水沟、跌水和急流槽等,必要时还可设置倒虹吸、渡水槽和蒸发池等。

1. 边沟

边沟设置在挖方路基的路肩外侧或低路堤的坡脚外侧,多与路中线平行,用以汇集和排除路基范围内和流向路基的少量地表水,从而减轻路基的浸湿程度。平坦地面填方路段的路旁取土坑,常与路基排水设计综合考虑,使之起到边沟的排水作用。

2. 截水沟

截水沟设置在挖方路基边坡坡顶以外,或山坡路堤上方的适当位置,用以拦截路基上方流向路基的地表径流,减轻边沟的水流负担,保护挖方边坡和填方坡脚不受流水冲刷和损害。它是多雨地区、山岭和丘陵地区重要的路基排水构造物之一。

截水沟根据路基填挖情况和所处位置可以分为路堤截水沟、堑顶截水沟和平台截水沟。

3. 排水沟

排水沟主要用于排除来自边沟、截水沟和路基附近积水或其他水源的水流,并将其引至桥涵或路基范围以外的指定地点(如洼地和天然河流等)。当路线受到多段沟渠或水道影响时,为保护路基不受水害,避免影响路基稳定,可以改移渠道或设置排水沟,以调节水流,整治水道。

4. 跌水与急流槽

跌水与急流槽是地表排水构造物的特殊形式,用于陡坡地段,沟底纵坡可达45°,是山区道路路基排水常见的构造物。跌水是阶梯形的构造物,水流以瀑布形式通过,有单级和多级之分,它的作用主要是降低流速和消减水能。急流槽具有坡度很陡的水槽,但水流不离开槽底,它的作用主要是在很短的距离内、水面落差很大的情况下进行排水,多用于涵洞的进出水口。

5. 倒虹吸与渡水槽

当水流需要横跨路基,同时受到设计高程的限制时,可以采用管道或沟槽,从路基底部穿越或上部架空跨越,前者称为倒虹吸,后者称为渡水槽,分别相当于涵洞和渡水桥。两者属于特殊的路基地表排水构造物,并且多半是配合农田水利所需而设置的。

6. 蒸发池

在气候干旱、排水困难地段,如我国西北地区,可利用沿线的集中取土坑或专门设置蒸发池,引水入池,使水分蒸发和下渗。

各种地表排水构造物的沟渠顶面应高出设计水位0.2m以上。地表排水构造物的容许流量和容许流速应根据当地的经验数据得到的设计参数值,通过计算确定,并使设计的各种构造物的断面形状和尺寸满足排泄设计流量的要求,不产生冲刷和淤积。地表排水构造物不应兼作其他流水之用。

三、地表排水构造物设计

地表排水设施分别设在路基的不同部位,各自的排水功能、布置要求或构造形式,均有所差异。

1. 边沟

边沟的排水量不大,一般不需要进行水文和水力计算,可依据沿线具体条件选用标准横断面形式。边沟紧靠路基,通常不允许其他排水沟渠的水流引入,亦不能与其他人工沟渠合并使用。

为防止边沟水流漫溢或产生冲刷,边沟不宜过长,应尽量利用当地的有利地形使沟内水流就近分段排至路旁自然水沟或低洼地带,必要时设置涵洞,将边沟水横穿路基从另一侧排出。

边沟出水口的距离,一般地区不宜超过500m,多雨地区不宜超过300m。

边沟的纵坡(出水口附近除外)一般与路线纵坡一致,且不宜小于0.3%。特殊情况下容许采用0.1%的纵坡,但此时出水口间距宜减短。在边沟出水口附近以及排水困难路段,如回头曲线和路基超高较大的平曲线等处,边沟应进行特殊设计。

边沟的横断面形式,有梯形、矩形、三角形及流线型等,如图2-8所示。一般情况下,土质或软弱石质路堑边沟宜用梯形,边沟内侧边坡为1:1.0~1:1.5,外侧边坡坡度应与路堑边坡坡度相同。石质路堑边沟宜采用矩形横断面,其内侧边坡直立,坡面应采用浆砌片石防护,外侧边坡坡度与路堑边坡坡度相同。当采用机械化施工、用地许可时,或少雨浅挖地段的土质边沟,可采用三角形横断面,其内侧边坡宜采用1:2~1:3,外侧边坡坡度与路堑边坡坡度相同。三角形边沟的水流条件较差,流量较大时沟深宜适当加大。流线型边沟是将路堤横断面的边角整修圆滑,可以防止路基旁侧积沙或堆雪,适用于沙漠或积雪地区的路基。

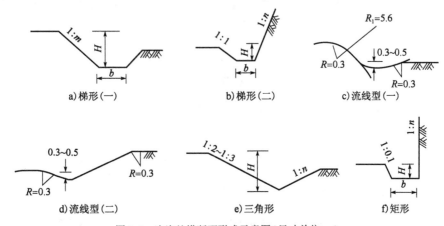

图2-8 边沟的横断面形式示意图(尺寸单位:m)

土质或软弱石质路段采用矩形边沟,应采用浆砌片石或浆砌混凝土预制块加固。高速公路、一级公路挖方路段矩形边沟宜增设带泄水孔的钢筋混凝土盖板或增设路侧护栏。

梯形边沟的底宽与深度为0.4~0.6m,水流少的地区或路段取低限或更小,但不宜小于0.3m,降水量集中或地势偏低的路段,取高限或更大一些。

当边沟水流流至回头曲线处,一般边沟水较满,且流速较大,此时宜顺着边沟方向沿山坡设置排水沟,将水引至路基范围以外的自然沟中,或设急流槽或涵洞等构造物,将水引下山坡或引至路基另一侧,以免对回头曲线地段的路基产生冲刷。

在降雨量较大的地区,如挖方路基的纵坡陡长,下端接有小半径竖曲线或平缓的纵坡段,为避免水流漫溢、冲刷或软化路基,危及路面,可以在变坡点附近或进入弯道前,设置横向排水沟,必要时加设涵洞将边沟水排至路基范围以外。

边沟出水口附近,水流冲刷比较严重,必须慎重布置并采取相应措施。边沟水流流向桥涵进水口时,为避免边沟水流产生冲刷,应作适当处治。图2-9是涵洞进口设置窨井的一例。此外还应根据地形等条件,在桥涵进口前或在其他水流落差较大处,设置急流槽与跌水等构造物,将水流引至桥涵或其他指定地点。

挖填结合的路段内侧挖方边沟,需利用涵洞将边沟水引向路基另一侧排出。此时边沟与涵洞底的高差大,水流方向接近90°转弯。在涵洞进口处,必须设置跌水式的雨水井,起消能作用,而且井底高程低于涵洞高程,兼起沉积边沟水中的泥沙杂物之用。

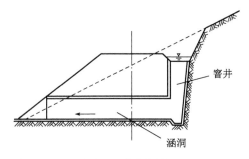

图 2-9 边沟泄水流入涵前窨井剖面图(单级跌水)

在路堑和路堤交界处,由于路堑边沟泄出水流流向路堤坡脚处,两者高差大,必须因地制宜,根据地形和地质等具体条件,设排水沟沿路堑山坡将水流引出路基范围或者用跌水、急流槽把水流直接引到填方坡脚以外,以免边沟水流冲刷填方坡脚,如图 2-10 所示。

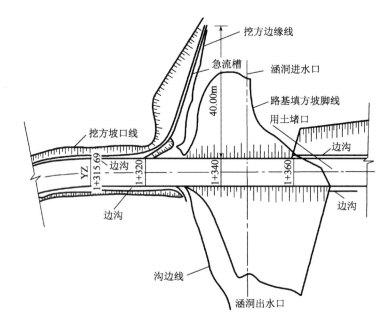

图 2-10 路堑与路堤交界处的边沟出口的布置

2. 截水沟

降水量较少或坡面坚硬、边坡较低以致冲刷影响不大的路段,可以不设截水沟;反之,如果降水量较多,且暴雨频率较高,在山坡覆盖层松软、坡面较高、水土流失比较严重的地段,必要时可设置两道或多道截水沟。截水沟的设计应能保证迅速排除地表水,沟底应具有 0.3% 以上的纵坡,但也不宜超过 3%,否则会造成冲刷。沟底和沟壁要求平整密实,不滞流、不渗水,必要时予以加固和铺砌。截水沟的长度以 200~500m 为宜。

图 2-11 是堑顶截水沟图例。图中距离 d 一般应大于 5m,地质不良地段应为 10m 或更大。截水沟下方一侧可堆置挖沟的土方,要求做成顶部向沟倾斜 2% 的土台。如路堑上方设置弃土堆时,截水沟应设置在其上方,如图 2-12 所示。

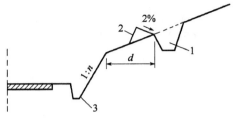
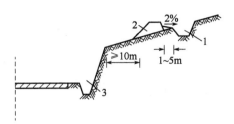

图 2-11 挖方路段截水沟示意图
1-截水沟;2-土台;3-边沟

图 2-12 挖方路段弃土堆与截水沟关系图
1-截水沟;2-弃土堆;3-边沟

山坡填方路段可能遭到上方水流的破坏,此时必须设截水沟,即路堤截水沟,以拦截山坡水流保护路堤,如图 2-13 所示。截水沟与坡脚之间,要有不小于 2m 的间距,并做成 2%向沟倾斜的横坡,确保路堤不受水害。

截水沟的横断面形式一般为梯形,沟的边坡坡度因土质和石质条件而定,土质一般采用 1∶1.0～1∶1.5,沟底宽度 b 不应小于 0.5m,沟深 h 按设计流量而定,且不应小于 0.5m,如图 2-14a)和 c)所示。山坡覆盖层较薄(小于 1.5m)、稳定性较差时,

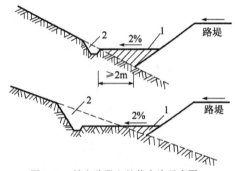

图 2-13 填方路段上的截水沟示意图
1-土台;2-截水沟

可将沟底设在基岩上,如图 2-14b)所示。为保证沟身稳定和截除覆盖层与基岩面间的地下水,必要时还应与沟身加固设计作技术经济比较。截水沟沟壁最低边缘开挖深度不能满足断面设计要求时,可在沟壁较低一侧培筑土埝,如图 2-14c)所示。山坡较陡,若采用一般梯形断面致使地表覆盖层破坏范围太大或遇地质不良的土层,为了减少山坡破坏面可采用矩形截水沟,如图 2-14d)所示。

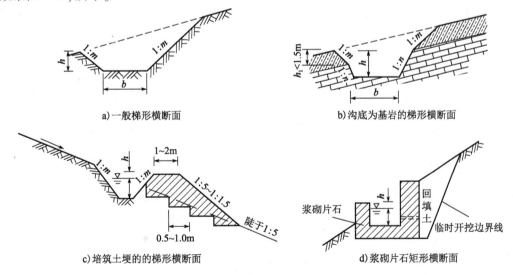

图 2-14 截水沟的横断面形式示意图

当挖方路段土质边坡高度较大、汇水宽度较大时,可在边坡上设一道或多道截水沟,并在边坡上设宽度不应小于 1m 的平台,台顶向沟内做 2%斜坡,如图 2-15 所示。

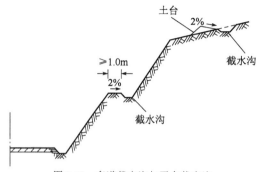

图 2-15 多道截水沟与平台截水沟

截水沟应结合地形合理布置,直捷舒顺。截水沟的位置应尽量与绝大多数地表水流方向垂直,以提高截水效能和缩短沟的长度。截水沟应保证水流畅通,尽量利用地形,就近引入自然河、沟内排出,或直接引至桥涵水流进口处,或通过跌水、急流槽等泄水构造物将水流引入指定地点。若因地形的限制,截水沟绕行时工程量大,附近又没有出水口时,可分段考虑,中部以急流槽衔接。截水沟水流不应引入边沟,当必须引入时,应增大边沟横断面,并进行加固。

截水沟在转折处应以曲线连接,与其他的排水构造物衔接应平顺。截水沟应设有可靠的出水口,必要时可设排水沟、跌水或急流槽等。

截水沟的加固必须引起足够的重视,对于地质不良的地段,更要慎重,以免积水成害。例如在土质松散、透水性较大的地段,或裂隙较多的岩石地段,为防止水流下渗,影响边坡稳定,沟槽应予以加固;设置在松散土层中的截水沟,应采用浆砌片石或混凝土预制块进行加固。沟底纵坡较大的土质截水沟,为防止冲刷,沟槽也应加固。

3. 排水沟

排水沟主要用于排泄来自边沟、截水沟或其他水源的水流,以形成整个排水系统。排水沟的布置取决于排水要求和当地地形,灵活性较大,通常要求进行专门的设计。

排水沟的位置可根据需要并结合地形等条件而定,应离路基尽可能远些,距路基坡脚不宜小于 2m。平面上应力求直捷,以直线为宜,需要转弯时亦应尽量圆顺,做成弧形,其半径不宜小于 10~20m,徐缓改变方向,保证水流顺畅。排水沟连续长度宜短,一般不超过 500m。

排水沟的横断面,一般采用梯形,尺寸大小应经过水力水文计算确定。用于边沟、截水沟及取土坑出水口的排水沟,由于流量较小,不需要特殊计算,底宽和深度不宜小于 0.5m,土沟的边坡坡度为 1:1~1:1.5。石质排水沟或加固排水沟可采用矩形断面。

排水沟应具有合适的纵坡,以保证水流畅通,不致流速太大而产生冲刷,亦不可流速太小而形成淤积,为此宜通过水力水文计算择优选定。一般情况下,可取 0.5%~1.0%,不应小于 0.3%,亦不宜大于 3%,大于 3% 时需要加固,大于 7% 时应改用跌水或急流槽。

由于地表水流分段汇集,因此,沟的断面可以采用变截面。沟底宽度不同时,要求徐缓相接,应设置一个宽度渐变段,渐变段的长度一般为两段宽度差的 5~10 倍。

排水沟水流入其他沟渠或水道时,应使原水道不产生冲刷或淤积。通常应使排水沟和原水道两者成锐角相交,且夹角不应大于 45°,有条件时可用半径 $R=10b$(b 为沟顶宽)的圆曲线朝下游与其他水道相接,如图 2-16 所示。

4. 跌水和急流槽

两者为人工排水沟渠的特殊形式,用于纵坡大于 10%、水头高差大于 1.0m 的陡坡地段。

由于纵坡大、水流速度快、冲刷力大，要求跌水和急流槽的结构必须稳固耐久，通常应采用浆砌块石或水泥混凝土预制块砌筑，并具有相应的防护加固措施。设置跌水和急流槽应在满足排水要求和保证工程质量的前提下，力求构造简易，经济实用。

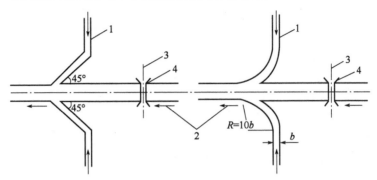

图 2-16 排水沟与水道衔接示意图
1-排水沟；2-其他渠道；3-桥涵中心线；4-桥涵

确定跌水和急流槽的位置、类型和尺寸，要因地制宜，结合地形、地质、当地材料和施工条件，进行综合考虑。跌水和简易急流槽可不进行水力计算，按一般常用的构造形式设置。跌水和急流槽设计，应考虑采取增加槽底粗糙度的措施，使水流消能并减缓流速。跌水和急流槽与下游水面的连接形式宜采用淹没式，以减少加固工程。

跌水的构造有单级和多级之分，沟底有等宽和变宽之别。单级跌水适用于排水沟渠连接处，由于水位落差较大，需要消能或改变水流方向。图 2-17 表示路基边沟水流通过涵洞排泄时，采用单级跌水（相当于雨水井）的示例。较长陡坡地段的沟渠，为减缓水流速度，并予以消能，可采用多级跌水，如图 2-18 所示。多

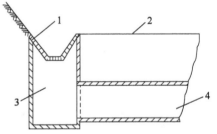

图 2-17 边沟与涵洞单级跌水连接图
1-边沟；2-路基；3-跌水井；4-涵洞

级跌水底宽和每级长度，可以采用各自相等的对称形，亦可根据实地需要，做成变宽或不等长度和高度，如图 2-19 所示。

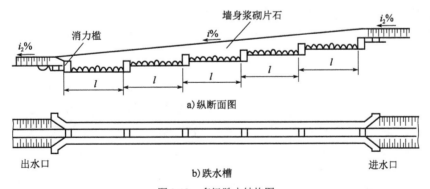

图 2-18 多级跌水结构图

按照水力计算特点，跌水的基本构造可分为进水口、消力池和出水口三个组成部分，如图 2-20 所示。各个组成部分的尺寸，由水力计算而定。一般情况下，如果地质条件良好，地下水位较低，设计流量小于 $1.0 \sim 2.0 \mathrm{m}^3/\mathrm{s}$，跌水台阶（护墙）高度 P 最大不超过 2.0m。常用的简

易多级跌水,台高为 0.4~0.5m,护墙用石砌或混凝土结构,墙基埋置深度为水深 a 的 1.0~1.2 倍,并不应小于 1.0m,且应埋入冰冻线以下,石砌护墙厚为 0.25~0.30m。消力池起消能作用,要求坚固稳定,底部具有 1%~2% 的纵坡,底厚为 0.35~0.40m,壁高应比计算水深至少大 0.20m,壁厚和护墙厚度相仿。消力池末端设有消力槛,槛高 C 依计算而定,要求低于池内水深,约为护墙高度的 1/5~1/4,即 $C=(0.2~0.25)P$,一般 C 为 15~20cm。消力槛顶部厚度为 0.3~0.4m,底部应预留孔径为 5~10m 的泄水孔,以利水流中断时排泄池内的积水。

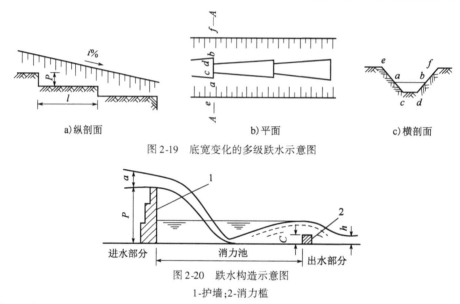

图 2-19 底宽变化的多级跌水示意图

图 2-20 跌水构造示意图
1-护墙;2-消力槛

跌水两端的土质沟渠应注意加固,保持水流畅通,不致产生水流冲刷或淤积,以充分发挥跌水的排水效能。

急流槽的纵坡比跌水的平均纵坡更陡,结构的坚固稳定性要求更高,是山区公路回头曲线沟通上下线路基排水及沟渠出水口的一种常见排水构造物,如图 2-21 所示。设置在高边坡坡面的急流槽则常用于将堑顶截水沟和平台截水沟中的水向下引排。急流槽主体部分的纵坡依地形而定,一般可达 67%(1:1.5),如果地质条件良好,需要时还可更陡,但结构要求更严格,造价亦相应提高,设计时应通过比较而定。

急流槽的构造,如图 2-22 所示。按水力计算特点,亦由进水口、主槽(槽身)和出水口三部分组成。

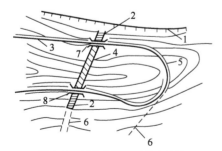

图 2-21 回头曲线路段排水设施
1-截水沟;2-跌水;3-道路;4-急流槽;5-边沟;
6-排水沟;7-上级涵洞;8-下级涵洞

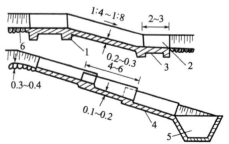

图 2-22 急流槽示意图(尺寸单位:m)
1-墙耳;2-消力池;3-混凝土槽底;4-钢筋混凝土槽底;5-横向沟渠;6-砌石护底

急流槽可采用由浆砌片石铺砌的矩形横断面或者由水泥混凝土预制块铺筑的矩形横断面。急流槽各个部分的尺寸,依水力计算而定。浆砌片石急流槽的槽底厚度为 0.2~0.4m,槽壁厚度为 0.3~0.4m;水泥混凝土预制块急流槽的厚度为 0.2~0.3m。槽顶应与两侧斜坡表面平齐。最小槽深为 0.2m,最小槽底宽为 0.25m。混凝土和钢筋混凝土急流槽的基本结构尺寸如图 2-22 所示。对于设计流量不超过 1.0m³/s、槽底倾斜为 1:1~1:1.5 的急流槽,可参照图 2-23 和表 2-14 设计。

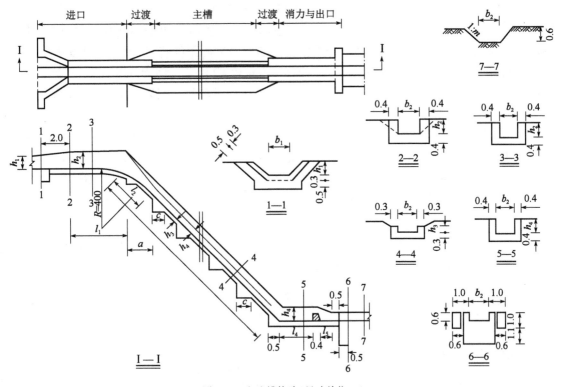

图 2-23 急流槽构造(尺寸单位:m)

急流槽各部尺寸及圬工数量 表 2-14

设计流量 (m^3/s)	槽底斜坡坡度 (1:m)	进口及过渡段(m)							主槽(m)				消力及出口(m)			圬工数量 (m^3)
		b_1	b_2	h_1	h_2	l_1	\multicolumn{2}{c|}{a}	h_3	l_2	l_3	c	h_4	l_4	l_5	
							$f=0.3$	$f=0.5$								
0.5	1:1.0	0.6	0.7	0.8	1.05	3.90	1.7	3.3	0.4	2.25	4.50	0.8	0.95	2.40	0.65	22.0
	1:1.25	0.6	0.7	0.8	1.05	3.35	2.0	5.0	0.4	1.70	3.90	0.9	0.95	2.40	0.65	20.5
	1:1.5	0.6	0.7	0.8	1.05	3.05	2.0	5.0	0.4	1.40	3.60	0.9	0.95	2.40	0.65	19.4
1.0	1:1.0	1.35	1.35	0.9	0.9	3.75	1.7	3.3	0.35	2.35	4.75	0.8	1.0	2.50	0.70	26.4
	1:1.25	1.35	1.35	0.9	0.9	3.20	2.0	5.0	0.35	1.80	4.15	0.9	1.0	2.50	0.70	24.8
	1:1.5	1.35	1.35	0.9	0.9	2.90	2.0	5.0	0.35	1.40	3.70	0.9	1.0	2.50	0.70	23.5

注:f 为槽底摩擦因数。

当急流槽纵坡陡于 1:1.5 时,宜采用金属管,管径不应小于 20cm。各节急流管用管桩锚固在坡体上,其接口连接处应做防水处理,以免管内水流渗漏而冲刷坡面。

为了降低急流槽的出水流速,减小能量,槽底可用几个坡度,上段较陡,向下逐渐放缓,使出水口流速与下游加固的容许流速相适应。此外,也可采用逐渐增加槽底粗糙度或槽底宽度的方法以降低流速。

急流槽的进出水口与主槽连接处,因沟槽横断面不同,为了能平顺衔接,可设过渡段。

进水口和出水口的底部用片石铺砌,长度不短于10m,个别情况下,应在下游设置厚0.2~0.5m、长2.5m的防冲铺砌。

急流槽的进水口与沟渠泄水口之间做成喇叭式连接,变宽段应有至少15cm的下凹,并做铺砌防护,长度不短于10m。急流槽的出水口处应设置消能设施,可采用混凝土预制块或片石铺砌,当急流槽末端出水口流速较大、采用较复杂的槽底加固不经济时,出水口可设置消力池。

急流槽的基础必须稳固,端部及槽身每隔2~5m,在槽底设耳墙埋入地面以下,嵌入坡体内部0.3~0.5m,以免槽体顺坡下滑。槽身较长时,宜分段砌筑,每段长为5~10m,预留伸缩缝,并用防水材料填缝。

当急流槽用于排除路肩集水时,其纵坡度与所在的路基边坡坡度一致,槽身的横断面做成槽形,多由水泥混凝土预制构件拼装砌筑而成。进水口做成喇叭口式的簸箕形,出水口设置消能设施。为便于进水口的汇水和泄水,进水口可设在低凹处。一般路段急流槽设置间距以20~50m为宜,最大间距不宜超过100m。

5. 倒虹吸与渡水槽

倒虹吸是借助上下游沟渠水位差,利用势能迫使水流降落,经路基下部管道流向路基另一侧,再复升流入下游沟渠。由于所设管道为有压管道,竖井式倒虹吸会使水流大角度改变流向,水流条件较差,结构要求较高,容易漏水和淤塞,且难以清理和修复,使用时需合理设计,进行水力计算,选择最佳设计方案。如处理不当,将造成漏水,使路基承载力降低,最后可能造成路基水毁。

倒虹吸的设置往往是因路基横跨原有沟渠,且沟渠水位高于路基设计高程,不能按正常条件设置涵洞。此时采用倒虹吸是一种可行的方案,如图2-24所示。

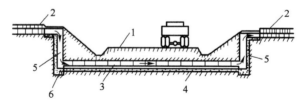

图2-24 竖井式倒虹吸布置图
1-路基;2-原沟渠;3-洞身;4-垫层;5-竖井;6-沉淀池

倒虹吸两端设竖井,井底高程应低于管道,起沉淀泥沙和杂物作用。亦可改用斜井式或缓坡式,以代替竖井式升降管,此时水流条件有所改善,但路基用地宽度增大,管道长度增加。为减少堵塞现象,设计时要求管道内水流的速度,不小于1.5m/s。竖井可采用砌筑式和装配式;斜井根据构造要求,只适合于用圬工材料砌筑的井身。

为了将沟渠水流中夹带的粗颗粒泥沙及其他杂物等尽可能在进水井前沉积下来,以减少倒虹吸管内的淤积,在倒虹吸管进水口处宜设沉沙池,如图2-25所示,设置于原沟渠与管道之间的过渡段,池底和池壁采用砌石抹面或混凝土浇筑,池的容量以不溢水为度。由于设置沉沙池后过水断面较渠道断面大,故流速减小,而有利于泥沙沉积。水流经过沉沙池后,水中仍含有细粒泥沙或轻质漂浮物,可设网状拦泥栅予以清除,以确保倒虹吸管道不致堵塞,但拦泥栅本身容易被堵塞,需经常清理,避免沉沙池和沟渠溢水而危害路基。倒虹吸的出水口,亦应设过渡段与下游沟渠平顺衔接,同时应对原有土质沟渠进行适当加固。

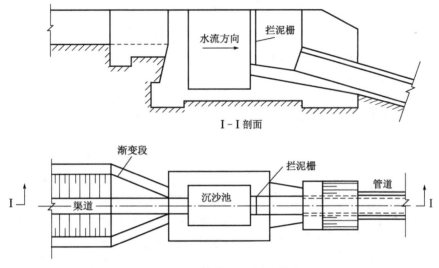

图 2-25　倒虹吸管上游进水口构造

倒虹吸管身的断面形式有圆形及矩形两种,以水泥混凝土和钢筋混凝土结构为主,小口径管身则多采用混凝土结构,可预制拼装,也可现场浇筑。由于圆形管水流条件及受力条件较好,因而使用比较广泛。圆形管道的孔径为 0.5~1.5m,管道附近的路基填土厚度,一般不应小于 1.0m,以免行车荷载压力过于集中,严寒地区亦可防冻。考虑到倒虹吸的泄水能力有限,以及为了施工和养护方便,管道亦不宜设置过深,以填土高度不超过 3.0m 为宜。

渡水槽相当于渡水桥,如图 2-26 所示。原水道与路基设计高程相差较大,如果路基两侧地形有利,可设简易桥梁,架设水槽或管道,从路基上部跨越,以沟通路基两侧的水流。

渡水槽由进水口、出水口、槽身和下部支承等四部分组成,其中进(出)水口段的构造,如图 2-27 所示。

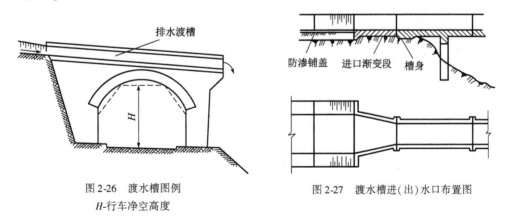

图 2-26　渡水槽图例　　　　　图 2-27　渡水槽进(出)水口布置图
H-行车净空高度

为降低工程造价,槽身过水横断面一般均较两端的沟渠横断面小,槽中水流速度相应有所提高,因此进(出)水口段应注意防止冲刷和渗漏。进(出)水口和槽身之间设置过渡段,根据土质情况,分别将槽身两端伸入路基两侧地面2～5m,而且出水口过渡段宜长一些,以防淤积。如果槽身较短,可取槽身与沟渠的横断面相同,沟槽直接衔接,可不设过渡段。水流横断面不同时,过渡段的平面收缩角约为10°～15°,据此可确定过渡段的有关尺寸。与槽身连接的土质沟渠,应予以防护加固,其长度至少是沟渠水深的4倍。

6. 蒸发池

蒸发池是一种被动的地表排水构造物,只有在气候干燥的地区、排水特别困难的地段才采用。

蒸发池边缘与路基边沟距离 d 不应小于5m,面积较大的蒸发池不得小于20m。蒸发池与路基边沟(或排水沟)间应设排水沟连接,池中水位应低于排水沟的沟底。

蒸发池的容量应以一个月内路基汇流入池中的雨水能及时完成渗透和蒸发作为设计依据。每个蒸发池的容水量不宜超过200～300m³,蓄水深度不应大于1.5～2.0m。

蒸发池的平面形状采用矩形或其他形状,可参考图2-28所示的平面布置示意图。

蒸发池的设置不应使附近地面盐渍化或沼泽化。蒸发池周围可筑土埂以防其他水流进入池内。

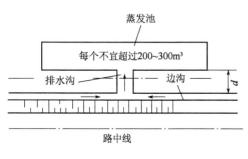

图2-28 蒸发池平面布置图

四、地表排水构造物加固

排水的目的是防止路基产生水害,如果人工沟渠因受水冲刷而排水不畅或积水下渗,有可能出现新的水害。因此,必要时,应对排水沟渠进行加固。

加固的目的,一是防止水流渗漏,二是防止水流对沟渠的冲刷。排水沟渠的加固类型有多种,表2-15为土质沟渠各种加固类型,图2-29为沟渠加固横断面图,设计时可结合当地条件,根据沟渠土质、水流速度、沟底纵坡和使用要求等而确定。其中沟底纵坡关系到水的流速和冲刷作用,表2-16列出了沟底纵坡与加固类型的关系,可供参考。

沟渠加固类型　　　　表2-15

形 式	名 称	铺砌厚度(cm)
简易式	平铺草皮	单层
	竖铺草皮	叠铺
	水泥砂浆抹平层	2～3
	石灰三合土抹平层	3～5
	黏土碎(砾)石加固层	10～15
	石灰三合土碎(砾)石加固层	10～15
干砌式	干砌片石	15～25
	干砌片石砂浆勾缝	15～25
	干砌片石砂浆抹平	20～25

续上表

形 式	名　称	铺砌厚度(cm)
浆砌式	浆砌片石	20～25
	混凝土预制块	6～10
	砖砌水槽	视砖的规格而定,一般为10～15

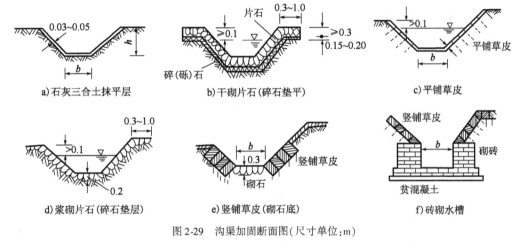

图 2-29　沟渠加固断面图(尺寸单位:m)

加固类型与沟底纵坡的关系　　　　　表 2-16

纵坡(%)	<1	1～3	3～5	5～7	>7
加固类型	不加固	①土质好,不加固; ②土质不好,简易加固	简易加固或干砌式加固	干砌或浆砌式加固	浆砌式加固或改用跌水

浆砌式加固不仅可防止水流对沟渠的冲刷,而且可起防渗作用;简易式和干砌式加固则不能防止水的渗漏。

第四节　地下排水构造物

地下水对路基的强度和稳定性有很大的影响,会产生较大的危害,因此,采用排水构造物降低地下水、减轻地下水对路基的影响和危害是至关重要的。

一、地下水的处理方式

当地下水危及路基稳定(包括整体稳定和局部稳定)或严重降低路基强度时,可采取拦截、旁引、排除含水层的地下水,疏干坡体内地下水,降低地下水位,以及采取隔离的措施进行处理。

拦截地下水即断其水源,从而旁引、排除地下水。拦截是最常用的地下水处理措施,适用于地下水水位不太深、下面有不透水层处,拦截构造物最好垂直水源。

当上层滞水、泉水因面积较大,拦截有困难时,可用疏干地下水的方式。采用此方式时,应尽可能扩大渗水面积,以达到疏干地下水的目的,同时将水排到其他不危及路基的地方。

当地下水水位比较高,路基强度比较低时,亦可通过降低地下水水位的方式来提高路基承载力,常用于路堑和矮路堤。

当地下水水位比较高且为承压水,无法用拦截、疏干地下水和降低地下水水位的方式来处理,或采用上述方式处理不经济时,可用封闭、隔离的方法将地下水阻离在某一范围内,使其不危及路基。

二、地下排水构造物类型

1. 拦截地下水

拦截地下水的构造物应沿地形和等高线布置,沟底设在不透水层中,靠水源一侧透水,设过滤层,另一侧封闭不透水,沟底也应做好隔水措施。常用的构造物有明沟、槽沟、截水渗沟以及截水隧洞等。

2. 疏干地下水

疏干地下水的构造物应具有良好的渗透能力,其关键是在于扩大渗水面积。常用的构造物有渗沟(边坡渗沟和支撑渗沟)、暗沟、渗井、疏干隧洞和排水平孔等。

3. 降低地下水水位

降低地下水水位的构造物多布置在路基两侧附近,有时也布置在路堤下。地下水水位降低深度应根据设计要求以及土的渗透系数和毛细水的上升高度,通过计算确定。常用的构造物有槽沟、渗沟、引排隧洞等。

进行地下水排水构造物设计时,应进行野外工程地质和水文地质调查、勘探和测试,摸清地下水的类型和补给来源、地下水的活动规律,以及有关水文地质参数。在排除地下水的同时,应采取措施防止地表水下渗而造成对地下水的补给,也不允许将地表水排入地下排水构造物内。

地下排水构造物的排水量不大,多以渗流方式汇集水流,并就近排引至路基范围以外。由于地下排水构造物埋置地面以下(除明沟和槽沟外),工程比较复杂、艰巨,且投资比较大;排水效能往往要过一段时间以后才能发挥作用,应提前安排施工,施工时应特别注意工程质量和安全。地下排水构造物不易维修,而且路基建成后又难以查明失效情况,因此要求地下排水设施牢固有效。

三、地下排水构造物设计

1. 明沟和槽沟

当地下水水位较高,潜水层埋藏不深时,可用明沟或槽沟截流地下水及降低地下水水位,沟底宜埋入不透水层内。其通常设置于路基的两侧,或由边沟加深而成明沟可兼排地表水,其排水流量应为地下排水流量加地表排水流量。排除地下水的明沟横断面一般采用梯形,如图 2-30 所示,当沟深超过 1.2m 时,则采用槽形的横断面(称为槽沟),如图 2-31 所示,深度最大 2m。明沟和槽沟的底宽根据排水量确定,同时应考虑施工和维修方便,一般底宽为 0.8m 左右。

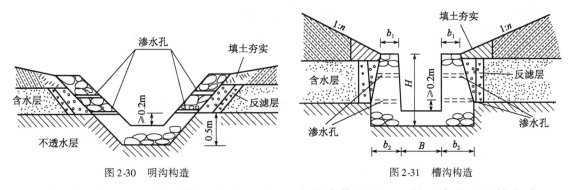

图 2-30　明沟构造　　　　　　　　图 2-31　槽沟构造

明沟常用浆砌片石砌筑,槽沟则采用混凝土浇筑或浆砌片石砌筑。当明沟和槽沟采用混凝土浇筑或浆砌片石砌筑时,应在沟壁上与含水层接触面的高度处,设置一排或多排向沟中倾斜的渗水孔,渗水孔数量和孔径根据地下水流量和含水层性质而定,最下一排渗水孔的底部宜高出沟底 20cm 以上,孔壁外侧应填以粗粒透水材料或土工布作反滤层。排水纵坡不应小于0.3%,沿沟槽每隔 10~15m 或当沟槽通过硬软岩层分界处时,应设置变形缝(伸缩缝或沉降缝)。

明沟(槽沟)施工简便,清理养护容易,造价低廉,是排出浅层地下水的常用措施。但在含水层厚度大,埋藏深度超过 2m 处,以及在严寒或冻结期较长的地区,明沟(槽沟)的使用受到限制,则宜采用渗沟。

2. 暗沟

暗沟埋设在地面下,用来排除泉水或地下集中水流、地下排水设施汇集的水流等,无渗水和汇水的功能。暗沟的构造一般比较简单,如图 2-32 所示。在路堤填筑之前,或路堑挖成之后,按照泉眼范围大小,剥除泉眼上层浮土,挖出泉井,砌筑井壁与沟壁,上覆盖钢筋混凝土盖板,井深保证盖板顶面的填土厚度不应小于 50cm。

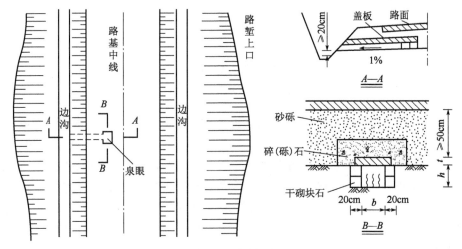

图 2-32　暗沟构造

暗沟断面一般为矩形,井宽、井高、井壁厚度按泉眼范围大小确定,井壁下埋至冰冻深度以下,沟底纵坡不应小于 1%,出水口应高出地面排水沟常水位 20cm。

井壁和沟底以浆砌片石或水泥混凝土预制块砌筑,沟壁不设渗水孔。若井壁处为岩石时,盖板可直接放在岩石上。为防止泥土或沙粒落入堵塞泉眼,暗沟顶铺筑碎(砾)石一层,上填砂砾。寒冷地区暗沟出水口需要采取保温措施或加大排水坡度,防止水流冻结。

3. 盲沟

盲沟用于拦截地下水或降低地下水水位。从盲沟的构造特点出发,由于沟内分层填以大小不同的颗粒材料,利用渗水材料的透水性将地下水汇集于沟内,并沿沟排泄至指定地点,此种构造相对于管道流水而言,习惯上称之为盲沟,在水力特性上属于紊流。

图 2-33 为一侧边沟下面所设的盲沟,用以拦截流向路基的层间水,防止路基边坡滑塌和毛细水上升危及路基的强度和稳定性。

图 2-34 是路基两侧边沟下面均设盲沟,用以降低地下水水位,防止毛细水上升至路基工作区范围内,形成水分积聚而造成冻胀和翻浆,或路基过湿而降低强度等。

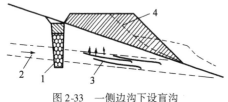
图 2-33 一侧边沟下设盲沟
1-盲沟;2-层间水;3-毛细水;4-可能滑坡线

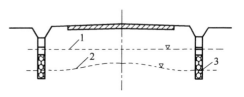
图 2-34 两侧边沟下设盲沟
1-原地下水位;2-降低后地下水位;3-盲沟

图 2-35 是设在路堑和路堤交界处的横向盲沟,用以拦截和排除路堑下面层间水或小股泉水,保持路堤填土不受水害。

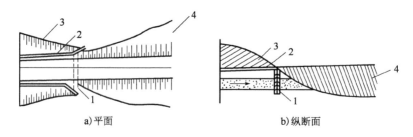

a)平面　　　b)纵断面

图 2-35 填挖交界处横向盲沟
1-盲沟;2-边沟;3-路堑;4-路堤

盲沟的构造比较简单,横断面一般为矩形,亦可做成上宽下窄的梯形,沟壁倾斜度约 1∶0.2,底宽 b 与深度 h 大致为 1∶3,深为 1.0~1.5m,底宽为 0.3~0.5m。盲沟的底部中间填以粒径较大(3~5cm)的碎石,其空隙较大,水可在空隙中流动。粗粒碎石两侧和上部,按一定比例分层(层厚约10cm)填以较细粒径的粒料,逐层粒径比例大致按 6 倍递减。盲沟顶部和底面,一般设有厚 30cm 以上的不透水层,或顶部设有双层反铺草皮。

盲沟的排水能力较小,长度不宜过长,沟底具有 1%~2% 的纵坡,出水口底面高程应高出沟外最高水位 20cm,以防水流倒渗。寒冷地区的盲沟,应做防冻保温处理或将盲沟设在冻结深度以下。

4. 渗沟

采用渗透方式将地下水汇集于沟内,并通过沟底通道或沟下部的空隙将水排至指定地点,此种地下排水构造物统称为渗沟,其水力特性是紊流,在构造上与盲沟有所不同。渗沟是在沟内填以透水性好的材料或加设排水管(孔),用来拦截地下含水层中的水流,降低地下水位,疏干及引排坡体内的地下水。

渗沟有三种构造形式,分别为盲式渗沟、洞式渗沟和管式渗沟,如图 2-36 所示。盲式渗沟与盲沟相似,但构造更为完善。当地下水流量较大,要求埋置更深时,可在沟底设洞或管,前者即为洞式渗沟,后者则为管式渗沟。

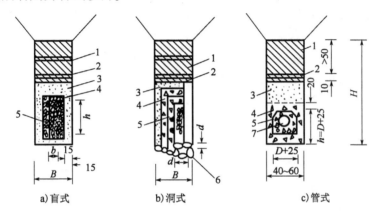

图 2-36 渗沟构造形式(尺寸单位:cm)
1-黏土夯实;2-双层反铺草皮;3-粗砂;4-石屑;5-碎石;6-浆砌片石沟洞;7-预制混凝土管

渗沟的位置和作用视地下排水的需要而定,大致与图 2-35~图 2-37 所示的盲沟相仿,但沟的尺寸更大,埋置更深,而且需进行水力计算确定尺寸。路基中浅埋的渗沟约在 2~3m,深埋时可达 6m 以上。

盲式渗沟(也有称其为盲沟式渗沟,即填石渗沟)一般用于流量不大、渗沟不长的地段,其断面通常为矩形或梯形。在渗沟的底部和中间用较大碎石或卵石(粒径 3~5cm)填筑,在碎石或卵石的两侧和上部,按一定比例分层(层厚约 15cm)填较细颗粒的粒料(中砂、粗砂、砾石)做成反滤层,逐层的粒径比例大致按 4:1 递减,颗粒小于 0.15mm 砂石料的含量不应大于 5%。也可用土工合成材料包裹有孔的硬塑管,并在管四周填以大于塑管孔径的等粒径碎、砾石,由此组成渗沟。顶部做封闭层,用双层反铺草皮或其他材料(如土工合成的防渗材料)铺成,并在其上夯填厚度不应小于 0.5m 的黏土防水层。

盲式渗沟的埋置深度,应满足渗水材料的顶部(封闭层以下)不应低于原有地下水水位的要求。当排除层间水时,渗沟底部应埋于最下面的不透水层上。由于排水层阻力较大,可设计较大的排水纵坡以增大水的流速,防止淤塞失效。纵坡坡度一般采用 5%,最小不应小于 1%。在冰冻地区,渗沟埋深不应小于当地最小冻结深度。出水口底面高程应高出沟外最高水位 0.2m。

渗沟底部设洞或管,底部结构相当于顶部可以渗水的涵洞。图 2-37 为洞式渗沟,其洞宽 b 约 20cm,高为 20~30cm,盖板采用条石或混凝土预制板,板长约

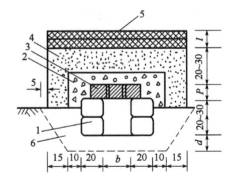

图 2-37 洞式渗沟结构图式(尺寸单位:cm)
1-浆砌块石;2-碎砾石;3-盖板;4-砂;5-双层反铺草皮或土工布;6-基础

$2b$,板厚不应小于 15cm,并预留渗水孔,以便渗入沟内的水汇集于洞内排出。洞身要求埋入不透水层内,如果地基软弱还应铺设砂石基础;洞身埋在透水层中时,必要时在两侧和底部加设隔水层,以达到排水的目的。洞底设置不应小于 0.5% 的纵坡,使集水通畅排出。

当需排除的地下水流量更大或排水距离较长时,可考虑采用管式渗沟。图 2-38 为设于边沟下的管式渗沟。渗沟底部埋设的管道剖面如图 2-39 所示。管道可用陶瓷、混凝土、石棉、水泥或塑料等材料制成,管壁上半部留有渗水孔,渗水孔交错排列,间距不宜大于 20cm,管底设基座。管的内径 D 由水力计算而定,一般为 $0.4 \sim 0.6m$,沟底纵坡的水流流速一般以不大于 1m/s 为宜,坡度常采用 1%~3%。沟底垫枕材料一般采用干砌片石;如沟底深入到不透水层时,宜采用浆砌片石、混凝土或土工合成的防水材料。渗沟过长时一般间隔 100~300m 加设横向泄水管,将渗沟内的水流分段排除。对于冰冻地区,为防止冻结阻塞,除管道埋在冰冻线以下外,必要时采取保温措施,管径亦宜较大一些。

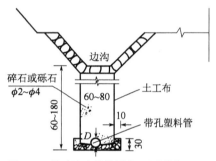
图 2-38 管式渗沟结构图式(尺寸单位:cm)

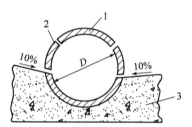
图 2-39 管式渗沟的管身剖面图
1-预制管;2-渗水孔;3-基座

渗沟按其作用可分为截水渗沟、降低地下水位渗沟、边坡渗沟和支撑渗沟四种。道路路基常用截水渗沟和降低地下水位渗沟。

(1)截水渗沟。

当路基范围内有含水层出露时,可在地下水流的上方设置拦截地下水流的截水渗沟,将其截断并引离,以免潜蚀(含水层内水渗流出来将其中细颗粒带走)而引起坡体坍塌和上覆土层下沉。截水渗沟应尽量与地下水流方向垂直,还必须埋入含水层下的不透水层。截水渗沟的基本构造如图 2-40 所示,临含水层一侧的沟壁应渗水,并设反滤层,其厚度一般为 45~60cm;另一侧(背水面)则不透水,应设置隔渗层,隔渗层可用黏土、黏土混合土或浆砌片石,其厚度一般采用 30~50cm。沟中填卵石、碎石、片石和粗砂等透水性材料。

截水渗沟沟底宽度不应少于 1.0~1.5m,随着沟深的加大,沟底也要相应加宽。渗沟越深,则施工越困难。当沟底没有埋入完整基岩时,为防止沟底冲刷或被水泡软,一般用浆砌片石砌筑沟槽,沟槽常用的断面尺寸为 $0.4m \times 0.4m \sim 0.7m \times 0.7m$。沟底纵坡要使水流夹带的泥沙不淤积,又不因流速过大而产生冲刷,故其纵坡不应小于 4%~5%。

为了防止地表及坡面流泥渗入沟内堵塞填料空隙,在截水渗沟的表面应设置适当的隔水层封顶。当地表坡度较陡时,夯填黏土的厚度不应小于 0.5m,黏土表面呈弧形凸起,可以防止当黏土或填料沉落时渗沟顶面形成积水的凹坑,同时也可作为截水渗沟位置的标志。有时为了防止地表水沿缝隙渗入截水渗沟内,在夯填黏土前应先将截水渗沟表面的回填片石大面均朝上砌筑平整,并在其上先均匀的铺一层小碎石,然后再倒铺上一层草皮作为隔离层(亦可用草垫代替)。同时,将沟缘挖成台阶,分层夯填密实;或者在沟内回填片石的表面用水泥浆砌勾缝,防止地下水下渗。

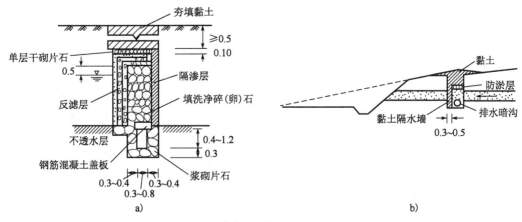

图 2-40 截水渗沟构造(尺寸单位:m)

截水渗沟一般深而窄,为了维修和疏通的需要,在直线段每隔 30~50m 和渗沟转折点、变坡处设置检查井,检查井的基本构造如图 2-41 所示。

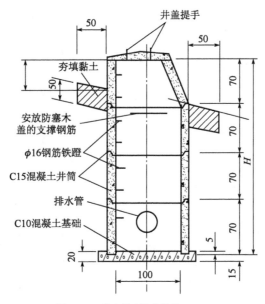

图 2-41 检查井(尺寸单位:cm)

(2)降低地下水水位的渗沟。

当地下水水位较高、影响路基稳固时,可在边坡下设置纵向降低地下水水位的渗沟,以降低路基工作区范围内的地下水水位,使路基处于较干燥的状态,从而提高工作区的承载能力,保证路基有足够的强度和稳定性。此时,渗沟的埋置深度视地下水水位需要下降的高度而定,可以埋入不透水层内(完整式渗沟),也可设置于透水层内(不完整式渗沟)。由于渗沟施工和维修困难、投资大、排水效能低,有条件时(如地下水位较浅)应优先采用明沟或槽沟,只有在万不得已的情况下,才采用渗沟来降低地下水水位。降低地下水水位的渗沟一般在边沟下或边沟旁布设,可一侧设置,也可两侧同时设置,有时也可布置在路基基身下。两侧沟壁都应渗水,并设反滤层。沟中填卵石、碎石、片石和粗砂等透水性材料。

降低地下水位渗沟的平面形式一般为Ⅰ字形或直条形,其断面一般为矩形,宽度一般在1.0m以上,沟底纵坡以4%～5%为宜。设置在边沟下和边沟旁的降低地下水水位的渗沟,应防止边沟内的水下渗至渗沟;设置在路基基身下的降低地下水水位的渗沟,其顶部不必设隔渗层。

(3)边坡渗沟。

路基边坡坡体为上层滞水或降水浸湿而容易产生坍塌或滑坡等病害时,可采用在坡体(堆积体或滑坡体)上设置边坡渗沟的措施,以疏干和排除其中的地下水。边坡渗沟的底部应位于潮湿层、滑动面或冻结线以下至少50cm处的稳定层内,并宜做成台阶形式。如果边坡渗沟埋置较深(不小于2m),底部较平缓(坡度为1%～2%),则除起疏干作用外,其还有支撑坡体的作用。边坡渗沟的平面形式可以是直条形的(Ⅰ字形)、分岔的(Y字形)或拱形的,如图1-5所示,其基本构造如图2-42所示。

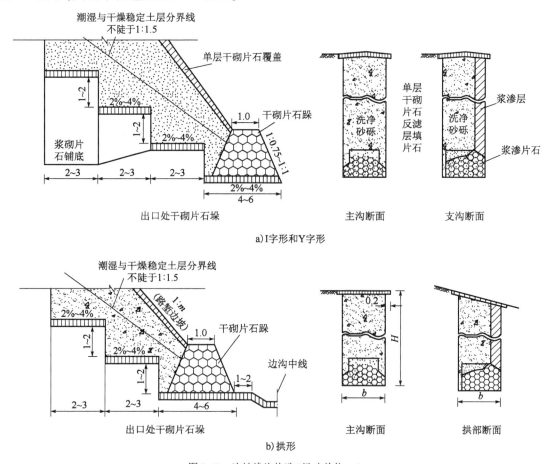

图2-42 边坡渗沟构造(尺寸单位:m)

边坡渗沟一般采用矩形断面,宽度不应小于0.8m,多采用1.2～1.5m,其间距取决于地下水的分布、流量和边坡土质等因素,一般为6～15m。由于引排的地下水流量较小,故沟底填以大粒径的石料作为排水通道,沟壁作反滤层。沟中可利用当地的卵石、砾石、碎石、粗砂以及过筛的炉渣等渗水好的材料填充。

边坡渗沟顶面在缓于1:1.5的边坡上多用黏土覆盖,当边坡陡于1:1时,一般应采用干砌片石砌筑,表面用水泥砂浆勾缝,以免受地表水冲刷而破坏。为保持边坡渗沟本身稳定,沟底大多挖成台阶式,台阶一般长2~3m,高1~2m,最下层的台阶长度大致应为其他台阶长的2倍。并用浆砌块石砌筑,以防水流冲刷和渗漏。当地下水有承压力时,沟底应采用干砌片石码砌,并设反滤层。下部出水口一般用干砌片石垛支挡渗沟内的填料并排出所汇集的地下水。

(4)支撑渗沟。

支撑渗沟适用于处治较深层(2~10m)滑动面的不稳定边坡,或用于路堑、路堤的下部,或在自然沟沟壁、山坡湿地由土中水形成滑塌处,主要起支撑不稳定的土体兼引排土体中的地下水或上层滞水,以疏干土体的作用。支撑渗沟是滑坡整治中广泛使用的一种工程措施。

支撑渗沟平面形式常采用分岔形(Y字形),也有布置为直条形(I字形)、拱形等。分岔形支撑渗沟分主干和支干两种,如图1-4所示。主干一般顺滑坡移动方向设置,布置于地下水出露处或由土中水形成坍塌的地方;支干应根据坡面汇水情况合理布置,一般其方向与滑坡移动方向成30°~50°的交角,并可伸展到滑坡体以外,以起拦截地下水的作用。支撑渗沟的深度一般以不超过10m为宜,断面采用矩形,宽度一般为2~4m,沟底应设在稳定地层内50cm,并设置2%~4%的排水纵坡。

为了加强渗沟的支撑作用,以及维持渗沟本身的稳定,应将沟底基脚筑成台阶形,将沟底埋入稳定的硬岩(或干土)层内。台阶宽度不应小于1~2m,台阶高度不应太高(高度与水平宽度比应为1:1.5~1:2.0),以免造成台阶本身坍塌。在底部采用浆砌片石铺砌隔水层,其厚度一般为0.2~0.3m,如图2-43所示。为防止淤积,在支撑渗沟的进水侧壁及顶端应做反滤层,每层厚度为0.2m。在寒冷地区,渗沟出口应考虑防冻措施。

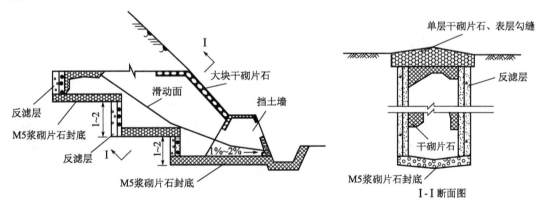

图2-43 支撑渗沟构造(尺寸单位:m)

沟中堆砌坚硬片石,使其具有良好的透水性和支撑作用。通常支撑渗沟很少单个使用,常是成群分布,间距根据被疏干滑坡体的类型和地下水分布状况、流量大小及岩土密实程度和透水性而定,一般为8~10m,最小为3~5m,最大为15m。支撑渗沟出露部分用石块砌筑完整,在支撑渗沟顶部,一般不设隔渗层,用大块片石铺砌表面即可,必要时为防止地表水及坡面流泥渗入沟内堵塞填料空隙,可在沟上方修月牙形的挡水埝。如在沟顶采用夯填黏土(厚度至少0.5m),黏土表面夯成弧形凸起,在黏土与填料间应倒铺一层草皮或草垫,以防止黏土落入渗沟填料中,或者用浆砌片石封顶,或者在干砌片石表面用水泥砂浆勾缝即可。

5. 渗井

渗井属于立式的地下排水设备,当路基附近的浅层地下水无法排除、影响路基稳定时,其中被影响路基的上部含水层较薄,排水量不大,且平式渗沟难以布置时,可采用立式(竖向)排水,设置渗井,即通过竖井穿过不透水层,将路基范围内的上层地下水或地表水,引入更深的含水层中去,以降低上层的地下水水位或将地下水全部予以排除。图2-44为圆形渗井的结构和布置图例。

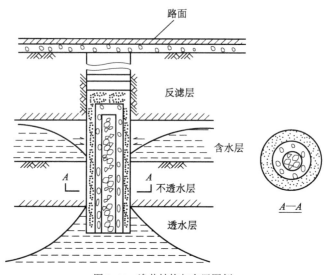

图2-44 渗井结构与布置图例

渗井的平面布置以及孔径和渗水量,按水力计算而定。渗井有圆柱形和方形两种,一般采用圆柱形,其直径为1.0~1.5m,亦可采用边长为1.0~1.5m的方形。渗井由上部集水构造与下部排水构造两部分组成。集水部分的构造与渗沟相同,井的四周设置反滤层,顶部设封闭层,断面大小取决于排水流量,一般采用直径为0.7m的圆井或0.6m×0.6m~1.0m×1.0m的方井。渗井的下部排水结构全部用粗颗粒石料填充(排水结构的下部一般用碎石或卵石填充,排水结构的上部不透水层内可用砂和砾石填充)。井深视地层构造情况而定,井内由中心向四周按层次分别填入由粗而细的砂石材料,粗料渗水,细料反滤。填充料要求筛分冲洗,规格一致,施工时需用铁皮套筒分隔填入不同粒径的材料,要求层次分明,不得粗细材料混杂,以保证渗井达到预期排水效果。井深以嵌入下层渗水层能够向下渗水为限。渗井离路堤坡脚不应小于10m,渗井的顶部四周(除进水口部分外)用黏土筑堤围护,顶上可加筑混凝土盖,严防渗井淤塞。

鉴于渗井施工不易,单位渗水面积的造价高于渗沟,而且渗井容易堵塞,也不便于清理,一般尽量少用。有时,因路基含水率较大,严重影响路基强度和稳定性,其他地下排水设备不易布置,其他技术措施如隔离层的造价较高,此时渗井可作为设计方案之一,应经技术经济比较分析后,有条件地选用。

6. 排水隧洞

排水隧洞(简称隧洞)常和立式渗井配合使用,当地下水埋藏较深(大于15~30m)、含水层有规律、水量较大时,可采用隧洞排水,用以排除土体内多层含水层的地下水,特别适用于排除大型滑坡的滑坡体及滑动带(面)的地下水。

对于滑动带(面)以上其他含水层中的地下水,可在排水隧洞顶上设置渗井或渗管将水引入洞内予以排出;对于排水隧洞以下的承压水,可在隧洞底部设置渗水孔予以排除,当有数层含水层时,可设垂直渗井或渗管与隧洞连通,将上层地下水汇集到底层隧洞中排出。

排水隧洞的埋置深度及位置,应根据水源分布、地形条件和设洞要求等选定,应设在主要含水层内,并置于稳定地层上。对布置在滑坡范围内的隧洞,其顶部应在滑动带(面)以下至少 0.5m。为了扩大排水效果,除主隧洞外,可向其他含水层加设支洞。

排水隧洞的上半部分起集水和疏干作用,下半部分的沟槽为排水使用。隧洞的横断面大小不受地下水流量控制,主要取决于施工和检查维修是否方便,与地下水埋藏深度、排水要求、建筑材料、结构形式有一定的关系,常用砖、石和混凝土衬砌。平面上应力求顺直,洞底纵坡不宜小于 0.5%,不同坡段可用折线坡、跌水等形式连接。在隧洞平面转折处、纵坡由陡变缓处以及中间适当位置应设置检查井,其间距一般为 100~200m。

修建排水隧洞时,通常先修检查井,以核对地质资料,定出含水层的位置及厚度,确保隧洞的排水效果。

排水隧洞按其作用可分为截水隧洞、引排隧洞和疏干隧洞三种。

(1)截水隧洞。

截水隧洞一般布置于滑坡体外,其轴线应大致与地下水流向垂直,其底部应低于隔水层顶面至少 0.5m。若截水隧洞布置在滑坡体后部滑动面以下,其开挖顶线必须切穿含水层不小于 0.5m,即挖穿隔水的滑动面,且衬砌顶拱必须低于滑动面 0.5m。

(2)引排隧洞。

引排隧洞起引排地下积水的作用。当土体(如滑坡体)内有封闭式积水时,可设引排隧洞将其积水排出。引排隧洞应低于含水层底面不小于 0.5m,以便直接排出积水。当引排隧洞穿过正在活动的滑坡体时,应全部埋于滑动面或可能发展为滑动面处以下不小于 0.5m。

(3)疏干隧洞。

一般在老滑坡尚处于稳定状态,而滑坡前部常有土中水活动,湿润软化前部抗滑土体,削弱其抗滑能力时,可平行滑动方向设置疏干隧洞群,洞内回填片石,以疏干滑坡体。这种疏干隧洞底部应置于滑动面以下不小于 0.5m。若潮湿土体厚度较大,可于洞顶设渗井、渗管等以增大疏干范围。

排水隧洞断面的结构形式有拱形、鹅卵形和梯形三种。

(1)拱形断面。

拱形隧洞的拱圈多为圆弧形,边墙内、外为直立或斜坡形式,如图 2-45 所示。当隧洞埋在强度较好的岩层中时,边墙可采用水泥混凝土或浆砌片石筑成直墙式,顶部可采用水泥混凝土预制块拼装或整体浇筑。隧洞的横断面宽度一般为 1.0~1.5m,高度为 1.6~1.8m。

(2)鹅卵形断面。

鹅卵形隧洞的衬砌断面受力条件好,衬砌厚度小,在风化破碎岩层及堆积层中均可使用。采用带有泄水孔的水泥混凝土预制块拼装砌筑,厚度为 20cm,其横断面的宽度为 1.2~1.5m,高度为 1.6~1.7m,如图 2-46 所示。鹅卵形隧洞的特点是能承受较大的压力,但施工比较复杂。

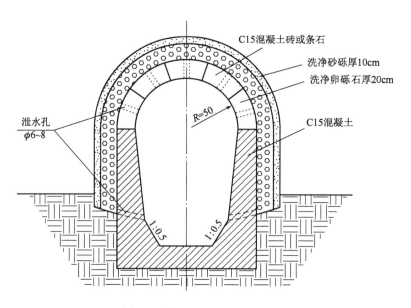

图 2-45 拱形隧洞(尺寸单位:cm)

（3）梯形断面。

梯形隧洞常为钢筋混凝土拼装结构,如图 2-47 所示。其适用于松散地层,最大特点是可以预制构件,随挖随撑,一次性完成正式构筑物,既节约支撑工程,又能保证安全。框架间留适当间距或拱圈及边墙各块做凹槽处理,以利泄水。

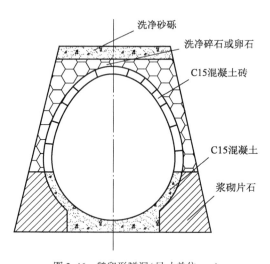

图 2-46 鹅卵形隧洞(尺寸单位:cm)

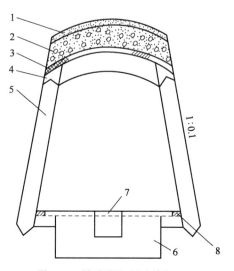

图 2-47 梯形隧洞(尺寸单位:m)
1-粗砂;2-砂砾;3-粒径大于 10cm 块石;4-C15 钢筋混凝土;5-凹槽;6-M7.5 浆砌片石;7-C15 钢筋混凝土底撑;8-C15 钢筋混凝土纵梁

7. 排水平孔

排水平孔是采用小直径的排水管设置于边坡体内排除深层地下水的一种有效方法,一般用于排泄坡体内有固定的含水层的地下水。采用排水平孔具有施工方便、工期较短、节约材料和劳动力的特点。

排水平孔通常成群布置,疏干坡体内地下水的效果较好。其可平行布置,也可成扇形布置,如图2-48所示。设置位置和数量应视地下水分布的情况及地质条件而定,可设置一层也可设置多层,如图2-49所示。排水平孔必须埋于地下低水位以下,隔水层顶板之上,尽可能扩大其渗水疏干面积。

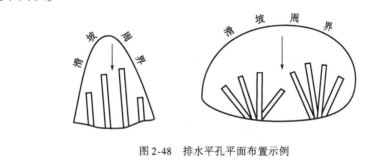

图2-48 排水平孔平面布置示例

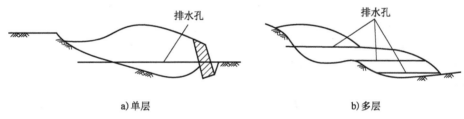

图2-49 排水平孔立面布置示例

平孔的间距视滑坡体含水层的渗透系数和要求疏干的程度而定,一般为5~10m。平孔长度随含水层的分布位置和滑坡体的形态而定,应伸至地下水富集处或潜在滑动面处,最长的平孔可达50m。平孔的孔径大小一般不受流量控制,主要取决于施工机具和孔壁加固材料,一般为75~150mm。为便于排水,平孔应上倾不小于6°,一般上倾10°~15°,所以亦称为仰斜孔。孔内设滤水套管,以防孔壁坍塌堵塞并利于排水,滤水管可用镀锌钢管、硬质韧性的PVC塑料管或竹管,管径一般为50~120mm。除管底部分作流水槽外,滤水管需设$\phi 0.5\sim1.0$cm的孔眼,间距5cm,呈梅花状排列。管周应填以砂砾石,其粒径和级配视含水层土颗粒大小和孔眼大小而定。

平孔可单独使用,也可与砂井联合使用(图2-50),如用砂井聚集滑坡体内的地下水,用平孔穿连砂井把水排出。

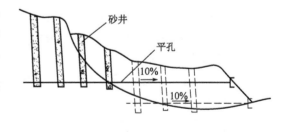

图2-50 排水平孔与砂井联合使用

第五节 立交工程排水构造物

立交区面积较大或地势低洼,如果排水设计不当,不仅会降低立交的使用效能,而且会影响构造物的稳定性和使用寿命,也有可能出现难以预料的问题。

与一般路基排水相比,立交工程的排水具有其独有的特点。当采用下穿其他道路的方法修建时,由于地势较低且周围有一定坡度,雨水极易汇集到道路最低点,造成积水,因此,需要修建强制排水构造物;当采用上跨其他道路的方法修建时,高填方路基会阻断天然沟渠,因此应设置排水构造物,保证原有沟渠和立交区内水的排除。

立交工程排水构造物分上跨立交工程排水构造物和下穿立交工程排水构造物。

一、立交工程排水特点

立交工程排水具有以下三大特点。

1. 重要性

立交工程排水是与道路系统密切相关的系统工程。排水系统运转得正常与否,将直接关系到立交工程甚至较大范围的道路系统运转得正常与否。因此,立交工程排水是立交工程设计中十分重要的环节,排水设计标准要高于一般道路。

2. 复杂性

立交工程,特别是下穿立交工程范围内,有可能出现自流排水系统、抽升排水系统、地下水排水系统、人工岛地域排水系统和过境区域排水系统等;同时各个排水系统又与道路、桥梁、涵洞以及其他配套工程等密切相关,因此,立交排水工程具有一定的复杂性。

3. 特殊性

由于立交工程复杂,为确保桥梁结构的安全,排水构造物穿越其基础或结构时,需要进行特殊加固处理。由于立交排水系统复杂,排水构造物较多,各个排水构造物之间的连接方式与普通排水工程可能有所不同,有时候部分雨水需抽升,而地下水排水系统可能需要单独设置,有时需设置防止水倒流设施。

二、上跨立交工程排水构造物

上跨立交工程排水主要是指降落在桥面上的雨水的排除,即桥面排水。

1. 桥面排水构造物的要求

桥面排水构造物必须控制行车道内水的漫流宽度和水深,以防止车辆打滑,排水构造物发生阻塞时能方便进行维修。桥面排水构造物应满足以下要求:

(1)桥面径流要求。

水汇集成径流后侵入行车道会降低桥梁的通行功能,并引发安全问题。因此,应合理地确定进水口的尺寸和间距,尽快排除雨水产生的桥面径流,以减小桥面径流的水面宽度,使过水断面控制在设计运行的范围内。

(2)行车安全要求。

雨水会在桥面形成积水或流动的水膜及径流,当水膜或径流比较深时,车辆涉水而行会导致轮胎脱离桥面,出现打滑的现象。因此排水系统必须控制最大水深,以确保行车安全。

(3)桥梁结构要求。

排水系统应符合桥梁结构的要求,排水构造物的设置不应影响桥梁结构的功能,进水口必须符合钢筋混凝土桥面的钢筋设计要求,不能影响桥梁结构钢筋的布设。另外,排水系统应满足防水要求,防止盐分和其他碱性物质腐蚀桥梁结构构件。

(4)美观要求。

裸露的水管会影响桥梁的美观,故排水管应附着或埋设在构件中,或将排水管隐藏在桥梁墩柱后面,以免影响外观。埋设在构件内部的水管,维护较为棘手,在寒冷地区,由于冬季水管内会冻结,因此不宜采取这样的设计方案。

(5)养护维修要求。

进水口阻塞是普遍存在的问题,进水口越多,养护工作量越大。桥梁设计首先要考虑桥面排水系统是否必须设置,如果需设置排水系统,则应考虑养护维修的问题,以降低养护工作量和维护费用。

(6)自行车通行安全要求。

对于低等级道路,上跨立交桥面设有非机动车道,进水口会给自行车通行带来一定的安全隐患。进水口的格栅条平行于桥梁中线对自行车通行是不安全的,可通过增加横向格栅条或采用复合网状格栅的方法予以解决。考虑自行车安全的同时,也应考虑进水口的泄水效果。

对于高速公路而言,因不允许自行车通行,格栅条平行于桥梁中线设置,可得到最佳的泄水效果。

2. 桥面排水方式

对于上跨立交桥梁,降落在桥面上的雨水可通过桥面横坡和纵坡排至进水口,由进水口截留的水可通过以下三种方式排放到桥下。

(1)当桥下有行车或行人时,可在防撞护栏(墙)外现浇尺寸为 $30cm \times 50cm$ 的排水槽,由桥面进水口接横向泄水管将水排至排水槽,再接纵向排水管和竖向泄水管(落水管)沿桥墩排至地表排水构造物,如图 2-51 所示。

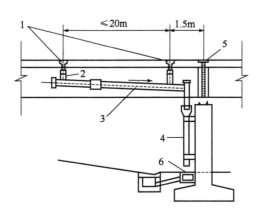

图 2-51 桥面排水管的设置
1-泄水孔;2-泄水管;3-纵向排水管;4-竖向排水管;5-伸缩缝装置;6-地面进水口

采用排水槽的优点是排水槽不易堵塞,即使发生堵塞也可及时发现,而且维护方便,但影响桥梁美观。

当桥面纵坡大于2%、桥长小于 $50m$ 时,雨水可流至桥头,并从桥头引道排出。当桥面上不能设置泄水管道时,应在桥头引道的两侧设置水槽,避免汇集的水流冲刷引道路基。

(2) 当桥下有自行车通行或有行人时,一般多在桥墩处设置桥面进水口,通过横向排水管和(或)纵向泄水管,接竖向排水管沿桥墩排至桥下排水管或排水口。为达到同样的排水效果,进水口的设计可以采用大尺寸大间距,或小尺寸小间距。

(3) 当桥下没有交通时,桥面水可通过横向泄水管或纵向泄水管直接排出冲淋到桥下。但桥面上的雨水可能携带腐蚀性的致污物,当冲淋或被风吹到桥梁构件上时,易腐蚀桥梁结构或形成污垢,而且容易冲刷墩台。也可通过桥面进水口连接横向排水管或(和)纵向泄水管,再接竖向排水管将桥面水排放至地表排水构造物。

在一些发达国家,对桥面水的直接排放有严格的规定,大多数情况下是采取竖向排水管将水排至桥下的排水口。桥面进水口一般设置在桥墩附近,间距较大,进水口宽度一般在40cm左右。由于较大的进水口给桥梁结构带来很大影响,因此我国通常采取较小的进水口。这样的设计必须设置很长的纵向排水管,排水管的弯头和接头很多,而排水管的坡度很小,管内水的流动将无法达到自流状态,水中的杂质很容易沉淀形成阻塞,导致排水不畅。

3. 桥面排水构造物

桥面排水系统包括桥面本身(如桥面横坡和桥面过水断面)、进水口、排水管、竖向排水管(落水管)和桥头集水设施等。

桥面最先接收降落的雨水和杂质,如果设计了适宜的纵坡和横坡,水和杂质将会被有效地排到进水口或桥头集水设施;对于没有设计纵坡的桥面容易引起排水困难的问题,在桥面最高处当纵坡为零时即存在这类问题。

水和杂质从桥面和过水断面流入进水口,通过排水管和落水管排放到地面排水口。格栅和进水口设计应考虑堵塞的问题,为防止堵塞,应尽量减少集水管和落水管之间的连接。集水管应有足够的坡度,以保证其不堵塞。因不便维护,向下排水不宜使用敞开的泄水槽。桥头必须设置集水设施,截流流向桥面的水和桥面范围内的水。

(1) 桥面横坡。

桥面水首先靠桥面横坡和纵坡组成的合成坡度排放至行车道两侧,然后汇集于由缘石或护栏和桥面组成的过水断面,因而桥面必须有足够的横向坡度,通常采用与普通路段路面相同的横坡。在雨量较大的地区,为了减少过水断面的漫流宽度,防止雨水侵入行车道,可增加泄水孔,或者适当增大桥面横坡。

(2) 泄水口和泄水管。

泄水口宜设置在桥面行车道边缘处,泄水口的间距可依据设计流量的大小计算而定,但最大间距不宜超过20m,在桥面伸缩缝的上游应设置至少一个泄水口,当伸缩缝间距超过20m时,应增设泄水口。泄水口应从桥面低处往高处布置,而且宜低处密,高处疏。一般情况下,当桥面纵坡大于2%、桥长超过50m时,泄水口间距为12~15m;当桥面纵坡小于2%时,泄水口间距为6~8m。

由于设置泄水口,特别是设置竖向泄水口,部分桥面板钢筋被切断,泄水口周围应设置补强钢筋,使之具有足够的强度承受车辆荷载作用。

泄水管的横截面积一般按3倍的设计径流量考虑,通常采用铸铁管、PVC管或镀锌管,截面形式一般为圆形,也可采用矩形。圆形泄水管的直径宜为10~20cm,矩形泄水管的宽度宜为15~30cm,长度为30~40cm。泄水孔的进水口应采用格栅盖板,其底面应比桥面铺装层低1~2cm。

图2-52为横向泄水孔的一般构造图例。

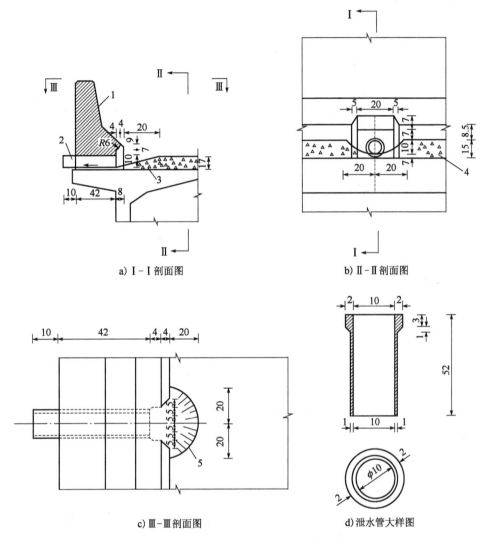

a) Ⅰ-Ⅰ剖面图　　　　　b) Ⅱ-Ⅱ剖面图

c) Ⅲ-Ⅲ剖面图　　　　　d) 泄水管大样图

图2-52　桥面横向泄水孔构造(尺寸单位:cm)
1-防撞护栏(墙);2-泄水管;3-水泥混凝土桥面;4-沥青铺装层;5-集水坑

在设双向坡的桥面上,泄水管可沿行车道两侧对称排列,也可交错排列;在设单向坡的桥面上,泄水管沿行车道内侧排列。

对于低等级道路,跨径不大、布设人行道的小型立交桥,有时为简化构造和节省材料,直接在行车道两侧的安全带或缘石上预留泄水孔道,用铁管、PVC管和竹管等将水排出桥外。这种排水系统因孔道坡度平缓,易于堵塞,故应加强防护,以确保排水畅通。

(3)排水管与排水槽。

排水管与排水槽的作用是迅速将泄水管中的水引出,排水管或排水槽通常设置在悬臂板的外侧或护栏内,当有景观要求时,对裸露的排水管或排水槽可采取遮盖或装饰等措施予以处理。排水管可采取铸铁管、PVC管和钢管,其内径大于或等于泄水管的内径。排水槽宜采用铝质或钢质材料,也可以采用水泥混凝土预制件,其横断面为矩形或 U 形,宽度和深度一般为 20cm 左右。纵向排水管或排水槽的坡度不得小于 0.5‰。桥面伸缩缝处的纵向排水管或排水槽应设置可供伸缩的柔性套筒。寒冷地区的竖向排水管,其末端宜距地面 50cm 以上。

三、下穿立交工程排水构造物

下穿立交工程排水也包含通道排水。下穿立交工程的排水应根据道路等级和排水要求,并结合地面和路基高程、地形、汇水面积和流量、地下水位、冰冻深度、电力供应等情况而定,力求达到安全、可靠、经济、易于维修的目的。

1. 下穿立交工程排水方式

下穿立交工程排水应以立交工程范围内的雨水能及时通畅地排出,不造成下穿路面积水为基本原则,具体的原则为:

(1)采用分散排除,即"高水高排、低水低排"的原则;

(2)根据下游水位及沟河高程,尽可能选用自排方式;

(3)如条件有限无法自排时,可采用泵站抽升方式。但汇水范围尽可能小,以减小泵站规模、节省投资费用、便于维护和管理。

下穿立交工程排水可分为自流、调蓄、泵站抽升三种方式,也可以采用组合式方案。

(1)自流排水。

自流排水不需要专职管理人员,不耗电,是最经济的排水方式,因此,自流排水是下穿立交工程排水优先考虑的方案。

自流排水要充分利用附近的天然河道和沟渠等,这样不但可以使雨水尽快排除,而且排水系统造价低。当利用已有的排水管道时,应对管道的排水能力进行验算,以确保水及时排除。

以下两种情况可采用自流排水:

①桥位处路基较高,挖基不深,下穿路面形成后可将地表水沿纵坡顺流至远方;

②即使下穿路面小范围内呈凹形,易汇集地表水,但距立交工程不远处有排水出口,如天然河道,或者立交工程附近有低于下穿路面的排水沟渠。

上述两种情况均可采用自然排水,前者比较常见,可在道路两侧修建排水沟,处理起来也很直接;后者可采用埋设排水暗管的方法,在桥下修建集水井,接排水管将水通过自流疏导至远方。

采用自流排水,只需对管道的排水能力进行验算,以确保地表水的及时排除。

(2)先蓄后排。

当附近河道与下穿道路最低点高差较小,下穿道路路面呈凹形,如河道(或沟渠)水位高于下穿道路路面最低点,雨水不能及时排除时,可将部分雨水暂时储存于蓄水池中,错开历时较短的洪峰,待河道(或沟渠)水位回落后再排除。

调蓄排水应具备以下条件:

①立交工程附近有河道或排水沟渠,只要修建较短的排水沟渠,即可在洪峰过后将蓄水池放空;

②汇水面积较小,蓄水量不大,一场雨产生的总水量一般不超过 1000 m^3;
③在立交工程内有设置蓄水池等设施的场所;
④在立交工程内雨水沟渠(管)能自流接入蓄水池,蓄水池内的水也能自行流入沟渠或河道泄空。

这种方法排水效率不高,日常费用较大,一般较少采用。

(3) 强制排水。

强制排水又称泵站抽升排水。当水体或管道水位高于道路最低点并且不具备设置蓄水池的条件,或经比选较为经济时,可设置泵站进行排水。强制排水与先蓄后排的区别在于强制排水是边蓄边排。

工程实践经验表明,自流排水较后两种排水方法更为经济。有时虽然自流排水一次性投入较后两种大,但从长远来看,后两种的电力、人力投入较多,维护工作量也较自流排水大。

下穿立交工程排水方式应优先考虑排水的可靠性,在此基础上,应选择排水线路短、构造物少、施工方便、造价低的排水方式。

2. 下穿立交工程排水构造物

目前下穿立交工程排水系统存在的问题和不足有以下几方面:

(1) 立交工程两侧引道未设雨水收集系统。当汛期降雨量较大时,雨水会沿引道迅速流入立交道路,造成下穿路面大量积水,给行车和行人带来极大不便。

(2) 雨水收集主要依靠道路两侧纵向的篦子。横向排水依靠路面横坡来自流收集。而事实上,由于纵坡的影响,当水量较大时,水流根本不可能沿横坡排入道路两侧的篦子中,而是直接沿纵坡或合成纵坡流到下穿道路的最低点,形成大量积水。

(3) 单一集水井根本无法及时排出汛期的暴雨雨水。

(4) 多级泵站泵送抽水不能快速排除大量路面积水,而且能源消耗大。某些下穿立交工程由于埋深较大,集水井设置在道路的最低点,排水效果并不理想,一级泵站不能直接将水排除,通常需采取多级泵站系统。

下穿立交工程内的水涉及地表水(如雨水)和地下水,因此下穿立交工程排水包括地表排水和地下排水。

(1) 地表排水。

地表水多是由引道流入的雨水。为保证下穿立交工程和通道在降雨过程中不因积水而中断交通,要严格控制其汇水面积。常用的排水措施有:

①在引道的两端设置泄水口、排水沟等构造物,用于拦截和引排上游的地表水,以减少地表水流入通道。

②在两端引道起点之外的道路设反坡,阻止引道之外的地表水流入通道。当采用以上任何一种措施拦截地表水时,都必须使引道两侧挡水构造物高于周围地面。

对通道中的少量降雨积水及地下渗水,可采用集中汇集方式予以排出。集中排放可以采用自流排水或强制排水,无论自流排水还是强制排水,立交区内均应设置集水井、排水管。地表水通过集水井和排水管自流入排水总管(明渠)的排水能力应大于通道范围内地表水设计流量的 1.5 倍左右。

当下穿道路路面低于原地面时,造成下穿通道内的水不能自流排入天然沟渠,可采用加高下穿道路路基高度的方式,使下穿道路不致形成凹形,以免通道积水。对于人畜行通道或小型的人车行通道,可以在通道的一侧或两侧设置人行台阶,在畜行或偶尔行车的路面允许积水,但不致影响畜行、车行即可。

①集水井。

井口应设置平箅盖,并应设深度不小于30cm的沉淀池。集水井的深度应考虑排水构造和冻深的影响,一般为1.5m左右。集水井的数量、尺寸应根据地表水流量和每个集水井的泄水能力确定。一般下穿道路两侧各设一个集水井,对于少雨地区,可将横断面做成单向坡,只在一侧设集水井;若在暴雨地区,则应增加集水井数量,以便及时将汇水排走。

②排水管。

排水管布设应稳固,连接应平顺,管间承插口或套环接口应平直,环间间隙应均匀;管道与集水井之间应连接牢固,接缝处和结合处均应用弹性不透水材料填充密实,以防渗漏;采用抹带接口,应使表面平整,不得有裂缝、间断及空鼓等现象。

排水管每隔50m左右及转弯处,均应设置检查井,井底应设沉淀池;管道的纵坡不应小于0.5%,否则流速太慢,流量太小,雨水不能及时排除,同时也可避免淤积。

(2)地下排水。

当地下水水位高于道路引道,但其流量不大,而路面最低处高于天然水体时,可设置自流式渗沟,将地下水排向天然水体,而自流式渗沟应为管式渗沟,其一般构造如图2-53所示。若最低处低于天然水体则可流入泵站,采用强制排水方式将其排走。但应注意,采用泵站强制排水时应防止泵站及附近地面建筑物产生不均匀沉陷。

当下穿道路高程较低,地下水水位较高,且地下水压力和流量较大时,可在下穿道路路基下和周围设置包含渗水管的渗排水层。地下水渗入渗排水层和渗水管后,排至附近河道、下水道或经水泵再排走。渗排水层具有渗、排水功能,其一般构造如图2-54所示。

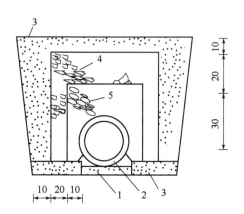

图2-53 管式渗沟的一般构造(尺寸单位:cm)
1-渗水管基座;2-渗水管;3-粗砂层;4-粒径小于2cm中粗砂;5-粒径2~3cm砂砾石

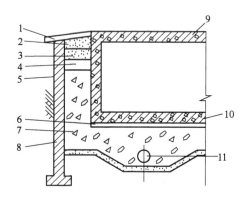

图2-54 渗排水层的构造示意图
1-混凝土保护层;2-细砂层;3-粗砂层;4-砾石或碎石;5-保护层;6-隔浆层;7-渗排水层;8-砂滤层;9-防水结构顶板;10-防水结构底板;11-渗水管

也可以采用无砂混凝土浇筑的渗水管(箱)作为渗、排水结构,无砂混凝土按反滤结构设计,不需要设置其他反滤层,以简化结构和便于施工。但结构断面较普通混凝土的大,应根据无砂混凝土的强度和刚度进行设计。

3. 立交雨水泵站

雨水泵站一般分为格栅间、集水池、泵房间、出水井、变配电间、附属生活用房(机修间)等。此外,泵站室外地坪应按城镇防洪标准确定,并符合规划要求;泵房室内地坪应比室外地坪高 0.2~0.3m,易受洪水淹没地区的泵站,其入口处设计地面高程应比设计洪水位高 0.5m 以上;当不能满足上述要求时,可在入口处设置闸槽等临时防洪构造物。

(1)格栅间。

一般雨水泵站的格栅间为开敞式,且与集水池合建。依照室外排水设计要求,位于居民区和重要地段的泵站,其格栅井及污水敞开部分应设置臭气收集和处理装置。

(2)集水池。

为使泵站正常运行,集水池的储水部分必须有适当的有效容积。集水池的设计最高水位与设计最低水位之间的容积为有效容积。若容积过小,则水泵开停频繁;若容积过大,则会增加工程造价。由于雨水进水管部分可作为储水容积考虑,集水池的有效容积一般不应小于最大一台水泵 30s 左右的出水量。间歇使用的泵房集水池,应按一次排入的水、泥量和水泵抽送能力计算。在集水池中应设置水位监测报警装置,以便对水位情况及时了解,避免道路积水。

(3)泵房间。

雨水泵站较多选用单级单吸的蜗壳式混流泵,形式为卧式上出水(水平出水)的干式泵,也可选用潜水泵。选用干式泵的泵站相对于潜水泵的占地面积大,但后期管理费用较低;潜水泵的单台造价相对于干式混流泵要高。两种泵型各有利弊。

根据规范和工程实践经验,泵房内的水泵应尽量型号规格相同,配置 2~8 台。对于排水标准要求高的地区或当排水范围比较大、雨水设计流量变化大时,可配置不同规格的水泵,大小搭配;也可采用变频调速装置或叶片可调式水泵。雨水泵站可视泵站重要性设置备用泵,以确保道路不积水,避免影响交通。

泵房的高度应满足设备进、出的需要,并应设置人行平台或走道。

根据多年的工程实践经验,一般采用自灌式泵站,最好采用防爆电机和变配电控制设备。对于重要路段、重要场所的雨水泵站,最好增设一台可以抽升易燃、易爆、腐蚀性液体的水泵,并设计监测设备和单独的出水管路,使用专用车辆运输排放,不得将未经处理的废水直接排入排水管道。

虽然雨水泵站只在降雨过程中启动,但是其高频噪声和低频振动对人体极为有害。若泵站与周边建筑物距离较近或者合建时,应优先采用潜水泵或者带吸音隔振措施的泵型。

(4)出水井。

出水井一般设计为半开敞式或开敞式的渠道,敞开部分设有安全防护措施。如果出水压力井的盖板必须密封,所受压力由计算确定。水泵出水压力井必须设透气筒,筒高和截面根据计算确定。

如果受场地限制,两台或两台以上水泵必须合用一条出水管时,每台水泵的出水管上均应设置闸阀,并在闸阀和水泵之间设置止回阀。

如果泵站与周边建筑物距离较近或者合建时,应考虑采用消声缓闭止回阀,避免水泵开启和骤停时产生的巨响,惊扰周边居民。

(5)通风设施。

由于雨水泵站较深,自然通风条件差,应设机械送排风系统,以防设备被潮气侵蚀。

(6)其他设施。

从消防角度考虑,泵房宜有两个出入口,其中一个应能满足最大设备和部件进出,主要是考虑设备出入吊装和运输方便,且应与车行道连通。

此外,单独设置的泵站与居住房屋、公共建筑物的距离应满足规划、消防和环保部门的要求。泵站的地面建筑物造型应与周围环境协调,做到适用、经济、美观,泵站内应绿化。

第六节 涵 洞

涵洞是设于路基下的过水通道,适用于流量小、漂浮物少、不受路堤高度限制的河沟或灌排水道。按《公路工程技术标准》(JTG B01—2014)桥涵分类规定,涵洞的单孔标准跨径小于5m,且多孔跨径总长小于8m,但管涵及箱涵不受此限制,不论其孔径大小、孔数多少均为涵洞。

一、涵洞的类型及适应性

1. 涵洞的分类

涵洞的分类方法很多,可以按构造形式、水力性质、建筑材料和洞顶填土情况和孔数进行分类。

(1)按构造形式分类。

涵洞按构造形式的不同可分为管涵(通常用圆管涵)、盖板涵、拱涵、箱涵。圆管涵要求具有足够的填土高度,对基础的适用性及受力性能较好,不需要台墩,圬工数量少,造价低。盖板涵构造较简单,维修容易,跨径较小时用石盖板,跨径较大时用钢筋混凝土盖板涵。拱涵是在跨越深沟或穿越高路堤时设置,可用于较大跨径,具有较大的承载潜力,但自重引起的恒载也较大,施工工序较多。箱涵整体性强,常用于软土地基,但用钢量大,造价高,施工较为困难。

(2)按水力性质分类。

水流通过涵洞时的深度,直接影响涵洞过水的水力状态,从而产生不同的涵洞水力计算图式。根据涵洞水力性质不同,涵洞可分为无压力式、半压力式和压力式三种,如图2-55所示。无压力式涵洞进水口水流深度小于洞口高度,水流受侧向束挟,进水口后不远处形成收缩断面;下游水面不影响水流出水口,水流流经全涵保持自由水面,要求涵顶高出水面,涵洞前不允许壅水或壅水不高。半压力式涵洞进水口水流深度大于洞口高度,水流充满洞口,呈有压状态,但离进水口不远的收缩断面及以后的其余部分均为自由水面,呈无压状态,要求全涵净高相等,涵洞前允许一定的壅高,且略高于进水口净高。有压力式涵洞进水口水流深度大于洞口高度,涵前壅水较高,全涵内充满水流,无自由水面,一般出水口被下游水面淹没,对于升高式进水口(流线型),当涵底纵坡小于摩阻坡度时,出水口不被下游水面淹没。

(3)按建筑材料分类。

涵洞常用石、砖、混凝土和钢筋混凝土修筑,分别称之为石涵、砖涵、混凝土涵和钢筋混凝土涵。结合构造形式,可细分为石盖板涵、石拱涵、砖拱涵、混凝土盖板涵、混凝土拱涵、钢筋混凝土盖板涵、钢筋混凝土拱涵、钢筋混凝土管涵和钢筋混凝土箱涵等。对于盖板涵和拱涵,往往两侧台墩(即涵身)用石或砖砌筑,而盖板和拱圈则用混凝土或钢筋混凝土浇筑。

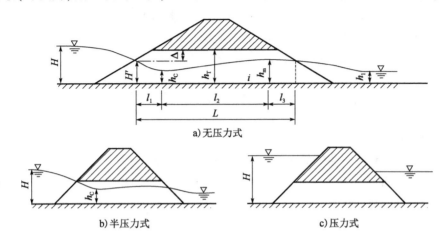

图2-55 涵洞水力图式

除此以外,还可修建陶瓷管涵、铸铁管涵、波纹管涵和石灰三合土涵等。

(4)按洞顶填土高度分类。

涵洞按洞顶填土高度不同可分为明涵和暗涵两类。当洞顶填土高度小于50cm时为明涵,通常用于低路堤和挖方路基。当洞顶填土高度大于等于50cm时为暗涵,常用于高路堤。

(5)按孔数分类。

根据涵洞孔数的不同,可分为单孔涵、双孔涵和多孔涵。

2.涵洞的适应性

选择涵洞形式时,应考虑道路的等级、任务和性质,涵洞所处的地形、地质、水文和水力条件,工程费用和造价,当地建筑材料情况,施工期限和施工条件以及养护维修条件等。遵循因地制宜、就地取材和便于施工、养护的原则,一条道路上涵洞形式应尽量一致,尽可能采用统一的标准形式,以利于施工。

譬如,圆管涵一般用于具有足够填土高度(大于50cm)的暗涵;当要求过水断面面积较大时,低路堤可用盖板明涵,一般路堤和高路堤可用盖板暗涵;跨越深沟或穿越高路堤路段时可设置拱涵;石料资源丰富的地区,则可用石拱涵;箱涵对地基的适应能力强,可用于软土地基。

(1)石拱涵。

石拱涵是山区道路最常用的一种结构形式。其优点是可以就地取材,造价低,易施工,不需要专用设备,结构坚固寿命长,自重及超载潜力大。其适用于盛产石料地区,可用于流量大于$10m^3/s$、跨径大于2m、路堤高度在2.0~2.5m以上、地基条件良好的河沟。其缺点是需要较大的建筑高度,难以预制施工,难修复,占用劳动力多,工期长,对地基要求高。

(2)石盖板涵。

石盖板涵的优点是可以就地取材,结构坚固,建筑高度小,对地基和基础要求不高,施工简便,易于修复;缺点是力学性能较差。其适用于石料缺乏地区,可用于流量小于$10m^3/s$、跨径小于2m的河沟。

(3)钢筋混凝土盖板涵。

钢筋混凝土盖板涵的优点是建筑高度较小,不受填土高度限制,可预制拼装,施工简便、迅速,结构简单,对基础要求不高,易于修复;缺点是钢材用量较大,造价较高。其适用于缺乏石料地段,流量大、填土高度受限制及道路等级较高的情况。其适应的填土高度一般在12m以内,通常可预制或现场浇制。预制拼装可节约模板,缩短工期,不受气候影响,常用于涵洞多且集中,并有运输吊装条件的情况;现场浇制整体性好,适用于工程分散、旧路改建工程中的单个涵洞及技术要求高的涵洞。

(4)钢筋混凝土箱涵。

箱涵是一种闭合式的钢筋混凝土薄壁结构,优点是整体性能好,结构坚固,对地基的适应性强;缺点是钢材用量大,造价较高,一般多为现场浇筑,施工难度大。其适用于软弱的地基(如软土地基)和缺乏石料的地段,一般低等级道路较少采用,常用于人行通道。

(5)钢筋混凝土圆管涵。

钢筋混凝土圆管涵的优点是力学性能好、构造简单、工程量小、可预制拼装,工期短、施工方便,对地基的适应性较强;缺点是清淤困难。其适用于石料缺乏地段,可用于孔径为$0.5 \sim 2.0$m、流量为$10m^3/s$以下的小型涵洞。一般采用单孔比较经济,多孔时不宜超过3孔,适应的填土高度可达15m以上。

为便于应用,根据建筑材料、构造形式和水力性质,将各类涵洞的适应性和特点汇总于表2-17~表2-19。

不同材料的涵洞适应性和特点 表2-17

类型	适应性	特点
石涵	产石地区,可做成石盖板涵、石拱涵	节省钢筋,水泥经久耐用,造价、养护费用低
混凝土涵	可现场浇筑或预制成拱涵、圆管涵和小跨径盖板涵	节省钢筋,可预制拼装,但损坏后修理和养护较困难
钢筋混凝土涵	用于管涵、盖板涵、拱涵;软土地基上可用箱涵	涵身坚固,经久耐用,养护费用低,管涵、盖板涵安装运输便利,但耗钢量较多,预制工序多,造价较高
砖涵	用于平原或缺少石料地区,可做成砖拱涵,有时做成砖管涵	便于就地取材,但强度较低;当水流含碱量大时或冰冻地区,易损坏,不宜采用

不同形式的涵洞适应性和特点 表2-18

类型	适应性	特点
管涵	有足够填土高的小跨径暗涵	对基础的适应性、受力性能较好,不需墩台,圬工数量少,造价低
盖板涵	要求过水面积较大时,低路堤上明涵或一般路堤的暗涵	构造较简单,维修容易,跨径较小时用石盖板,跨径较大时用钢筋混凝土盖板

续上表

类型	适应性	特点
拱涵	跨越深沟或高路堤时选用,山区石料资源丰富,可用石拱涵	跨径较大,承载潜力较大,但自重引起的恒载也较大,施工工序较繁多
箱涵	软土地基时设置,常用于人行通道	整体性强,但使用钢筋量多,造价高,施工较困难

不同水力性质的涵洞适应性和特点　　　　表2-19

水力性质	外观描述	适用性
无压力式	进水口水流深度小于洞口高度,水流受侧向束挟,进水口后不远处形成收缩断面。下游水面不影响水流出口。水流流经全涵保持自由水面	要求涵顶高出水面,涵前不允许壅水
半压力式	水流充满进水口,呈有压状态,但进水口不远的收缩断面及以后的其余部分均为自由水面,呈无压状态	全涵净高相等,涵前允许一定的壅水高,且略高于进水口净高
有压力式	涵前壅水较高,全涵内充满水流,无自由水面。一般出水口被下游水面淹没,对于升高式进水口(流线型),且涵底纵坡小于摩阻坡度时,出水口不被下游水面淹没	深沟高路堤,不危害上游农田、房屋的前提下,涵前允许较高壅水

由于构造形式和力学性能不同,涵洞的适宜孔径也有所不同,各类涵洞适宜孔径见表2-20。

涵洞常用孔径　　　　表2-20

构造形式	常用孔径(cm)	构造形式	常用孔径(cm)
钢筋混凝土圆管涵	50、75、100、125、150、200	钢筋混凝土箱涵	150、200、250、300、400
钢筋混凝土盖板涵	150、200、250、300、400	拱涵	150、200、250、300、400
石盖板涵	75、100、150		

二、涵洞的构造

涵洞由基础、洞身和洞口三大部分组成,如图2-56所示。在地面以下,防止沉降和冲刷的部分称为基础;在基础之上,挡住路基填土,形成流水孔洞的部分称为洞身,是涵洞的主要部分,要求坚固而稳定;在洞身两端,用以集散水流,保护洞身和路基使之不被水流破坏的部分称为洞口,洞口应与洞身较好地衔接并使之形成良好的宣泄水流条件,洞口分进水口和出水口,分别简称为进口和出口。

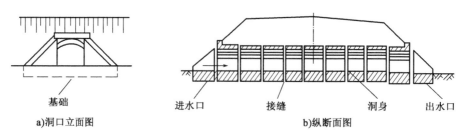

图 2-56 涵洞的组成示意图

为防止地基不均匀沉降而引起涵身断裂,便于施工(预制和安装),涵洞沿洞身长度方向应设置接缝(沉降缝或伸缩缝);为防止接缝漏水,应做防水处理;为防止水分侵入钢筋混凝土结构内部,使钢筋锈蚀,缩短结构寿命,应设置防水层;对于北方严寒地区,无筋混凝土结构也需要设置防水层,防止水分侵入混凝土内,因冻胀造成结构破坏。同时为使水流能安全地通过涵洞,减弱对前后涵底的冲刷,需对涵底和进出水口处的河床进行一定范围的加固铺砌,必要时在涵洞前后加设调治构造物和消能设施。

(一)基础

涵洞基础作为涵洞的重要组成部分,其作用是保证涵洞的稳定和牢固,防止因水流冲刷造成的沉降或坍塌,承受整个建筑的重量。

涵洞基础应具有足够的强度、稳定性及耐久性,涵洞基础的地基也应具有足够的承载力。应根据水文、地质、结构形式、材料供应和施工条件合理地选用基础类型,确定地基加固形式以及基础埋置深度。

下面仅介绍基础类型和埋置深度,具体设计将在第(二)部分结合洞身设计作详细介绍。

1. 基础类型

涵洞基础类型可根据建筑材料、构造形式以及工作条件来划分。

(1)按建筑材料划分。

基础对材料的要求不高,几乎所有的建筑材料都可以利用。常用的基础材料有片石、砖、混凝土和钢筋混凝土等。

①石料基础:一般采用水泥砂浆砌片石。在地下水水位以上亦可用掺石灰的混合砂浆砌筑。石料的强度不应小于 MU25,砌筑砂浆强度不应小于 M2.5。因浆砌片石水泥用量较少,故在盛产石料地区,较多采用一般的永久性涵洞。浆砌片石花费劳力较多,砌体整体性稍差。

②砖基础:在缺乏石料地区,常用砖砌筑基础。砖的标号应在 MU7.5 以上。因砖的强度和耐久性均较差,宜将基础四周面层用浸透沥青的砖砌筑,这可以较好地抗冻、抗盐碱的侵蚀。

③混凝土基础:混凝土的整体性较好,便于机械化施工。混凝土强度不应小于 C15。为了节约水泥,混凝土中可掺入含量不多于 25% 的片石,片石的强度不低于 MU25,且不低于混凝土强度。还可采用各种形状的混凝土预制块来砌筑。

④钢筋混凝土基础:当基础承受较大挠曲时,可采用钢筋混凝土,混凝土的强度应在 C15 以上。由于钢筋混凝土的强度较高,因而能够在较小的埋置深度内取得较大的支承面积(即采用较大的襟边)。

(2)按构造形式划分。

根据上部构造的要求以及地基情况的不同,涵洞基础的构造形式可分为整体式基础和分离式基础。

①整体式基础:一般为矩形基础,其尺寸通常是由上部结构的大小确定,而不受地基承载力的控制。

当地基土质不均匀时,为防止不均匀沉降和局部破坏,或因涵洞跨径较小基础相距很近时,为便于施工,往往将涵台下基础联合成整体式基础,如图 2-57 所示。

②分离式基础:它是单独修筑在各涵台下的基础,即各涵台下的基础是相互独立的,如图 2-58 所示,常在跨径较大及地基强度较高时采用。

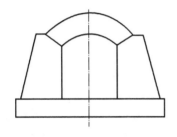
图 2-57　整体式基础

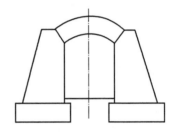
图 2-58　分离式基础

(3)按工作条件划分。

①刚性基础:当基础材料抗拉强度较低时,其结构尺寸应满足抗弯曲强度要求,计算中不计其弯曲变形,这种基础称为刚性基础,如前述的砖、石及混凝土基础等都为刚性基础。

②柔性基础:在荷载作用下应考虑其变形者,则采用柔性基础。前述钢筋混凝土基础即为柔性基础,当涵管置于天然土层或砂砾垫层上(即无基涵管)时,亦属柔性基础。但在经常有水或涵前壅水较高以及淤泥、沼泽和严寒的地区,不宜采用柔性的无基涵管,而应敷设在用石料、混凝土或灰土筑成的凹槽刚性基础上。

2.基础埋深

影响涵洞基础埋深的主要因素有:地基土的强度(即承载力)、水流的冲刷能力、地基的冰冻程度。从以上三个因素考虑,基础埋置深度应符合下列要求:

(1)基础可直接置于基岩上,但应清除风化层。如风化层较厚难于清凿时,亦可置于风化层中,其埋深视风化程度、冲刷情况及承载力而定。

(2)当地基为一般土体又无冲刷时,基础应埋于地面下 0.6m(盖板涵)或 1.0m(石拱涵)。如河床上有铺砌时,一般宜设在铺砌层底面以下 1.0m。在有冲刷的河流上,因涵洞都设有铺底,一般不考虑冲刷深度对基础埋深的影响。

(3)当地基为淤泥或软弱层时,应根据地质情况采取扩大基础、倒拱、块石挤淤、砂(土、石灰)桩挤密、换土、砂垫层等加固措施。

(4)冰冻对地基的影响较大,地基土冻胀后承载能力大大降低,特别是春季土体消融后引起地基翻浆,严重影响基础的稳定。因此在冰冻地区,基础埋置深度还应考虑冰冻深度。当地基土为不冻胀土(如岩石、卵石、中粗砂等)时,可不受冰冻深度限制。一般情况下基础应埋于冰冻线以下 0.25m。但对于孔径小、洞身长的涵洞基础埋置,可只将洞口两端范围内的基础埋于冰冻线以下 0.25m,其余洞内基础因洞内温度稍高,基底可适当抬高,一般为冰冻深度 H_d 的

0.6～0.7倍,如图2-59所示。对于地基土属于弱冻胀土的基础,可埋于冻结层内,但其深度不应小于最大冻土深度的70%。

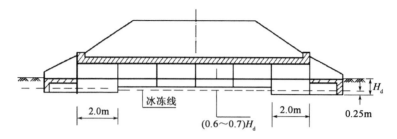

图2-59 基础埋深(H_d为冰冻深度)

(二)洞身

洞身是形成过水孔道的主体,它应具有保证设计流量通过的必要孔径,同时又要求本身坚固而稳定。洞身的作用一方面是保证水流通过,另一方面也直接承受荷载压力和填土压力,并将其传递给地基。洞身通常由承重结构(如拱圈、盖板等)、涵台(墩)以及防水层、伸缩缝等部分组成。钢筋混凝土箱涵及圆管涵为封闭结构,涵台、盖板、基础联成整体,其涵身断面由箱节或管节组成,为了便于排水,涵底应有适当的纵坡,其最小坡度为0.4%。

按涵洞构造形式和组成部分不同,洞身也有不同的形式。

1. 圆管涵

圆管涵主要由管身、基础、接缝及防水层等组成,如图2-60所示。

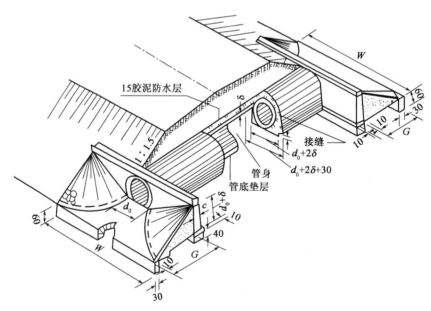

图2-60 圆管涵及组成(尺寸单位:cm)

(1)管身。

管身是管涵的主体部分,通常由钢筋混凝土构成,管身多采用预制安装,其预制长度通常有0.5m、1.0m和2.0m等几种。当管身直径$d_0<0.5$m时,可不加钢筋而用素混凝土;当$d_0=$

0.5m 时,采用单层钢筋;当 $d_0 = 0.75 \sim 2.0$m 时,应采用双层钢筋。管身壁厚随管径大小和填土高度而异,见表 2-21。单孔及双孔圆管涵管身断面如图 2-61 所示。

圆管涵管壁厚度　　　　　　表 2-21

管径 d_0(cm)	50	75	100	125	150	200
管壁厚 δ(cm)	6	8	10	12	14	15

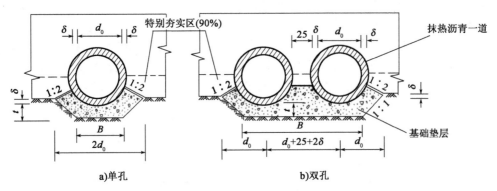

图 2-61　圆管涵构造图(尺寸单位:cm)

圆管涵管身可有刚性与柔性之分,当整节钢筋混凝土圆管无铰时为刚性管节;当沿横截面圆周对称加设 4 个铰时称柔性管节。

（2）基础。

圆管涵视地基强度可采用以下几种形式:

①混凝土或浆砌片石基础。一般在土质较软弱的地基上采用,如图 2-62a)所示。基础厚度 20cm,混凝土强度 C10,基础顶面用 C15 素混凝土做成八字斜面,使管身和基础连接成一体。

②垫层基础。在砂砾、卵石、碎石及密实均匀的黏土或砂土地基上,可采用砂砾石做垫层基础,如图 2-61 所示。垫层厚度 t 值视土质情况确定。对于卵石、砾石、粗中砂及整体岩层地基,$t = 0$(即不设垫层基础);对于亚黏土、黏土及破碎岩层地基,$t = 15$cm;对于干燥地区的黏土、亚黏土、轻亚黏土及细砂地基,$t = 30$cm。

③混凝土平整层。在岩石地基上,可不做基础,仅在圆管下铺一层垫层混凝土,其厚度一般为 5cm,如图 2-62b)所示。

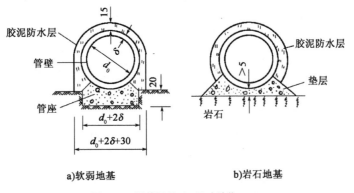

图 2-62　圆管涵基础(尺寸单位:cm)

(3)接缝。

圆管涵多采用预制拼装施工,其接缝形式有平口接头缝和企口接头缝两种。

平口接头缝有以下三种做法:

①接缝用热沥青炼过的麻絮填塞,再用厚1~2mm、宽15~20cm的铁皮缠扎,铁皮缠扎可做成两个半箍的形式,然后夹起来,如图2-63a)所示。

②接缝用热沥青浸炼的麻絮填塞,然后用热沥青填充,最后用涂满热沥青的油毛毡裹两层或用八层热沥青浸炼的防水纸,黏合在外表,如图2-63b)所示。

③涵管缝用沥青浸炼过的麻絮填塞后,再套上钢筋混凝土箍,这种平口接头称为钢筋混凝土箍接头。其防水性好,但由于加钢筋混凝土接头后,纵向刚度增大,从而使其适应纵向变形的能力变差,在管身有较大不均匀沉陷时,易导致管身开裂,如图2-63c)所示。

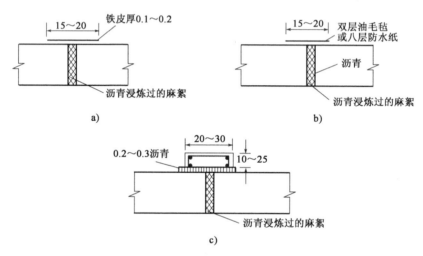

图2-63 平口接头缝(尺寸单位:cm)

企口接头缝亦有三种形式,如图2-64所示。

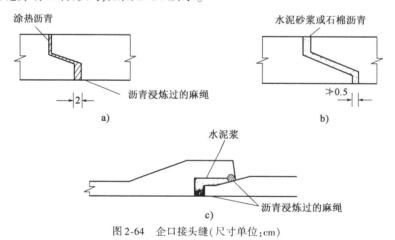

图2-64 企口接头缝(尺寸单位:cm)

(4)防水层。

为防止圆管接头漏水,应对接缝进行防水处理,圆管涵防水层一般用塑性黏土,厚度为15~20cm。

2.盖板涵

盖板涵主要由盖板、涵台、基础、洞身铺底、伸缩缝及防水层等部分组成,如图2-65所示。

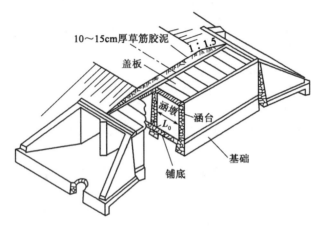

图2-65 盖板涵

(1)盖板。

盖板是涵洞的承重结构,分为石盖板和钢筋混凝土盖板。跨径在1~2m以下,石料丰富时,一般采用石盖板。其厚度随填土高度和跨径而异,一般为15~40cm,采用石盖板涵时,宜做成暗涵。当跨径大于2m或无石料时,宜采用钢筋混凝土盖板,其厚度不应小于20~30cm。

必须严格选择盖板石的石料,其质量应满足设计要求,一般石料强度等级不应小于MU40。

(2)涵台、基础及洞身铺底。

一般由浆砌(或干砌)块、片石构成。砂浆强度等级为M5。基础厚度一般为60~100cm,铺底厚度一般为30cm,基础底面的埋深(以距原沟底面或铺砌层顶面计)一般为100~140cm。盖板涵的涵台宽度a和b,基础宽度a_1和b_1各自的常用值见表2-22。

盖板涵涵台(墩)基础宽度值　　表2-22

盖板种类	涵台(墩)基础材料	涵台宽a(cm)	涵墩宽b(cm)	涵台基础宽a_1(cm)	涵墩基础宽b_1(cm)
石盖板	块石	40	40	50~60	60~80
钢筋混凝土盖板	块石	40~120	40~80	60~140	80~130
	混凝土	30~70	40~80	50~100	80~130

(3)沉降缝及防水层。

涵洞沿洞身长度方向应分段设置沉降缝,以防止不均匀沉降,沉降缝设置的一般要求如下:

①涵洞与急流槽、端墙、翼墙等结构分段处设置沉降缝,以使洞口沉降不致影响洞身。沉降缝应贯穿整个断面(包括基础),缝宽为2~3cm。

②沉降缝沿洞身每隔3~6m设置一道,具体位置需结合地基土质变化情况及路堤高度而定。

③凡地基土质发生变化、基础埋置深度不同或基础地基压力发生较大变化及基础填挖交

界处,均应设置沉降缝。

④凡采用填石抬高基础的涵洞,都应设置沉降缝,其间距不宜大于3m。

⑤置于均匀岩石地基上的涵洞可不设沉降缝。

⑥斜交正做涵洞,沉降缝与涵洞中心线垂直;斜交斜做涵洞沉降缝与路中心线平行,但拱涵、管涵的沉降缝应与涵洞中心线垂直。

沉降缝应用填充料填筑,其方法如下:

①基础襟边以下,填筑沥青木板或沥青砂板,也可用黏土填入捣实,并在流水面边缘用1:3水泥砂浆填塞,深约15cm。

②基础襟边以下,接缝处外侧以热沥青浸制麻筋填塞,深度约5cm,内侧以1:3水泥砂浆填塞,深约15cm,中间如有空隙可以填黏土。

③基础襟边以上,应顺沉降缝周围设置黏土保护层,厚度约20cm。

涵洞防水层的做法如下:

①各式钢筋混凝土涵洞的洞身及端墙,在基础面以上,凡被土掩埋部分的表面,均涂以两层热沥青,每层厚1～1.5cm。

②混凝土及石砌涵洞(包括端、翼墙)被土掩埋部分的表面,只需将圬工表面做平,无凹入存水部分,可以不设置防水层。

③钢筋混凝土明涵,采用2cm厚水泥砂浆或4～6cm水泥混凝土做防水层。

④石盖板涵盖板顶可采用10～15cm草筋胶泥糊顶防水层,并将表面做成拱形,以利排水。

3. 拱涵

拱涵主要由拱圈、护拱、拱上侧墙、涵台、基础、铺底、沉降缝及排水设施等部分组成,如图2-66所示。涵洞的横截面形式有:半圆拱、圆弧拱、卵形拱,如图2-67所示。最常用的是圆弧拱,而卵形拱由于施工不便,很少应用。

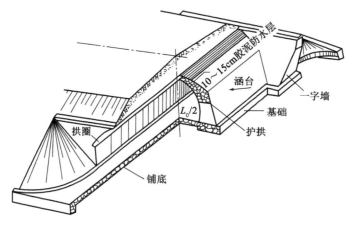

图2-66 石拱涵

(1)拱圈。

拱圈是拱涵的承重结构,可由石料、混凝土、砖等材料构成,如图2-68所示。常采用等厚的圆弧拱。矢跨比f_0/L_0常用1/2、1/3、1/4,一般不应小于1/4。而矢跨比小于1/6的叫坦圆拱,坦圆拱仅在建筑高度受限时采用。

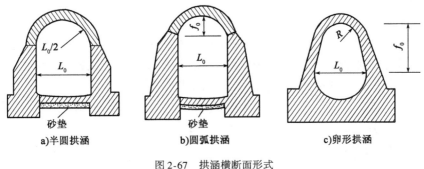

a)半圆拱涵　　　b)圆弧拱涵　　　c)卵形拱涵

图 2-67　拱涵横断面形式

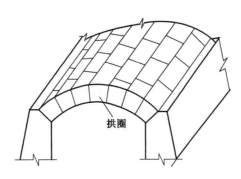

图 2-68　拱圈

拱圈厚度可根据经验确定,也可根据有关标准图确定,一般厚度为 25~35cm。

石拱圈有干砌和浆砌两种,浆砌拱圈多用 M5 或 M7.5 砂浆砌片(块)石。

(2)涵台(墩)和拱上侧墙。

涵台(墩)是支撑拱圈并传递荷载至地基的圬工结构。台(墩)一般做成背坡为 4∶1 的重力式涵台,高为 50~400cm,台顶宽为 45~140cm。

拱上侧墙一般亦做成重力式挡墙形式,背坡和涵台相同,高度一般为 0.5~2.0m,顶宽一般为 40~50cm。

涵台(墩)和拱上侧墙的构造如图 2-69 所示,涵台和拱上侧墙多用砂浆砌块片石构成。

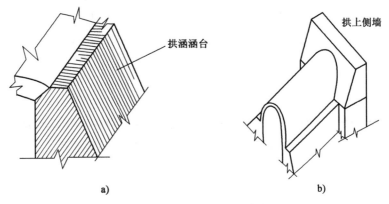

图 2-69　涵台和拱上侧墙的构造

(3)护拱。

其作用主要是保护拱圈,防止荷载冲击,通常由水泥砂浆砌片石构成,如图 2-70 所示。护拱高度一般为矢高之半。

(4) 基础和铺底。

涵台底面应设基础，以扩散地基应力，基础形式视地基土和涵洞跨径，分别采用整体式或分离式。整体式基础主要用于卵形涵及小跨径涵洞；松软地基上的涵洞，也可采用整体式基础。对于较大跨径（如2～3m）的涵洞，宜采用分离式基础。

铺底范围为从进水口端部至出水口端部，进水口、出水口铺底两端还应设置截水墙以保护铺底。铺底多用浆砌片石构成，也可采用混凝土浇筑。

基础、铺底的构造如图2-71所示。

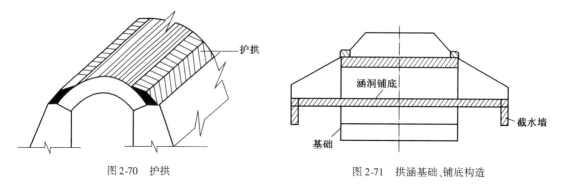

图2-70　护拱

图2-71　拱涵基础、铺底构造

(5) 防排水设施和沉降缝。

为防止涵洞泄水通道内的水流渗入路堤而影响稳定，一般应在拱顶及护拱的上端设置防水层；排水设施设于拱背及台背，其作用主要是排除路基渗水，使拱圈免受水的侵蚀。防排水设施的构造如图2-72所示。干燥少雨地区可不设防排水设施。沉降缝设置方法同盖板涵。

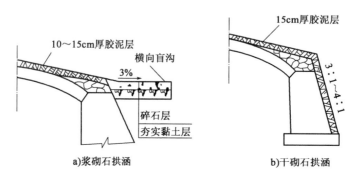

图2-72　石拱涵防排水设施

4. 箱涵

箱涵为整体闭合式钢筋混凝土框架结构，具有良好的整体性和抗震性能。由于箱涵施工较复杂且造价高，所以仅在软弱地基及高等级道路上使用。箱涵主要由钢筋混凝土涵身、翼墙、基础、变形缝等部分组成，如图2-73所示。

(1) 涵身。

箱涵涵身由钢筋混凝土组成，洞身断面一般为长方形或正方形。箱涵壁厚一般为22～35cm，箱涵内壁面四个折角处往往做成45°的斜面，以增大转角处的刚度，其尺寸为5cm×5cm。单孔箱涵主要指标见表2-23。

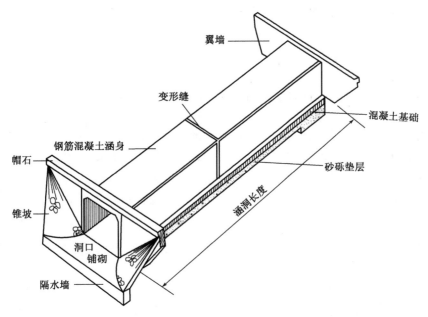

图 2-73 箱涵

单孔箱涵主要指标　　　　　　表 2-23

净空 $B \times H$ (m)	涵顶填土高度 h (m)	顶底板厚度 t_1 (m)	侧墙厚 t_2 (m)	用　途
1.5×1.25	0.05~3.5	0.25	0.22	过水
2.0×1.5	0.05~3.5	0.25	0.22	
2.0×2.0	0.05~3.5	0.25	0.22	
3.0×2.5	0.05~3.5	0.29	0.27	
3.0×3.0	0.05~3.5	0.29	0.27	
2.5×2.2	0.05~3.5	0.27	0.25	人行通道
4.0×2.2	0.05~3.5	0.34	0.32	
4.0×3.0	0.05~3.0	0.34	0.32	畜力车通道

(2)翼墙。

翼墙在涵身靠洞口侧的两端,与洞身连成整体,为钢筋混凝土薄壁结构。壁厚一般为 30~40cm。翼墙主要用于洞身与进出水口锥坡的连接,支挡路基填土。当采用八字墙洞口时,可不做翼墙。

(3)基础。

箱涵基础一般为双层结构。上层为混凝土结构,厚 10cm,下层为砂砾石垫层,厚度为 40~70cm。厚度尺寸的确定应与基础埋深同时考虑。在接近洞口两端涵身 2m 范围内的砂砾垫层应在冰冻线以下不少于 25cm。其余区段的设置深度可视地基土冻胀情况和当地施工经验确定。

(4)变形缝。

变形缝均设在洞身中部,连同基础变形缝一起设置。用 4cm×6cm 的槽口设于顶、底板的上面和侧墙的外面。过水箱涵底板变形缝的顶面可不设油毛毡,在填塞沥青麻絮后再灌热沥青即可。

(三)洞口

洞口是洞身、路基、河沟三者的连接构造物。洞口的作用是:一方面使涵洞与河沟顺接,使水流进出顺畅;另一方面确保路基边坡稳定,使之免受水流冲刷。为使水流安全顺畅地通过涵洞,减小水流对涵底的冲刷,需对涵洞洞身底面及进出水口底面进行加固铺砌,必要时在进出水口前后还需设置调治构造物,进行沟床加固。因此,涵洞洞口是保证路基和洞身安全稳固及排泄水流的重要部位。对洞口要求是保证水流顺畅进出洞身,提高涵洞的过水能力;防止水流对洞口附近路基边坡及洞口基础的冲刷;确保涵洞安全,保证道路正常通车。

1. 洞口形式

洞口建筑类型有八字式、直墙式、端墙式、平头式、跌水式、走廊式、流线型以及锥坡式、扭坡式等。

(1)八字式洞口。

八字式洞口为重力墙式结构,由敞开斜置的八字墙构成,如图2-74所示。两边八字形翼墙墙身高度随路堤的边坡而变。八字式翼墙配合路基边坡设置,工作量较小,水力性能好,施工简单,造价较低,建筑造型美观,是最常用的洞口形式。为缩短翼墙长度并便于施工,将其端部建为矮墙,形成潜入式八字墙,如图2-75所示。

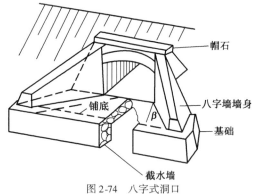

图2-74 八字式洞口

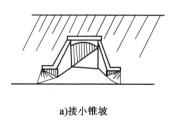

a)接小锥坡   b)接水渠

图2-75 潜入式八字墙

八字式翼墙墙身与路中线垂线方向的夹角称为张角,洞身边线(水流方向)与八字墙墙身投影线之间的夹角称为水流扩散角。按水力条件考虑,进水口水流扩散角最适宜的角度为13°,出水口水流扩散角不宜大于10°。但为便于集纳水流和减小出水口翼墙末端的单宽流量,减少冲刷,扩散角多采用30°,并且左右对称。经验证明,扩散角过大时靠近翼墙端部处易发生涡流以致加大冲刷。因此,应根据具体的沟渠地形情况因地制宜灵活设置,以利于合理地汇集和扩散水流,并顺畅地与原有河沟相衔接。

当张角为0°时,八字墙墙身与涵洞轴线平行,称直墙式洞口,如图2-76所示,因此直墙式洞口可看成八字墙洞口的特例。其主

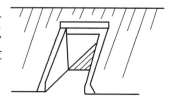

图2-76 直墙式洞口

要适用于涵洞跨径与河沟基本一致,无须汇集和扩散水流或仅为疏通两侧农田灌溉时的情况。直墙式洞口翼墙短且洞口铺砌少,较为经济。

(2)端墙式洞口。

在涵台两端修一垂直于台身并与台身同高的矮墙,由此形成的洞口称为端墙式洞口,也称一字式洞口。端墙式洞口构造简单,但水流条件不佳。在端墙外侧,可用砌石的椭圆锥坡、天然土坡、砌石护坡或挡土墙与天然沟槽和路基相连接,构成各种形式的端墙式洞口,如图2-77所示。

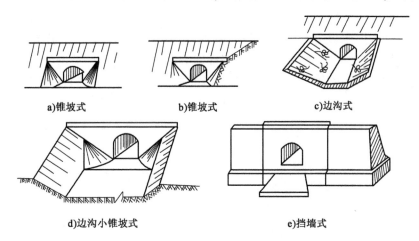

图2-77 端墙式洞口

端墙配锥形护坡,是常用的一种洞口形式,如图2-77a)、b)所示,其使用条件与八字墙相似,多用于宽浅河沟或孔径压缩较大的情况,要求沟床稳定、土质坚实;由于稳定性和经济性好,更适用于涵台较高(如高于5m)的涵洞;由于锥坡表面坡度可随路基边坡坡度变化,因而能适应各种不同路基边坡的情况,灵活性比较强。

图2-77c)适用于洞口有沟渠或不受冲刷影响的岩石河沟上;为了改善水力条件在图2-77c)的沟底设置小锥坡构成图2-77d)。图2-77e)仅在洞口路基边坡设有直立式挡土墙时才采用。

(3)跌水井式洞口。

当天然河沟纵坡大于50%或路基纵断面设计不能满足涵洞建筑高度要求,涵洞进水口开挖大以及天然沟槽与涵洞高差较大时,为使沟槽或路基边沟与涵洞进水口连接,常采用跌水井式洞口,其形式有边沟跌水井式洞口与一字墙跌水井式洞口,如图2-78所示。前者主要适用于内侧有挖方边沟涵洞的进水口;后者适用于一般陡坡沟槽跌水。应该说明,跌水井式洞口仅指涵洞进水口。

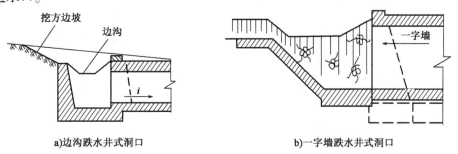

图2-78 跌水井式洞口

(4)扭坡式洞口。

为使洞口水流顺畅,避免产生过大的水头损失并减少冲刷及淤积,用一段变坡过渡段设于洞口与沟渠之间,即构成扭坡式洞口,如图2-79所示。

扭坡式洞口过渡段的长度直接影响洞内水流的流出,如过渡段过短,使扩散角过小,则易引起主流脱离边墙而产生回流,致使水流过渡集中,使下游沟渠产生冲刷。进水口收缩过渡段长度一般为沟渠水深的4~6倍,出水口扩散角还应适当加大,扩散段长度也应相应加长。

(5)平头式洞口。

平头式洞口的进出水口为与路基边坡一致的斜面,又称领圈式或护坡式洞口,如图2-80所示。其常用于钢筋混凝土圆涵洞,因需制作特殊的洞口管节模板,费用较高,仅适用于大批量预制。平头式洞口圬工砌体甚少,与八字式翼墙相比,可节省材料45%~85%,但水力条件较差,泄水能力减小8%~10%,目前很少采用。

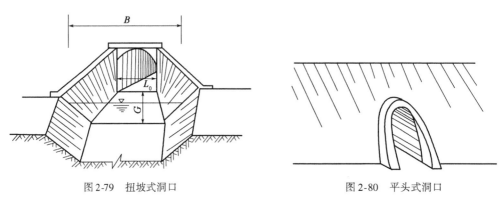

图2-79 扭坡式洞口　　　　　图2-80 平头式洞口

(6)走廊式洞口。

走廊式洞口由两片高度前后相等的平行墙组成,两平行墙端部在平面上为圆曲形状或八字形,如图2-81所示。这种形式的进水口将使涵前的壅水水位在洞口部分提前收缩跌落,因此可以降低无压力式涵洞的计算高度或提高涵洞中的计算水深,从而提高涵洞的宣泄能力。但这种洞口施工较复杂,目前较少使用。

(7)流线型洞口。

流线型洞口,主要是将涵洞进水口端节在立面升高形成流线型,使沿涵长向的涵洞净空符合水流进洞逐渐收缩的实际情况,如图2-82所示。流线型洞口当用于压力式涵洞时,可使洞内满流;当用于无压力式涵洞时,可增大涵前水深,能够有效地提高涵洞的宣泄能力。

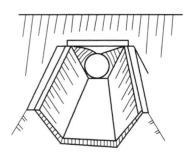

图2-81 走廊式洞口　　　　　图2-82 流线型洞口

常用的流线型洞口随涵洞类型的不同有各种形式,如图 2-83 所示,盖板涵和箱涵采用升高式,并配以八字墙(也可设曲线墙);为便于施工,拱涵可采用进水口加高节段的方式;圆管涵可采用端部升高式,也可采用比较简单的喇叭式。

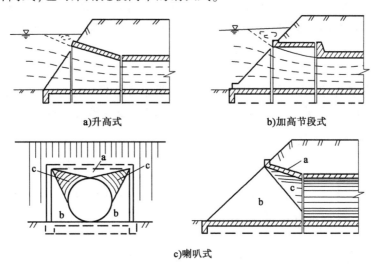

图 2-83　流线型洞口的形式

喇叭式洞口是由一块斜顶板 a、两块侧墙 b 及两块曲线三角板 c 组成,适用于大量预制装配的圆管涵。

流线型洞口虽然施工工艺比较复杂,但对于高路堤涵洞,尤其是路幅较宽、涵身较长的涵洞,从提高宣泄能力、节省造价的方面来说是可取的。

综上所述,各种常用洞口形式的适用性及特点汇总于表 2-24。

不同洞口的适用性和特点　　　　　表 2-24

洞口形式	适用性	优缺点
八字式	平坦顺直、纵断面高差不大的河沟。配合路堤边坡设置,广泛用于需收纳、扩散水流处	水力性能较好,施工简单,工程量较小,应用广泛
直墙式	涵洞跨径与沟宽基本一致,无须汇集与扩散水流的河沟、人工渠道	水力性能良好,工程量少。在山区能配合急流槽、消力池使用,应用不广泛
锥坡式	宽浅河沟上,对水流压缩较大的涵洞,常与较高、较大的涵洞配合	水力性能较好,能增强高路堤洞口、洞身的稳定性,但工程量较大,应用广泛
端墙式	平原地区流速很小、流量不大的河沟、水渠	构造简单,造价低,但水力性能较差
跌水井式	沟槽纵坡较大,涵洞进水口为挖方,以及天然沟槽与进水口高差较大的涵洞进水口	水力性能较好,具有消能、集水、降坡的功能,井内沉淀泥沙应经常清理
扭坡式	涵身迎水面坡度与人工水渠、沟渠侧向边坡不一致时采用	水力性能较好,水流对涵洞冲刷小,施工工艺较复杂
平头式	水流过涵洞侧向挤压和束缚不大,流速较小,洞口管节需大批使用,可集中生产时采用	节省材料,工艺较复杂,水力性能稍差
走廊式	需收纳、扩散水流的无压力涵洞,涵洞孔径选用偏小时采用	水力性能较好,工程量比八字式大,施工较麻烦
流线型	适用于水流流速、流量较大的情况	充分发挥涵洞孔径的宣泄能力,水力性能好,但施工工艺复杂,使用材料较多

2. 斜交洞口的处理

涵洞与路线相交,分为正交和斜交两种。当涵洞纵轴线与路线轴向垂直时,称为涵洞与路线正交;当涵洞纵轴线与路线轴向不垂直时(所夹锐角 α 称为斜度),称为涵洞与路线斜交。

当涵洞与路线斜交时,其洞口建筑所采用的各种形式与正交时基本相同。根据洞身构造不同,有两种处理方法,即斜交斜做和斜交正做。

(1)斜交斜做。

为求外形美观及适应水流条件,可使涵洞洞身端部与路线平行,这种做法即为斜交斜做,如图 2-84 所示。在这种情况下,除洞口建筑外,还须对盖板或箱涵涵身的两端另行设计,以适应斜边的需要。

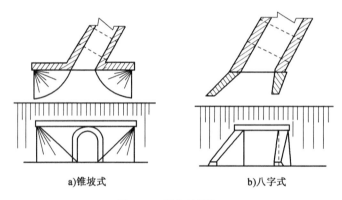

a)锥坡式　　b)八字式

图 2-84　斜交斜做洞口

由于八字墙布置是由顺洞墙分别向外扩散(水流扩散角)而形成,如图 2-85 所示,从而造成上下游的两个翼墙一长一短,成反对称形式。但上游一对和下游一对翼墙根部和端部断面的各自高度是相同的。

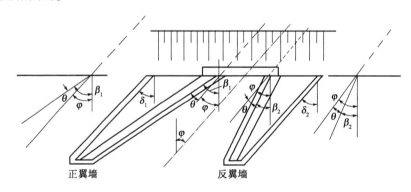

图 2-85　八字墙斜交斜做洞口

图 2-85 中 θ 为水流扩散角,即沿涵轴线方向与翼墙内侧的张角,φ 为涵轴线方向的垂线与道路中线的夹角(即涵洞的斜度),β 为翼墙斜度。β_1 和 β_2 应根据地形和水流条件确定。

当 $\theta \leq \varphi$ 时,叫"反翼墙",$\beta_2 = \varphi - \theta$;反之当 $\theta > \varphi$ 时,叫"正翼墙",$\beta_1 = \varphi + \theta$。一般来说,对于正翼墙,$\beta_1$ 越大,翼墙的工程量亦越大,因此应尽量使 β_1 不超过 60°为宜;对于反翼墙,当 $\beta_2 = 0$,即 $\varphi - \theta = 0$ 时,翼墙的工程量最小,最经济。

（2）斜交正做。

在圆管涵或拱涵中，为避免两端圆管或拱的施工困难，可采用斜交正做法处理洞口，如图2-86所示。即涵身部分与正交时完全相同，而洞口的端墙高度予以调整。为使水流顺畅，宜配合路堤边坡对洞口建筑另行设计。

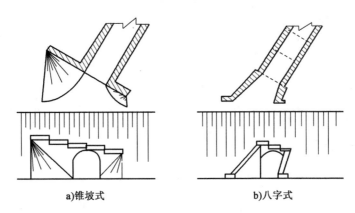

图2-86 斜交正做洞口

对于八字墙洞口的翼墙一般采用正翼墙，较长一侧的翼墙称大翼墙，较短的翼墙称小翼墙，如图2-87所示。从经济上考虑，大翼墙的β_1角越小越经济，小翼墙$\beta_2 = \varphi$时最经济。斜交正做洞口的洞身与正交涵洞洞身相同，因设计、施工比斜交斜做洞口方便，但洞身长度比斜交斜做时长，工程量有所增加。斜交正做由于两个翼墙高度不同，因而其伸出的长度亦不同，其翼墙尾端的连线应与路中线平行。端墙和帽石可做成斜坡式或台阶式，如图2-88所示。

端墙配锥形护坡的洞口形式常采用斜交正做，如图2-89所示。其端墙亦可做成斜坡式或台阶式。由于洞身正做，致使两侧锥坡大小不一，从外观看不对称，不美观。采用这种形式时，应尽量减小斜交角度，使锥坡差异较小。

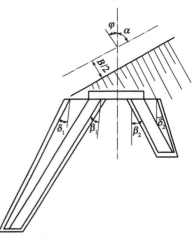

图2-87 八字墙斜交正做洞口

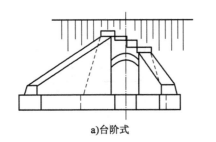 

图2-88 八字墙斜交正做洞口帽石处理

对于斜交管涵宜采用斜交正做平头式斜洞口，如图2-90所示。将管身延长，用突出路基外的三角形平台掩饰，平台用铺砌护道边坡的方法予以加固。

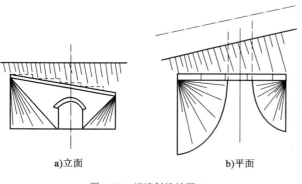
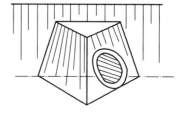

a)立面　　　　　　　b)平面

图 2-89　端墙斜锥坡洞口　　　　　　图 2-90　平头式斜洞口

三、涵洞的纵面布置

涵洞纵面布置主要依据地形、地质及水文等条件。

1. 平坦沟床布置

当天然沟床纵坡较小且涵长较短时,可按图 2-91 进行布置。布置时,洞底高程及坡度原则上应与天然沟床的高程及坡度一致。当天然沟床坡度较大时,可按下游洞口沟床高程控制并按水流临界坡度(一般为 1%~5%)设置,并在进水口做适当的开挖。

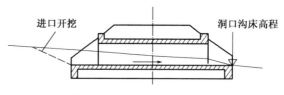

图 2-91　平坦地段涵洞布置

2. 斜坡沟床布置

当天然沟床纵坡大于 5%~10% 时,为使涵洞洞身与沟底天然坡度一致,并减少基础开挖量和缩短涵洞长度,常采用斜坡布置形式。

(1) 与平坦地段一样,洞身不变,而在进水口做跌水井或急流槽,使涵底与沟底顺接,如图 2-92 所示。

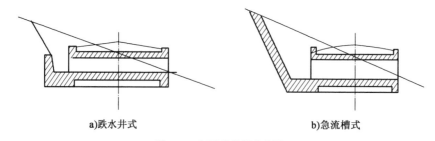

a)跌水井式　　　　　　　b)急流槽式

图 2-92　斜坡地段洞身布置

(2) 当附近有大量石方可供利用时,为减少涵洞工程数量,可将涵基置于砌石(或填石)基底上,设成填方涵洞,如图 2-93 所示。通常拱涵基底用砌石,盖板涵基底可用填石。出水口斜坡表面应用大块石码砌以防水流冲刷,斜坡坡度一般为 1∶0.75~1∶1.5。

在填石基底上做涵洞,一般要求设在地基良好的地面上,如遇山体破碎、地下水较多、渗水性较强的地基则不宜采用。

设置填方涵洞,应保证基底强度的均匀性,不能置于软硬不同的地基上。填方涵洞的填方高度一般不宜大于5m。

当水流较大时,出水口砌石边坡可用条石做成多级台阶跌水形式,如图2-94所示。其中台阶尺寸见表2-25,台阶高度多为30cm,前后搭接30cm。

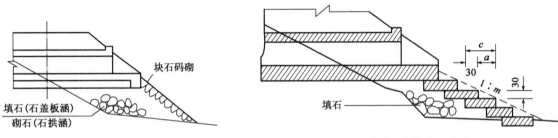

图2-93 填方涵洞　　　　　　　　　图2-94 出水口台阶(尺寸单位:cm)

出水口台阶尺寸　　　　　　　　　　　　　表2-25

坡度 $1:m$	1:5	1:4	1:3	1:2	1:1.5	1:1.33	1:1	1:0.75
a	150	120	90	60	45	40	30	25
c	180	150	120	90	75	70	60	55

(3)当非岩石河沟纵坡小于10%或岩石河沟纵坡小于30%时,可采用斜置式斜坡涵,如图2-95所示,并应根据地形、地质情况分别采用齿状基础、扶壁式基础和台阶形基础等形式。

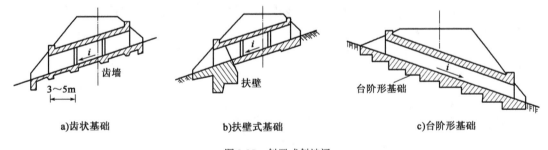

a)齿状基础　　　　　b)扶壁式基础　　　　　c)台阶形基础

图2-95 斜置式斜坡涵

(4)当非岩石河沟纵坡大于10%或岩石河沟纵坡大于30%时,可采用平置式斜坡涵(或称阶梯式),如图2-96所示。节段长度一般不宜小于2m,相邻两段的最大高差H一般不超过上部构造的3/4,并不应大于0.7m或1/3的涵洞净高,但这种布置分节数比较多,施工不方便,因而可考虑使相邻两段的高差大于涵顶厚度而加设矮挡墙,如图2-96b)所示。若超出上述限值,则需按洞内跌水情况另做调整,使涵洞的泄水断面不受过大的缩减。当沟床天然纵坡变化较大时,为适应地形可做成不等长、不等高差的台阶形式,如图2-97所示。阶梯涵的沉降缝宜设在台阶交界处,并结合地质及基础变化情况设置,以防止不均匀沉陷而产生断裂。

四、涵洞的长度计算

涵洞长度是指从涵洞进水口涵台处边缘至出水口涵台外边缘的水平长度。

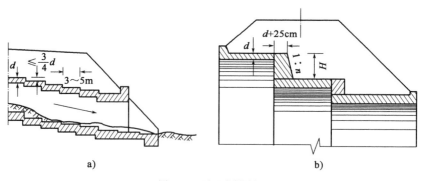

图 2-96 平置式斜坡涵

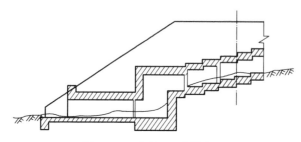

图 2-97 不等长平置式斜坡涵

对于明涵,涵长是涵面的净宽加帽石宽,因此涵长无须计算。但对于暗涵,由于涵顶填土两侧的路基放坡,致使涵洞长度增加,而且这种变化还会随正交和斜交涵洞的洞口形式(正洞口和斜洞口)、路基超高和加宽及路线纵坡不同而变化。

具体计算时,应首先根据上下游原沟床形状、路基与沟床高差初拟涵洞长度,然后结合实际地形,检查所拟定的进、出水口沟底高程和拟定的沟长是否合适,有无涵底悬空或深挖现象,反复进行试算直至获得满意的进、出水口沟底高程及涵洞长度为止。

1. 正交涵洞长度计算

(1) 直线形边坡。

路基边坡无变坡(即直线形边坡)时的涵长计算图式如图 2-98 所示。由此可得涵长为:

$$L = L_1 + L_2$$
$$L_1 = B_1 + m(H_1 - a - iL_1) + c$$

则

$$L_1 = \frac{B_1 + m(H_1 - a) + c}{1 + im} \tag{2-64}$$

同理

$$L_2 = \frac{B_2 + m(H_2 - b) + c}{1 - im} \tag{2-65}$$

式中:B_1、B_2——路基左、右侧宽度(包括弯道加宽值)(m);
a——涵洞进水口帽石顶面至基础顶面高度(m);
b——涵洞出水口帽石顶面至基础顶面高度(m);
c——帽石顶面宽度(m);

$1:m$——路基边坡坡率;

H_1、H_2——路基左、右侧边缘设计高程与涵洞中心基础顶面高程之差,在弯道上应考虑超高及加宽的影响(m);

i——涵底纵坡度(%)。

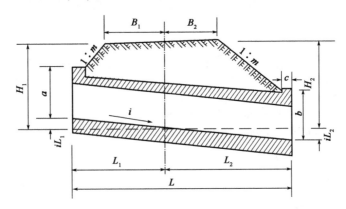

图 2-98　直线形边坡时的涵长计算图式

(2)折线形边坡。

路基边坡有变坡(即折线形边坡)时的涵长计算图式如图 2-99 所示。

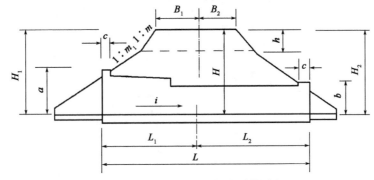

图 2-99　折线形边坡时的涵长计算图式

按上面方法很容易推出涵长的计算式:

$$L_1 = \frac{B_1 + mh + m_1(H_1 - h - a) + c}{1 + im_1} \tag{2-66}$$

$$L_2 = \frac{B_2 + mh + m(H_2 - h - b) + c}{1 - im_1} \tag{2-67}$$

上述图中、式中:$1:m$——上部路基边坡坡率;

$1:m_1$——下部路基边坡坡率;

h——路基边坡变坡点至路基边缘的高度(m);

其余符号意义同前。

2.斜交涵洞长度计算

斜交涵洞洞口分两种形式,即斜交斜做和斜交正做,斜交斜做洞口的端墙与路中线平行,与涵轴线斜交,而斜交正做洞口的端墙与路中线斜交,与涵轴线垂直。

(1)斜洞口涵长计算。

斜交斜做洞口的涵长计算图式如图 2-100 所示。由此很容易推导涵长的计算式:

$$L_1' = \frac{L_1}{\cos\alpha} = \frac{B_1 + m(H_1 - a) + c}{\cos\alpha(1 + im)} = \frac{B_1 + m(H_1 - a) + c}{\cos\alpha + i'm} \tag{2-68}$$

$$L_2' = \frac{L_2}{\cos\alpha} = \frac{B_2 + m(H_2 - b) + c}{\cos\alpha(1 - im)} = \frac{B_2 + m(H_2 - b) + c}{\cos\alpha - i'm} \tag{2-69}$$

式中：α——涵洞斜度；

i'——沿涵轴线方向的涵底纵坡,$i' = i \cdot \cos\alpha$；

H_1、H_2——涵轴线处路基左、右侧边缘设计高程与涵洞中心基础顶面高程之差,在弯道上应考虑超高及加宽的影响(m)；

其余符号意义同前。

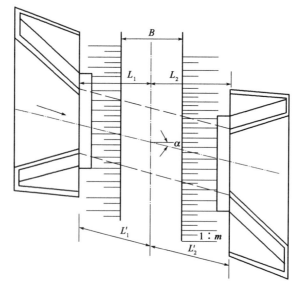

图 2-100　斜交斜做洞口的涵长计算图式

(2)正做洞口涵长计算。

①帽石平置式正做洞口。

对于图 2-101 所示的帽石平置式(帽石在同一个水平面上)正做洞口,其涵长为:

$$L_1 = A_1 + A_2 + \frac{B_1}{\cos\alpha} \tag{2-70}$$

$$A_1 = c + \frac{d}{2}\tan\alpha \tag{2-71}$$

$$A_2 = (H_1 - a - i'L_1)\frac{m}{\cos\alpha} \tag{2-72}$$

将式(2-71)和式(2-72)代入式(2-70),化简后得:

$$L_1 = \frac{m(H_1 - a) + B_1 + c\cos\alpha + 0.5d\sin\alpha}{\cos\alpha + i'm} \quad (2\text{-}73)$$

同理

$$L_2 = \frac{m(H_2 - b) + B_2 + c\cos\alpha + 0.5d\sin\alpha}{\cos\alpha - i'm} \quad (2\text{-}74)$$

式中：d——帽石长度(m)；

其余符号意义同前。

②帽石斜置式正做洞口。

对于平置式帽石，进出水口处有洞身外露于路基，呈现三角形平台，既不美观，又会增加工程量。为此，通常将斜交正做洞口帽石做成台阶式或斜坡式，如图2-102所示。此时两侧八字墙高度各不相同。

图2-102中H_d为大小八字墙之高差：

$$H_d = H_{大} - H_{小} = \frac{d\sin\alpha}{m} \quad (2\text{-}75)$$

$$H_{小} = H_{中} - \frac{H_d}{2} \quad (2\text{-}76)$$

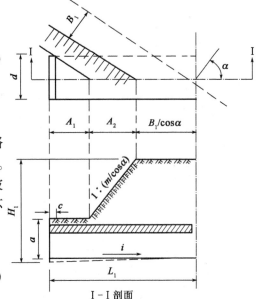

图2-101 斜交正做洞口的涵长计算图式

式中：$H_{大}$——进出水口处大八字翼墙帽石顶面至涵洞基础顶面的高度(m)；

$H_{中}$——进出水口处涵洞轴线帽石顶面至涵洞基础顶面的高度(m)；

$H_{小}$——进出水口处小八字翼墙帽石顶面至涵洞基础顶面的高度(m)；

其余符号意义同前。

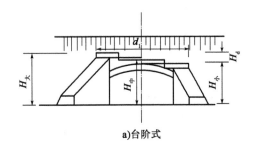
a)台阶式

b)斜坡式

图2-102 斜交正做斜置式洞口形式

由图2-103可推导出帽石斜置式正做洞口的涵长计算式：

$$L_1' = \frac{B_1 + m(H_1 - H_{小}) - 0.5d\sin\alpha}{\cos\alpha + i'm} \quad (2\text{-}77)$$

$$L_2' = \frac{B_2 + m(H_2 - H_{小}) - 0.5d\sin\alpha}{\cos\alpha - i'm} \quad (2\text{-}78)$$

③路线纵坡对涵长的影响。

如图2-104所示，当涵洞与路线斜交且路基纵坡为i_2时，无论上游或下游，涵洞计算高度

均与中心不同,近低点一侧应减小,近高点一侧应增加。则其减小或增加值为:

$$\Delta H = i_2 L_1 (\text{或} L_2) \sin\phi \quad (2-79)$$

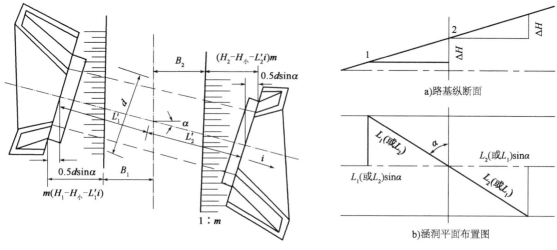

图 2-103　帽石斜置式正做洞口的涵长计算图式　　图 2-104　考虑路基纵坡影响

根据推导,凡属斜交洞口,其洞口无论是斜做或正做,考虑路线纵坡影响时,不分上、下游,其接近路基纵向低点一侧,在原公式分母中加上 $i_2 m\sin\alpha$ 值;其接近路基纵向高点一侧,则在原式分母中减去 $i_2 m\sin\alpha$ 值即可。

以式(2-73)和式(2-74)为例,近低点一侧的涵长为:

$$L_1 = \frac{m(H_1 - a) + B_1 + c\cos\alpha + 0.5d\sin\alpha}{(\cos\alpha + i'm) + i_2 m\sin\alpha} \quad (2-80)$$

$$L_2 = \frac{m(H_2 - b) + B_2 + c\cos\alpha + 0.5d\sin\alpha}{(\cos\alpha - i'm) + i_2 m\sin\alpha} \quad (2-81)$$

近高点一侧的涵长为:

$$L_1 = \frac{m(H_1 - a) + B_1 + c\cos\alpha + 0.5d\sin\alpha}{(\cos\alpha + i'm) - i_2 m\sin\alpha} \quad (2-82)$$

$$L_2 = \frac{m(H_2 - b) + B_2 + c\cos\alpha + 0.5d\sin\alpha}{(\cos\alpha - i'm) - i_2 m\sin\alpha} \quad (2-83)$$

五、涵洞的水力及孔径计算

涵洞前水深可以低于涵洞净高,也可以高于涵洞净高。按上下游的水位高低、进水口的建筑形式以及进水口洞高与涵前水头的关系,流过涵洞的水流状态分为无压力式、半压力式和压力式三类。

1. 无压力式

水流通过涵洞时,在其洞身长度内都是与洞顶不接触的自由水面,此时下游河槽水流不影响洞内水流的出流,其水力图式相当于水力学中的自由式宽顶堰,如图 2-105 所示。

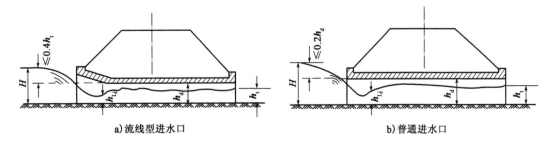

图 2-105 无压力式涵洞

无压力式涵洞水力图式的判别条件如下。

(1) 对于普通进水口(包括端墙式、八字式、平头式等):
$$H \leqslant 1.2 h_d \tag{2-84}$$

(2) 对于流线型进水口(包括喇叭形等):
$$H \leqslant 1.4 h_d \tag{2-85}$$

式中:H——涵前水深(m);

h_d——涵洞洞内净高(m)。

涵前水深 H 可按式(2-86)估算:
$$H = 1.15(h_d - \Delta) \tag{2-86}$$

式中:Δ——涵洞进水口处水面以上的最小净空高度(m),可按表 2-26 选取;

1.15——与压缩程度和涵洞类型有关的系数,其为估算值。

无压力式涵洞洞内顶点至最高流水面的净高   表 2-26

涵洞进水口净高(或内径)h(m)	管 涵	拱 涵	矩 形 涵
≤3	≥h/4	≥h/4	≥h/6
>3	≥0.75m	≥0.75m	≥0.5m

按照自由出流宽顶堰的计算公式,可得无压力式涵洞水力计算的基本公式:

$$Q_s = \varepsilon \varphi A_{Lj} \sqrt{2g(H_0 - h_{Lj})} \tag{2-87}$$

$$v_{Lj} = \frac{Q_s}{\varepsilon \varphi A_{Lj}}$$

$$H_0 = h_{Lj} + \frac{A_{Lj}}{2B_{Lj}\varphi^2} = h_{Lj} + \frac{v_{Lj}^2}{2g\varphi^2}$$

$$H = H_0 - \frac{v_0^2}{2g} \tag{2-88}$$

式中: H_0——涵前总水头(m),当 $\frac{v_0^2}{2g}$ 很小时,$H_0 \approx H$;

A_{Lj}、B_{Lj}、h_{Lj}、v_{Lj}——临界断面处过水面积、水面宽度、临界水深及临界流速;

ε——压缩系数,$\varepsilon = \frac{1}{\sqrt{\alpha}}$,$\alpha$ 为流速分布系数,对于无升高节段的拱涵,$\alpha = 1.1$,则 $\varepsilon = 1.0$;对于其他涵洞,$\alpha = 1.0$,则 $\varepsilon = 1.0$;

φ——流速系数,普通洞口取 $\varphi=0.85$,流线型洞口取 $\varphi=0.95$。

根据上述基本公式,对通常采用的定型涵洞选定有关数据,可求得各类涵洞孔径计算的简化公式。

(1)盖板涵及箱涵：

$$Q_s = 1.575 BH^{\frac{3}{2}} \tag{2-89}$$

$$B = \frac{Q_s}{1.575 H^{\frac{3}{2}}} \tag{2-90}$$

(2)石拱涵：

$$Q_s = 1.422 BH^{\frac{3}{2}} \tag{2-91}$$

$$B = \frac{Q_s}{1.422 H^{\frac{3}{2}}} \tag{2-92}$$

(3)圆管涵：

$$Q_s = 1.69 d_0^{\frac{5}{2}} \tag{2-93}$$

$$d_0 = \left(\frac{Q_s}{1.69}\right)^{\frac{2}{5}} \tag{2-94}$$

式中：H——涵前水深(m),根据水面降落曲线(图2-106)可近似地按式(2-95)计算：

$$H = \frac{h_j}{\beta} \tag{2-95}$$

h_j——洞口处水流深度(m),按洞口最小净高控制：

$$h_j = h_d - \Delta \tag{2-96}$$

β——进水口和壅水降落系数,通常采用 $\beta=0.87$；

h_d——涵洞净空高度(m),计算时可先初步拟定；

Δ——进水口涵洞净空高度(m)；

B——涵洞净宽,即净跨径(m)；

d_0——圆管涵孔径(m)。

2. 半压力式

涵洞进水口被淹没,但整个洞身仍具有自由水面,如图2-107所示。此时洞口呈有压状态,其水力图式与水力学中的水流穿过侧壁孔口或闸门的水力状态相似。

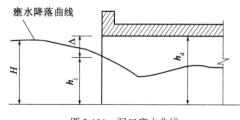

图2-106　洞口壅水曲线　　　　图2-107　半压力式涵洞

半压力式涵洞水力图式判别条件为：

对于普通进水口：

$$H \geqslant 1.2 h_d \tag{2-97}$$

对于流线型进水口，一般不出现半压力式水力图式。

根据水流穿过侧壁孔口的出流公式，可得：

$$Q_s = \varphi A_s \sqrt{2g(H-h_s)} \tag{2-98}$$

$$v_s = \frac{Q_s}{A_s} = \varphi \sqrt{2g(H-h_s)} \tag{2-99}$$

式中：A_s、h_s、v_s——涵洞进水口附近收缩断面面积、水深及流速，$h_s = 0.6h_d$；

φ——流速系数，普通洞口取 0.85。

3. 压力式

压力式涵洞进水口完全被水淹没，且整个洞身充满水流，无自由水面，整个洞身呈有压力状态，如图 2-108 所示。其水力图式与水力学中短管出流的水力状态相似。

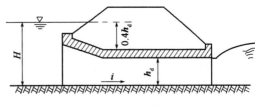

图 2-108　压力式涵洞

水力图式判别条件：

对于流线型进水口：

$$H > 1.4h_d \tag{2-100}$$

且

$$i < i_w \tag{2-101}$$

$$i_w = \frac{Q_s^2}{A^2 C^2 R} \tag{2-102}$$

式中：i——涵底纵坡；

i_w——洞内摩阻坡度。

对于普通进水口涵洞一般不出现有压力式水流状态。因为尽管 $H > 1.4h_d$ 且 $i < i_w$，洞内可能局部充满水流，但由于进水口断面突变，水流在挤入洞内时吸进了空气，致使充满的管流不断被空气破坏，实际只能符合不稳定的半压力式水流状态。

压力式涵洞除满足 $H > 1.4h_d$ 条件外，还应满足 $i < i_w$，水流沿流程因重力而获得的功将大于摩阻力所消耗的能，洞内离进水口不远处的流速即增大到使水流脱离洞顶面而形成自由水面，使泄水能力降低。

流线型洞口才会出现压力式水流状态，由于管节内壁与水流线形一致，故可使压力式涵洞的水流规律保持稳定，并能充分利用断面，缩小孔径以及降低出水口流速。按短管出流的计算公式为式(2-103)及式(2-104)：

$$Q = \varphi A \sqrt{2g(H_1 - h_s)} \tag{2-103}$$

$$v = \frac{Q}{A} (\text{m/s}) \tag{2-104}$$

式中：φ——流速系数，流线型洞口取 0.95；

A——涵洞洞身净断面积(m^3)；

H_1——从假想的摩擦坡度线起算的涵前水头总高度(m)：

$$H_1 = H - L(i_w - i) \tag{2-105}$$

H——涵前水深(m)，一般情况下 $H \approx H_1$；

i_w——涵洞的摩阻坡度,由式(2-102)计算;

L——涵洞长度(m);

i——涵底实际纵坡。

压力式涵洞由于洞内流速高、压力大,涵前积水较深,因而水流对涵洞和路基的破坏性较大,一般较少采用,设计时要注意以下几点:

(1)洞身应采用混凝土或钢筋混凝土结构;

(2)一般只限于采用单孔涵洞;

(3)上下游洞口处应进行加固处理,以防冲刷;

(4)洞身接头应紧密牢靠,无漏水、渗水现象;

(5)路堤及涵洞基底应按静水压力及渗透作用验算其稳定性。

一般道路多用无压力式涵洞,当地形、地质、路基条件许可时,才采用半压力式或压力式涵洞。在改建工程中,有时为了充分利用原有涵洞,可按压力式或半压力式对原有涵洞的过水能力进行验算。应保证使用时涵洞接缝严密不漏水。

以上分别按无压力式、半压力式和压力式三种水流状态介绍了涵洞水力图式和孔径计算方法。在具体确定涵洞孔径时,应注意以下几个方面:

(1)孔径与台高一并考虑。

因为涵洞洞身随路基填土高度增加而增长,洞身断面的尺寸对工程数量影响较大,所以计算涵洞孔径时,还要求跨径与台高应有一定的比例关系,其经济比例一般为$1:1 \sim 1:1.5$。为此,涵洞孔径计算除解决跨径尺寸外,同时还应从经济角度出发确定涵洞的台高。

(2)考虑洞身过水阻力。

涵洞孔径小、孔道长,水流经过涵洞时所受阻力较大,计算涵洞孔径时要考虑洞身过水阻力的影响。

(3)控制涵前水深并满足孔径断面。

涵洞孔径较小,设计中一般不允许涵底冲刷,通常都采取人工加固涵底的措施来防止冲刷提高流速,以缩小孔径。由于涵底加固后容许流速一般都比较高,如果计算孔径时仍按容许冲刷流速控制,则仅需很小的孔径就能满足设计流量的宣泄,但由于涵前水深较高,因此控制涵前水深和满足孔径断面则是确定涵洞孔径应重点考虑的两个方面。

(4)考虑水流满洞及触顶。

为提高泄水能力,最大限度地减小孔径,降低工程造价,在涵洞孔径计算中要考虑水流充满洞身触及洞顶的情况。

思 考 题

1. 水对路基的危害是什么?影响路基的水流有哪些?
2. 试述水力水文计算的目的。如何进行明沟的水力计算?
3. 试述地表水的处理方式。
4. 试述常用地表排水构造物的类型、设置位置和作用。
5. 试述地表排水构造物加固的目的和类型。
6. 试述地下水的处理方式。

7. 试述常用地下排水构造物的类型、设置位置和作用。

8. 从设置位置、构造和作用等方面,试述截水渗沟、降低地下水位渗沟、边坡渗沟和支撑渗沟的区别。

9. 试述立交工程排水的特点和下穿立交工程排水方式。

10. 试述涵洞的类型及适用条件。

11. 试述涵洞的组成。

12. 试述洞口建筑类型及适用条件。

13. 如何确定涵洞的孔径?在确定涵洞孔径时,应注意哪些问题?

第三章

防护构造物设计

第一节 概 述

由岩土所筑成的路基直接暴露于空间中,长期受自然因素(如雨、雪、日晒等)的作用,岩土在不利水温条件作用下,其物理力学性质将发生变化,从而发生各种形式的变形和病害,甚至破坏。浸水后湿度增大,土的强度降低;岩性差的岩体,在水温变化条件下会加剧风化;路基表面在温差作用下形成胀缩循环,在湿差作用下形成干湿循环,可导致强度衰减和剥蚀;地表水流冲刷,地下水源侵入,使岩土表层失稳,易造成和加剧路基的水毁病害;沿河路堤在水流冲击、淘刷和侵蚀作用下,易遭破坏。这些均取决于岩土的物理力学性质及自然因素,且与路基承受行车荷载的情况也有密切关系。

路基边坡是道路的重要组成部分,是防治路基病害、保证路基稳定、改善环境景观、保护生态平衡的重要设施。如果路基边坡处理不当,容易发生碎落、崩塌、滑塌,甚至产生滑坡,既破坏环境,又影响道路正常运行,严重时会导致交通中断,造成重大的经济损失。为确保路基的强度和稳定性,路基防护是不可缺少的工程技术措施。随着道路等级的提高,为维护正常的交通运输、确保行车安全、保持道路与自然环境协调,路基防护更具有重要意义,亦已得到工程实践的证明。

路基防护按其作用和对象的不同,主要可分为边坡坡面防护和沿河路堤河岸冲刷防护。应该指出,支挡构造物不仅具有支挡加固的作用,而且有防止冲刷、保护边坡的功能。一般把防止冲刷和风化、主要起隔离作用的措施称为防护,而把防止路基或山体因重力作用而坍滑、主要起支撑作用的措施称为支挡加固。

边坡坡面防护,主要是保护路基边坡表面免受雨水冲刷,减缓温度及湿度变化的影响,防止和延缓软弱岩土表面的风化、碎裂、剥蚀演变进程,从而保护路基边坡的整体稳定性,在一定程度上还可兼具美化路基和协调环境的作用。路基坡面防护主要是解决路基修筑以后裸露的路基边坡的稳定问题。易于冲蚀的土质边坡和易于风化的岩质路堑边坡,施工后如长期裸露,在自然风化和雨水冲刷的作用下,将会发生冲蚀、溜坍、剥落、掉块和坍塌等坡面变形。同时,剥落或冲蚀的碎屑物往往会堵塞侧沟,使排水不畅,造成路基翻浆冒泥。所以,必须及早采取相应的防护措施,否则将造成严重病害。

沿河滨海路堤、河滩路堤以及路基旁的堤岸等,容易遭受水流的侵蚀、冲刷、淘蚀,波浪的侵袭以及流冰、漂浮物等的撞击而破坏,为此而采取的防护措施称为冲刷防护。

防护的重点是路基边坡,特别是不良地质和水文地段及沿河路堤的边坡。有时对路肩表面和附近可能危害路基的河流、山坡也应进行必要的防护。

坡面防护主要有植物防护、工程防护和综合防护等,而冲刷防护应根据河床特征、水流状况、施工条件等选择防护形式和防护构造物,按其防护形式的性质和作用分为直接防护和间接防护两类。

路基防护构造物设计应遵循以下原则:

(1)应根据当地气候、水文、地形、地质条件及工程材料分布情况,采用工程防护和植物防护相结合的综合措施,以防治路基病害,保证路基稳定,并与周围环境景观相协调。

(2)路基防护应按照设计、施工和养护相结合的原则,深入调查研究,根据当地气候环境、工程地质和材料等情况,因地制宜,就地取材,选用适当的防护构造物或采取综合防护措施,以保证路基的稳固。

(3)在不良的气候和水文条件下,对粉砂、细砂和易于风化的岩质边坡,以及黄土和黄土类边坡,均宜在土石方工程完成后及时进行防护(亦即及时修建相应的防护构造物)。

(4)铺面应整平,坑洼处应填平夯实。填方坡面,应待填土沉实或夯实后再修筑防护构造物,并根据填料的性质及分层情况选择防护构造物的类型。

(5)对于水流、波浪、风力、降水以及其他因素可能引起路基破坏的,均应设置防护构造物。在冲刷防护构造物的设计中,可综合考虑河道整治,使防护工程取得更好的效果。

(6)对于冲刷防护,一般在水流流速不大及水流破坏作用较弱的地段,可在沿河路基边坡设砌石、石笼和混凝土预制板等护坡,以抵抗水流的冲刷和淘刷。当需要改变水流或提高坡脚处粗糙率,以降低流速、减缓冲刷作用时,可修筑导治构造物。在冲刷严重的地段(急流区、顶冲地区),可采用加固边坡(砌石防护)和改变水流性质的综合防护措施。

(7)地下水较丰富的地段,在做好路基坡面防护的同时,应注重地下排水设计。对于多雨地区的砂质土和细粒土路堤,应采用坡面防护和坡面截排水的综合措施。

(8)对于高而陡的防护构造物,设计时要考虑便于维修检查用的安全设施。

第二节 砌石防护

植被不易生长的坡面或河岸,如岩体风化严重、节理发育、软质岩石、松散碎(砾)石土等坡面,可采用砌石防护。砌石防护构造物有许多形式,其中主要形式有干砌片石护坡、浆砌片石护坡、混凝土预制板护坡和护面墙等,用于冲刷防护时,还可使用抛石护坡和石笼护坡等。

砌石防护设计时,应注意以下几方面:

(1)凡容易风化或易受雨水冲刷的岩质和土质(如软质黏土岩或泥岩、松软黏质土、松散碎石类土、细粉砂、黄土等)边坡及严重破碎的岩质边坡,均应加以防护。

(2)软硬岩层相间的路堑边坡,应根据岩层组成和坡面弱点分布情况,采用全部防护或局部防护。

(3)多雨地区用砂类土填筑的路堤,其路肩和坡面易受雨水冲刷而流失,应根据具体情况进行坡面防护。

(4)坡面防护构造物一般不考虑边坡地层或人工填土的侧向土压力,要求路基边坡应具有足够的稳定性,但护面墙可用于极限稳定边坡。

(5)防护构造物应紧贴边坡,基础牢固,并与护面体很好地衔接;顶部及两侧边缘应适当嵌入坡面内,并整修与坡面齐平,防止雨水由接缝处渗入。

(6)采用封闭式的坡面防护(如浆砌片石护坡和护面墙等)应在护坡体设置伸缩缝、沉降缝和泄水孔。伸缩缝和沉降缝可合并设置,伸缩缝每隔 10~20m 设一道,缝宽 2cm,并以沥青麻筋填塞。泄水孔每隔 2~3m 上下左右交错设置,可采用 5cm×5cm、5cm×10cm 和 10cm×10cm 的矩形孔和孔径为 10cm 左右的圆形孔,土质边坡的泄水孔后面应在不小于 0.5m×0.5m 的范围内设反滤层。

一、干砌片石护坡

路基坡面为防止地表水流或河水冲刷,可以使用干砌片石护面;重要路段或暴雨集中地区的土质高边坡,以及桥涵附近坡面和岩坡、地表排水沟渠等,亦可用干砌片石加固。片石护坡,要求坡面稳固,先垫以砂层,然后自下而上平整地铺砌片石,片石应逐块嵌紧且错缝,干砌要勾缝,护坡顶部要封闭,以防渗水。必要时改用浆砌,形成浆砌片石护坡。

1. 适用条件

(1)较缓的土质路基边坡,因雨水、雪水冲刷会发生泥流、拉沟和小型溜坍或有严重剥落的软质岩层边坡,周期性浸水的河滩、水库或台地边缘边坡,洪水时水流平顺,不受冲刷者,均可采用干砌片石防护。

(2)用于防护沿河路基受到水流冲刷等有有害影响的部位,被防护的边坡坡度应符合路基边坡的稳定要求,一般为 1:1.5~1:2。

(3)干砌片石护坡可用于坡面防护,也可用于冲刷防护,水流流速不宜太大,其中单层干砌片石的容许流速为 2~3m/s,双层干砌片石为 3~4m/s。

2. 设计要点

干砌片石护坡一般分为单层铺砌和双层铺砌两种,如图 3-1 所示。单层铺砌护坡厚度为 0.30~0.40m;双层铺砌护坡的上层厚度为 0.20~0.35m,下层厚度为 0.10~0.20m。

铺砌层底面应设置砂砾或碎石垫层,垫层厚度一般为 0.10~0.15m,当坡面土的粒径分布曲线上通过率为 85% 的颗粒粒径大于或等于 0.075mm 时,砂砾垫层可采用反滤效果等效的土工织物代替。铺设垫层作用有两个:

(1)防止水流将铺石下面边坡上的细颗粒土带出来冲走;

(2)增加整个铺石防护的弹性,将冲击河岸的波浪、流水、流冰等动压力以及漂浮物的撞击力扩散到较大面积上,从而增强对各种冲击的抵抗作用,使其不易损坏。

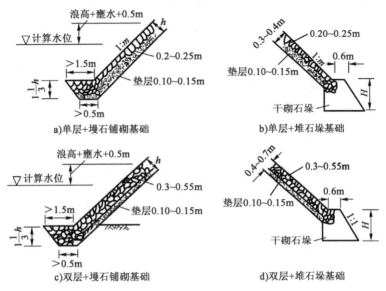

图 3-1　干砌片石护坡
（图中 H 为干砌石垛高度，h 为护面厚度）

石料应是未风化的坚硬岩石，其重度一般不应小于 $20kN/m^3$。护坡坡脚应修筑墁石铺砌式基础。一般情况下，基础埋置深度为 $1.5h$（h 为护坡厚度）。在基础较深时，可设计为堆石垛或石墙基础，堆石垛的高度 H 一般为 $20\sim30cm$。

干砌片石砌缝要错开，缝隙要填满塞紧。

二、浆砌片石护坡

为提高防护效果，改善防护构造物的稳定性，必要时干砌片石可改为浆砌片石，形成浆砌片石护坡。浆砌片石护坡与挡土墙或其他防护联合使用，以保护不同岩层和不同位置的边坡，可获得较好的效果。

1. 适用条件

（1）当路基边坡缓于 $1:1$ 的土质或岩质边坡的坡面防护采用干砌片石不适宜或效果不好时，可用浆砌片石护坡。

（2）浆砌片石护坡可用于坡面防护，也可用于冲刷防护，容许流速为 $4\sim5m/s$。

（3）在波浪作用强、有漂浮物冲击作用的情况下，可采用浆砌片石防护，并应结合其他防护措施。

（4）对于严重潮湿或严重冻害的土质边坡，在未采取排水措施之前，不宜采用浆砌片石护坡。

2. 设计要点

浆砌片石护坡的结构形式同干砌片石护坡，一般分为单层铺砌和双层铺砌两种，常采用等截面形式。其一般厚度为 $0.25\sim0.50m$，当用于冲刷防护时，应根据流速大小或波浪大小确定，最小厚度一般不应小于 $0.35m$，在冻胀变形较大的土质边坡上，护坡底面应设置 $0.10\sim0.15m$ 厚的砂砾或碎石垫层。同干砌片石护坡，当坡面土的粒径分布曲线上通过率为 85% 的颗粒粒径大于或等于 0.075mm 时,砂砾垫层可以用反滤效果等效的土工织物代替。

浆砌片石护坡高度超过 20m 时应分级设置,上、下两级护坡之间应设置平台,平台宽度应视上级护坡基础的稳固要求而定,一般不应小于 1m。平台应封闭,防止水的下渗。

应用于路堤边坡的浆砌片石护坡应在路堤沉实后修筑,以免因路堤沉落而引起护坡的破坏。

当护坡面积大且边坡较陡时,为增强护坡的稳定性,可采用肋式护坡,如图 3-2 所示。肋条有以下几种形式:

(1) 外肋:用于岩层破碎,但不易凿槽的岩质边坡;
(2) 里肋:用于土质和软岩边坡;
(3) 柱肋:用于表层发生过溜坍,经刷方修整后的土质边坡。

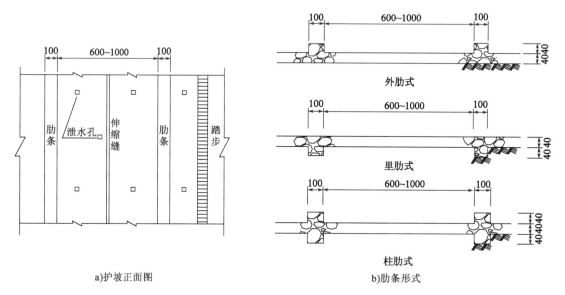

图 3-2 肋式浆砌片石护坡(尺寸单位:cm)

当用于冲刷防护时,浆砌片石护坡的高度应根据设计水位、壅水高度和波浪高度及安全高度确定。基础应埋置于冲刷线以下 0.5~1.0m,否则应有防止坡脚被淘刷的措施,如图 3-3 所示。

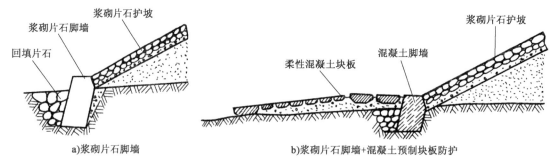

图 3-3 浆砌片石护坡及基础布置

在大面积防护时,应在坡面适当位置设台阶形踏步,以利养护维修。

三、混凝土预制板护坡

当缺乏片石(块石)时,预制一定规格的混凝土板,并将其铺设在被防护的坡面上,由此形成混凝土预制板护坡,如图3-4所示。混凝土预制板护坡较浆砌片石护坡能抵抗更大的流速和更高的波浪的冲击,还能抵抗较强的冰压力,但造价较高。

1. 适用条件

缺乏片石(块石)的地区,可采用混凝土预制板护坡代替浆砌片石护坡。其主要用于冲刷防护,容许流速为4~8m/s,容许波浪高度可达2m以上。

2. 设计要点

预制板一般采用C15混凝土浇筑,严寒地区应采用不低于C20的混凝土。为了提高混凝土的耐冻性和防渗性,应根据水泥成分加入适量的增塑剂。

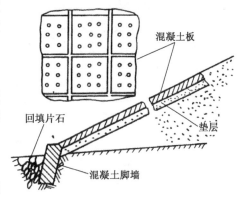

图3-4 混凝土预制板护坡

混凝土预制板厚度一般为8~20cm,边长为1~2m,只要边长大于0.6m时,应配置构造钢筋。相邻板间不连接,靠紧铺设即可,砌缝宽1~2cm,并用沥青麻筋、沥青木板或聚合物合成材料填塞。为了减少水流或波浪对预制板体的冲击力和上浮力,在板预制时可预留整齐排列的孔眼,孔眼尺寸应小于靠近预制板的垫层颗粒的粒径。

混凝土预制板护坡下也应设置砂砾或碎石垫层,其一般厚度为:干燥边坡10~15cm,较湿边坡15~25cm,湿边坡25~35cm。当坡面土的粒径分布曲线上通过率为85%的颗粒粒径大于或等于0.075mm时,砂砾垫层可以用反滤效果等效的土工织物代替。

混凝土预制板护坡在边坡压实整平后才可铺设,否则容易因边坡土层产生不均匀沉降而遭破坏。

四、抛石护坡

抛石护坡类似在坡脚处设置护脚,亦称抛石垛,如图3-5所示。

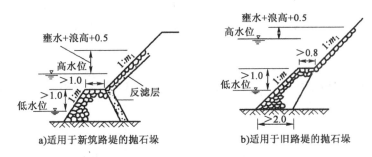

图3-5 抛石防护示意图(尺寸单位:m)

1. 适用条件

(1)主要用于防护受水流冲刷和淘刷的路基边坡和坡脚,以及挡土墙、其他护坡的基础等,亦可用于经常浸水且水流方向较平顺、河床地层承载力较强、无严重局部冲刷的地段。

(2)不受气候条件的限制,季节性浸水或长期浸水的边坡均可使用,并可在路堤沉实以前施工。

(3)适宜于盛产石料(如大砾石或卵石)和开山废石方较多的地段。

(4)抛石护坡的容许流速为3～5m/s。

(5)在水流或波浪作用很强烈的地区或缺乏石料的地区,可用混凝土预制的人工块体作为抛投材料,或者改用石笼护坡。

2.设计要点

抛石垛的坡面坡度视水深、流速和波浪情况而定,不应陡于所抛石料浸水后的天然体止角,其值可参考表3-1选用。

抛石坡面坡度参考表　　　　表3-1

水文条件	坡面坡度
水浅,流速小	1:1.25～1:2
水深2～6m,流速较大,波浪汹涌	1:2～1:3
水深大于6m,在急流中施工	缓于1:2

石料粒径视水深和流速而定,一般为30～50cm,见表3-2。在流速大、波浪高及水较深三种条件兼有的情况下,应采用较大粒径的石块。

抛石粒径与水深、流速关系表　　　　表3-2

抛石粒径(cm)	水深(m)				
	0.4	1.0	2.0	3.0	5.0
	容许流速(m/s)				
15	2.70	3.00	3.40	3.70	4.00
20	3.15	3.45	3.90	4.20	4.50
30	3.50	3.95	4.25	4.45	5.00
40	—	4.30	4.45	4.80	5.05
50	—	—	4.85	5.00	5.40

抛石厚度一般为粒径的3～4倍;当用大粒径石料抛投时,厚度不得小于粒径的2倍。为了使洪水下降后路堤迅速干燥、减少路基土被冲淘刷流失,应在抛石背后设置反滤层。

五、石笼护坡

石笼是用铁丝编织成的框架,内填石料,设在坡脚处,以防急流和大风浪破坏堤岸,也可用来加固河床,防止淘刷。

1.适用条件

(1)其主要用于防护沿河路堤坡脚及河岸,使其免受急流和大风浪的破坏作用,同时也具有加固河床、防止冲刷的作用。

(2)在缺乏大石块作冲刷防护的地区,用石笼而填充较小的石块,亦可抵抗较大的流速。在流速大且有卵石冲击的河流中,铁丝笼易被磨损而导致早期破坏,这时可在石笼内浇灌小石子混凝土,或采用钢筋混凝土框架石笼。

(3)在含有大量泥沙及基底地质良好的条件下宜采用石笼护坡,这样石笼中石块间的空隙很快会被泥沙淤满而形成整体层。

(4)石笼护坡可在一年中任何季节施工,也可在任何气候条件及水流情况下采用,但在低水位时施工较好。

(5)当石笼用于防止冲刷淘底时,一般在河床上将石笼平铺并与坡脚线垂直,同时固定坡脚处的尾端,靠河床中心一端不必固定,便于淘底时向下沉落。其铺设长度不宜小于河床冲刷深度的1.5~2.0倍。当石笼用以防止岸坡受冲刷时,则应采用垒码形式。当边坡等于或缓于1:2时,可采用平铺于坡面的形式,如图3-6所示。

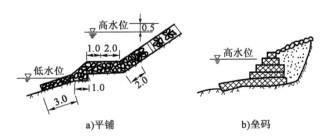

图3-6 石笼防护(尺寸单位:m)

(6)平铺石笼宜用扁形,垒码石笼宜用箱形,用于防洪抢险的石笼宜用圆柱形(便于滚动)。单个石笼的重量和大小,以不为水流或波浪冲移为宜。

(7)石笼防护的容许流速为5~6m/s,容许波浪高度约1.5~1.8m。

2.设计要点

(1)石笼的形式及尺寸。

石笼有箱形、圆柱形、扁形和柱形等几种形式,如图3-7所示。其中圆柱形石笼一般适用于高水位、水流很急或有漩流的情况,它可在路基边坡边缘上制备,填好石块后滚入水中。常用的石笼尺寸见表3-3。

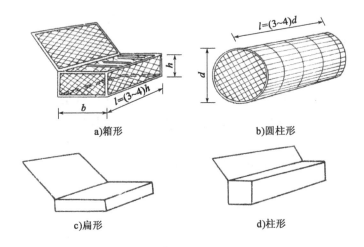

图3-7 石笼的形式(尺寸单位:m)

常用石笼尺寸　　　　表3-3

形　式	尺寸(m)	适用石笼种类	表面积(m²)	容积(m³)	装石粒径(cm)
箱形	3×1×1	铁丝笼及木笼	14.0	3.0	5~20
箱形	3×2×1	铁丝笼及木笼	22.0	6.0	5~20
扁形	4×2×0.5	铁丝笼	22.0	4.0	5~20

续上表

形　式	尺寸(m)	适用石笼种类	表面积(m²)	容积(m³)	装石粒径(cm)
扁形	3×2×0.5	铁丝笼	17.0	3.0	5～20
扁形	2×1×0.25	铁丝笼	5.5	0.5	5～20
扁形	4×3×0.5	铁丝笼	31.0	6.0	5～20
扁形	3×1×0.5	铁丝笼	10.0	1.5	5～20
圆柱形	φ0.5×1.5	铁丝笼及竹笼	2.4	0.30	5～15
圆柱形	φ0.6×2.0	铁丝笼及竹笼	3.8	0.57	5～15
圆柱形	φ0.7×2.0	铁丝笼及竹笼	4.4	0.77	5～15

石笼常采用铁丝编制,也可采用竹片编制,分别称其为铁丝石笼和竹石笼,有时也采用木石笼。

(2)铁丝石笼。

铁丝石笼可用镀锌铁丝或普通铁丝编制。镀锌铁丝石笼使用期限为8～12年,普通铁丝石笼使用期限为3～5年。编制铁丝笼采用直径6～8mm钢筋做骨架,2.5～4.0mm铁丝编网。石笼网孔可为六角形或方形,如图3-8所示。方形网孔,强度较低。六角形网孔,较为牢固,亦不易变形,网孔大小通常为6cm×8cm、8cm×10cm、10cm×12cm及12cm×15cm。长度较大的石笼,应在内部设横墙或铁丝拉线。

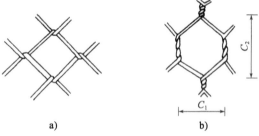

图3-8　铁丝石笼网孔

编制石笼时,要注意保持石笼各部分的尺寸,以利石笼之间的紧密连接。用机器将铁丝弯成网孔元件,在工地再编成网、成笼,既可提高工效,又可保证质量。

石笼内所填石块,最好选用重度大、浸水不崩解、坚硬未风化的石块,尺寸不能小于石笼的网孔,且不应小于4cm。外层应用大石块,并使石块棱角突出网孔,以起到保护铁丝网的作用。内层可以用较小石块填充。

石笼底面也应用砂砾或碎石整平并作垫层之用。必要时,底层石笼的各角可用直径为10～20mm的钢筋固定于基底中。

(3)竹石笼。

为节省钢材,在盛产竹材的地区,可用竹石笼代替铁丝石笼,二者防护加固作用基本相同。竹石笼的强度、柔韧性以及耐久性不如铁丝石笼,但其造价低廉,故常用于临时防护工程。如竹石笼能在短期内被泥沙淤塞固结,则仍具有长期使用效果。

六、护面墙

为使软质岩石和较破碎岩石的挖方边坡免受大气因素影响而修建于坡面的构造物称为护

面墙。护面墙多用于防护易风化或风化严重的软质岩石(如云母片岩、绿泥片岩、泥质页岩及千枚岩等),较破碎岩石的挖方边坡以及坡面易受侵蚀的土质边坡。护面墙的墙背应紧贴坡面,表面砌平,厚度可不一,使用的石料应符合规格。护面墙除自重外,不承受其他荷载,亦不承受墙背土压力,因此护面墙所防护的挖方边坡不宜陡于1∶0.5,并应符合极限稳定边坡的要求。

护面墙高一般不超过10m,若超过10m,可以分级设置,分级高度为6~10m,中间应设不小于1m宽的平台。墙背可设耳墙,基础要求稳固,顶部应封闭。如果墙基软硬不匀,可设拱跨过软弱地基。

护面墙一般分为实体护面墙、窗孔式护面墙和拱式护面墙等。实体护面墙用于一般土质及破碎岩质边坡;窗孔式用于坡度缓于1∶0.75的边坡;当边坡下部岩层较完整而需要防护上部边坡或通过个别软弱地段时,可采用拱式护面墙;当边坡岩层较完整且坡度较陡时,可设置肋柱(图3-2)以加强护面墙与边坡的联结,增加护面墙的整体性和稳定性。

1. 实体护面墙

护面墙常为浆砌片石(块石)结构,缺乏石料的地区也可采用现浇混凝土或预制混凝土块结构,混凝土强度等级不应低于C15。砌筑用砂浆强度等级不应低于M5,寒冷地区和地震地区不应低于M7.5。

实体护面墙的厚度视墙高而定,见表3-4。底宽可按边坡坡度、墙的高度、被防护坡面的潮湿情况和基础容许承载力大小等条件来确定,一般等于顶宽加$(0.1~0.2)H$(H为墙高)。等截面护面墙的墙背与墙面的坡率相同,变截面墙背坡率n为墙面坡率m减去$1/20~1/10$。

护面墙厚度参考表　　　表3-4

墙高H(m)	路堑边坡	护面墙厚度(m)		墙高H(m)	路堑边坡	护面墙厚度(m)	
		顶宽b	底宽d			顶宽b	底宽d
≤2	1∶0.5	0.40	0.40	6<H≤10	1∶0.5~1∶0.75	0.40	0.40+H/20
≤6	缓于1∶0.5	0.40	0.40+H/10	10<H≤15	1∶0.75~1∶1	0.60	0.60+H/20

实体护面墙的伸缩缝及泄水孔布置如图3-9所示。

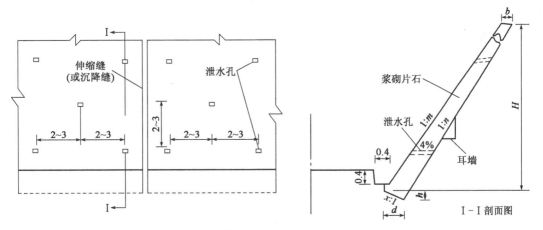

图3-9　实体护面墙(尺寸单位:m)
b-顶宽;d-底宽

护面墙基础应设置在稳定的地基上,埋置深度应根据地质条件确定,冰冻地区应埋置在冰冻深度以下不小于0.25m处。若基岩的承载力不够(小于100kPa),应采用适当的加固措施。护面墙墙底一般做成向内倾斜的边坡,其倾斜度根据地基状况确定,土质地基宜为1:10~1:5,岩石地基应缓于1:5。

为了增加护面墙的稳定性,在护面墙较高时应分级修筑,视断面上基岩的性质,确定分级高度,墙背每隔4~6m高设一耳墙(错台),耳墙宽0.5~1.0m;当墙背坡陡于1:0.5时,耳墙宽为0.5m,当墙背坡缓于1:0.5时,耳墙宽为1.0m,如图3-10所示。

对于防护松散夹层的护面墙,应在夹层底部留出宽度不小于1.0m的平台,并进行加固,以增加护面墙的稳定性,如图3-11所示。

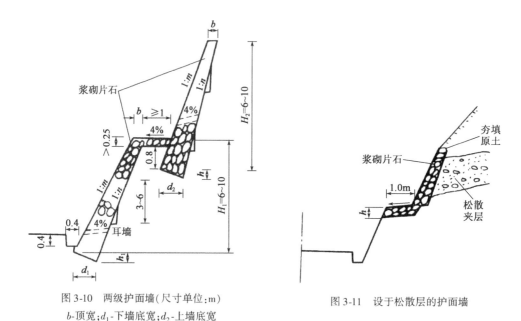

图3-10 两级护面墙(尺寸单位:m)
b-顶宽;d_1-下墙底宽;d_2-上墙底宽

图3-11 设于松散层的护面墙

山岭地区挖方边坡及坡顶山坡上常有各种不同的不良地质现象,而且多是几种不良地质现象同时出现。若开挖后形成凹陷,应以石砌圬工填塞平整,并使圬工深入软弱岩层,支托突出的岩层,称之为支补墙,如图3-12所示。

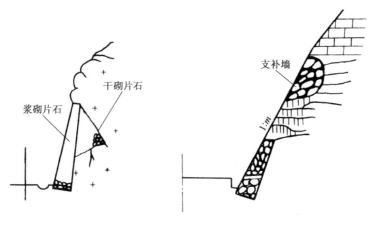

图3-12 支补墙

修筑护面墙前,对所防护的边坡应清除风化层至新鲜岩面,凹陷处可挖成错台。对风化严重的岩层,如云母岩、绿泥片岩等边坡,在清挖出新鲜岩面后,应立即修筑护面墙。护面墙的顶部应用原土夯填,以免边坡水流冲刷渗入墙后引起破坏。

2. 窗孔式护面墙

窗孔式护面墙如图3-13所示,窗孔通常为半圆形,高2.5～3.5m、宽2.0～3.0m,圆拱半径为1.0～1.5m,基础、厚度、伸缩缝、墙身坡率及耳墙等要求与实体护面墙相同。窗孔内视具体情况,可种草铺草皮、干砌片石或捶面等,其中,种草铺草皮具有绿化作用。

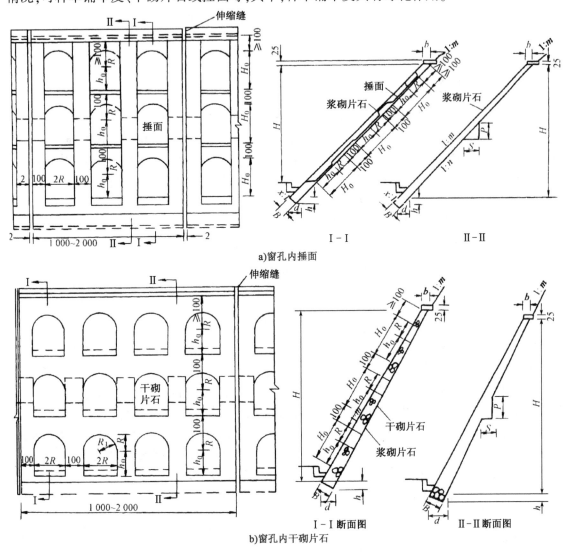

图3-13 窗孔式护面墙(尺寸单位:cm)

3. 拱式护面墙

拱式护面墙如图3-14所示。拱跨较小时(2～3m),拱圈可采用M10水泥砂浆浆砌块石,拱高视边坡下面完整岩层高度而定。拱跨较大时(5.0m以上),可采用混凝土拱圈,拱圈厚度根据拱上护面墙高度而定。

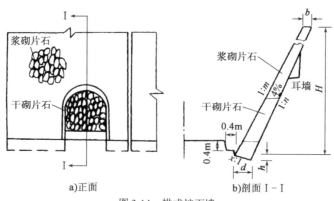

a) 正面　　　　b) 剖面 I—I

图 3-14　拱式护面墙

七、浸水挡土墙

在峡谷急流、水流冲刷严重、洪水持续时间长且流向不固定、险岸位置经常发生变化的河段，或当水中漂浮物多且大、有强烈流冰等对沿河路基和河岸边坡造成威胁而用其他直接防护措施不能抵御时，或为防止路基挤占河床，可采用浸水挡土墙。浸水挡土墙大多采用浆砌片石或混凝土结构，基础应埋置在冲刷线以下的坚实地基上。浸水挡土墙容许流速可达 5~8m/s，并能抵抗强烈的波浪和流冰等的冲击。

浸水挡土墙的设计和结构计算详见第四章。

第三节　锚固防护

岩土锚固技术是把一种受拉杆件埋入地层中，以提高岩土体自身的强度和自稳能力的一种工程技术。由于这种技术能够大大减轻结构物的自重、节约工程材料并能确保工程的安全和稳定，具有显著的经济效益和社会效益，目前其在工程中得到极为广泛的应用。锚固防护的基本原理就是利用锚杆（索）周围地层岩土的抗剪强度来传递结构物的拉力或保持地层开挖面的自身稳定，由于锚杆（索）的使用，它可以提供作用于结构物上以承受外荷载的抗力；可以使锚固地层产生压应力区，并对加固地层起到加筋作用；可以增强地层的强度，改善地层的力学性能；可以使结构与地层黏结在一起，形成一种共同工作的复合体，使其能有效地承受拉力和剪力。

本节将锚杆和锚索统称为锚杆，其常应用于边坡防护，称之为锚固防护。锚杆技术的其他应用将在以下章节中介绍。

一、锚杆的结构和分类

锚杆是一种将拉力传至稳定岩层或土层的结构体系，主要由锚头、自由段和锚固段组成。锚杆结构示意图如图 3-15 所示。锚杆的总长度 L 也是由锚头部分长

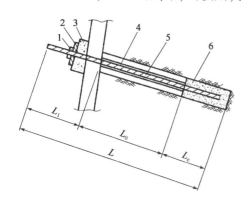

图 3-15　锚杆结构示意图
1-紧固器；2-承压板；3-台座；4-套管；5-拉杆；
6-锚固体

度 L_1、自由段长度 L_o 和锚固段 L_e 三段组成。

(1)锚头:锚头是结构物与拉杆的连接部分,它的作用是将来自于结构物的力有效地传给自由段。因此,锚头由台座、承压板和紧固器等部件组成。

(2)自由段:自由段位于锚头与锚固段之间,仅起传力作用,即将锚头拉力传递给锚固段。

(3)锚固段:锚固段在锚杆的尾部,并与灌浆料一起形成锚固体。锚固体则与岩土体紧密相连。它的功能是将自由段传递来的拉力通过摩擦阻力(或锚固力)再传递给稳定的地层。锚固体的可靠性直接决定着整个锚固防护的可靠程度,它关系到锚固防护的成败。

锚杆的分类方法较多,可以按照应用对象、锚固机理以及锚固形态进行分类。

(1)按照应用对象的不同,锚杆可分为岩石锚杆和土层锚杆。岩石锚杆是指内锚段锚固于岩层中的锚杆,而自由段可以位于岩层或土层中;土层锚杆是指锚固于各类土层中的锚杆。

(2)按照锚固形态的不同,锚杆可分为圆柱形锚杆、端部扩大型锚杆(亦称扩孔型锚杆)和连续球形锚杆。圆柱形锚杆(图3-15)是早期开发的一种锚杆形式,锚杆的承载力主要依靠锚固体与周围岩土介质间的摩擦阻力提供,适用于各类岩石和较坚硬的土层,一般不宜在软弱土层中应用。端部扩大型锚杆如图3-16所示,是为了提高锚杆的承载力而在锚固段端部扩大锚孔由此形成的一种锚杆,其锚固力由锚固体与土体间的摩擦阻力和扩孔处的端承强度共同提供,适用于软弱土层。连续球形锚杆如图3-17所示,是利用设于自由段与锚固段交界处的密封袋和带许多环圈的套管,对锚固段进行二次或多次灌浆处理,使锚固段形成一连串球状体,从而提高锚固体与周围土体间的锚固力,适用于淤泥、淤泥质土等极软弱土层或对锚固力有较高要求的土层。

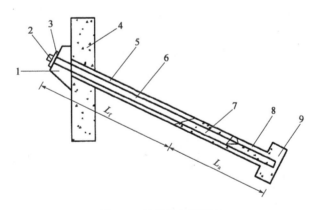

图3-16 端部扩大型锚杆
1-台座;2-锚具;3-承压板;4-支挡结构;5-钻孔;6-自由隔离层;7-钢筋;8-注浆体;9-端部扩大头

(3)目前国内外工程上多按锚固长度分类,按锚固方式分形式。锚固长度可划分为两大类,即集中(端头)锚固类锚杆和全长锚固类锚杆。杆体只有一部分与锚孔壁接触的锚杆,称为集中类锚杆;杆体全部与锚孔壁接触的锚杆,称之为全长类锚杆。上述两类锚杆按锚固方式不同又可分为两种形式,即机械锚固形和黏结锚固形。杆体直接与孔壁接触,以摩擦阻力为主起锚固作用的锚杆,称之为机械形锚杆;利用胶结材料把杆体与锚孔壁黏结住,以黏结力为主起锚固作用的锚杆,称之为黏结形锚杆。按以上分类方法,常用锚杆的种类如图3-18所示。

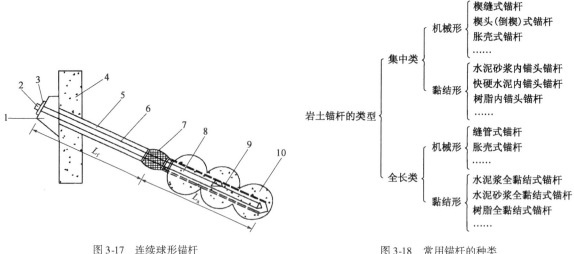

图 3-17　连续球形锚杆

1-台座；2-锚具；3-承压板；4-支挡结构；5-钻孔；6-自由隔离层；7-止浆密封装置 8-预应力筋；9-注浆导管；10-锚固体

- 岩土锚杆的类型
  - 集中类
    - 机械形
      - 楔缝式锚杆
      - 楔头（倒楔）式锚杆
      - 胀壳式锚杆
      - ……
    - 黏结形
      - 水泥砂浆内锚头锚杆
      - 快硬水泥内锚头锚杆
      - 树脂内锚头锚杆
      - ……
  - 全长类
    - 机械形
      - 缝管式锚杆
      - 胀壳式锚杆
      - ……
    - 黏结形
      - 水泥浆全黏结式锚杆
      - 水泥砂浆全黏结式锚杆
      - 树脂全黏结式锚杆
      - ……

图 3-18　常用锚杆的种类

二、锚杆在边坡防护中的应用

为了保持边坡的稳定，一种办法是采用大量削坡直至达到稳定的边坡角，另一种办法是设置支挡结构。在许多情况下，单纯采用削坡或挡土墙往往是不经济或难以实现的，这时可采用锚杆锚固防护。

采用锚杆防护，不仅能够提供足够的抗滑力，而且能提高潜在滑动面上的抗剪强度，有效地阻止坡体位移，这是一般支挡结构所不具备的力学作用。

在岩土体中，由于产状及软硬程度存在差异，边坡可能出现不同的失稳和破坏模式，如滑移、倾倒、转动等。锚杆的安设部位、倾角为抵抗边坡失稳和破坏最有利的位置、方向，一般锚杆轴线应与岩石主结构面或潜在的滑动面呈大角度相交，如图 3-19 所示。

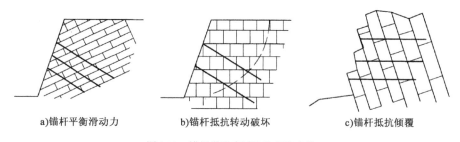

a)锚杆平衡滑动力　　b)锚杆抵抗转动破坏　　c)锚杆抵抗倾覆

图 3-19　锚杆增强岩质边坡的稳定性

锚杆防护通常可与其他防护和支挡结构联合使用，如：

(1)锚杆与钢筋混凝土桩联合使用，构成钢筋混凝土桩式锚杆挡土墙（详见第五章）。锚杆的数量根据边坡的高度及土压力（或推力）大小，可采用桩顶单锚点和桩身多锚点的方式。主要有以下几种应用情况：

①位于滑坡区域的边坡支护，路堑开挖造成的牵引式滑坡、路堤引发的推力式滑坡以及存在较大可能的潜在滑坡区域的边坡防护，当抗滑桩难以支撑边坡推力时，可采用锚杆抗滑桩结

构,甚至采用预应力锚索抗滑桩结构,如图3-20所示。

②边坡切坡后,由于外倾软弱结构面形成临空状楔体滑塌的可能性较大,造成危害性较大的边坡,也可采用钢筋混凝土桩式锚杆防护。

③当土质边坡高度大于12m,稳定性较差时,采用抗滑桩。因其悬臂较长,承受弯矩过大,为了防止抗滑桩破坏,可采用单锚点或多锚点方式。

④坡顶0.5m内有重要建筑物或较大荷载的Ⅲ、Ⅳ类岩质边坡和土层边坡,宜采用钢筋混凝土桩式锚杆挡土墙。

(2)锚杆与钢筋混凝土框架联合使用,形成锚杆钢筋混凝土框架护坡,进而发展为锚杆钢筋混凝土框架植物护坡,锚杆锚点设在框架结点上,如图3-21所示。其主要应用于高陡岩质边坡,并形成直立切坡,以此阻止岩质边坡因卸荷而失稳。

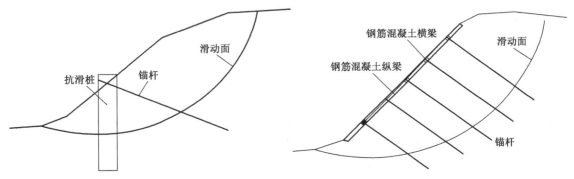

图3-20 滑坡处治中的锚杆抗滑桩结构　　图3-21 钢筋混凝土格架式锚杆支护

(3)锚杆与钢筋混凝土板肋联合使用,形成钢筋混凝土板肋式锚杆挡土墙,其主要应用于直立开挖的Ⅲ、Ⅳ类岩质边坡或土质边坡。

(4)锚杆与钢筋混凝土板肋、锚定板联合使用,形成锚定板挡土墙,其主要应用于填方形成的直立土质边坡。

(5)锚钉防护是在边坡中埋入短而密的抗拉构件与坡体形成复合体系,即土钉支护,以此增强边坡的稳定性。其主要适用于土质边坡和松散的岩质边坡。

(6)锚杆与钢筋混凝土护面联合使用,形成护面锚杆防护结构,适用于岩石边坡。锚杆主要承担岩石压力,限制边坡侧向位移,而护面则用于限制

图3-22 锚杆喷射混凝土护坡

岩石单块塌落并防止岩体表面风化。护面可根据岩石类别采用现浇混凝土或挂网喷射混凝土,图3-22即为锚杆喷射混凝土护坡图例。

三、锚杆的锚固原理

由于锚杆直接联系的对象是复杂多变的岩土体,加之锚杆埋在岩土体中,这给锚杆的力学行为及锚固作用机理的观测和研究带来了很大的困难,现有的多数有关锚杆锚固作用和效果的试验都是在限定条件下理想化的基础上进行的。因此,目前对锚杆锚固原理的了解还不够

深入,但以下几种锚固作用机理得到了工程界和理论界的普遍认同。

1. 悬吊作用原理

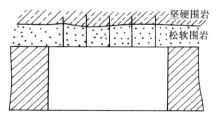

图3-23 锚杆的悬吊作用

悬吊作用理论认为,锚杆锚固是通过锚杆将软弱、松动、不稳定的岩土体悬吊在深层稳定的岩土体上,以防止其离层滑脱。这种作用在地下结构锚固工程中表现得尤为突出,如图3-23所示。

从图3-23中可以看出,起悬吊作用的锚杆主要是提供足够大的拉力,用以克服滑落岩土体的重力或下滑力,来维持结构稳定。

2. 组合梁作用原理

组合梁作用原理是比较早提出来的,也是一般公认的锚固作用原理之一。这种原理是把薄层状岩体看成一种梁(简支梁或悬臂梁),在没有锚固时,它们只是简单地叠合在一起。由于层间抗剪力不足,在荷载 P 作用下,单个梁均产生各自的弯曲变形,上下缘分别处于受压和受拉状态,如图3-24a)所示。若用螺栓将它们紧固成组合梁,各层板便相互挤压,层间摩擦阻力大为增加,内应力和挠度大为减少,于是增加了组合梁的抗弯强度,如图3-24b)所示。当把锚杆埋入岩土体一定深度时,相当于将简单叠合的数层梁变成组合梁,使其成为一有机的整体,从而提高了地层的承载能力。锚杆提供的锚固力越大,各岩土层间的摩擦阻力越大,组合梁整体化程度越高,其强度也就越大。

3. 挤压加固作用原理

兰格(T. A. Lang)通过光弹试验证实了锚杆的挤压加固作用。当他在弹性体上安装具有预应力的锚杆时,发现在弹性体内形成了以锚杆两头为顶点的锥形体压缩区,若将锚杆以适当间距排列,使相邻锚杆的锥形体压缩区相重叠,便形成一定厚度的连续压缩带,如图3-25所示。

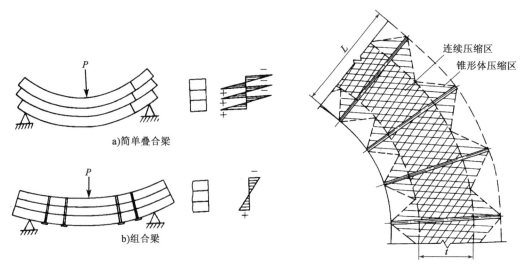

图3-24 组合梁前后的挠度及应力比　　图3-25 连续压缩带的形成

试验表明,通过锚杆护坡,即使毫无黏结力的砂石材料也能被加固成能承受相当大荷载的整体"结构"。工程上称这种现象为挤压加固作用。

上述锚杆的锚固作用原理在实际工程中并非孤立存在,往往是几种作用同时存在并综合作用,只不过在不同的地质条件下,某种作用占主导地位罢了。

四、锚杆构造设计

锚杆构造设计包括锚杆长度设计、锚杆材料选择、锚杆布置和锚杆防腐处理等。

1. 锚杆长度设计

锚杆总长度为锚固段长、自由段长和锚头段长之和。锚固段长度根据锚杆锚固力和锚杆受力条件计算确定,同时,土层锚杆锚固段长度宜控制在 4~14m,岩石锚杆锚固段长度宜控制在 3~10m;如果岩石锚杆承载力设计值≤250kN,且锚固于结构完整、无明显裂隙的硬质岩石上,锚固段长度可为 2~3m。锚杆自由段长度受稳定地层界面控制,按外锚头到滑动面的长度确定,且自由段伸入滑动面或潜在滑动面的长度不小于 1m。

杆体长度大于 4m 或直径大于 32mm 的锚杆,应采取对中支架装置,沿锚杆轴线每隔 1.0~2.0m 设置一个;岩石对中支架间距可适当增大(2.0~2.5m)。

2. 锚杆材料选择

杆体材料宜采用 HRB400 钢筋,杆体钢筋直径宜为 16~32mm。锚孔直径不宜小于 42mm,且不宜大于 100mm。在无特殊要求的条件下,锚杆浆体一般采用水泥砂浆,其强度等级不宜低于 M20。杆体钢筋保护层厚度,当采用水泥砂浆时不应小于 8mm,当采用树脂时不应小于 4mm。

3. 锚杆布置

锚杆的布置方向是锚固设计中极为重要的问题。理论分析表明,逆滑动方向布置锚固的效果最好,但现实中通常受施工条件、滑体边界条件限制,应经综合比较后,选择较为有效的布置方向。此外,当锚杆与滑动面的夹角 ε 等于滑动面土体的内摩擦角 φ 时,虽然锚杆提供的抗拔力最大,但锚杆布设比较长,并不经济。

4. 锚杆防腐处理

锚杆应作防腐处理,锚固段一般可由水泥砂浆密封防腐,使水泥砂浆具有一定厚度的保护层;处于腐蚀地层的锚固段,可涂刷环氧树脂进行防腐。自由段可刷沥青船底漆或缠裹沥青玻纤布,锚具涂以润滑油、沥青后用内配钢筋网的混凝土罩封闭。

五、锚杆稳定性分析

对于锚杆加固的边坡,应对其锚固前后的稳定性进行分析,一般可采用普通条分法和简化 Bishop 法。

对锚固后边坡进行稳定性分析时,锚固力可简化为作用于坡面上的集中力考虑,也可简化为作用于滑动面上的集中力考虑,如图 3-26 所示,并取二者计算的锚固边坡稳定系数的较小值作为锚固边坡的稳定系数。

锚杆的锚固力与锚杆的类型、长度、直径(或锚孔直径)、地层类型、注浆材料等因素有关,应考虑地层与注浆体间的黏结强度、注浆体与锚杆体间的黏结强度。具体计算可参阅第四章和第五章。

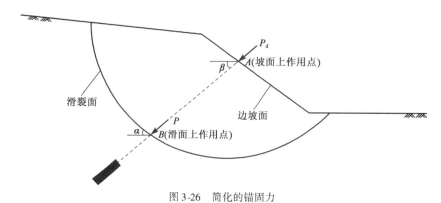

图 3-26 简化的锚固力

P_d-作用于边坡上的设计锚固力;P-作用于滑动面的设计锚固力;β-锚杆与水平方向的夹角;α-锚杆与滑动面相交处的滑动面的倾角

第四节 综合防护

传统的工程防护(如砌石防护)虽然在减轻坡面修建初期的不稳定性和侵蚀方面效果显著,但已经不能满足环境和景观要求。工程防护往往过多追求强度和稳定功效,却破坏了自然生态的和谐,使工程所到之处,坚硬呆板的"水泥通道"取代了昔日的绿水青山,从而使植物缺少了生长的环境,被破坏了的植被也难以得到恢复,生态环境效果极差。为了保护生态环境,同时使防护效果更佳,常采用联合应用两种以上防护技术的综合防护。最常用的综合防护是植物防护和工程防护的联合应用,如骨架植物防护、锚杆混凝土框架植物防护等,它既有工程防护的作用,又有环境保护作用,具有生态防护的效果,可达到坡面防护和环境保护的双重目的。目前工程中还常采用挂网喷混植生防护、TBS植被防护、植被混凝土防护和植生基质生态防护等。

本节介绍的综合防护主要适用于坡面防护,即可应用于土质边坡,也可应用于岩质边坡。

一、骨架植物防护

骨架植物防护是指在坡面上浆砌或浇筑形成的框架内填充种植土,并采取措施使回填土固定于框架内,然后在框架内种植植物,以达到防护和绿化的双重目的。骨架植物防护造价较低、施工方便、造型美观,能与周围环境自然融合。

骨架形式有拱形骨架、菱形(方格形)骨架、人字形骨架。骨架可用片石砌筑,也可用混凝土预制块砌筑,或用混凝土直接浇筑。

1. 适用条件

浆砌片石和混凝土预制块骨架植物防护适用于缓于 1:0.75 的土质边坡和全风化的岩质边坡,当坡面受雨水冲刷严重或潮湿时,边坡应缓于 1:1。现浇混凝土骨架植物防护适用于坡度较大的全风化、强风化的岩质路堑边坡。

2. 设计要点

(1)应视边坡坡度、土质和当地情况确定骨架形式,并与周围景观相协调。框架内种草、铺草皮或植树,必要时也可栽砌卵石(片石)或捶面整平,亦可采用其他辅助防护措施。

(2)在降雨量大且集中的地区,骨架宜做成截水沟式,以分流排除地表水,如图3-27所示。截水沟断面尺寸根据降雨强度计算确定。当采用截水沟式骨架时,骨架宜采用L形断面,拦水带应高出坡面5~10cm。

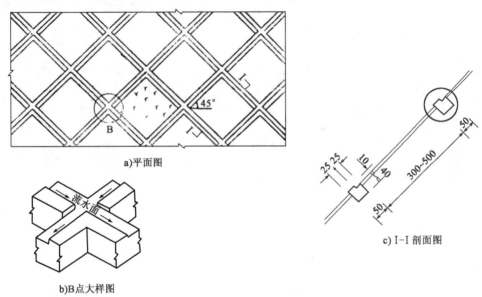

图3-27 截水沟式骨架植物防护(尺寸单位:cm)

(3)骨架嵌入坡面的深度应视边坡岩土质及气候条件确定,一般为0.3~0.5m,其表面应与草皮平顺。

(4)对于拱形骨架(图3-28),其主骨架间距4~6m,拱高4~6m,具体应视岩土体性质和坡面变形等情况选定。图3-29为拱形骨架植物防护实例。

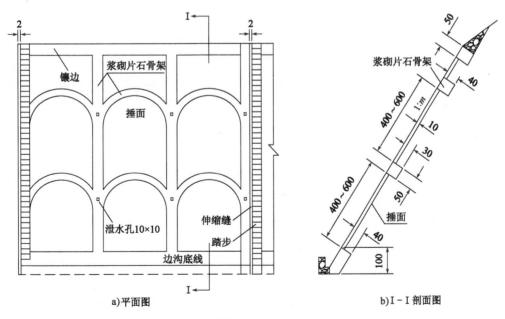

图3-28 拱形浆砌片石骨架(尺寸单位:cm)

(5)菱形(方格形)骨架(图3-27)间距为1~4m,具体视边坡岩土性质和变形情况选定。骨架宽度宜为0.3~0.5m,在护坡的顶部0.5m及坡脚1m范围内,用M5浆砌片石镶边,其中菱形骨架与边坡水平线成45°角。图3-30为方格形骨架植物防护实例。

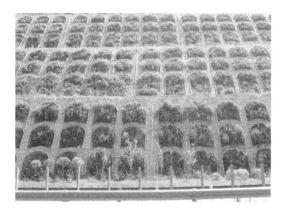

图3-29 拱形骨架植物防护实例　　　　图3-30 方格形骨架植物防护实例

(6)对于人字形骨架(图3-31),其主骨架间距为4~8m,人字形骨架高2~5m,应根据边坡岩土性质和变形情况而定。主骨架宜采用槽形断面,宽度0.5~1m,沟宽0.2~0.5m,沟身0.1~0.2m。

(7)为便于养护,应在适当位置设阶梯形踏步。

二、锚杆混凝土框架植物防护

锚杆混凝土框架植物防护是指在坡面上浇筑混凝土或钢筋混凝土框架,在框架内回填客土并采取措施使客土固定于框架内,然后在框架内种植植物,以到达防护和绿化的目的。它与骨架植物防护类似,区别在于钢筋混凝土框架对边坡的加固作用更强,而且采用了锚杆锚固技术。一般而言,锚杆混凝土框架植物防护适用于各类边坡,但由于其造价高,主要用于浅层稳定性差且难以进行植物防护的高陡岩质边坡和贫瘠土质边坡。

实际上,锚杆混凝土框架植物防护是在骨架植物防护和锚杆挂网喷浆(混凝土)防护的基础上发展起来的,它既保留了锚杆对风化破碎岩质边坡的主动锚固作用,以防止岩质边坡经开挖卸荷和爆破松动而产生的局部楔形破坏,又吸收了浆砌片石(混凝土块)骨架植物防护的造型美观、便于绿化的优点。

1. 结构形式和适用条件

锚杆混凝土框架的形状有:拱形、菱形(方格形)、长方形、人字形。

(1)骨架形式应视边坡坡度和稳定性、岩土质等确定,并应与周围景观相协调。

(2)菱形骨架间距为1~4m,应视边坡岩土性质和变形情况等选定,与边坡水平线成45°角。

(3)拱形骨架间距为2~6m,圆拱半径为1~3m,应视边坡岩土性质和变形情况等选定。

(4)人字形主骨架间距为4~8m,人字形骨架高为2~5m,应视边坡岩土性质和变形情况等选定。

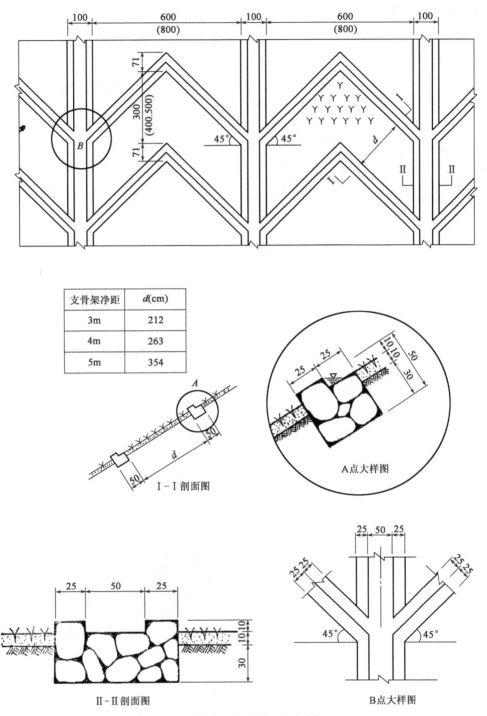

图 3-31 人字形浆砌片石骨架(尺寸单位:cm)

锚杆混凝土框架植物防护形式有多种组合:锚杆混凝土框架+植物、锚杆混凝土框架+三维土工网+植物、锚杆混凝土框架+土工格室+植物、锚杆混凝土框架+混凝土空心块+植物、锚杆混凝土框架+轮胎+植物等。其主要区别在于框架内的固土方式,其中铺设三维土工网、土工格室、混凝土空心块和轮胎的目的就是固定框架内填充的种植土。

(1)锚杆混凝土框架 + 植物防护。

在框架内回填种植土,然后直接种植植物,如图 3-32 所示。此种防护形式适用于边坡高度较大、稳定性较差的岩质路堑边坡。

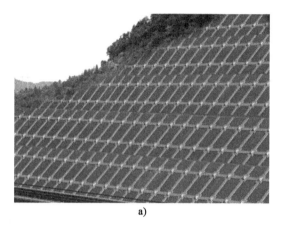 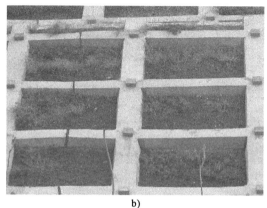

图 3-32　锚杆混凝土框架 + 植物防护

(2)锚杆混凝土框架 + 三维土工网 + 植物防护。

在框架内回填种植土后挂三维网,然后种植植物,即形成锚杆混凝土框架 + 三维土工网 + 植物防护结构。

(3)锚杆混凝土框架 + 土工格室 + 植物防护。

在框架内固定土工格室,并在格室内回填种植土后种植植物,从而可在较陡的路堑边坡上培土 20 ~ 50cm。

典型土工格室结构图如图 3-33 所示。

图 3-33　典型的土工格室结构图

(4)锚杆混凝土框架 + 混凝土空心块 + 植物防护。

在框架内满铺并浆砌预制的空心六棱块,然后在空心六棱块内回填种植土种植植物,如图 3-34所示。在锚杆混凝土框架内铺设空心六棱块,可使回填种植土具有很强的稳定性,能抵抗雨水的冲刷,适用于坡度达到 1∶0.3 的岩质边坡。

2. 设计要求

(1)系统锚杆宜为全长黏结型锚杆,锚杆长度为 4 ~ 10m,间距为 1.5 ~ 4m,应视边坡地质和变形情况而定。锚杆钢筋保护层厚度不应小于2cm,锚杆设计抗拔力不宜低于75kN。锚杆可采用HPB235和HPB300钢筋,杆体直径宜为14~32mm。

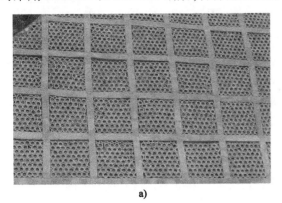
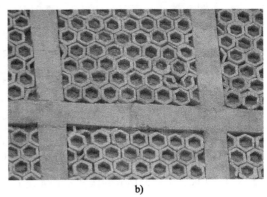

图3-34 锚杆混凝土框架+混凝土空心块+植物防护

(2)框架应采用钢筋混凝土浇筑,其强度等级不应低于C25,框架几何尺寸应根据边坡高度和地质情况而定,一般情况下,其宽度为0.4~0.6m,厚度为0.4~0.6m。

(3)注浆材料宜选用水泥浆和水泥砂浆,其强度等级不应低于M20,其中水泥砂浆的灰浆比为0.38~0.45,纯水泥浆的水灰比为0.40~0.45。注浆压力不应低于0.2MPa。对于预应力锚杆,水泥浆和水泥砂浆等注浆材料的设计强度等级不应低于M30,压力分散型锚杆锚固段注浆体的抗压强度等级不宜低于M40。

(4)当采用预应力锚杆时,其长度和间距应根据地质情况确定。锚杆间距不应小于2.5m,一般为3~6m;锚固体上覆土层厚度不应小于4.0m,锚固段长度不应小于4.0m,也不宜超过10m;自由段长度不宜小于5.0m,且自由段长度应超过破裂面1.0~2.0m。

(5)锚孔直径应根据设计锚固力、地层性状、锚杆材料等确定,一般为10~15cm。

(6)混凝土框架和承压垫块的几何尺寸和结构强度应根据设计锚固力和地层形状等确定,承压面应与锚孔轴线垂直。

三、TBS植被防护

TBS植被防护是使用经改进的混凝土喷射机,将拌和均匀的厚层基材混合物按设计厚度喷射到坡面上,集岩土工程学、植物学、土壤学、肥料学、高分子化学和环境生态学等多学科于一体的综合防护技术。

采用TBS植被防护可降低坡体孔隙水压力,截留降雨,减弱溅蚀,控制土粒流失;可恢复被破坏的生态环境;可降低噪声、光污染,保证行车安全;可促进有机污染物的降解,净化大气,调节小气候。

1. 适用条件

(1)适用于年平均降水量大于600mm、连续干旱时间小于50d的非高寒地区;

(2)适用于坡度不陡于1:0.3的硬质岩边坡及混凝土面、浆砌片石面;

(3)适用于各类软质岩边坡、土石混合边坡。

2. 植被效应

TBS植被防护主要由锚杆、网和基材混合物三部分组成,通过锚杆、复合材料网和植被根系的力学加固与坡面植被的防冲刷效应,达到护坡和改善生态环境的目的。

植被效应主要包括力学效应、水文效应和生态效应三方面。

(1)力学效应。

①深根的锚固作用。植物的垂直根系穿过坡体浅层的松散风化层,锚固到深处较稳定的岩土层上,起到预应力锚杆的作用。禾草、豆科植物和小灌木在地下 0.75~1.5m 深处有明显的土壤加强作用,树木根系的锚固作用可影响到地下更深的岩土层。

②浅根的加筋作用。在基质及土体中盘根错节的根系,使基质及土体在其延伸范围内成为土与草根的复合材料,草根可视为三维加筋材料。

(2)水文效应。

①降低坡体孔隙水压力。降雨是诱发边坡失稳的重要因素之一。植物通过吸收和蒸腾坡体内水分,降低土体的孔隙水压力,增加土体黏聚力,提高土体的抗剪强度,有利于边坡体的稳定。

②降雨截留,削弱溅蚀。降雨下落的水滴在打击坡面的同时,将动能传递给土体,其产生的分裂力使土颗粒分离飞溅。在滴溅过程中,雨滴动能越大,撞击分裂力越大,被溅出的土颗粒数量也越多,植被能拦截高速下落的雨滴,分散雨滴,减少滴溅能量及飞溅的土粒。

③控制土粒流失。地表径流带走已被滴溅分离的土粒,进一步可引起片蚀、沟蚀。植被能够抑制地表径流并削弱雨滴溅蚀,从而能控制土粒流失。通常情况下,土体的流失量随植被覆盖率的增加而锐减。

(3)生态效应。

发达、密集的根系在土壤中穿插、挤压、分割和网络作用以及根系分泌分解产物的胶结作用,有助于防止边坡的风化剥落。另外,根茎在腐解过程中,为土壤微生物增加了碳、氮和其他生物养料,导致各类土壤微生物大量繁殖,有助于边坡生态环境的恢复,从而走向良性循环。

3. 材料组成和技术要求

(1)材料组成。

厚层基材是 TBS 植被防护的关键,厚层基材主要由绿化基材(简称 GBM)、纤维和植物种三部分组成。而绿化基材是植物种生长发育、根系发展的基体,由有机质、生物菌肥、粗细纤维、pH 值调整剂、全价缓释肥、保水剂、消毒剂、种植土和水等组成,起到保证植被长期生长所需的养分和水分平衡的作用;植物种应根据当地土质和气候条件,可选用冷季型、暖季型、观赏型等植物种,一般由 2~3 种植物种子(包括禾本科及豆科植物)混合而成。

(2)技术要求。

①有机质 $\geqslant 32.0\%$、腐殖质 $\geqslant 10.0\%$、氮、磷、钾($N + P_2O_5 + K_2$)$\geqslant 4.0\%$、水分(游离水)$\geqslant 30.0\%$、吸水倍率 $\geqslant 6.0$、水稳性指数 $\geqslant 60.0\%$、pH 值 5.5~7.0、细度(<5mm)$\geqslant 75.0\%$。

②种植土需经粉碎、风干后过 8mm 筛。

③由秸秆、树枝等加工而成的纤维,长 10~15mm。

④植被种子应选用适应当地土质和气候条件、成活率高的优良品种。

4. 设计要点

(1)坡面目标植物群落的选型及混合物植被设计。

依据环境调查结果和初步确定的坡面目标植物群落的类型,结合植物种类的特性和气候区域特点选定混合物植物种,并根据设计调查得到的主要植物确定优势植物物种。

(2)基材混合物的配比设计。

对于岩质边坡及浆砌片石面,基材混合物的建议配比见表3-5。

基材混合物配比(体积比)　　　　　　　　　　　　　表3-5

绿化基材(%)	纤维(%)	种植土(%)
20	40	40

(3)基材混合物喷射厚度设计。

厚层基材喷射厚度应根据边坡类型、年平均降水量和边坡坡度确定,建议喷射厚度见表3-6。由于基材混合料经过喷射机喷射到坡面后会产生一定的压缩变形,因此计算基材混合料用量时,应考虑压缩系数,一般取压缩系数为1.50。

基材混合物喷射厚度建议值　　　　　　　　　　　　表3-6

边坡类型	年平均降水量(mm)	坡率	喷射厚度(mm)
硬质岩边坡	600~900	1:0.3	10
		1:0.5	10
	900~1200	1:0.3	9
		1:0.5	9
	≥1200	1:0.3	8
		1:0.5	8
软质岩边坡	600~900	1:0.75	8
	900~1200	1:0.75	7
	≥1200	1:0.75	6
土石混合边坡	600~900	1:0.75	6
		1:1.0	6
	900~1200	1:0.75	5
		1:1.0	5
	≥1200	1:0.75	4
		1:1.0	4

(4)注浆砂浆配合比设计。

水泥选用C42.5普通水泥,其性能应符合水泥技术标准;砂应采用坚硬的中粗砂,粒径不宜大于15mm。灰砂比宜为1:1~1:2,水灰比宜为0.38~0.45。

(5)锚杆与网设计。

锚杆一般选用ϕ12螺纹钢筋,长60~200cm,间距2.0m;固定网一般选用三维植被网或14号镀锌铁丝网,网孔一般为50mm×50mm。

四、植被混凝土防护

植被混凝土防护(CBS)是采用特定的混凝土配比和植物配方对边坡进行防护,同时具有绿化作用。其与TBS植被防护相似,但应用了水泥和专用的绿化添加剂,增加了绿化基层的硬度,加快了凝固速度,并使喷射混合物形成了促进植物生长的团粒结构。植被混凝土防护先在岩土体上铺设铁丝或塑料网,并用锚钉或锚杆固定。植被混凝土原料经搅拌后由常规喷锚设备喷射到坡面,形成约10cm厚度的植被混凝土。喷射完毕后,覆盖一层无纺布防晒保湿,水泥使植被混凝土形成具有一定强度的防护层。经过一段时间洒水养护,植物会覆盖坡面,揭去无纺布后,茂密的植物就会自然生长。

植被混凝土由水泥、土、腐殖质、长效肥、保水剂、混凝土添加剂及混合植物物种等组成。水泥是形成强度达到工程防护目的的固结材料,并使喷射混合物形成连续空隙体;土是为植物长期生长提供养分和储存养分的基础材料;腐殖质是优先为植物提供养分和产生植物根系生长空间的基础材料;长效肥是为植物生长提供长期效力的复合肥;保水剂在水分丰裕时吸收水分,在天气干燥时为植物提供水分;混凝土添加剂的主要功能是营造植物生长环境,使喷射混合物形成促进植物生长的团粒结构;混合植物物种应根据植物生长特性优化配制。

植被混凝土即为能生长花草植物的混凝土,属生态混凝土,它为花草等植物的生长提供条件。植被混凝土既能固土,又能改善环境。从混凝土的角度讲,在发挥其工程所需强度、防止水土流失、保护坡面等功能的同时,所生长的花草植物既美化了环境,又保护了工程、延长了工程寿命。就绿色植被而言,绿化混凝土提供了栽花种草的场地,增强了所种植物的抗逆性,科学地使其花草茂盛,发挥了土地生产力,丰富了自然景观,扩展了绿地空间;并且通过减缓太阳辐射、增加大气湿度、防止噪声、减少风沙灰尘、净化大气,提高了气候环境质量。

应用植被混凝土防护时,坡面的整体结构必须稳定,坡度不宜大于60°,坡度太大则不利于植物根茎的生长。坡面应尽量平整,松散脱落的碎石应清理干净,坡顶植被混凝土应防止产生冲刷。

确定植被混凝土的配方应考虑以下几个因素:

(1)保证拌合物具有良好的黏聚性、流动性,即易施工性;

(2)植被混凝土能经受风吹雨打,不脱落;

(3)植被混凝土应具有合适的密度和空隙率,即空隙率为50%~65%(体积比)、密度为$1.3~1.7g/cm^3$的条件下,有利于植物生长;

(4)植被混凝土应有良好的植物生长条件,如水肥供应良好,能保证植物多年的养分供应(植被混凝土能长期供应养料,植物也能自己补给,如枯叶及草根腐烂,细菌固氮等)。

胶结材料、植生土、有机质、腐殖质的总重量占植被混凝土重量的80%左右,由此,决定了植被混凝土的主要特性。水泥是影响强度及和易性的决定因素,用量一般不超过25%。有机质、腐殖质统称为有机物,其含量对植被混凝土的强度、密度及空隙率、水肥供应有重大影响,含量越大,密度越小,空隙率越大,强度越低。有机物的含量过大会造成植被混凝土的强度偏小,空隙率过大则不利于保持水分,同时还会降低拌合物的黏聚性,喷射施工时会增加回弹损失。有机物适宜的含量为8%~16%。混凝土绿化添加剂含量一般不应大于2%。含量过少不能营造出植物所需的生长基材,过大则会增大成本。混凝土绿化添加剂的含量为1.0%~2.0%时,能较好地满足植物需求。

1. 适用条件

植被混凝土防护比较适用于风化岩和土壤较少的软岩,尤其适于不宜植物生长的恶劣地质环境。其具有施工效率高、成本低、生态效益高、景观效果好、耐冲刷、防止坡面开裂等特点。

2. 设计要点

(1) 植被混凝土。

① 水泥一般采用 C42.5 普通水泥,土一般选择工程地原有的地表种植土,常采用当地的肥沃土,其含砂量不应超过 5%,腐殖质一般采用酒糟、锯末、秸秆纤维等,长效肥常采用尿素、生物肥、化学复合肥,添加剂主要原材料为钙粉、磷矿粉、锰矿粉、锌矿粉等;应选择适应当地土质和气候条件、成活率高的优良植物品种,植物种子一般由 2~3 种禾本科及豆科植物混合而成,而保水剂的粒度一般为 100 目。

② 水泥用量一般不超过 25%,植被混凝土的无侧限抗压强度不应低于 15kPa。

③ 植被混凝土空隙率宜为 50%~65%(体积比),密度为 $1.3 \sim 1.7 \mathrm{g/cm}^3$。

④ 绿化添加剂含量一般不应大于 2%。

⑤ 纤维可由就地取材的秸秆、树枝等经加工而成,一般长 10~15mm。

⑥ 水的 pH 值应为 5.5~8.5。

(2) 锚杆。

一般采用 $\phi 20$ 螺纹钢筋,按 1.5m×1.5m 呈正三角形状交叉锚固,长 30~80cm。

(3) 网。

一般选用钢丝格网,由 $\phi 2.2$ 的钢丝编织,网孔一般为 50mm×50mm,也可根据工程需要选用合适的土工网格等。

(4) 植被混凝土厚度。

植被混凝土的厚度一般为 5~15cm,分两层喷射,面层厚度为 1~2cm,面层喷射时加入草种。

五、土工合成材料防护

土工合成材料是一种新型优质高性能的工程材料,自 20 世纪 70 年代末被引进我国后,已在国内几乎所有的产业部门都得到了较广泛的应用,并取得了十分显著的效果。应用土工合成材料进行边坡防护加固的基本形式有边坡坡面防护、加筋路堤和加筋土挡土墙。

1. 土工合成材料类型

应用于边坡防护的土工合成材料有土工格网、土工格栅、三维植被网及土工格室等。

土工格网和土工格栅属于平面网状结构,网格类产品的网眼能使其与周围土体之间存在可靠的相互作用,土颗粒夹挤在土工格网(格栅)空隙内形成机械咬合,制约着颗粒材料的移动。颗粒材料嵌实在网格中,处于相对稳定状态,为植物生长提供基本条件。在边坡防护中,对土工格栅或土工格网的强度要求并不高,目前材料的强度一般均能满足边坡植草的要求。而三维植被网及土工格室属于三维空间结构,具有更好的固土作用。

(1) 土工格网。

土工格网是采用聚乙烯材料经连续挤压而成型的一种聚合物格网,网格形状呈方形、菱形、六边形等,如图 3-35 所示。目前土工格

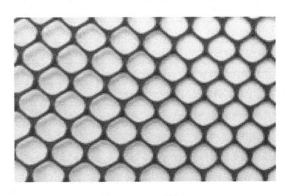

图 3-35 土工格网

网的应用较为广泛,我国常使用的 CE 系列土工格网的强度较高,纵、横向强度均匀,化学稳定性好,耐腐蚀,耐老化,其技术性能参数见表 3-7。

CE 系列土工格网性能参数 表 3-7

项　目	CE111	CE121	CE131	CE131B	CE151
幅宽(m)	2.5±0.25	2.5±0.25	2.5±0.25	2.5±0.25	2.5±0.25
网孔尺寸(mm)	(8×6)±2	(8×6)±2	(27×27)±3	(22×22)±3	(74×74)±5
网厚(mm)	2.9±0.3	3.3±0.3	5.2±0.5	4.8±0.5	5.9±0.5
卷长(m)	30~50	30~50	30~50	30~50	30~50
单位面积质量(g/m^2)	450±30	730±30	630±30	630±30	550±25
拉伸强度(kN/m)	≥2.00	≥7.68	≥5.80	≥6.40	≥4.82
断裂伸长率(%)	≤41.0	≤20.2	≤16.5	≤18.6	≤23.2
10%伸长率时拉伸力(kN/m)	≥1.32	≥6.80	≥5.20	≥5.74	≥3.93

(2)土工格栅。

经一次挤压成型的非编织整体网格结构,它不存在焊接或编织点薄弱环节,具有高抗拉强度、低应变、小徐变的力学特性。此外,土工格栅还具有抗生物、化学、紫外线腐蚀等良好的生化特性,耐久性好。土工格栅有单向和双向之分,如图 3-36 所示,其技术性能参数见表 3-8 和表 3-9。

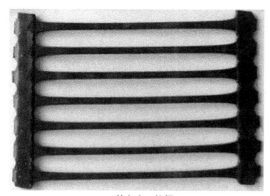

a)单向土工格栅　　　　　　　　b)双向土工格栅

图 3-36　土工格栅

LTGR 系列单向土工格栅性能参数 表 3-8

型号	LTGRA50	LTGRB65	LTGRC80	LTGRD100	LTGRE120	LTGRF135	LTGRG170
原材料	HDPE	HDPE	HDPE	HDPE	HDPE	HDPE	HDPE
炭黑含量(%)	≥2	≥2	≥2	≥2	≥2	≥2	≥2
拉伸强度(kN/m)	≥50	≥65	≥80	≥100	≥120	≥135	≥170
2%伸长率时强度(kN/m)	≥14	≥18	≥23	≥29	≥35	≥39	≥57
伸长率时强度(kN/m)	≥27	≥35	≥44	≥55	≥65	≥74	≥95
屈服伸长率(%)	≤12	≤12	≤12	≤12	≤12	≤12	≤12
极限蠕变强度(kN/m)	≥21	≥25.5	≥31	≥39	≥46	≥51	≥66
成品长度(m)	50	50	50	50	50	50	50
幅宽(m)	2.5	2.5	2.5	2.5	2.5	2.5	2.5

TGSG 系列双向土工格栅性能参数　　　　表 3-9

型号	TGSG15-15	TGSG20-20	TGSG30-30	TGSG40-40	TGSG45-45
每延米纵向拉伸屈服力(kN/m)	≥15	≥20	≥30	≥40	≥45
每延米横向拉伸屈服力(kN/m)	≥15	≥20	≥30	≥40	≥45
纵向屈服伸长率(%)	≤13				
横向屈服伸长率(%)	≤16				
纵向2%伸长率时的拉伸力(kN/m)	≥5	≥8	≥11	≥13	≥16
横向2%伸长率时的拉伸力(kN/m)	≥7	≥10	≥13	≥15	≥20
纵向5%伸长率时的拉伸力(kN/m)	≥8	≥10	≥15	≥16	≥25
横向5%伸长率时的拉伸力(kN/m)	≥10	≥13	≥15	≥20	≥22

(3)三维植被网。

三维植被网,又称三维土工网,是一种具有三维结构的、适用于水土保持的新型土工合成材料,如图 3-37 所示。它是以热塑性树脂为原料,采用科学配方,经挤压、拉伸焊接、收缩等一系列工艺制成的两层或多层表面凹凸不平、网袋状的层状结构网。其底层为采用双向拉伸技术形成的高模量基础层,具有一定强度,并能有效防止水土流失。其表层为一个起泡层,蓬松的网袋内有较大的容土空间。这种三维结构保证了草籽能更好地与土壤结合,应用于边坡防护中则能有效地保护坡面不受风、雨、洪水的侵蚀。三维植被网的技术性能参数见表 3-10。

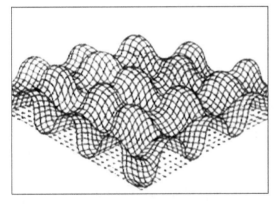
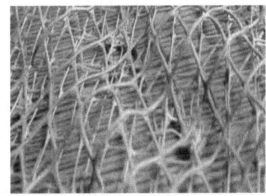

图 3-37　三维植被网

EM 系列三维植被网性能参数　　　　表 3-10

型号	EM5	EM4A	EM4	EM3A	EM3	EM2
单位面积质量(g/m²)	≥450	≥450	365	250	273	230
厚度(mm)	≥16	≥15	14	≥12	12	≥10
长度(m)	30	30	30	30	30	30
宽度(m)	1.5	1.5	1.5	1.5	1.5	1.5
纵向拉伸强度(kN/m)	≥3.2	≥2.2	≥2.2	≥1.5	≥0.8	≥0.8
横向拉伸强度(kN/m)	≥3.2	≥2.2	≥2.2	≥1.5	≥0.8	≥0.8

(4)土工格室。

土工格室是以聚丙烯为基材,加入多种高分子材料共混改性,并添加如抗氧剂、光稳定剂、成核剂、加工助剂等多种改性助剂的片材,经高强力焊接而成的一种三维立体型蜂窝结构,属于特种土工合成材料,如图 3-33 所示。土工格室片材强度、厚度,片材间连接处强度,组间连接处的强度以及片材所用材料长期性能的稳定性,对土工格室的工程性能有着重要的影响,其技术性能参数见表 3-11。常用 TGGS 系列土工格室的规格见表 3-12,可根据边坡土质情况以及边坡坡率选用。

土工格室性能参数　　　　　　表 3-11

拉伸屈服强度 (MPa)	挠曲模量 (MPa)	冲击强度 (J/m)	抗环境开裂 (h)	低温脆化温度 (℃)	常温剥离强度 (kg/cm)	低温剥离强度 (kg/cm)
22 ~ 23	600 ~ 800	8 ~ 9	≥1000	-50 ~ -23	≥10.1	≥10.1

TGGS 系列土工格室规格　　　　　　表 3-12

产品型号	TGGS-200-400	TGGS-150-400	TGGS-100-400	TGGS-75-400	TGGS-50-400
格室缩叠时的宽度(mm)	62 ± 3	62 ± 3	62 ± 3	62 ± 3	62 ± 3
格室缩叠时的长度(mm)	5600 ± 20	5600 ± 20	5600 ± 20	5600 ± 20	5600 ± 20
格室伸张时的长度(mm)	4100 ± 50	4100 ± 50	4100 ± 50	4100 ± 50	4100 ± 50
格室伸张时的宽度(mm)	6300 ± 50	6300 ± 50	6300 ± 50	6300 ± 50	6300 ± 50
格室高(mm)	200	150	100	75	50
格室焊点距离(mm)	400	400	400	400	400
焊点数	14	14	14	14	14
格室单孔面积(m)	0.07	0.07	0.07	0.07	0.07
格室片厚(mm)	1 ± 0.05	1 ± 0.05	1 ± 0.05	1 ± 0.05	1 ± 0.05
每件片数	50	50	50	50	50
格室单位面积质量(g/m^2)	2400 ± 50	1800 ± 50	1200 ± 50	900 ± 50	600 ± 50

土工格室类产品具有材质轻、耐磨损、韧性好等多种特性,化学性能稳定。展开后的格室内可以填充种植土并撒播草籽,能使边坡充分绿化,带孔的格室还能增加坡面的排水性能。其用于边坡防护时施工简单,操作方便,工期短,能够防护表层塌方,整体防护效果较好,施工质量易于保证,对开挖边坡能形成及时有效的防护,而且工程价格低。土工格室植草护坡一般用钢钎或用浆砌片石形成骨架,将土工格室固定于修整好的边坡上,然后往格室内回填混有草籽和复合肥料的营养土料。

2. 土工合成材料生态护坡

土工合成材料生态护坡常用的形式有三维网植草护坡、土工格栅(网)植草护坡和土工格室植草护坡等,应根据边坡的坡率、岩性等选择应用。

土质边坡常使用喷播和撒播技术进行植草绿化,岩质边坡则应先在土工格室内回填种植土,然后再喷播和撒播进行植草绿化。

(1)土工格栅(网)植草护坡。

土工格栅(网)植草护坡如图 3-38 所示,适用于边坡自身稳定、坡率缓于 1:0.75 的土质,或易于风化的泥、页岩边坡,以及第四系砾石土边坡。当边坡坡率陡于 1:0.75 时,应加密锚钉或改用锚杆固定,并选用高强格栅。

(2)土工格室植草护坡。

土工格室植草护坡是在展开并固定于坡面上的土工格室内填充种植土,然后在其上均匀撒(喷)播草种,如图3-39所示。其施工方便,可调节性较好,适用于坡率缓于1:0.75的土质和石质边坡,经灌注混凝土特殊加固后的碎石边坡也可应用。

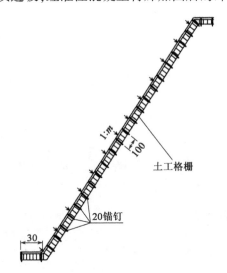

图3-38 土工格栅(网)植草护坡(尺寸单位:cm)

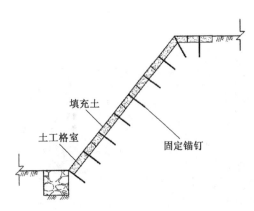

图3-39 土工格室植草护坡

(3)三维植被网喷草护坡。

采用三维植被网喷草护坡,植物根系和三维植被网交织形成致密的覆盖层,对坡面形成连续和长期的持久保护,使坡面不受日晒雨淋而自然侵蚀剥落,以达到固土的目的,如图3-40所示。

三维植被网喷草护坡应用范围比较广,但在干旱、半干旱地区使用时应保证养护用水的持续供给,适用于各类土质边坡(包括路堤和路堑边坡),也可应用于强风化岩质路堑边坡,土石混合路堤边坡经过处理后也可应用。对于坡率不陡于1:0.75的泥岩、页岩等稳定的软质岩边坡和土质边坡,边坡应易于人工开挖楔形沟,且易风化,并含有植物生长的矿物元素。

图3-40 三维植被网喷草护坡

3. 与工程防护结合的土工合成材料生态护坡

土工合成材料生态护坡与工程防护(如砌石护坡)相结合是较为成功的护坡方式,归纳起来主要有以下几种。

(1)土工格室与浆砌片石联合护坡。

在路堑边坡坡面上现浇钢筋混凝土锚梁或砌筑浆砌片石形成骨架,骨架内设土工格室,并在格室内回填种植土植草,形成框架+土工格室+植物护坡,如图3-41所示。若边坡较陡(陡于1:0.75),则在路堑边坡上培土8~10cm,并挂三维土工网喷播植草,形成框架+三维土工网+植物护坡。

为便于土工格室稳定,骨架砌筑或现浇时预埋土工格室,骨架通过普通短锚杆或在坡面砌筑耳墙,固定于较陡的坡面上。此方法要求坡面平整,易于锚梁施工和土工格室铺设,适合的边坡坡率为1:0.3~1:1.0。

(2)骨架内填土反包土工合成材料植草护坡。

骨架内填土反包植草绿化是指在边坡上现浇钢筋混凝土框架或浆砌片石骨架,在框架内填土后挂三维土工网喷播植草(或铺草皮),然后用土工格栅由坡底向坡顶反包抑制回填土滑动,并用U形钉或钢钉固定格栅和草皮,如图3-42所示。此方法既能加固边坡,又能达到绿化的目的,适用于各类边坡,多用于边坡较陡、绿化困难的岩质边坡或需进行土质改良的边坡。

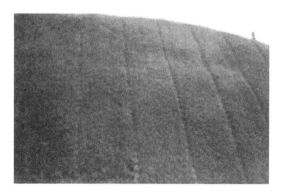
图3-41 土工格室与浆砌片石联合护坡

图3-42 骨架内填土反包植草绿化

(3)混凝土骨架+土工格栅+液压喷播护坡。

钢筋混凝土骨架本是边坡加固的方法之一,它是在路堑边坡上现浇钢筋混凝土锚梁形成骨架,与锚杆结合加固边坡。其与土工格栅、液压喷播结合在一起,既起到了加固作用,又起到了边坡绿化的作用,可应用于坡度为1:0.5~1:0.75的深层稳定岩质边坡。

六、其他综合防护

1. 挂网喷混凝土植生防护

喷混凝土植生防护是一种将含草种、有机质、混凝土喷在坡面上的边坡绿化方法,适用于开挖后边坡坡面的植被恢复,尤其对不宜进行植被恢复的恶劣地质环境,如砾石层、软岩、破碎岩及较硬的岩石,有比较明显的效果。

喷混凝土植生防护兼具有边坡防护和绿化的功能,适合我国大部分地区的气候条件,年平均降水量宜大于600mm,适合坡度小于70°的各种稳定岩土质边坡,具有施工效率高、成本低等特点。

挂网喷混凝土(喷混)植生防护就是利用客土掺混黏结剂(普通水泥)和锚杆加固铁丝网技术,采用特制喷混机械按比例混合,并将搅拌均匀的有机基材与长效肥、速效肥、保水剂、黏结剂、植物种子、水等混合物,喷射到铺挂铁丝网的坡面上。由于黏结剂的黏结作用,混合物可在边坡表面形成一个既能让植物生长发育,种植基质又不被冲刷的多孔稳定结构(即一层具有连续空隙的硬化体),种子可以在空隙中生根、发芽、生长,而一定程度的硬化又可防止雨水冲刷,从而达到恢复植被、改善景观、保护环境的目的。它是集岩土工程力学、植物学、土壤学、肥料学、园艺学、环境生态学等学科于一体的综合环保技术,其核心是通过成孔物质的合理配置,在坡面上营造一个既能让植物生长发育,而种植基质又不被冲刷的多孔稳定结构,使建植层固、液、气三相物质趋于平衡。喷混植生防护实现了边坡防护和景观保护两大功能的结合。

基质材料配比、植物种选择、坡面自流滴灌等方面的技术熟化程度,是实施坡面喷混植生技术成败的关键。同时,喷混植生防护应用与喷混设备也有很大关系。根据喷混设备的不同,通常将其分为干喷和湿喷两种形式。喷混机械的选择关系到喷混基层的结构、施工的速度等。

(1) 干喷法。

坡度较大的边坡适宜采用干喷法。干喷的工作原理是利用空压机提供的压力,将喷射机中混合均匀的干料通过输送管喷射到坡面上,混合物在喷口处与水泵提供的水混合,形成较为紧密的有机基材种植层,从而实现快速覆绿。干喷使用的机械有干喷机、空压器、水泵等。

(2) 湿喷法。

湿喷法适用于不同风化程度的岩质边坡或各类土质边坡,坡度宜为 $1:0.5 \sim 1:1.5$。湿喷的工作原理是利用搅拌机将混合干料加水搅拌成稠状的均匀混合物,倒进湿喷机继续搅拌,湿喷机通过泵送方式把混合物输送到喷嘴处,空压机提供的压缩空气在喷嘴处将混合物吹散喷射到坡面上,形成紧密稳定的有机基材种植层,恢复后的植被长势较好。湿喷使用的机械有湿喷机、空压机、搅拌机等。

2. 植生基质生态防护

植生基质生态防护(PMS)首先在裸露坡面上打锚杆,然后将高强土工网固定在锚杆上,形成固定植被及其种植基材的骨架,再用植生基材喷射技术将由基质和植物种子混合而成的植生基材喷射到固定有土工网的坡面上,通过植物的生长活动和其他工程辅助措施对边坡进行防护。在岩石裸露和有生态破坏隐患的坡面上,利用锚杆、土工网、植生基材为植物重新创造良好的立地条件,通过植物的生长活动,逐渐使锚杆、土工网、植生基材层和植物根系形成一个立体网络结构,从而达到稳定坡面、绿化坡面的目的,并最终形成自然景观的防护技术。

植生基质生态防护的核心是植生基材,应根据地域条件、气候条件、边坡类型、坡向坡度、植被类型、土壤条件、施工条件等因素确定。植生基材主要由绿化基材、土壤、植物种子等组成。

绿化基材本身具有一定的强度,是植被种子生长发育、根系发展的基体,由有机质、生物菌肥、粗细纤维、pH 值调整剂、全价缓释肥、保水剂、消毒剂、种植土和水组成,作用是保证植被长期生长所需,使养分和水分平衡,同时可改善坡面抗侵蚀和承受荷载能力,能为植物提供良好的生长环境。植生基质的保水能力极强,有效地提高了再生植被的抗旱能力。其可应用于年降水量 500mm 左右的地区,坡度不陡于 $1:0.3$ 的稳定硬质岩边坡和软质岩边坡、土质边坡,包括瘠薄土质、酸性土质等劣质土坡。

植生基质生态防护具有结构简单,施工迅捷,抗旱耐寒性强,独特的养分缓释供应,生态效果与自然协调,管理粗放,维护简便等优点。应用 PMS 技术可以降低坡体空隙水压力,截留降雨,减弱溅蚀,控制土粒流失,并且可以恢复被破坏的生态环境。边坡植被的存在为各种小动物、微生物的生存繁殖提供了有利的环境,完整的生物链又能逐渐重新形成,被破坏的环境也能够慢慢地恢复到原始的自然状态。应用 PMS 防护还可以降低噪声、光污染,保证行车安全;

并促进有机污染物的降解,净化大气、调节小气候。

植生基质生态防护体具有一定的抗拉强度、黏性以及保水、吸水能力,能与坡面很好黏结,并为植被提供前期生长所需的养分。这种材料具有较强的抗旱、耐寒性能,生命力强,与混凝土或岩土体黏结性能好,且成本较低。

第五节 土钉支护

一、基本概念

土钉支护是近年来发展起来的、用于原位土体加固和稳定边坡的一种新型防护和支挡结构。它由被加固土、放置于原位土体中的金属杆件(土钉)及附着于坡面的混凝土护面板组成,形成一个类似重力式的挡土结构,如图3-43所示,以此来抵抗土压力和其他作用力,从而达到加固土体和稳定坡面的目的。

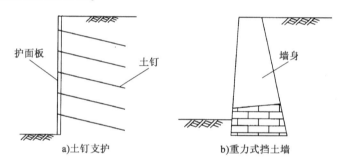

图3-43 土钉支护与重力式挡土墙

土钉技术是一种在原位土体中安置土钉而使土体的力学性能得以改善,从而提高边坡稳定性的新型支护和支挡技术。土钉沿通长与周围土体接触,依靠接触界面上的黏结和摩擦作用,与其周围土体形成复合土体。土钉在土体发生变形的条件下被动受力,并主要通过其受拉作用对土体进行加固;而土钉间土体变形则由护面板予以约束。

与其他防护、支挡结构相比,土钉支护具有以下特点:

(1)能合理利用土体的自承能力,将土体作为支护结构不可分割的部分。

(2)结构轻巧,柔性大,有良好的抗震性和延性。

(3)施工设备简单,操作方便,土钉的制作和成孔不需复杂的技术和大型机具,土钉施工的所有作业对周围环境的干扰小。

(4)施工不需要单独占用场地,对于施工场地狭小、放坡困难或在其他防护、支挡结构的施工设备不能进场的情况下,土钉支护会显示出其独特的优越性。

(5)工程造价低,经济性能好。据国内外资料分析,土钉支护工程造价比其他结构类型的工程造价低1/2~1/3。

(6)施工速度快,基本不占用施工工期。

(7)土钉支护自身的变形微小,对地基的破坏也不大。

尽管土钉支护技术具有以上优点,但也有一定的缺点和局限性:

(1)变形稍大于预应力锚杆的变形。
(2)在软土、松散砂土中施工难度较大。
(3)土钉在软土中的抗拔力低,变形量较大,造价较高,需设置很长很密的土钉。

土钉支护对水的作用特别敏感,土体含水率增加不但会增大土的自重,更重要的是会降低土的抗滑能力和土钉与土体之间的界面黏结强度。大量工程实践表明,土钉支护工程发生事故多与水的作用有关,因而在设计中应特别注意水的作用和影响,必须在地表和支护内部设置完善的排水系统,以疏导地表径流和地下水。对于永久性支护,应考虑长期使用过程中土体含水率的变化对土体抗剪强度的不利影响。

土钉支护可用于路堑边坡的加固,适合于硬塑或坚硬的黏质土、胶结或弱胶结的粉土、砂土、砾石、软岩和风化岩层等路堑边坡,作为边坡开挖的临时支护和永久性支护结构,高度一般不应大于18m;也可用于支护结构的维修、改建和加固。

在松散砂土、软黏土以及地下水丰富的地区,使用土钉支护存在以下两方面的问题:其一,由于土体松散,其抗剪强度低,不能给土钉以足够的抗拔力;其二,由于土体松软,含水率高,边坡的喷射护面板难以形成。因此,在以下土体中不宜设置永久性土钉支护:

(1)标准贯入锤击数 $N<9$、相对密度 $D_r<3$ 的松散砂土;
(2)液性指数 $I_w>0.5$ 的软塑、流塑黏质土;
(3)含有大量有机物或工业废料的低强度回填土、新填土以及强腐蚀性土。

二、土钉作用机理

(一)土钉支护基本原理

土体的抗剪强度较低,抗拉强度几乎可以忽略,虽然土体具有一定的结构整体性,但是自然土坡只能在较小的高度(即临界高度)内直立,当边坡高度超过临界值或者在超载及其他因素(如含水率的变化)作用下,将发生突发性整体破坏。为此,常采用挡土结构承受其后的侧向土压力,限制其变形发展,防止土体整体稳定性破坏,这种措施属于常规的被动制约机制。土钉支护则是在土体内设置一定长度和密度的土钉体,土钉与土共同作用,弥补土体自身强度的不足,形成了能大大提高原状土强度和刚度的复合土体,土钉的作用则是基于这种主动加固的机制。因此,以增强土体自身稳定性的主动制约机制为基础的复合土体,不仅有效地提高了土体整体刚度,又弥补了土体抗拉、抗剪强度低的弱点。通过相互作用,土体自身结构强度的潜力得到了充分发挥,改变了边坡变形和破坏形态,显著提高了整体稳定性。

直立土钉支护比素土边坡的承载力高一倍以上,更为重要的是,土钉支护在荷载作用下不会发生素土边坡那样突发的整体性滑裂和塌落,如图3-44所示。它不仅延迟了塑性变形发展,而且使变形和开裂破坏具有明显的渐进性,在丧失承受更大荷载的能力时,仍可维持较长时间,不会发生整体性滑塌。

土钉支护的这些性状是通过土钉与土体的相互作用实现的,这种作用一方面体现在钉-土界面间摩擦阻力的发挥程度上,另一方面,由于土钉与土体的刚度比相差悬殊,所以在土钉支护进入塑性变形阶段后,土钉自身作用逐渐增强,从而改善了复合土体塑性变形和破坏性状。

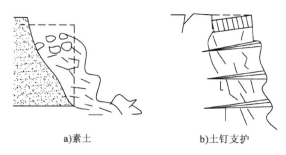

a) 素土　　　　　b) 土钉支护

图3-44　土钉支护和素土边坡的破坏形态

(二) 土钉的作用

土钉在复合土体内的作用可概括为以下四个方面：

1. 箍束骨架作用

该作用是由土钉本身的刚度和强度以及它在土体内的分布空间所决定的。它具有制约土体变形的作用，并使复合土体构成一个整体。

2. 分担作用

在复合土体内，土钉与土体共同承担荷载和土体自重应力。由于土钉有较高的抗拉、抗剪强度以及土体无法比拟的抗弯刚度，所以当土体进入塑性状态后，应力逐渐向土钉转移。当土体开裂时，土钉的分担作用更为突出，这时土钉内出现弯剪、拉剪等复合应力，从而导致土钉体中浆体碎裂，钢筋屈服。复合土体塑性变形延迟及渐进性开裂变形的出现均与土钉作用密切相关。

3. 应力传递和扩散作用

在同等荷载作用下，由土钉加固的土体应变水平较素土边坡土体的应变水平大大降低，从而推迟了开裂域的形成和发展。

4. 坡面变形约束作用

在坡面上设置的与土钉连成一体的钢筋混凝土护面板，是发挥土钉有效作用的重要组成部分。坡面鼓胀变形是开挖卸荷、土体侧向变位以及塑性变形和开裂发展的必然结果，限制坡面鼓胀能起到削弱内部塑性变形、加强边界约束的作用，这对土体开裂变形阶段尤为重要。

土钉体的各结构要素对土钉支护的作用为：

(1) 土钉极大地增加了土体的抗剪强度，大大推迟和延缓了土体的塑性流动和滑塌；

(2) 注浆液可以渗到土体的孔隙中对颗粒起胶结作用，这种渗入在砂土中尤为明显，不仅改善了土体的松散性，提高了原状土的整体性，还保证并加强了土、浆体与土钉之间力的传递；

(3) 护面板使分散的土钉共同发挥作用，限制了坡面膨胀和局部塌落。

(三) 土钉支护与锚杆挡土墙、加筋土挡土墙的异同

土钉是一种原位加筋技术，即在土中敷设拉筋而使土体的力学性能得以改善的土工加固方法，它与锚杆、加筋土在形式上类似，但也有着本质的差异。有关锚杆挡土墙和加筋土挡土墙设计详见第四章。

1. 土钉支护与锚杆挡土墙的异同

土钉可视为小尺寸的被动式锚杆，两者的差异主要表现在以下几个方面：

(1)土钉支护是由上而下边开挖边分段施工的,而锚杆挡土墙是自下而上整体施工的。

(2)锚杆挡土墙应设法防止产生变位;而土钉一般要求土体产生少量位移,从而使土钉与土体之间的摩擦阻力得以充分发挥。两者的受力状态不同,锚杆属于主动受力杆件,而土钉则为被动受力杆件。

(3)锚杆只是在锚固段内受力,自由段只起传力作用;而土钉则是全长范围内受力,两者在杆件长度方向上的应力分布是不同的。

(4)锚杆的密度小,每个杆件都是重要的受力部件;而土钉密度大,靠土钉的相互作用形成复合整体,因而即使个别土钉失效,对整个结构的影响也不大。

(5)锚杆挡土墙将库仑破裂面前的主动区作为荷载,通过锚杆传至破裂面后的稳定区内;对土钉支护而言,在土钉的作用下把潜在破裂面前的主动区复合土体视为具有自承能力的稳定土体。

(6)锚杆可承受的荷载较大,为防止墙面冲切破坏,其端部的构造较复杂;而土钉一般不需要很大的承载力,单根土钉受荷较小,护面板结构较简单,利用喷射混凝土及小尺寸垫板即可满足要求。

(7)锚杆长度一般较长,需用大型机械进行施工;而土钉长度一般较短,直径较小,相对而言施工规模较小,所需机具也比较灵便。

由此可见,如果仅加固路堑边坡,则土钉支护是合适的;当墙后土体和深部土体稳定性有问题时,则用锚杆挡土墙比较合适。

2. 土钉支护与加筋土挡土墙的异同

土钉支护与加筋土挡土墙均是通过土体的微小变形使拉筋受力而工作的;通过土体与拉筋之间的黏结、摩擦作用提供抗拔力,从而使加筋区的土体稳定,并承受其后的侧向土压力,起重力式挡土墙的作用。两者的主要差异有:

(1)施工顺序不同,加筋土挡土墙自下而上依次安装墙面板、铺设拉筋、回填压实逐层施工,而土钉支护则是随着边坡的开挖自上而下分级施工。

(2)土钉用于原状土中的挖方工程,所以无法选择土体的性质,也不能控制;而加筋土用于填方工程中,一般情况下,对填土的类型是可以选择的,对填土的工程性质也是可以控制的。

(3)加筋多用土工合成材料,直接与土接触而起作用;而土钉多用金属杆件,通过砂浆与土接触而起作用(有时采用直接打入钢筋或角钢到土中而起作用)。

(4)设置形式不同,土钉垂直于潜在破裂面时将会较充分地发挥其抗剪强度,因而应尽可能地垂直于潜在破裂面设置;而加筋条一般为水平设置。

总之,土钉支护是由设置于天然边坡或挖方边坡中的加筋杆件(土钉)及护面板形成的支护体系,用以改良原位土体的性能,并与原位土体共同工作形成重力挡土墙式的轻型支护结构,从而提高整个边坡的稳定性。

三、土钉支护构造

(一)总体构造

土钉支护一般用于高度在 18m 以下的路堑边坡的防护,常用高度为 6~12m,斜面坡度一般为 70°~90°。土钉支护采取自上而下分层修建的方式,分层开挖的最大高度取决于土体可以直立而不破坏的能力,土质砂为 0.5~2.0m,黏质土可以适当增大一些。分层开挖高度一般与土钉竖向间距相同,常为 1.5m。分层开挖的纵向长度取决于土体维持不变形的最长时间和施工流程的相互衔接,多为 10m 左右。

根据地形地质条件,边坡较高时宜分级设置,上、下两级之间应设置平台,平台宽度不宜小于 2m,每级坡高不宜大于 10m。单级支护高宜控制在 12m 以内。

(二)土钉

1. 土钉类型

土钉按施工方法不同,主要可分为钻孔注浆式土钉、击入式土钉和射入式土钉三类。

(1)钻孔注浆式土钉。

先在土体中钻孔,然后置入钢筋或钢绞索等小直径杆件,再沿全长压力注浆充实孔穴。为使土钉钢筋处于孔的中心位置,周围有足够的浆体保护层,需沿钉长每隔 2~3m 设对中支架。土钉外露端宜做成螺纹并通过螺母、钢垫板与配筋喷射混凝土护面板相连,在注浆体硬结后用扳手拧紧螺母,使土钉中产生约为设计拉力 10% 左右的预应力。因此,钻孔注浆式土钉是通过注浆使杆件与周围土体密实黏合而形成的,最后在土坡坡面设置与土钉端部连接的联系构件,并用喷射混凝土组成护面结构,从而构造一个具有自承能力且能够支撑其后加固体的加筋域。这是土钉中应用最多的类型。

钻孔注浆材料宜采用低收缩水泥浆或水泥砂浆,其强度不应低于 20MPa,注浆压力宜为 0.4~1.0MPa。

(2)击入式土钉。

用专门机械(如气动土钉机)在土体中直接打入角钢、圆钢或钢筋等,不再注浆,长度一般不超过 6m。由于击入式土钉与土体间的黏结摩擦作用小,钉长又受限制,所以要求的钉杆表面积和布置密度均大于钻孔注浆式土钉。击入式土钉的优点是不需预先钻孔,施工速度快,但由于防腐问题难以解决,因此多用于临时性支护工程。击入式土钉不适用于砾石土和密实胶结土,也不适用于服务年限大于 2 年的支护工程。

(3)射入式土钉。

由采用压缩空气的射钉机将直径 25~38mm、长 3~6m 的光直钢筋(或空心钢管)射入土中。土钉可采用镀锌或环氧防腐套,土钉头通常配有螺纹,以附设于护面板。这种形式的土钉施工快速、经济,适用于多种土层,具有很大的发展潜力。

此外,还可在击入式土钉中注浆,形成注浆击入式土钉和高压喷射注浆击入式土钉。注浆击入式土钉,即用端部密封、周面带孔的钢管作为土钉,击入后从管内注浆并透过壁孔将浆体渗透到周围土体。高压喷射注浆击入式土钉,即利用高频(约 70Hz)冲击锤将具有中孔的土钉击入土中,同时以一定的压力(20MPa 左右)将水泥浆从土钉端部的喷嘴射出,起润滑作用并渗入周围土体,以提高土钉与土体的黏结力。

2. 土钉长度

已建工程的土钉实际长度 L 均不超过土坡的垂直高度 H。拉拔试验表明,对高度 H 小于 12m 的土坡采用相同的施工工艺,在同类土质条件下,当土钉长度达到土坡垂直高度时,再增加其长度对承载力无显著提高。土钉长度由计算确定(有效锚固长度计算详见第四部分),一一般情况下,注浆式土钉长度为$(0.5 \sim 1.2)H$;击入式土钉为$(0.5 \sim 0.7)H$。

3. 土钉孔直径及间距

根据土钉直径和成孔方法选定土钉孔径D,一般取$D = 7 \sim 10 \text{cm}$。按防腐要求,孔径应大于土钉直径$5 \sim 6 \text{cm}$。

土钉的水平间距(列距)S_x和垂直间距(行距)S_y的确定,一般以每个土钉注浆对其周围土的影响区与相邻孔的影响区相重叠为准。应力分析表明,一次压力注浆可使孔外$4D$的邻近范围内有应力变化。因此,钻孔注浆式土钉可按$(10 \sim 20)D$选定行距和列距,且宜满足式(3-1)的要求。

$$S_x S_y \leqslant K_1 DL \tag{3-1}$$

式中:K_1——注浆工艺系数,对一次压力注浆工艺取$K_1 = 1.5 \sim 2.5$;

S_x、S_y——土钉的水平间距和垂直间距(m)。

一般情况下,钻孔注浆式土钉间距宜控制在$0.75 \sim 3.0 \text{m}$,岩质体的间距应取大值。

土钉倾角(与水平方向的夹角)宜为$5° \sim 25°$。

4. 土钉材质和直径

为增强土钉与砂浆(或小石子混凝土)的握裹力,土钉宜选用HRB335和HRB400钢筋。

由于土钉端头需进行锚固,用高强度变形钢筋做土钉须焊接高强螺栓端杆,但高强变形钢筋的可焊性较差。近年来,土钉支护中采用SiMnV精轧螺纹钢筋,可在钢筋螺纹上直接配上与之配套的螺母,连接方便、可靠。

另外,也可采用多根钢绞线组成的钢绞索作为土钉。由于涉及多根钢绞索的组装、施工设置与定位,且端头锚固装置等工艺和设备较为复杂,其应用较少,但随着技术水平的提高,应用将越来越多。

土钉直径d一般为$18 \sim 32 \text{mm}$,常用25mm,也可按式(3-2)估算:

$$d = (20 \sim 25) \times 10^{-3} (S_x S_y)^{\frac{1}{2}} \tag{3-2}$$

式中:S_x、S_y——土钉的水平间距和垂直间距(m)。

5. 土钉防锈措施

对于永久工程,需要考虑防锈等耐久性问题。

(1)加大土钉部件的截面尺寸。

根据现场情况,预测土钉部件的锈蚀率,按照使用年限确定可能的锈蚀深度,将其加到土钉部件的截面尺寸上。法国建议永久性土钉支护的防护措施见表3-13,英国和德国也有类似的规定。

永久性土钉支护的防护措施(mm) 表3-13

土层分类	使用期		
	临时(≤18个月)	>18个月~≤30年	>30~≤100年
轻微腐蚀性	0	2	4
中度腐蚀性	0	4	8
腐蚀性	2	8	加塑料套管
高度腐蚀性	必须加塑料套管		

注:表中数字为土钉需要加大的尺寸。

(2)表面涂层处理。

将土钉部件的表面进行涂环氧或涂锌处理。

(3)确保水泥砂浆保护层厚度。

对于钻孔注浆钉,应确保水泥砂浆保护层的厚度不小于30mm。

(4)采用封套防锈钉。

在土钉钢筋外用聚乙烯或聚丙烯波纹套管保护,套管与钢筋之间注入水泥浆,套管与钻孔之间注浆封填。

(三)护面板

土钉支护的护面板虽不是结构的主要受力构件,但它是传力体系的一个重要部分,也起保证各土钉间土体的局部稳定性、防止土体被侵蚀风化的作用。护面板应在每一阶段开挖后立即设置,以限制原位土体的减压,并阻止原位土体力学性质的降低,特别是抗剪强度的降低。

护面板通常用6~18cm厚的钢筋网喷射混凝土做成,临时性支护不宜小于6cm,永久性支护不宜小于8cm。喷射混凝土强度等级不应低于C20,一般采用C20~C35,水灰比控制在0.45~0.55。钢筋网的钢筋直径不应小于6mm,网格尺寸为15~25cm。护面板较厚时,可分两次喷成。为改善建筑外观,也可在第一次喷射混凝土的基础上现浇一层混凝土或铺上一层预制混凝土板。

护面板与土钉连接处的混凝土层内应加设局部钢筋网,以增加混凝土的局部承压能力。此外,为了分散土钉与喷射混凝土护面板处的应力,在螺帽下垫以承压钢板,尺寸一般为20cm×20cm,厚度为8~15mm,也可用预制混凝土板作为护面板。

混凝土护面板沿长度方向应设置伸缩缝。一般情况下,护面板还应设泄水孔,泄水孔后应设无砂混凝土反滤层。对于严重渗水的边坡,应设置水平排水孔,排水孔宜仰斜5°~10°,长度应略长于土钉。

永久支护的护面板底端应插入地表以下20~40cm。如护面板由混凝土预制件构成,则需设置专门的基础。

土钉必须与中间夹钢筋网的喷射混凝土护面板有效连接,可采用外端设钢垫板或加强钢筋,通过螺丝端杆锚具或焊接进行连接。护面板的构造及土钉与护面板的连接形式如图3-45所示。

土工织物也可做护面,即先把土工织物覆盖在边坡上,然后设置土钉。当拧紧土钉端部的螺母时,将土工织物拉向坡面形成拉膜,同时使坡面受到压力作用。

四、内部稳定性分析

(一)内部失稳形式

土钉支护内部失稳是指土钉支护体的破坏,即发生失稳的破裂面通过土钉支护体的内部,由于土体的下移,将同时导致土钉弯曲、剪切和拉伸,最终可能造成土钉被拔出或土钉支护体断裂。产生这种情况的主要原因是土钉的总体

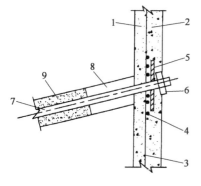

图3-45 土钉支护护面板构造
1-第一道喷射混凝土;2-第二道喷射混凝土;3-钢筋网;4-局部加强钢筋;5-钢垫板;6-螺母;7-土钉;8-填塞段;9-注浆段

抗拉或抗拔能力不够,其次是抗弯、抗剪能力不足。这两种内部失稳称为土钉断裂破坏和土钉复合断裂破坏,属整体破坏,如图 3-46 所示。

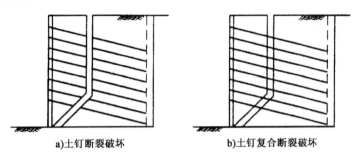

a) 土钉断裂破坏　　　　　　b) 土钉复合断裂破坏

图 3-46　土钉支护内部失稳形式

除产生整体破坏外,土钉支护还会在某些地方发生有限破坏,即局部破坏,例如护面板与土钉结合点的断裂,个别土钉的损坏,护面板局部开裂、隆起或背面刷空等。这些破坏的出现多与施工和材料质量不佳、防排水和防腐蚀不力、设计不当有关。

(二)内部稳定性分析

根据土力学中边坡稳定分析的基本概念,边坡分为主动区和被动区,土钉的作用就是将主动区产生的拉力传递到被动区,以增加滑动面上的压应力,提高土的抗剪强度,从而达到抵抗主动区滑动、稳定边坡的目的。因此,对土钉支护内部稳定进行分析时应计入土钉的作用。

许多国家对内部稳定性进行了大量的试验研究,提出了相应的分析计算方法,这些分析方法有不同的稳定性安全系数定义,不同的破裂面形状假定,不同的钉-土相互作用类型和土钉力分布假定。根据稳定性分析的基本原理可分为极限平衡法和有限元法,但大多数国家采用极限平衡原理。国外土钉支护内部稳定性分析的方法有:法国方法、德国方法、戴维斯方法、修正戴维斯方法、运动学法以及美国陆军工兵部队方法等。

下面仅介绍两种国内方法,即 0.3H 折线破裂面法和圆弧破裂面条分法。

1. 0.3H 折线破裂面法

以土钉支护原位破裂面实测结果为基础,如图 3-47a)所示,将破裂面简化为如图 3-47b)所示的 0.3H 折线破裂面。

(1)土压力计算。

在土钉支护中,护面板起着阻止土体侧向位移、承受潜在破裂面主动区产生的土压力并将其传递至土钉的作用,是保证土钉支护内部稳定的重要组成部分。由于它采用的是与普通挡土墙不同的施工程序,因而作用于护面板上的土压力分布也与普通重力式挡土墙不同。实测结果如图 3-48 曲线 1 所示,综合分析后,将作用于护面板上的土压力简化为图 3-48 曲线 3 所示的分布形式,即:

$$\left. \begin{array}{l} \sigma_{hi} = m_e K\gamma h_i \quad \left(h_i < \dfrac{H}{2}\right) \\ \sigma_{hi} = \dfrac{m_e K\gamma H}{2} \quad \left(h_i \geq \dfrac{H}{2}\right) \end{array} \right\} \quad (3-3)$$

式中：σ_{hi}——作用于护面板上的土压应力(kPa)；
H——土坡垂直高度，即土钉支护的高度(m)；
h_i——土压力作用点至坡顶的高度(m)；
γ——土体的重度(kN/m³)；
m_e——工作条件系数，使用期2年以内的临时性支护，$m_e = 1.10$；使用期2年以上的永久性支护，$m_e = 1.20$；
K——土压力系数，$K = (K_0 + K_a)/2$；
K_0、K_a——静止土压力系数和主动土压力系数。

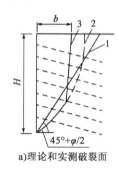 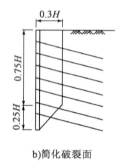 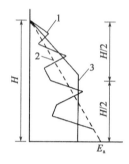

图3-47 土钉支护破裂面
1-库仑破裂面；2-有限元分析破裂面；3-实测破裂面

图3-48 作用于护面板上的土压力分布
1-实测土压力；2-理论压力；3-简化计算土压力

（2）抗拉稳定性验算。

抗拉稳定性是指在护面板土压力的作用下，土钉不至于产生过量的伸长或屈服，以致断裂，如图3-46a）所示。因此，抗拉稳定性可表示为：

$$K_{ri} = \frac{A_i f_y}{T_i} \tag{3-4}$$

式中：K_{ri}——第i层土钉的抗拉稳定系数；
T_i——第i层单根土钉拉力(kN)：

$$T_i = \frac{E_i}{\cos\varepsilon_i} = \frac{\sigma_i S_x S_y}{\cos\varepsilon_i} \tag{3-5}$$

E_i——第i层单根土钉支承范围内护面板上的土压力(kN)；
ε_i——第i层土钉与水平方向的夹角；
σ_i——第i层土钉处的护面板土压应力(kPa)；
f_y——土钉抗拉强度标准值(kPa)；
A_i——第i层土钉的截面面积(m²)。

抗拉稳定系数K_r应为1.5～1.8。

（3）抗拔稳定性验算。

抗拔稳定性是指在护面板土压力的作用下，土钉内部潜在破裂面后的有效锚固段应有足够的界面摩擦阻力而不被拔出，如图3-46b）所示。因此，抗拔稳定性可表示为：

$$K_{fi} = \frac{S_i}{E_i} \tag{3-6}$$

式中：K_{fi}——第i层土钉的抗拔稳定系数；

S_i——第 i 层单根土钉的有效锚固力(抗拔力)(kN)。

土钉的有效锚固力(抗拔力)与土钉的破坏形式有关,取决于砂浆对土钉的握裹力和砂浆与土体界面的摩擦阻力。因此,土钉的有效锚固力为:

$$S_i = \tau \pi D L_{ei} \tag{3-7}$$

$$S_i = u \pi d L_{ei} \tag{3-8}$$

式中:τ——砂浆与土体界面的抗剪强度(kPa);
　　　u——砂浆对土钉的握裹应力(kPa);
　　　D——土钉孔直径(m);
　　　d——土钉直径(m);
　　　L_{ei}——第 i 层土钉的有效锚固长度(m)。

τ、u 应由试验确定,如果无试验资料,τ 可取土体的抗剪强度,u 可用注浆体的抗剪强度代替。

在抗拔稳定性验算时,取式(3-7)和式(3-8)计算值的小者作为设计锚固力。许多试验结果表明,土钉的破坏大多是砂浆与土体界面的破坏,即土钉连同砂浆从土钉孔中拔出。一般情况下,土钉的有效锚固力由式(3-7)确定。

除此以外,还应验算土钉支护的总体抗拔稳定性,总体抗拔稳定系数 K_f 定义为土钉支护内部破裂面后土钉有效抗拔力对土钉支护底部的力矩与主动土压力所产生的力矩之比,即:

$$K_f = \frac{\sum S_i (H - h_i) \cos \varepsilon_i}{E Z_E} \tag{3-9}$$

式中:S_i——第 i 层土钉的有效锚固力(抗拔力);
　　　ε_i——第 i 层土钉与水平方向的夹角;
　　　E——作用于 S_x 宽度范围内护面板上的土压力;
　　　Z_E——土压力作用点至土钉支护底面的距离;
　　　H——土钉支护高度;
　　　h_i——第 i 排土钉距土钉支护顶面的距离。

单一土钉的抗拔稳定系数不应小于 1.5~2.0,土钉支护的总体抗拔稳定系数不应小于 2.0~3.0,临时性工程取小值,永久性工程取大值。

2.圆弧破裂面条分法

假定破裂面为圆弧形,采用一般边坡稳定分析常用的瑞典条分法,当计入土钉的拉力作用时(图3-49),稳定系数为:

$$K = \frac{\sum_{i=1}^{n}[c_i l_i + (W_i + Q_i) \cos \alpha_i \tan \varphi_i]S + \sum_{j=1}^{m} S_j [\sin(\omega_j + \varepsilon_j) \tan \varphi_j + \cos(\omega_j + \varepsilon_j)]}{\sum_{i=1}^{n}(W_i + Q_i) \sin \alpha_i S} \tag{3-10}$$

式中:W_i——第 i 条块土体的自重(kN);
　　　Q_i——第 i 条块土体上的活载(或换算土层重力)(kN);
　　　c_i——第 i 条块滑动面处土体的黏聚力(kPa);

φ_i ——第 i 条块滑动面处土体的内摩擦角(°);
l_i ——第 i 条块滑动面弧长(m);
α_i ——第 i 条块滑动面弧中点处切线与水平方向的夹角(°);
S ——计算单元的长度(m),一般取 $S=S_x$;
S_j ——第 j 层土钉的有效锚固力(抗拔力);
φ_j ——第 j 层土钉与滑动面弧交点处土体的内摩擦角(°);
ε_j ——第 j 层土钉与水平方向的夹角(°);
ω_j ——第 j 层土钉与滑动面弧交点处切线与水平方向的夹角(°)。

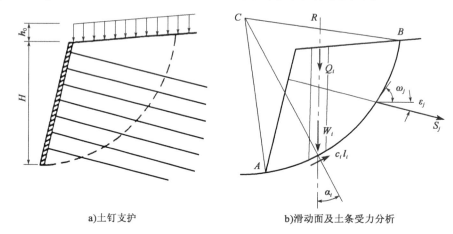

a) 土钉支护 b) 滑动面及土条受力分析

图 3-49 圆弧破裂面分析图式

第 j 层单根土钉的有效锚固力 S_j 按式(3-7)或式(3-8)计算,由于采用了圆弧破裂面假定,其有效锚固长度 L_{ej} 为圆弧破裂面后稳定区内的土钉长度。通过与国外方法比较和工程实例验算,稳定系数的取值为 1.25~1.30,考虑地震作用时,稳定系数可折减 0.1。

应当说明的是,《公路路基设计规范》(JTG D30—2015)对式(3-10)中 $\sum_{j=1}^{m} S_j \sin(\omega_j + \varepsilon_j) \tan \varphi_j$ 项进行了折减,折减系数为 0.5。

最不利破裂面通过坡脚,应通过试算确定。由于事先没有给定滑动面圆心的搜索范围,计算工作量很大,所以该方法宜采用计算机程序计算。为提高计算速度,可用优化方法搜索最不利破裂面。

五、外部稳定性分析

1. 外部失稳形式

土钉支护外部失稳指发生于支护体之外的破坏,即发生失稳的破坏面在土钉支护体的外部。在土钉支护内部稳定性得到保证的条件下,它的作用类似于重力式挡土墙。其主要破坏形式有:土钉支护沿基底滑移和绕墙趾倾覆,如图 3-50 所示;此外还有土钉支护基底土体失稳以及沿深层土层的整体滑移。由于土钉复合体没有改变地基土性质,对受力状态影响也不大,故一般不会发生地基承载力不足和不均匀沉降引起的破坏。

2. 外部稳定性分析

外部稳定性分析图式如图 3-51 所示,其中 $ABCD$ 为土钉支护体,即以各层土钉的尾部端点连

线 DC 为假想墙背,并以通过坡脚的水平面 BC 为基底(即水平基底)。支护体顶面宽度 b 为:

$$b = \frac{L\cos(\varepsilon - \alpha)}{\cos\alpha} \tag{3-11}$$

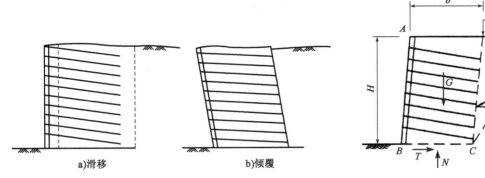

图 3-50　土钉支护外部失稳形式　　　　图 3-51　土钉支护外稳定性分析图式

土钉支护体后主动土压力根据破裂面平面假设,按库仑理论计算。外部稳定性验算内容包括土钉支护整体的抗滑稳定性和抗倾覆稳定性,如有必要,还应对基底土体失稳和深层土层的整体滑动进行验算。其中,抗滑和抗倾覆稳定性验算方法与重力式挡土墙相同(参见第四章),基底土体失稳和深层的整体滑动验算可采用瑞典条分法。

第六节　导治构造物

导治构造物是以改变水流方向为主的水工建筑物,在路基工程中采用导治构造物,能够使水流轴线方向偏离路基和堤岸,或降低防护处的流速,甚至促使其淤积,从而保护路基和堤岸。因而,导治构造物的作用为改变水流方向,消除和减缓水流对堤岸的直接破坏,同时减轻堤岸近旁淤积,彻底解除水流对局部堤岸的损害。

导治构造物的设置是否得当,对工程耐久性有着重要影响。如果设置得当,则可用较小的工程收到预期的效果;如果设置不当,不但不能起到应有的作用,反而使水流状况恶化,造成水毁事故。其关键在于合理设计导治线,使之符合预定的河轴线和河岸线要求;亦取决于选择导治水位,确保不出现不利的冲刷情况。导治线和导治水位,应依据水流和河岸、河床地形、地质情况、水流对上下游堤岸的影响等因素,通过综合分析和设计计算而定。

一、导治构造物类型

导治构造物主要是指坝,按其与河道的相对位置不同,一般可分为丁坝、顺坝和格坝。坝一般用石块修建成梯形横断面,坝体分为坝头、坝身和坝根三个组成部分。

1. 丁坝

丁坝是坝根与河岸相接、坝头伸向河槽、与水流成一定角度的横向导治构造物,亦称挑水坝。丁坝与堤岸可垂直亦可斜交,适用于宽浅变迁性河段,可以排流、将水流挑离堤岸、束河归槽、减小流速和改善流态,从而减轻水流对河岸和路基的冲刷,保护河岸。丁坝通过逼使水流改变方向,离开被防护的河岸或路基来达到防护目的,其导流作用如图 3-52 所示。

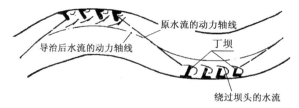

图 3-52　丁坝的导流作用

丁坝可以单坝形式使用,但通常以几个坝组成的群坝形式出现。

丁坝是导治构造物中比较常用的一种形式。由于其工程数量相对较小,导治效果较好,在工程使用中具有一定的优势。

2. 顺坝和格坝

(1)顺坝。

顺坝是坝根与河岸相接、坝身与导治线基本重合或平行的纵向导流构造物,亦称导流坝。顺坝一般沿导治线的边缘线布置,使水流较匀顺和缓地改变方向,偏离被防护的河岸或路基,它具有导流、束水、调整航道曲度、改善流态的作用,基本不改变原有水流结构。顺坝适用于河床断面较窄、不允许过多占用河道以及地质条件较差的河岸或沿河路基防护。

(2)格坝。

格坝是建于顺坝与河岸之间、一端与河岸相连、另一端与顺坝坝身相连的横向导治构造物,在平面上成网格状。其作用是使水流反射入主要河床,防止高水位时水流入顺坝与河岸间,冲刷其间的河床、坝内坡脚与河岸,并促进淤积。顺坝一般与格坝联合使用,布置形式如图 3-53 所示。

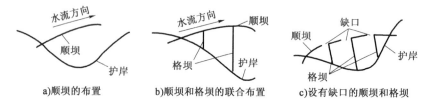

图 3-53　顺坝和格坝的布置形式

二、导治线设计和导治水位选择

设置丁坝和顺坝等导治构造物,应合理规划导治线和选择导治水位。

1. 导治线设计

导治线包括导治河轴线和导治边缘线,是计划经过导流构造物改变水流方向后形成的新的河轴线(称为导治河轴线)和新的河岸线(称为导治边缘线),如图 3-54 所示。

导治线应符合天然河道的特性,通常情况下,天然河流稳定河段的河槽线形常具有曲线和直线相间、弯曲半径适中、曲度均匀、曲线间的直线长度不过长也不过短等特征,因此导治线应设计为一系列的连续曲线,曲线之间用较短的直线作为过渡段连接。两曲线间直线过渡段一般不宜大于稳定河宽的 4 倍。

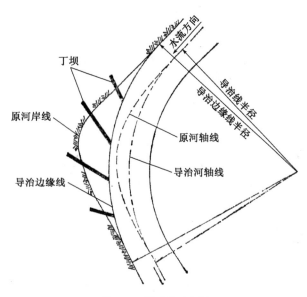

图 3-54 导治线示意图

导治线的曲线采用圆弧形,圆弧半径一般约为 3.5~7.0 倍的稳定河宽,半径过大,则水流摆动,易成分汊;半径过小,则水流扭绞,易成浅滩,这些都属河道不稳定。导治线的边缘曲线相当于计划新河岸线,应与导治线中心线大致平行,并应比照河段两岸地形按稳定河宽设计,且要求圆顺,此边缘线即为布置导流构造物的前缘轮廓线。其距导治河轴线的距离为:在直线过渡段和平缓的河湾段为稳定河宽的 1/2;在转向角小于 45°的较平缓的弯曲河段,导治河轴线至凹岸的距离为 1/3 稳定河宽;在转向角大于 45°的急弯段,导治河轴线至凹岸的距离约为 1/4 稳定河宽。

导治线的起点宜选择在水流较易转向的过渡地段,如在弯曲段开始过渡到直线段处,或在直线段开始过渡到弯曲段处,还宜选择在河岸或河床地层比较坚实而不易被冲刷之处,以利于设置受水流冲击最强烈的第一个导流构造物。导治线的终点应与下游的天然河轴线平顺衔接,尽量不扰乱下游水流的性质。

2. 导治水位选择

导治水位随水流冲刷情况和需要防护地段的外形而定。选择导治水位亦即选择导流构造物的建筑高度。在不同水位时水流的特性(流量、流向、流速等)一般有所不同,因而被防护地段所受的冲刷作用就有差异,直线段是洪水淤积,低水位冲刷;曲线段是洪水冲刷,低水位淤积。一般导治水位应按最不利的冲刷情况来选择,并应综合考虑当地水流的容许压缩程度、不同高程导治构造物的作用以及不同高程防护方案的技术经济性能等因素,以求达到经济和合理。

不同高程导治构造物的分类和作用可概括如下:

(1)高水位坝。

坝顶高程在设计水位以上,为不漫水的构造物,可以是横向的丁坝,也可以是纵向的顺坝。其作用是引导水流偏离路基,防止洪水对路基的威胁;其缺点是侵占河床面积(水流断面)较多,不宜在狭窄河段上使用。

(2)中水位坝。

坝顶高程高于中水位(一般相当于造床流量时的水位),在设计洪水位时为漫水的构造物,坝可以是横向的,也可以是纵向的。其作用是导治中水位时的水流,防止此时被防护地段的冲刷并稳定主河槽。由于它可以避免过多地压缩较大洪水时的水流断面,用于较狭窄的河段上是有利的,但中水位与设计洪水位之间的河岸或路基边坡需要另加防护。

(3)低水位坝。

低水位坝亦称潜坝,坝顶高程低于枯水位或中水位,最低者可与浅槽河底齐平或略高一些,因而压缩水流断面较少或者很少,为经常漫水的横向构造物。其作用是引导水流偏离岸坡坡脚和减小底流流速,促进深槽淤积,可以防止构造物基础的淘刷或稳定河底纵坡。其宜设置于窄河床地段的低槽处,一般布置成丁坝形式,常与顺坝或直接防护构造物配合使用。

三、导治构造物布置

图 3-55 是桥梁附近设置导治结构物的总体布置示例。导治构造物的布置,应综合考虑河道宽窄、水流方向、地质条件、防护要求、材料来源、施工条件和工程经济等因素,全面治理,并避免河床更多压缩,或因水位提高和水流改向而危害河对岸或附近地段的农田水利、地面建筑及堤岸等。

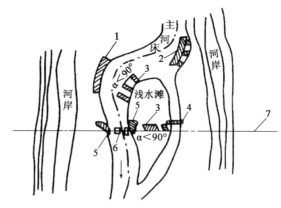

图 3-55 导治调节物综合布置示例
1-顺水坝;2-格坝;3-丁坝;4-拦水坝;5-导流坝;6-桥墩;7-路中线

1. 丁坝布置

丁坝适用于宽浅变迁性河段,用以挑流或降低流速,减轻水流对河岸或路基的冲刷。丁坝长度应根据防护长度、坝体与水流方向的交角、河段地形、水文条件及河床地质情况等确定,垂直于水流方向上的投影长度不宜超过稳定河床宽度的 1/4。

丁坝按其影响水流变化的情况可分为短丁坝和长丁坝。短丁坝只扰乱其附近的局部水流,使水流趋向河心,而不会引起对岸水流的显著变化;长丁坝则可能扰乱整个水流,使水流冲向对岸。当对岸有农田和水利设施或重要建筑物和居民点时,就不应采用长丁坝;或者当对岸是坚实岩层时,也不宜采用长丁坝,以防止折射回来的水流冲刷下游河岸或路基。

对于没有分汊的稳定河道,满足式(3-12)条件的为短丁坝,而满足式(3-13)条件的为长丁坝。

$$L \leqslant \frac{1}{3} B \csc \alpha \tag{3-12}$$

$$L > \frac{1}{3} B \csc \alpha \tag{3-13}$$

式中：L——丁坝全长(m)；

B——造床流量时稳定河槽宽度(m)；

α——水流方向与坝轴线的夹角。

对于有分汊的摆动河道，满足式(3-14)条件的为短丁坝，而满足式(3-15)条件的为长丁坝。

$$L \leqslant (0.5 \sim 0.7) B' \csc \alpha \tag{3-14}$$

$$L > 0.7 B' \csc(\alpha + \beta) \tag{3-15}$$

式中：B'——造床流量时稳定汊道宽度(m)；

β——主汊道的水流方向与分汊道水流方向的夹角。

设置丁坝时不应过多压缩河床断面，且应避免危害对岸的农田、村庄或其他设施，对通航河道还应满足通航的有关规定。用于路基冲刷防护的丁坝宜采用漫水坝(主要指中水位坝)或潜坝，丁坝与水流方向的交角以小于或等于90°为宜。

在设置群坝时，坝间距离不应大于前坝的防护长度，一般可取坝长的1.0~2.5倍，水流较平顺时，可增至3~4倍。

丁坝可采用铁丝石笼或相互铰接的预制混凝土块等柔性结构物，也可采用石砌或现浇混凝土等刚性结构物。采用刚性结构物时，坝头基础应埋置于局部冲刷线以下不小于1m处，否则应进行防冲刷处理。

丁坝的横断面形式和尺寸应根据材料种类、河流的水文特性等确定。刚性结构物一般为梯形断面形式，坝顶宽度根据稳定计算确定，浆砌结构宜为0.5~1.0m，其余类型为1~3m。河床面以下的坝身可采用直墙式或较陡的边坡坡度；河床面以上坝头及迎水面应采用较缓的坡度，一般为1:2.0~1:3.0，背水面的坡度可采用1:0.5~1:2.0。

应加强坝根与岸坡的衔接，坝根和坝身的基础不应浅于冲刷线的深度。

丁坝的损坏往往是由于冲刷破坏引起的。坝头受水冲刷严重，通常坝头外侧冲成深坑，危及丁坝基础，故坝头部分的基础埋置深度应大于坝身的埋置深度。坝根和坝身的基础埋深可稍浅，但不能浅于冲刷线。既然坝头受冲刷是丁坝损坏最主要和最直接的原因，那么加强坝头的防护就是防止丁坝损坏最根本的措施。

丁坝压缩水流断面较多，能强烈地扰乱原来水流的性质。由于单个丁坝只会引起水流情况的恶化而不能起防护作用，所以丁坝必须成群布设。在丁坝头部附近有强烈的局部冲刷，但在坝间形成淤积，经过多次洪水后可造成新河岸。就防护地段的总长度而言，丁坝群的建筑长度一般较短，且只有头部需要较坚强的防护措施，故其造价较低。此外丁坝的改建或修复也较容易。

根据试验观测资料，丁坝布置与水流方向的关系不同时，其作用也不相同，分为垂直式、下挑式和上挑式，如图3-56所示，图中还示出了三种布置形式的冲淤情况。

当丁坝群垂直于水流方向布置(垂直式)时，在其头部附近会发生局部冲刷，冲刷坑部位偏向下游方向；在坝间发生近似呈椭圆形状的淤积堆而不与坝和岸相连接，在背水面的坝根附近由于回流的作用，初期将发生一些淘刷。

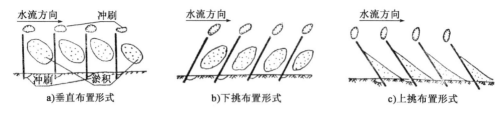

图 3-56　丁坝不同布置形式的冲淤情况示意图

当丁坝群布置成下挑(顺水流方向倾斜)形式时,其作用与垂直布置形式相类似,只是冲刷坑和淤积堆的形状沿着顺水流方向伸展一些。坝轴做成平缓圆顺的曲线较为有利,因为在背水面坝根附近有少量淤积不致被淘汰,而坝间则有较大的淤积。

当丁坝群布置成上挑(逆水流方向倾斜)形式时,冲刷坑位于坝头上部,其延展方向大致与水流方向垂直;坝间淤积沿着坝的背水面坡脚及河岸坡脚约成三角形伸展;在迎水面的坝根附近发生淘刷。

根据上述情况的比较,不漫水的高水位坝宜布置成下挑形式,以减轻水流对坝头的冲击作用;漫水的中水位坝宜布置成垂直或上挑形式,以减低坝顶溢流的流速;在平原区或半山区的宽浅河段,水流易于摆动,当其流速和冲力不太大时,也可将不漫水坝布置成垂直或上挑的形式,以促进坝间淤积,并使其较快地形成新岸。

丁坝轴线与水流方向的交角宜根据导治线的外形、水流流速、水深、含沙量、河床地层情况及坝长等因素确定。对于下挑坝,交角一般可用 60°～75°;对于上挑坝,交角一般可用 100°～105°。

水流行近单个丁坝时,在坝头前形成壅水现象而使流速有所减小,但在坝头下游则立即发生跌水现象而使流速增大。在布置丁坝群的间距时,应使坝上游的壅水延展到前一坝的坝头,以免坝头下游形成跌水,致使绕过坝头的水流情况急剧恶化。

(1)在直线河段上丁坝群的间距可按下式计算。

如图 3-57 所示,第一个坝至第二个坝的间距 S_1 按式(3-16)计算:

$$S_1 = \frac{1}{2}(L_1 \sin\alpha \cot\Delta\alpha + L_1 \cos\alpha) \tag{3-16}$$

式中:L_1——第一个坝的长度(m),设计时一般可采用 $L_1 = 5\sim6$m;

　　　α——水流方向与坝轴线的夹角;

　　$\Delta\alpha$——绕过坝头水流的扩散角,约在 5°～15°之间,一般可用 7.5°～9.5°。

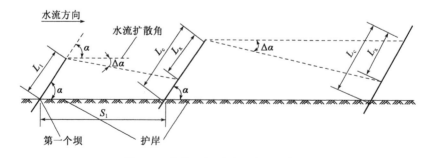

图 3-57　直线地段丁坝间距布置示意图

中间各丁坝的坝间距 S 可按式(3-17)计算:

$$S = L_x \sin\alpha \cot\Delta\alpha + L_x \cos\alpha \tag{3-17}$$

式中：L_x——丁坝的有效长度(m)，为避免或减轻坝根附近的淘刷，一般考虑为丁坝实际长度 L_c 的 2/3。

(2) 在曲线河段上丁坝群的间距可按水流方向及导治线边缘线的形状用图解法布置，如图 3-58 所示。由于绕过丁坝群中第一个坝的水流扩散角较难掌握，第一坝与第二坝的距离宜稍短一些；而为了使水流能较快地转入正常状态，最后两坝的间距也宜稍短一些。

为了减轻丁坝群第一个坝所承受的水流冲击力，而把水流冲击力较均匀地分布于其余各坝上，第一个坝的长度宜短一些，一般可考虑约为中间各坝长度的 2/3；为了减小坝头下游的跌水现象，使其下游水面较平顺地衔接，最后一个坝的长度也宜较短，约与第一坝的长度相同。布置于凹岸的丁坝应较布置于凸岸的丁坝密集一些。

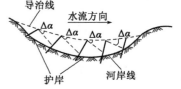

图 3-58　曲线地段丁坝间距布置示意图

丁坝群布置时，应从上游到下游逐个考虑，首先确定第一个坝的位置及长度，然后布置第二个坝及以后各坝。

2. 顺坝的布置

顺坝与上、下游两岸的衔接，应使水流顺畅，起点应选择在水流匀顺的过渡段，以免产生强烈冲刷，坝根位置宜设在主流转向点的上方；终点可与河岸连在一起，一般都设计成开口式，以利淤积。顺坝一般采用石砌或混凝土结构。横断面为梯形，坝顶宽度应根据稳定性计算确定，迎水坡采用 1∶1.5～1∶2.5，背水坡采用 1∶1.0～1∶1.5。当流速较大、土质又松软时，迎水坡应设置护脚，或适当放缓迎水坡坡度。顺坝坝根嵌入稳定河岸内不应小于 3～5m。漫溢式顺坝应在坝后设置格坝。

顺坝压缩水流断面较少，并不扰乱或很少扰乱原来水流的性质，不会引起过大的冲刷，坝体和基础只需进行简单的防护，但坝的全长约与被防护地段的长度相等，故造价较高，且改建比较困难。

根据所选择的导治水位，顺坝可以是不漫水的高水位坝或是漫水的中水位坝。顺坝的坝根部分嵌入河岸内，下游坝头部分不与河岸相连接者为非封闭式坝，而嵌入河岸内者为封闭式坝。较长的顺坝虽然其坝头部分嵌入河岸内，但坝身整体是连续的，坝身有若干缺口者亦为非封闭式坝。与丁坝的情况相反，顺坝的坝根部分是受水流冲击作用较大的部位，而坝头部分则受冲击较轻。

对于较长的不漫水顺坝，一般需要加设横向格坝以连接并加固坝体和河岸。格坝的间距通常可为其长度的 2～3 倍，第一个格坝与坝头的距离约为顺坝全长的 1/4 左右。对于较长的漫水顺坝，为了避免洪水时在坝岸之间产生纵向水流引起冲刷和促进坝后的淤积，更宜加建横向格坝。

为了使水流中夹带的泥沙能较多的进入坝后，以促进坝后的淤积，可在坝身部分开出若干缺口，缺口大小以不扰乱水流的性质而造成曲流为原则。格坝若与坝身开缺口配合使用，则组成勾头丁坝形式。

3. 潜坝的布置

作为低水位丁坝形式的潜坝，其平面布置应与水流方向相互垂直，或与主体防护构造物的基础边缘轮廓线相垂直,其根部与构造物基础应妥善衔接。

用以使水流方向偏离被防护的河岸来防止基础淘刷的潜坝,其伸入河中的长度约为冲刷深度的 2~3 倍;其顶面高程可以低于中水位或低水位,视所考虑的导治水位而定。

对于比较稳固的河床地层,潜坝的间距约为坝长 l;对于比较软弱的河床地层,潜坝的间距为 $(0.5 \sim 0.7)l$。

四、坝体设计

1. 坝体建筑材料

根据就地取材的原则,常用的坝体材料为土、石以及混凝土等,常见坝体有土坝、堆石坝和卵石坝等。填筑土坝最适宜的材料为含砂量较多(50%~70%)的黏质土,这种土遇水后不膨胀,干燥后不开裂,不易发生冻害,且渗水性较小,因而是最稳定的。砂砾土、卵石土、碎石土等也是很适宜的稳定填料,不过这些土渗水性较强。纯黏土、粉土、冻土、淤泥以及含有大量易溶盐或有机质的土在浸水后均很不稳定,故不宜用以筑坝。大卵石、漂石、块石或片石都是填筑堆石坝或砌石坝的良好材料,多用于水下部分。石料宜选用较坚硬的、浸水不崩解的、耐冻的、未风化的、重度较大的石块。

顺坝和格坝一般采用含砂量较多的黏质土填筑。对于伸向河心的丁坝,一般宜采用渗水土或石料来填筑,但也可用黏质土填筑,然后在外层采取浆砌或干砌片石防护措施。

潜坝的断面较小,一般采用堆石、砌石或片石混凝土来修筑。

2. 丁坝设计

丁坝由坝头、坝身和坝根三部分组成。横断面通常采用梯形。丁坝所受的外力较小,其断面尺寸主要依据构造要求、施工条件和使用方便程度等决定。丁坝的破坏往往不是由于断面尺寸不足,而是由于坝面不平整、坝面嵌砌不紧密,颗粒材料(如石块)易形成单体运动而脱落;或者上、下游坡脚被淘刷,使坝体产生不均匀沉陷而垮塌;或者由于块石粒径太小而被冲垮。

坝顶面的轴向纵坡,宜设计为自坝头至坝根部分约 1:40~1:80 的缓坡上。在靠近坝根的一段,最好采用 1:10~1:25 的纵坡,以增强坝根的稳定性。

坝身顶宽一般不应小于 2m,视坝所受水流作用力、填筑材料以及施工需要而定。要特别注意对坝基础的防护加固。

为了减小基础脚下的局部冲刷,坝身的背水面坡度可按建筑材料的水下稳定坡度及坝体的稳定条件决定;对于漫水坝,为了避免洪水时坝顶溢流产生漩涡和减轻溢流对坝间的冲刷作用,其背水面坡度亦不宜陡于 1:2 或更缓一些;漫水坝的坝顶并宜做成圆顺的弧形。

坝头部分受水流的冲击力最大,其横断面应较强,坝头宽度一般为坝身顶宽的 1.5~2.0 倍。坝头的轮廓线一般做成圆弧形,扩大的坝头应以缓变形式与坝身部分平顺衔接。整个坝头部分均受环流的强烈冲击。为了减轻水流的冲刷和淘刷作用,坝头范围内的边坡宜放缓至不陡于 1:3。

坝根与河岸(或河滩)相连,此处的结构相对比较薄弱,往往易被水流冲开,使坝逐渐失去作用。虽然坝根部分受迎面水流的冲击最小,但在靠近河岸处将受到回流的淘刷作用,故其顶宽和坡度一般仍做成与坝身部分相同,因靠近河岸处地势一般较高,其断面较小。坝根应开挖基槽,将坝根嵌入稳定的河岸内,其深度为坝体实际长度的 0.15~0.20 倍,但埋深不应小于 2m,并在上、下游铺设护坡。丁坝群中第一个丁坝的坝根更应埋深些。

丁坝各部分边坡及平、纵断面如图 3-59 所示。

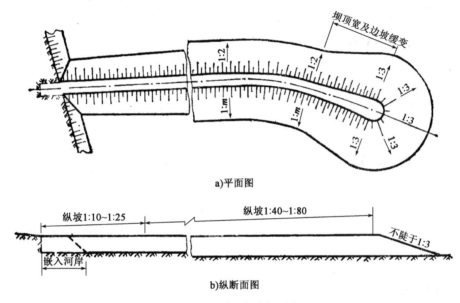

图 3-59 丁坝平、纵断面图

3. 顺坝设计

顺坝的构造与丁坝一样,亦由坝头、坝身和坝根三部分组成。顺坝顶面的轴向纵坡应大致与所在河段的水流比降相同,为了增强坝根的稳定性,靠近坝根的一段宜做成稍陡的纵坡。顺坝的断面形状、坝顶宽度以及迎水面和背水面的坡度等的设计与丁坝基本相同。

坝头水流较丁坝平顺,受力较丁坝小,故坝头不需加大。为保护坝头,可将坝头部分的坡度适当放缓,约为 1:3~1:5 即可。

坝身受纵向水流影响较大,故其迎水面坡度应比背水面缓,迎水面坡度一般为 1:1.5~1:2.5,背水面坡度采用 1:1~1:1.5。坝顶宽度为 2~4m。

坝根易冲刷,除采取较强防护外,应嵌入稳定的河岸内且不应小于 3~5m。坝身和坝头部分随着坝轴线与水流方向交角的减小,所受水流冲击力亦逐渐减小,防护亦可相应减弱。

顺坝的平、纵断面如图 3-60 所示。

当顺坝设计成漫水坝时,应考虑在坝后设置格坝,以促进淤积,并可防止路基边坡或河岸受到冲刷影响。

格坝的间距视具体情况而定,以使两格坝间流速变慢为原则。当顺坝长度 l 大于 200m 时,较合理的布置是坝头与第一格坝相距为 $0.25l$,其余间距为 $0.75l$。

4. 潜坝设计

潜坝的横断面宜采用坡度较平缓的梯形,其迎水面坡度不应陡于 1:2,其背水面坡度不应陡于 1:8,以防止坝顶溢流时产生涡流对下游坝间的冲刷。坝头宽度一般为 1.0m,坝顶宜做成圆顺的弧形,坝基础埋入冲刷线以下的深度不宜小于 1.5m。

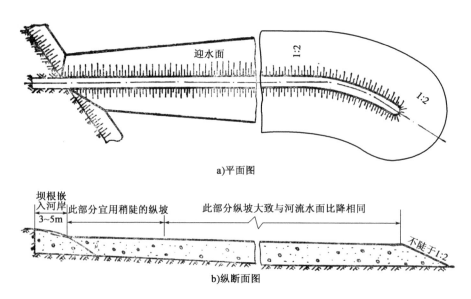

图 3-60 顺坝的平、纵断面图

低于低水位的潜坝坝体大部分埋在河底以下,故其横断面可采用矩形或坡度较陡的梯形,坝顶宽度一般为 0.6~1.0m,坝基础埋入冲刷线以下的深度不宜小于 1.0m。

五、坝体稳定性分析

无论丁坝或顺坝,都应根据设计断面尺寸选择其受冲刷最强烈的部位,进行坝体的滑动稳定性检算。

控制滑动面稳定性的主要作用力有:水流冲击力、坝体在水中所受的浮力以及坝体自重在倾斜基底上所产生的下滑力和抗滑的摩擦力。验算断面如图 3-61 所示,其计算公式如式(3-18):

$$K_C = \frac{(W_1 + W_2)\mu\cos\theta}{P + (W_1 + W_2)\sin\theta} \tag{3-18}$$

式中:K_C——抗滑稳定系数,一般要求 $K_C \geq 1.3 \sim 1.5$;

W_1——单位长度坝体在水面以上部分的重量(kN/m),若为漫水坝,则 $W_1 = 0$;

W_2——单位长度坝体在水面以下部分的重量(kN/m);

θ——坝的基底面与水平面的倾角。为了使坝体稳定,如有条件应尽量将坝底挖平,使 $\theta = 0$;

μ——坝体底面与河床面之间的浸水摩擦因数;

P——水流冲击力(kN/m):

$$P = K_s \gamma_0 H \frac{v^2}{g} \frac{1-\cos\alpha}{\sin\alpha} \tag{3-19}$$

式中:K_s——绕流系数,一般取 $K_s = 2$;

γ_0——水的重度(取 9.8kN/m³);

H——阻流面高度(m),对于不漫水坝为坝前的水深,对于漫水坝为坝高;

v——河床受坝体压缩后的行近水流的平均流速(m/s);

g——重力加速度(取 9.8m/s^2);

α——水流方向与阻流面(坝轴线)的夹角。

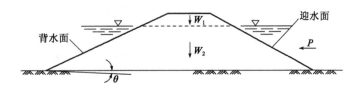

图 3-61 坝体稳定性验算图式

六、坝体防护加固

坝头、坝身和坝根各部分坡面和基础的防护加固,应能适应各自的水流作用和基础脚下的冲刷深度情况,尤其应注意坝头基础的防护。不漫水坝顶可不加防护,但漫水坝的坝顶则必须防护。防护类型可按坝体建筑材料的性质及河床地质情况,通过设计计算确定。

坝头受水流冲击力最大,基础受淘刷程度也最严重,因此除坝头基础需要深埋外,还应进行平面防护。平面防护有全长防护和坝头防护两种形式,如图 3-62 所示。全长防护坝头处最宽,逐渐向坝根减窄;坝头防护长度约为坝长的 0.3 倍,此时防护宽度不减窄。采用何种形式,应视水流、地质、坝高、挑角、阻水等因素而定,一般宜选用浆砌片石、石笼等坚固耐用的防护类型。防护宽度迎水面可取 2~4m,背水面可为 1~2m。

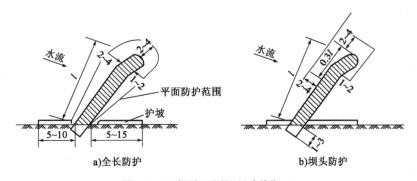

图 3-62 丁坝平面防护(尺寸单位:m)

坝身迎水面的加固主要考虑波浪的冲击力和扭转力,有流水时还应考虑其撞击力。漫水坝的背水面和坝顶均需考虑加固,不漫水坝的背水面可根据坝长及坝后水流情况,分段采用不同加固形式。

坝根防护主要考虑漩流的作用,坝根应牢固地埋入老河岸之内,坝根上、下游应进行适当护坡。

当河岸地层易被冲刷时,防护应于坝体两边沿河岸接做一段,其长度为坝间距的 20%~30%;对于下挑和垂直布置的坝,应着重防护背水面的坝根,如图 3-63 所示。

对于上挑布置的坝,则应着重防护迎水面的坝根。为了防止水流冲袭坝后,丁坝群中的第一个坝嵌入河岸内的长度应适当大一些,对于较软弱的河岸地基,其长度不宜小于 10m,对于较坚实的河岸地基,则长度可小一些。第一个坝迎水面的防护沿河岸向上游接做的长度不应小于 10~15m。

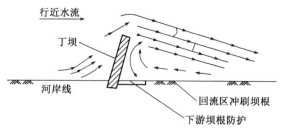

图 3-63　丁坝的防护

思 考 题

1. 试述路基防护的目的以及路基防护与路基支挡的区别。
2. 路基防护构造物设计应遵循哪些原则？
3. 试述坡面防护和冲刷防护的区别。
4. 试述各类路基防护构造物的设计要点。
5. 何为护面墙？试述护面墙的类型及构造特点。
6. 试述锚杆的组成与类型、在边坡防护中的应用场合。
7. 何为综合防护？常用的综合防护构造物有哪些类型？
8. 试述植物防护中的植被效应。
9. 试述土钉支护的特点与原理。
10. 试述土钉支护的破坏形式、稳定性分析内容和方法。
11. 试述导治构造物的作用及类型。
12. 何为导治线和导治水位？如何设计导治线和导治水位？
13. 导治构造物是如何保护路基的？

第四章

支挡构造物设计

工程中挡土墙是最常用的支挡构造物。为此,本章主要介绍公路路基挡土墙设计。

第一节 概　　述

一、挡土墙的基本概念和作用

挡土墙主要用于支承路基填土或山坡土体,防止填土或土体变形失稳。在路基工程中,挡土墙可用来稳定路堤和路堑边坡,减少土石方工程量和占地面积,防止水流冲刷路基,此外还经常用于整治塌方、滑坡等路基病害。在山区公路中,挡土墙的应用更为广泛。当山区地面横坡过陡时,常在下侧边坡或在靠山侧设置挡土墙,由于刷坡过多,不仅土石方工程数量大,而且破坏了天然植被,容易引起灾害,因此应设置挡土墙以降低路堑高度。平原地区多为良田,为了节约用地,往往也在路基一侧或两侧设置挡土墙。在滨河地段或有其他构造物时,修建挡土墙可以收缩坡脚,以避免冲刷威胁或避开既有构造物。当高路堤、深路堑土石方数量大,取、弃土困难时,也可设置挡土墙以减少土石方数量。

例如,对于地面横坡陡峻的陡坡路堤段,当路基边坡不能与地面横坡相交或薄层填土不稳定时,一般可设挡土墙拦挡或加固路堤填土。路堑边坡与地面横坡接近平行,或边坡过高对山体及天然植被有较大破坏,经比较,设置护面墙不经济或不安全时,也宜考虑设置挡土墙以降低路堑边坡高度。当路基填挖的借方或弃方量过大,填料来源受限或弃土困难时,设置挡土墙可能能够取得较好的经济效益和环境效益。在不良地质条件下,填筑或开挖路基可能产生滑坡,设置挡土墙能起到防止滑塌发生的作用。续接于桥台之后的挡土墙,作为与路堑边坡相衔接的构造物,可省去桥台锥坡,路桥连接也较为流畅。隧道洞口之外的挡土墙结构,不仅能保证路基的稳定,也有利于洞口建筑的安全。沿河路基受洪水冲刷时可能危及路基稳定,应根据路基设计水位和冲刷深度,考虑设置挡土墙,以保证路基的安全。合理设置挡土墙,可减少占地,特别是农用地,减少拆迁和征地,还可降低工程造价,加快施工进度。公路路线受走向和技术标准的控制,有时无法做到完全绕避重点保护文物、纪念性建筑物、景观构造物、天然风景等,设置挡土墙并配合隔音设施或植被,可以维护既有构造物或景观的现状,起到较好的环境保护作用。

因此,挡土墙的用途可简要归纳为:
(1)降低挖方边坡高度,减少挖方数量,避免山体失稳滑塌;
(2)收缩路堤坡脚,减少填方数量和占地面积,保证路堤稳定;
(3)避免沿河路基挤缩河床,防止水流冲刷路基;
(4)防止山坡覆盖层下滑和整治滑坡。

虽然挡土墙的应用范围较广,但采用其他设计方案也可以替代挡土墙的功能,一般需要经过技术经济比较后方能确定。此外,环境效益、社会效益也是选择方案的重要考虑因素。对高度、长度较大的挡土墙工程,方案比选尤为重要。

根据在路基横断面上的位置不同,挡土墙可分为路肩墙、路堤墙及路堑墙。当墙顶置于路肩时,称为路肩式挡土墙;若挡土墙支撑路堤边坡,墙顶以上尚有一定的填土高度,则称为路堤式挡土墙,又称坡脚式挡土墙;如果挡土墙用于稳定路堑边坡,称为路堑式挡土墙;设置在山坡上用于防止山坡覆盖层下滑的挡土墙,称为山坡挡土墙。根据所处环境和作用不同,可分为一般地区挡土墙、浸水地区挡土墙、地震地区挡土墙,还有用于整治滑坡的抗滑挡土墙。各类挡土墙的图式、作用和使用场合见表 4-1。

挡土墙使用场合　　　　　　　　　　　　　表 4-1

序号	名　称	示　意　图	作用和使用场合
1	路肩挡土墙		收缩路堤坡脚,减少占用土地或避免干扰其他构造物; 防止沿河路堤水流冲刷、淘刷
2	路堤挡土墙		陡山坡上,为保证路堤稳定,收缩路堤坡脚,降低边坡高度,减少填方数量; 受地形限制或其他构造物干扰,约束坡脚,减少占地面积; 防止陡坡路肩下滑
3	路堑挡土墙		山坡陡峻,用以降低边坡高度,减少山坡开挖,避免破坏山体平衡; 地质条件不良,用以支撑可能坍塌的山坡土体
4	山坡挡土墙		用以支撑山坡上有可能滑塌的覆盖层土体或破碎岩层; 根据山坡情况可分设数道,以满足实际需要

续上表

序号	名称	示意图	作用和使用场合
5	浸水挡土墙	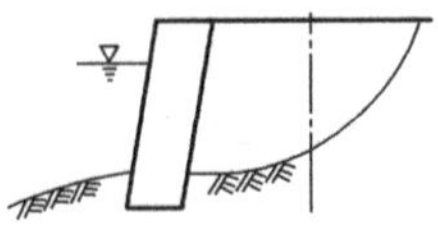	沿河路堤,用于收缩坡脚,避免水流冲刷和淘刷
6	抗滑挡土墙	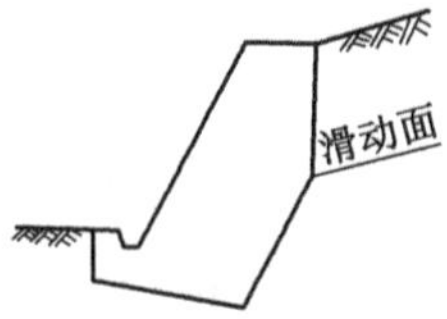	滑坡地段,用以整治滑坡,稳定滑动土体

用于修筑挡土墙的材料有片块石、砖、混凝土和钢筋混凝土等,也可用木材和钢材来修筑挡土墙。因此,按墙体材料不同可分为石砌挡土墙、砖砌挡土墙、混凝土块砌挡土墙、混凝土挡土墙、钢筋混凝土挡土墙以及木质挡土墙、钢质挡土墙等。其中石砌挡土墙、砖砌挡土墙、混凝土块砌挡土墙一般属于重力式挡土墙,当缺乏砖石材料时,重力式挡土墙也可采用混凝土和钢筋混凝土结构;一般情况下,半重力式挡土墙采用片石混凝土和钢筋混凝土浇筑;悬臂式和扶壁式挡土墙则为钢筋混凝土结构;木质挡土墙一般用于临时性工程,可作桩板式挡土墙和板桩式挡土墙;钢材可修筑板桩式挡土墙;加筋土式、锚杆式、锚定板式、桩板式等挡土墙一般以混凝土或钢筋混凝土以及钢材为主要材料。

二、挡土墙的基本构造

(一)挡土墙布置

挡土墙的布置是挡土墙设计的一个重要内容,通常在路基横断面图和墙址纵断面图上进行。布置前,应现场核对路基横断面图,不满足要求时应补测,并测绘墙址处的纵断面图,收集墙址处的地质和水文等资料。挡土墙的布置包括位置的选定、纵向布置、横向布置以及平面布置等。

1.墙址的选定

路堑挡土墙大多设在边沟旁,山坡挡土墙应考虑设在基础可靠处。挡土墙的高度应保证设墙后墙顶以上边坡或土体的稳定。

路肩挡土墙因可充分收缩坡脚,所以能大量减少填方和占地。当路肩墙和路堤墙的墙高或截面圬工数量相近、基础情况相似时,应优先选用路肩墙,按路基宽度确定挡土墙位置。当路堤墙的高度或圬工数量比路肩墙显著降低且基础可靠时,宜选用路堤墙。必要时应进行技术经济比较以确定挡土墙的位置。

沿河路堤设置挡土墙时,应结合河流的水文、地质情况以及河道工程来布置,注意设墙后仍应保持水流顺畅,不致挤压河道而引起局部冲刷。

2. 纵向布置

纵向布置在墙址纵断面图上进行,布置后绘制挡土墙正面图,如图 4-1 所示。布置的内容如下。

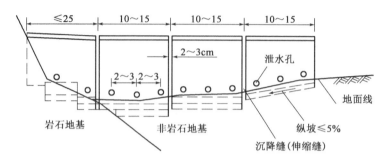

图 4-1 挡土墙纵向布置图(尺寸单位:m)

(1)确定挡土墙的起讫点和墙长,选择挡土墙与路基或其他构造物的衔接方式。

路肩挡土墙端部可嵌入岩质路堑中,或采用锥坡与路堤衔接,端部应伸入路堤内不小于 0.75m;与桥台连接时,为了防止墙后回填土从桥台尾端与挡土墙连接处的空隙中溜出,需在台尾与挡土墙之间设置隔墙及接头墙。

路堑挡土墙在隧道洞口应结合隧道洞门、翼墙的设置情况平顺衔接;与路堑边坡衔接时,应嵌入路堑体内,嵌入深度为:土质地层不应小于 1.0m,风化软质岩层不应小于 1.0m,微风化岩层不应小于 0.5m。有时也可用横向端墙和斜墙连接,如图 4-2 所示,一般应将墙高逐渐降低至 2.0m 以下,不会使边坡坡脚伸入边沟内。

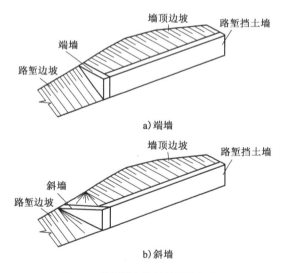

图 4-2 路堑墙与路堑的衔接方式

(2)按地基、地形及墙身截面变化情况进行分段,确定伸缩缝和沉降缝的位置。

(3)分段布置挡土墙的基础。墙址地面有纵坡时,挡土墙的基底宜做成不大于 5% 的纵坡。对于岩石地基,为减少开挖,可沿纵向做成台阶。台阶尺寸随纵坡大小而定,但其高宽比不宜大于 1∶2。加筋土挡土墙的基底则不宜设置纵坡。

(4)布置泄水孔,包括数量、间隔和尺寸等。此外,在布置图上应注明各特征断面的桩号,以及墙顶、基础顶面、基底、冲刷线、冰冻线、常水位或设计洪水位的高程等。

3. 横向布置

横向布置选择在墙高最大处、墙身截面或基础形式有变异处,以及其他必需桩号的横断面图上进行。根据墙型、墙高、地基及填土的物理力学指标等设计资料,确定墙身截面、基础形式和埋置深度,布置排水设施等,并绘制挡土墙横断面图。

4. 平面布置

对于个别复杂的挡土墙,如高、长的沿河挡土墙和曲线挡土墙,除了纵、横向布置外,还应进行平面布置,绘制平面图,标明挡土墙与路线的平面位置及附近地貌和地物等情况,特别是与挡土墙有干扰的构造物的情况。沿河挡土墙还应绘出河道及水流方向、其他防护和加固工程等。

除此以外,还应编写简要说明。必要时应另编设计说明书,说明选用挡土墙方案的理由,挡土墙结构类型和设计参数的选用依据,对材料和施工的要求及注意事项,主要工程数量等。

(二)防排水措施

挡土墙防排水的作用在于疏干墙后土体和防止地表水下渗,以免墙后积水致使墙身承受额外的静水压力;减少季节性冰冻地区填料的冻胀压力;消除黏质土填料浸水后的膨胀压力。

挡土墙的防排水措施通常由地表防排水和墙身排水两部分组成。地表防排水主要是防止地表水渗入墙后土体或地基,地表防排水措施包括:

(1)设置地表排水构造物,截引地表水;

(2)夯实墙背顶部回填土和地表松土,防止雨水和其他地表水的下渗,必要时可设铺砌层;

(3)路堑挡土墙墙趾前的边沟应予以铺砌加固,以防边沟水渗入基础。

墙身排水主要是为了排除墙后积水,通常在墙身的适当高度处布置一排或数排泄水孔,如图4-3所示。泄水孔可采用管型材,设置不小于4%向墙外倾斜的坡度。泄水孔的尺寸可视泄水量大小分别采用 $5cm \times 10cm$、$10cm \times 10cm$、$15cm \times 20cm$ 的方孔或直径为 $5 \sim 20cm$ 的圆孔。孔眼间距一般为 $2 \sim 3m$,干旱地区可增大,多雨地区则应减小,浸水挡土墙则为 $1.0 \sim 1.5m$,孔眼应上下交错设置。最下一排泄水孔的出水口应高出地面 30cm;如为路堑挡土墙,应高出边沟水位 30cm;浸水挡土墙则应高出常水位 30cm。下排泄水孔进水口的底部,应铺设 30cm 厚的黏土层并夯实,以防水分渗入基础。泄水孔的进水口部分应设置反滤层,以防孔道淤塞。干砌挡土墙可不设泄水孔。

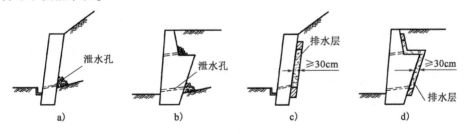

图 4-3 泄水孔及排水层

若墙后填土的透水性不良或可能发生冻胀,应在最低一排泄水孔至墙顶以下 50cm 的高度范围内,填筑不小于 30cm 厚的砂砾石,如图 4-3c)、d)所示,砂砾石的含泥量应小于 5%。也可铺筑无砂混凝土块板或土工织物等渗水性材料作为排水层,以疏干墙后填土中的水。

当需在挡土墙上开孔设置涵洞时,应对挡土墙墙身及基础进行补强和防水处理,并采取有效措施,防止涵洞渗漏并保证填料排水顺畅。

（三）变形缝

各类挡土墙应根据构造特点,设置容纳结构收缩、膨胀及适应不均匀沉降的变形缝。变形缝包括沉降缝和伸缩缝。

为避免因地基不均匀沉陷而引起墙身开裂,根据地基地质、水文条件的变化和墙高、墙身截面的变化情况,需设置沉降缝。在平曲线地段,挡土墙可按折线形布置,并在转折处以沉降缝断开。为防止圬工砌体因收缩硬化和温度变化而产生裂缝,应设置伸缩缝,与其他构造物连接处也需设置伸缩缝。一般将沉降缝和伸缩缝合并设置,沿路线方向每隔 10~15m 设置一道,岩石地基亦不宜超过 20m,如图 4-1 所示。加筋土挡土墙分段长度(变形缝间距)可适当加大,但也不应大于 25m。缝宽 2~3cm,自墙顶做到基底,对于高速公路、一级公路,或在渗水量大、填料易于流失和冻害严重地区,缝内宜采用沥青麻筋或沥青木板等具有弹性的材料;对于二级及二级以下公路也可采用胶泥,沿内、外、顶三侧填塞,填塞深度不宜小于 15cm。当挡土墙位于冻害不严重的地区且墙后为岩石路堑或填石路堤时,也可不填塞,即设置空缝。干砌挡土墙可不设沉降缝和伸缩缝。

为防止墙身表面出现微小的开裂,钢筋混凝土挡土墙表面还应设置垂直的 V 形槽,如图 4-4 所示,间距不大于 10m。变形缝可做成企口式,如图 4-5 所示。当墙高较低、地基坚固时,可在前后墙面设置为槽口缝,如图 4-6 所示。特别应注意 V 形槽和槽口缝在钢筋构造上的区别,即设槽处钢筋不截断,而在设缝处应截断水平钢筋。

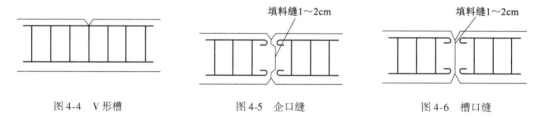

图 4-4 V 形槽　　图 4-5 企口缝　　图 4-6 槽口缝

（四）防护设施

为保证交通安全,在非封闭性公路上,挡土墙高于 6m 且连续长度大于 20m 时,挡土墙外为悬崖或地面横坡陡于 1:0.75 且挡土墙连续长度大于 20m 时,靠近居民点或行人较多的路段且路肩挡土墙墙高大于 3m 时,墙顶应设置人行防护栏杆。

为保持路肩最小宽度,护栏内侧边缘距路面边缘的距离,二级、三级公路不应小于 75cm,四级公路一般不应小于 50cm,外侧距墙顶边缘不应小于 10cm。高速公路、一级公路防撞护栏应设在土路肩宽度内。

护栏分墙式和柱式两种,重力式挡土墙应采用墙式护栏。

墙式护栏的内侧为路肩边缘,外侧距路基边缘应为 10cm。墙式护栏应用浆砌片(块)石或混凝土预制块砌筑,宽40cm,高出路肩50~60cm,每段长2m,净间距2m,并用M7.5水泥砂浆砌筑、抹面,外涂白色。

柱式护栏中心距内侧路肩边缘应为20cm,距外侧路基边缘应为30cm。柱式护栏宜采用钢筋混凝土制作,直径为15~20cm,高出路肩70~80cm,埋深约70cm。柱式护栏间距在平曲线路段为2m,直线路段为3m。柱式护栏应用涂料标出红白相间的条纹或加反光材料标识。

当高速公路、一级公路设置防撞护栏、防撞墙或护索时,其设置要求应符合《公路交通安全设施施工技术规范》(JTG/T 3671—2021)的规定。

(五)基础埋置深度

基础埋置深度应按地基的性质、承载力的要求、冻胀的影响、地形和水文地质条件等确定。

挡土墙基础置于土质地基时,其基础埋置深度应符合下列要求:

(1)基础埋置深度不应小于1.0m。当有冻结时,应在冻结线下不小于25cm处;当冻结深度超过1.0m时,可在冻结线下25cm内换填不冻胀材料(例如碎石、卵砾石、粗砂或中砂等),但埋置深度不应小于1.25m。不冻胀土层中的基础,埋置深度可不受冻深的限制。

(2)受水流冲刷时,基础应埋置在冲刷线以下不小于1.0m处。

(3)路堑挡土墙基础顶面应低于边沟底面不小于50cm。

挡土墙基础置于硬质岩石地基上时,应置于风化层以下,当风化层较厚、难以全部清除时,可根据地基的风化程度及其相应的承载力将基底埋于风化层中。置于软质岩石地基上时,其埋置深度不应小于80cm。

路堑挡土墙基础应在路肩以下不小于1.0m,且低于边沟砌体底面不应小于0.2m。

挡土墙基础置于斜坡地面时,其趾部埋入深度和距地表的水平距离不应小于表4-2的规定。

斜坡地面基础埋置条件　　表4-2

地层类别	$h(m)$	$L(m)$	嵌入图式
硬质岩层	0.60	1.5	
软质岩层	1.00	2.0	
土层	≥1.00	2.5	

挡土墙采用倾斜基底,是提高抗滑稳定性行之有效的措施,但当基底斜坡较大时,将增加墙身与基底土体一起滑动的可能,而且将影响地基承载能力,因此,其倾斜度应得到控制,见表4-3。

基底倾斜度　　表4-3

地层类型		基底倾斜度 $\tan\alpha_0$(°)
一般地基	岩质	≤0.3
	土质	≤0.2
浸水地基	$\mu<0.5$	0.0
	$0.5\leq\mu<0.6$	≤0.1
	$\mu\geq0.6$	≤0.2

注:α_0——基底倾斜角,为基底面与水平面的夹角;
　　μ——基底与地基土的摩擦因数。

三、墙背填料选择和回填要求

1. 填料选择

为保证挡土墙具有正常的使用功能,并使其具有良好的技术经济性能,墙背填料的选择是至关重要的。

墙背一般应选择透水性强、易排水、抗剪强度大且稳定的填料。由于碎(砾)石土、砂类土力学性能稳定、受水的影响较小,因此,墙后应优先选择透水性良好的砂类土、碎(砾)石类土进行填筑。严禁使用腐殖土、盐渍土、膨胀土、淤泥、白垩土及硅藻土等作为填料,因为这些材料性能极不稳定,胀缩反复交替发生,干燥时体积易收缩,雨季易膨胀,而且填料中不应含有机物、冰块、草皮、树根等杂物及生活垃圾。季节性冰冻地区不应采用冻胀性材料作填料。

黏质土的压实性和透水性都较差,常具有吸水膨胀性和冻胀性,会产生侧向膨胀压力而影响挡土墙的稳定性,所以不宜作为填料使用。但从就地取材的角度出发,当不得不采用黏质土时,则可适当掺入块石、碎石,或掺入石灰拌和均匀后形成石灰土,也可分层加入土质砂排水垫层等措施以改善黏质土填料的物理力学性能。

当墙背采用透水性不良的填料时,除应做到拌和均匀、控制黏土块含量和最佳含水率外,还应在墙背设置连续排水层,如图 4-3c)、d)所示。浸水挡土墙的墙背应全部用水稳性和透水性良好的材料填筑。

如有条件,建议采用 CBR 值来选择和控制墙背填料,其标准可参考现行《公路路基设计规范》(JTG D30),见表 4-4。

填料最小强度 表 4-4

路基部位		路面底面以下深度(m)	填料最小承载比(CBR)(%)		
			高速公路、一级公路	二级公路	三级、四级公路
上路床		0~0.3	8	6	5
下路床	轻、中等及重交通	0.3~0.8	5	4	3
	特重、极重交通	0.3~1.2	5	4	—
上路堤	轻、中等及重交通	0.8~1.5	4	3	3
	特重、极重交通	1.2~1.9	4	3	—
下路堤	轻、中等及重交通	>1.5	3	2	2
	特重、极重交通	>1.9	3	2	2

注:1. 表列 CBR 试验条件应符合现行《公路土工试验规程》(JTG 3430)的规定。
  2. 三级、四级公路铺筑沥青混凝土和水泥混凝土路面时,应采用二级公路的规定。

2. 回填要求

填料采集前应做标准击实试验,确定填料的最佳含水率和最大干密度,以及相应的物理、化学性能指标,据以控制压实质量。碾压前应进行压实试验,根据碾压机具、填料性质及最佳含水率,控制填料的松铺厚度,并分层压实。施工中亦可根据试验的碾压遍数来指导施工。

当挡土墙的墙体达设计强度的75%以上时,方可进行墙后回填。路肩式挡土墙顶面高程应低于路肩边缘高程2~3cm,挡土墙顶面作成与路肩一致的横坡度,以排除路面水。

墙后必须回填均匀、摊铺平整，填料顶面应按设计要求设置横坡，一般为2%~3%。墙后1.0m范围内，不得有大型机械行驶或作业，为防止碰坏墙体，一般应用小于5t的小型机械设备进行压(夯)实，如蛙式打夯机、内燃打夯机、手扶式振动压路机和振动平板夯等。分层厚度不应超过20cm。

设有拉筋的挡土墙填料填筑要满足平整度的要求，凹凸不平的填料表面使拉筋在压路机的作用下也会起伏不平，因而填料表面的平整度应予控制。不得使用羊足碾碾压，以防凸轮对拉筋的损伤。

填料压实应满足规范的要求，压实度可采用灌砂法、环刀法、水袋法和核子密度湿度仪法进行检查。灌砂法是压实度检测的标准方法，适用于各类填料，环刀法仅适用于细粒土。当采用灌砂法和水袋法时，试洞深度应等于压实层厚度，即取土样底面位置为压实层底部；采用环刀法时，环刀应处于压实层的中部；用核子密度湿度仪检测时，应先进行标定，并与灌砂法做对比试验，找出相关的修正系数。

每一压实层均应检验压实度，合格后方可填筑其上一层，否则应查明原因，采取措施进行补充压实，直至满足要求。

第二节 土压力计算

一、土压力的概念和分类

各种形式的挡土墙都以支撑土体使其保持稳定为目的，所以这类构造物的主要荷载就是土体的侧向压力，简称土压力。使挡土墙的设计经济合理的关键是正确计算土压力，其中包括其大小、方向和分布等。

土压力的计算是一个复杂的问题，它涉及填土、墙身以及地基三者之间的共同作用。土压力不仅与墙身的几何尺寸、墙背的粗糙度以及填土的物理和力学性质、填土的顶面形状和顶部的外荷载有关，而且还与墙和地基的刚度以及填土的施工方法有关。现在国内外土压力的计算仍采用古典的极限平衡理论，它是对上述复杂问题进行诸多假定和简化而得出的。

土压力问题的理论研究从18世纪末已开始。依据研究途径的不同，可以把有关极限状态下的土压力理论大致分为两类：

(1)假定破裂面形状。依据极限状态下破裂棱体的静力平衡条件来确定土压力，这类土压力理论最初是由法国的库仑(C. A. Coulomb)于1773年提出的，称为库仑理论。

(2)假定土体为松散介质。依据土中一点的极限平衡条件来确定土压力强度和破裂面方向，这类土压力理论是由英国的朗金(W. J. Rankine)于1857年提出的，称为朗金理论。

在影响土压力大小及其分布规律的诸多因素中，挡土墙的位移方向和位移量是计算中要考虑的特殊因素。根据挡土墙的位移和墙后土体所处的应力状态，土压力有以下三种类型。

1. 静止土压力

如果挡土墙的刚度很大，在土压力作用下，墙体不发生变形和任何位移(移动或转动)，如图4-7a)所示。墙背后土体处于弹性平衡状态，此时墙背所受的土压力称为静止土压力，并以

E_0 表示。实际上,使挡土墙保持静止的条件是:墙身尺寸足够大、墙身与基础牢固地黏结在一起、地基不产生不均匀沉降等。

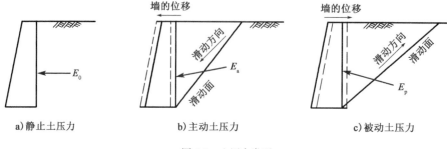

图 4-7　土压力类型

2. 主动土压力

如果挡土墙在土压力作用下向前(离开土体)产生一微小的移动或转动,如图 4-7b)所示,从而使墙对土体的侧向应力(它与土压力大小相等、方向相反)逐渐减小,土体便出现向下滑动的趋势。这时土中逐渐增大的抗剪力抵抗着这一滑动的产生。当墙对土体的侧向应力减小到某一数值、且土的抗剪强度充分发挥时,土压力减到最小值,土体便处于极限平衡状态,即主动极限平衡状态。与此相应的土压力称为主动土压力,以符号 E_a 表示。达到主动极限平衡状态时墙的移动或转动位移量是较小的,见表 4-5。

产生主动、被动土压力时挡土墙所需的位移量　　　　表 4-5

土的类别	应力状态	挡土墙位移形式	所需位移量
土质砂	主动	平移	$0.001H$
	主动	绕墙趾转动	$0.001H$
	被动	平移	$0.05H$
	被动	绕墙趾转动	$>0.1H$
黏质土	主动	平移	$0.004H$
	被动	绕墙趾转动	$0.004H$

注:H 为挡土墙高。

3. 被动土压力

如果挡土墙在外力作用下,移动或转动方向是推挤土体,如图 4-7c)所示,从而逐渐增大墙对土体的侧向应力,这时土体便出现向上滑动的趋势,而土中逐渐增大的抗剪力阻止着这一滑动的产生。当墙对土体的侧向应力增大到某一数值、使土的抗剪强度充分发挥时,土压力增大到最大值,土体便处于另一极限平衡状态,即被动极限平衡状态。与此相应的土压力称为被动土压力,以符号 E_p 表示。达到被动极限平衡状态时墙的移动或转动位移量,比产生主动土压力所需的位移量要大得多,见表 4-5。

由于土的应力-应变状态不同,土压力的大小和方向也是变化的。被动土压力和主动土压力是土压力最大和最小的极限值;而静止土压力介于其间(图 4-8),即 $E_p > E_0 > E_a$。

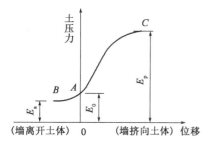

图 4-8　土压力与墙身位移的关系

在挡土墙设计中,应根据它在外力作用下可能的位移方向,来判断它是主动土压力还是被动土压力。如拱桥桥台在荷载和自重作用下,有向土体移动的趋势,为台背土压力所阻止,故台背所受的土压力应为被动土压力。而对一般的挡土墙来说,墙身有被土体向外挤动的可能,则墙背承受的是主动土压力。

二、静止土压力计算

静止土压力可根据弹性半无限体的应力状态求解。图 4-9a) 中,在填土表面以下深度 h 处的 M 点取一单元体(在 M 点处一微小正六面体),作用于单元体上的力有两个:一是竖向土的自重;二是侧向压力。

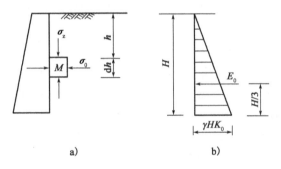

图 4-9 静止土压力计算图式

土的自重应力 σ_z 为:

$$\sigma_z = \gamma h \tag{4-1}$$

式中:γ——填土的重度(kN/m^3);

h——自填土表面至 M 点的深度(m)。

侧向土压力是由于土侧向不能产生变形而产生的,它的反作用力就是静止土压力 σ_0。对于弹性半无限体在无侧向变形的条件下,其侧向压力与竖向压力之间的关系为:

$$\sigma_0 = K_0 \sigma_z = K_0 \gamma h \tag{4-2}$$

式中:K_0——静止土压力系数:

$$K_0 = \frac{\nu}{1-\nu} \tag{4-3}$$

式中:ν——填土的泊松比。

静止土压力系数 K_0 与填土的性质、密实程度等因素有关,可由试验测定。由于目前试验设备和方法还不够完善,所得结果不能令人满意,所以常采用下述经验公式估算:

$$\left.\begin{array}{l} K_0 = 1 - \sin\varphi' \text{(正常固结土)} \\ K_0 = \sqrt{R}(1 - \sin\varphi') \text{(超固结土)} \end{array}\right\} \tag{4-4}$$

式中:φ'——填土的有效内摩擦角(°);

R——填土的超固结比。

由式(4-2)可知,静止土压力沿墙高呈三角形分布,如图 4-9b)所示。其合力 E_0 为:

$$E_0 = \frac{1}{2}\gamma H^2 K_0 \tag{4-5}$$

静止土压力 E_0 的方向为水平,作用点位于离墙踵 $H/3$ 高度处。

三、朗金土压力理论

(一)基本原理

朗金土压力理论是从研究弹性半无限体内的应力状态出发,根据土的极限平衡理论来计算土压力。朗金理论在分析土压力时作了如下基本假定:

(1)土体是地表为一平面的半无限体,土压力方向与地表面平行;

(2)达到主动应力状态时,土体侧向伸张;达到被动应力状态时,土体侧向压缩;

(3)主动或被动应力状态只存在于破裂棱体之内,即局部土体中出现极限状态,而破裂棱体之外仍处于弹性平衡状态;

(4)土体发生剪切时,破裂面为平面;

(5)伸张和压缩对土体的影响很小,忽略竖直方向上土体的变形对土压力的影响;

(6)挡土墙墙背垂直、光滑,即墙背倾角 $\alpha = 0$,墙背与填土无摩擦作用,即墙背摩擦角 $\delta = 0$。

对于土体表面为水平面的均质弹性半无限体,即水平面垂直向下和沿水平方向都为无限伸展。由于土体内任一竖直面都是对称面,因此,地面以下 h 深度处的 M 点在土体的自重作用下竖直面和水平面上的剪应力为 0,故该点处于弹性平衡状态,其应力状态为:竖向应力 $\sigma_z = \gamma h$,水平应力 $\sigma_x = K_0 \gamma h$,且分别为大、小主应力。

如果用挡土墙代替 M 点一侧的土体[图 4-10a)],由于墙背与填土间无摩擦力,因而无剪应力,亦即墙背为主应力面。当挡土墙无位移时,它不影响土体中原有的应力状态,墙后土体仍处于弹性状态,即作用于墙背上的应力状态与弹性半无限土体应力状态相同。以 $\sigma_1 = \sigma_z$、$\sigma_3 = \sigma_x$ 做成的莫尔应力圆与土体的抗剪强度曲线不相切,如图 4-10d)中圆 I 所示。

当挡土墙离开土体向外移动时,如图 4-10b)所示,墙后土体有伸张趋势。此时竖向应力 σ_z 不变,墙背法向应力 σ_x 减小,σ_z 和 σ_x 仍为大、小主应力。当挡土墙位移使 σ_x 减小到土体达极限平衡状态时,σ_x 达到最小值 σ_a,σ_z 和 σ_x 的莫尔应力圆与抗剪强度包线相切,如图 4-10d)中圆 II 所示。土体形成一系列破裂面,破裂面上各点都处于极限平衡状态,称为朗金主动状态。此时墙背上的法向应力 σ_x 为最小主应力,即朗金主动土压力。破裂面与最大主应力作用面(即水平面)成 $\alpha = 45° + \varphi/2$。

同理,若挡土墙在外力作用下挤压土体,如图 4-10c)所示,σ_z 仍不变,而 σ_x 随着挡土墙位移增加而逐步增大,当 σ_x 超过 σ_z 时,σ_x 为大主应力,则 σ_z 为小主应力。当挡土墙位移挤压土体使 σ_x 增大到土体达极限平衡状态时,σ_x 达最大值 σ_p,莫尔应力圆亦与抗剪强度包线相切,如图 4-10d)中圆 III 所示。土体形成一系列破裂面,此种状态称为朗金被动状态。此时墙背上的法向应力 σ_x 为最大主应力,即朗金被动土压力。破裂面与水平面成 $\alpha' = 45° - \varphi/2$。

(二)主动土压力

根据土的强度理论,土体中某点达到极限平衡状态时,大、小主应力 σ_1 和 σ_3 有如下关系式,如图 4-10d)所示。

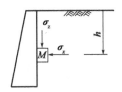
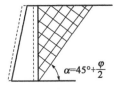
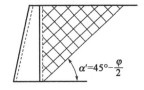

a) 深度为h时的应力状态　　b) 朗金主动状态　　c) 朗金被动状态

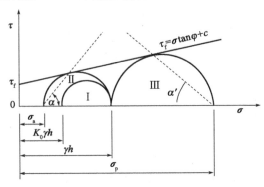

d) 莫尔应力圆与朗金状态的关系

图 4-10　半无限体的极限平衡状态

土质砂

$$\sigma_1 = \sigma_3 \tan^2\left(45° + \frac{\varphi}{2}\right) \tag{4-6}$$

或

$$\sigma_3 = \sigma_1 \tan^2\left(45° - \frac{\varphi}{2}\right) \tag{4-7}$$

黏质土

$$\sigma_1 = \sigma_3 \tan^2\left(45° + \frac{\varphi}{2}\right) + 2c\tan\left(45° + \frac{\varphi}{2}\right) \tag{4-8}$$

或

$$\sigma_3 = \sigma_1 \tan^2\left(45° - \frac{\varphi}{2}\right) - 2c\tan\left(45° - \frac{\varphi}{2}\right) \tag{4-9}$$

当挡土墙墙背垂直光滑，填土表面水平[图 4-11a)]，挡土墙偏离土体位移时，墙背任一深度 h 处竖向应力 σ_z 为大主应力 σ_1，σ_x 为小主应力 σ_3，因而利用式(4-7)和式(4-9)即可求得朗金主动土压应力 σ_a：

土质砂

$$\sigma_a = \sigma_x = \sigma_3 = \gamma h \tan^2\left(45° - \frac{\varphi}{2}\right) \tag{4-10}$$

或

$$\sigma_a = \gamma h K_a \tag{4-11}$$

黏质土

$$\sigma_a = \sigma_3 = \gamma h \tan^2\left(45° - \frac{\varphi}{2}\right) - 2c\tan\left(45° - \frac{\varphi}{2}\right) \tag{4-12}$$

或

$$\sigma_a = \gamma h K_a - 2c\sqrt{K_a} \tag{4-13}$$

式中：σ_a——沿深度方向的主动土压力分布强度，即主动土压应力(kPa)；

K_a——朗金主动土压力系数：

$$K_a = \tan^2\left(45° - \frac{\varphi}{2}\right) \tag{4-14}$$

γ——填土的重度(kN/m³)；

h——计算点距填土表面的距离(m)；

φ——填土的内摩擦角(°);
c——填土的黏聚力(kPa)。

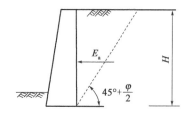 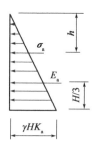 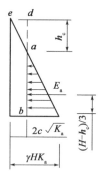

a)主动力压力图式　　　b)土质砂主动压力分布　　　c)黏质土主动土压力分布

图4-11　朗金主动土压力

由式(4-10)和式(4-11)可知,土质砂的主动土压力与 h 成正比,沿墙高的压力分布为三角形,如图4-11b)所示,如取纵向单位墙长计算,则主动土压力为:

$$E_a = \frac{1}{2}\gamma H^2 K_a \tag{4-15}$$

且 E_a 作用在离墙踵 $H/3$ 高度处。

黏质土的土压应力由两部分组成:一部分是由土的自重引起的土压力 $\gamma h K_a$,另一部分是由黏聚力 c 引起的土压力 $2c\sqrt{K_a}$,但这部分侧压力为负值。这两部分土压力叠加的结果如图4-11c)所示,图中 ade 部分为负侧压力。由于墙背光滑,土体对墙背产生的拉力将使土体脱离墙体,在计算土压力时,该部分应略去不计。因此黏质土的土压力分布实际上仅是 abc 部分。

a 点离填土表面的深度 h_c 称为临界深度。在填土表面无荷载的条件下,临界深度 h_c 可根据式(4-12)和式(4-13),并令 $\sigma_a = 0$ 求得:

$$h_c = \frac{2c}{\gamma}\tan\left(45° + \frac{\varphi}{2}\right) \tag{4-16}$$

若取单位墙长计算,则黏质土的主动土压力为:

$$E_a = \frac{1}{2}(H - h_c)(\gamma H K_a - 2c\sqrt{K_a})$$

即
$$E_a = \frac{1}{2}\gamma H^2 K_a - 2cH\sqrt{K_a} + \frac{2c^2}{\gamma} \tag{4-17}$$

主动土压力 E_a 通过三角形压应力分布图 abc 的形心,即作用于离墙踵 $(H - h_c)/3$ 处。

需注意,当填土表面有超载时,不能直接应用式(4-16)计算临界深度 h_c。此时应按 h_c 处的土压应力 $\sigma_a = 0$ 求算。

(三)被动土压力

如上所述,当挡土墙在外力作用下挤压土体出现朗金被动状态[图4-12a)]时,墙背某一深度 h 处竖向应力 σ_z 已变为小主应力 σ_3,而 σ_x 为大主应力 σ_1。同理可根据式(4-6)和式(4-8)推导得到朗金被动土压应力 σ_p 为:

土质砂 $$\sigma_p = \sigma_x = \sigma_1 = \gamma h \tan^2\left(45° + \frac{\varphi}{2}\right) \tag{4-18}$$

或 $$\sigma_p = \gamma h K_p \tag{4-19}$$

黏质土 $$\sigma_p = \sigma_1 = \gamma h \tan^2\left(45° + \frac{\varphi}{2}\right) + 2c\tan\left(45° + \frac{\varphi}{2}\right) \tag{4-20}$$

或 $$\sigma_p = \gamma h K_p + 2c\sqrt{K_p} \tag{4-21}$$

式中：σ_p——沿墙深度方向被动土压力分布强度，即被动土压应力(kPa)；

K_p——朗金被动土压力系数：

$$K_p = \tan^2\left(45° + \frac{\varphi}{2}\right) \tag{4-22}$$

被动土压力分布如图4-12所示，如取单位墙长计算，则被动土压力为：

土质砂 $$E_p = \frac{1}{2}\gamma H^2 K_p \tag{4-23}$$

黏质土 $$E_p = \frac{1}{2}\gamma H^2 K_p + 2cH\sqrt{K_p} \tag{4-24}$$

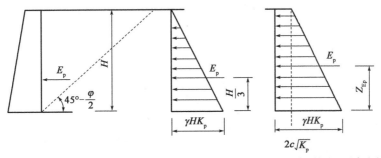

a) 被动土压力图式　　b) 土质砂被动土压力分布　　c) 黏质土被动土压力分布

图4-12　朗金被动土压力

被动土压力 E_p 通过三角形或梯形压力分布图的形心，分别作用于离墙踵 $H/3$ 或 $\frac{3h_c + H}{2h_c + H} \times \frac{H}{3}$ 高度处。

(四) 倾斜平面时的土压力

如填土表面为倾斜平面，与水平面的倾角为 β，如图4-13所示。当填土向两侧方向伸张而达到主动极限平衡状态时，填土内出现两破裂面，即第一、第二破裂面，两破裂面的夹角为 $90° - \varphi$，根据应力圆的几何关系，如图4-14所示，第一、第二破裂面倾角分别为：

$$\theta_i = \frac{1}{2}(90° - \varphi) + \frac{1}{2}(\varepsilon - \beta) \tag{4-25}$$

$$\alpha_i = \frac{1}{2}(90° - \varphi) - \frac{1}{2}(\varepsilon - \beta) \tag{4-26}$$

式中：$\varepsilon = \arcsin\dfrac{\sin\beta}{\sin\varphi}$。

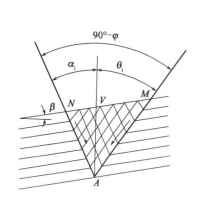
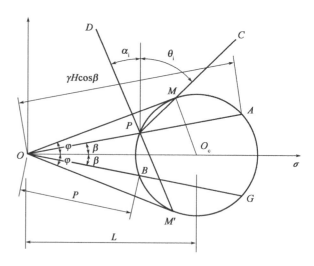

图 4-13 倾斜表面时的朗金理论　　图 4-14 朗金主动状态的应力图

作用于垂直面上的主动土压力为：

$$E_a = \frac{1}{2}\gamma H^2 K_a \tag{4-27}$$

式中：K_a——朗金主动土压力系数：

$$K_a = \cos\beta \frac{\cos\beta - \sqrt{\cos^2\beta - \cos^2\varphi}}{\cos\beta + \sqrt{\cos^2\beta - \cos^2\varphi}} \tag{4-28}$$

E_a 的方向与填土表面平行，土压应力呈三角形分布，合力作用点距离墙踵高度为 $H/3$。

当填土向内侧压缩，且填土的抗剪强度得到充分发挥时，填土达到被动极限平衡状态，出现两破裂面，其夹角为 $90°+\varphi$。第一、第二破裂倾角分别为：

$$\theta'_i = \frac{1}{2}(90° + \varphi) - \frac{1}{2}(\varepsilon + \beta) \tag{4-29}$$

$$\alpha'_i = \frac{1}{2}(90° + \varphi) + \frac{1}{2}(\varepsilon + \beta) \tag{4-30}$$

被动土压力为：

$$E_p = \frac{1}{2}\gamma H^2 K_p \tag{4-31}$$

式中：K_p——朗金被动土压力系数：

$$K_p = \cos\beta \frac{\cos\beta + \sqrt{\cos^2\beta - \cos^2\varphi}}{\cos\beta - \sqrt{\cos^2\beta - \cos^2\varphi}} \tag{4-32}$$

E_p 的方向与填土表面平行，土压应力呈三角形分布，作用点距离墙踵高度为 $H/3$。

当填土表面水平时，即 $\beta=0$，则式(4-28)、式(4-32)分别转化为式(4-14)、式(4-22)。

（五）朗金土压力理论的应用

（1）朗金理论可用于具有均布荷载、填土表面为倾斜平面的垂直墙，如图 4-15 所示，若该均布荷载换算高度为 h_0，则土压力为：

$$E_a = \frac{1}{2}\gamma H(H + 2h_0)K_a \quad (4-33)$$

$$E_p = \frac{1}{2}\gamma H(H + 2h_0)K_p \quad (4-34)$$

(2) 如墙背（或假想墙背）为俯斜，如图 4-16 所示，虽然朗金理论只适用于垂直墙背，但可利用朗金理论近似计算土压力。其方法是从墙踵 A 点引竖直线交于填土表面的 C 点，以 AC 为假想墙背，假想墙背的计算墙高 H' 为：

$$H' = H(1 + \tan\alpha\tan\beta)$$

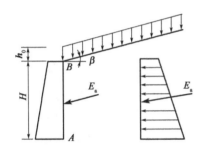

图 4-15　均布荷载作用

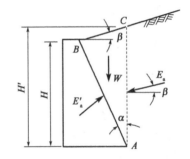

图 4-16　俯斜墙背

用式(4-15)或式(4-27)求出假想墙背 AC 上的主动土压力 E_a，然后计算 $\triangle ABC$ 的填土重 W，作为该土体对实际墙背的竖直压力，则 E_a 与 W 的矢量和可近似认为是 AB 墙背上的土压力。

(3) 当填土表面为折线形时，朗金理论不适用。

(4) 朗金理论不适用于仰斜墙背（图 4-17），因为这时朗金状态只存在于棱体 AMN 中，其下部破裂面 AA' 段将是曲面，还没有较简单的方法进行近似计算。

朗金土压力理论是应用弹性半无限体的应力状态，根据土的极限平衡理论推导和计算土压力，其概念明确，计算公式简单。但由于假定墙背垂直、光滑、填土表面为单一平面，使计算条件和适用范围受到限制，计算结果与实际有出入，所得主动土压力值偏大，被动土压力值偏小。

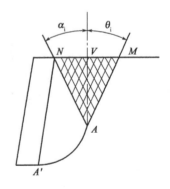

图 4-17　仰斜墙背

四、库仑土压力理论

库仑理论是一种计算土压力的简化方法。它具有计算简便，能适用于各种复杂情况和计算结果比较接近实际等优点。因此，目前仍被工程界所广泛应用。

（一）基本原理

库仑土压力理论是从研究墙后宏观土体的滑动出发，这和朗金理论先求得土压力有所不同。当墙后破裂棱体产生滑动时，土体处于极限平衡状态，根据破裂棱体的静力平衡条件，求得墙背土压力。库仑理论在分析土压力时，基于下述基本假定：

(1) 墙后土体为均质散粒体，粒间仅有内摩擦力而无黏聚力。

(2) 当墙产生一定位移（移动或转动）时，墙后土体将形成破裂棱体，并沿墙背和破裂面滑动(下滑或上移)。

(3)破裂面为通过墙踵的一平面。

(4)当墙后土体开始滑动时,土体处于极限平衡状态,破裂棱体在其自重 W、墙背反力(它的反作用力即为土压力 E)和破裂面反力 R 的作用下维持静力平衡。由于破裂棱体与墙背及土体间具有摩擦阻力,故 E 与墙背法线成 δ 角、R 与破裂面法线成 φ 角,并均偏向阻止棱体滑动的一侧。

(5)挡土墙及破裂棱体均视为刚体,在外力作用下不发生变形。

库仑理论可以计算土质砂填料、挡土墙墙背倾斜、填土表面倾斜、墙背粗糙、与填土间存在摩擦作用等各种情况下的土压力。

(二)主动土压力

如图 4-18a)所示,AB 为挡土墙墙背,BC 为破裂面,与竖直方向的夹角 θ 为破裂角,ABC 即为破裂棱体。在这个棱体上作用着三个力,即破裂棱体自重 W、主动土压力的反力 E_a 和破裂面上的反力 R。其中 E_a 的方向与墙背法线成 δ 角,且偏于阻止棱体下滑的方向,R 的方向与破裂面法线成 ψ 角,同样偏于阻止棱体下滑的方向。由于棱体处于极限平衡状态,因此,力三角形必须闭合,如图 4-18b)所示。从力三角形中,可得:

$$E_a = W \frac{\cos(\theta + \varphi)}{\sin(\theta + \psi)} \tag{4-35}$$

式中:$\psi = \varphi + \alpha + \delta$。

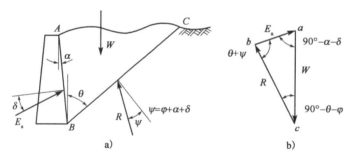

图 4-18 库仑主动土压力计算图式

但是,破裂角 θ 是未知的,由式(4-35)和图 4-18 可知,由于所假定的破裂面的位置不同(即 θ 不同),W 和 E_a 都将随之改变。当 $\theta = 90° - \varphi$ 时,R 与 W 重合,$E_a = 0$;当 $\theta = \alpha$ 时,破裂面与墙背重合,$W = 0$,$E_a = 0$;当 $\theta > \alpha$ 时,E_a 随 θ 增加而增大;当 θ 等于某一定值时,E_a 值达最大,而后又逐渐减小,至 $\theta = 90° - \varphi$ 时变为零。E_a 的最大值即为主动土压力,相应的 BC 面即为主动状态最危险破裂面,θ 称为主动状态破裂角。

根据以上分析并由式(4-35)可知,E_a 是 θ 的函数,且存在最大值。因此,利用微分学中极值原理,将式(4-35)对 θ 求导,并令:

$$\frac{dE_a}{d\theta} = 0$$

由此,即可求得主动状态时破裂角 θ,然后将 θ 代入式(4-35)求得 E_a 值,这就是库仑理论求算 E_a 的各种图解法和数解法的依据。

当填土表面为倾斜平面时,如图 4-19a)所示,依据上述方法所得的主动土压力的表达式为:

$$E_a = \frac{1}{2}\gamma H^2 \frac{\cos^2(\varphi - \alpha)}{\cos^2\alpha \cos(\delta + \alpha)\left[1 + \sqrt{\frac{\sin(\varphi + \delta)\sin(\varphi - \beta)}{\cos(\delta + \alpha)\cos(\alpha - \beta)}}\right]^2}$$

或

$$E_a = \frac{1}{2}\gamma H^2 K_a \tag{4-36}$$

$$K_a = \frac{\cos^2(\varphi - \alpha)}{\cos^2\alpha \cos(\delta + \alpha)\left[1 + \sqrt{\frac{\sin(\varphi + \delta)\sin(\varphi - \beta)}{\cos(\delta + \alpha)\cos(\alpha - \beta)}}\right]^2} \tag{4-37}$$

式中:K_a——库仑主动土压力系数;
γ——填土的重度(kN/m^3);
H——墙背高度(m);
φ——填土的内摩擦角(°);
δ——墙背摩擦角(°);
β——填土表面的倾角(°);
α——墙背倾角(°),当墙背俯斜时 α 值为正,仰斜时为负。

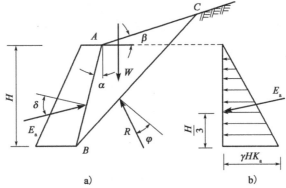

图 4-19 倾斜表面库仑主动土压力

沿墙高的土压应力 σ_a,可通过 E_a 对 h 求导而得到:

$$\sigma_a = \frac{dE_a}{dh} = \gamma h K_a \tag{4-38}$$

由上式可见,主动土压力沿墙高呈三角形分布,土压力的作用点离墙踵的高度为 $H/3$,方向与墙背的法线逆时针成 δ 角,或与水平方向成 $\delta + \alpha$ 角,如图 4-19b)所示。

(三)被动土压力

如图 4-20a)所示,若 BC 为破裂面,则破裂棱体自重 W,为墙背对被动土压力的反力 E_p 和破裂面反力 R 所平衡。不过,破裂棱体被推挤向上滑动,因而 E_p 和 R 偏离法线的方向与主动极限状态相反。由于破裂棱体是处于极限平衡状态,力三角形是闭合的,如图 4-20b)所示,依据力三角形即可求得 E_p:

$$E_p = W \frac{\cos(\theta - \varphi)}{\sin(\theta - \varphi - \delta + \alpha)} \tag{4-39}$$

由式(4-39)可知,θ 值不同,求得的土压力值亦不同。在被动极限状态下,土压力的最小

值即为被动土压力 E_p，相应于土压力最小值时的破裂面即为被动状态破裂面。

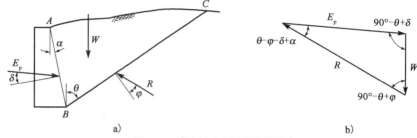

图 4-20 库仑被动土压力计算图式

按照求解主动土压力的原理和方法，即可求得填土表面为倾斜平面时的被动土压力 E_p，如图 4-21 所示。

$$E_p = \frac{1}{2}\gamma H^2 \frac{\cos^2(\varphi + \alpha)}{\cos^2\alpha \cos(\delta - \alpha)\left[1 - \frac{\sqrt{\sin(\varphi + \delta)\sin(\varphi + \beta)}}{\cos(\delta - \alpha)\cos(\alpha - \beta)}\right]^2}$$

或

$$E_p = \frac{1}{2}\gamma H^2 K_p \tag{4-40}$$

$$K_p = \frac{\cos^2(\varphi + \alpha)}{\cos^2\alpha \cos(\delta - \alpha)\left[1 - \frac{\sqrt{\sin(\varphi + \delta)\sin(\varphi + \beta)}}{\cos(\delta - \alpha)\cos(\alpha - \beta)}\right]^2} \tag{4-41}$$

式中：K_p——库仑被动土压力系数。

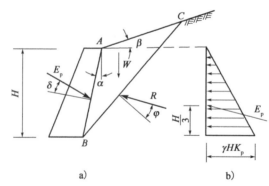

图 4-21 倾斜表面库仑被动土压力

被动土压应力沿墙高也呈三角形分布，如图 4-21b) 所示，土压应力为：

$$\sigma_p = \gamma h K_p \tag{4-42}$$

土压力的作用点在距离墙踵 $H/3$ 高度处，方向与墙背法线顺时针成 δ 角，即与水平方向成 $(\delta - \alpha)$ 角。

当填土表面水平，墙背垂直且光滑时，也即 $\beta = 0$、$\alpha = 0$ 及 $\delta = 0$ 时，式(4-37)和式(4-41)可分别简化为：

$$K_a = \frac{\cos^2\varphi}{(1 + \sin\varphi)^2} = \tan^2\left(45° - \frac{\varphi}{2}\right)$$

$$K_p = \tan^2\left(45° + \frac{\varphi}{2}\right)$$

这与土质砂填料时的朗金土压力系数公式相同[式(4-14)和式(4-22)]。由此可见，在特定条件下,两种土压力理论得到的结果是相同的。

(四)复杂边界条件下的主动土压力

式(4-36)表示的库仑主动土压力公式,是按墙后土体表面为平面的边界条件推导的,适用于路堑墙或破裂面交会于边坡上的路堤墙。在实际工程中,挡土墙后的填土表面有时不是平面的,而且在路基表面有车辆荷载作用,因而边界条件较为复杂。挡土墙因路基形式和荷载分布不同,土压力有多种计算图式。按破裂面交于路基面的位置不同,可分为下列几种图式,如图4-22所示:破裂面 BC_1 交会于内边坡,破裂面 BC_2 交会于荷载内侧,破裂面 BC_3 交会于荷载中部,破裂面 BC_4 交会于荷载外侧,破裂面 BC_5 交会于外边坡等。

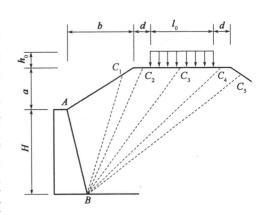

图4-22 不同边界土压力计算图式

复杂边界条件的主动土压力计算公式的推导思路和方法同式(4-36),其中破裂棱体的自重可统一表示为:

$$W = \gamma(A_0 \tan\theta - B_0) \tag{4-43}$$

式中:A_0、B_0——与破裂角 θ 无关的边界条件系数,见表4-6。

边界条件 A_0、B_0 表4-6

边界条件	A_0	B_0
破裂面交于荷载内侧	$A_0 = \frac{1}{2}(a+H)^2$	$B_0 = \frac{1}{2}ab - \frac{1}{2}H(H+2a)\tan\alpha$
破裂面交于荷载中部	$A_0 = \frac{1}{2}(a+H+2h_0)(a+H)$	$B_0 = \frac{1}{2}ab + (b+d)h_0 - \frac{1}{2}H(H+2a+2h_0)\tan\alpha$
破裂面交于荷载外侧	$A_0 = \frac{1}{2}(a+H)^2$	$B_0 = \frac{1}{2}ab - l_0 h_0 - \frac{1}{2}H(H+2a)\tan\alpha$

将式(4-43)代入式(4-35)得:

$$E_a = \gamma(A_0\tan\theta - B_0)\frac{\cos(\theta+\varphi)}{\sin(\theta+\psi)} \tag{4-44}$$

令 $\dfrac{dE_a}{d\theta} = 0$,并经整理化简得:

$$\tan\theta = -\tan\psi \pm \sqrt{(\tan\psi + \cot\varphi)\left(\tan\psi + \frac{B_0}{A_0}\right)} \tag{4-45}$$

(五)土压应力分布图

当地面不是一个平面而是多个平面或有荷载作用时,墙背上的土压应力往往不呈直线分布。为了求得土压力的作用点,常借助于土压应力分布图。土压应力分布图还可用来计算挡土墙任一截面上所受的土压力。

土压应力分布图表示墙背在竖直投影面上的应力分布情况,按下述原则绘制:墙顶以上的填土及均布荷载向墙背扩散压应力的方向平行于破裂面;各点压应力与其所承受的竖直应力成正比,即:

$$\sigma = \gamma h K \tag{4-46}$$

式中:K——主动土压力系数。

应该指出,主动土压力系数 K 不同于前文的 K_a(也称为主动土压力系数),只有在特殊情况下,$K = K_a$。

土压应力分布图有以下三种表示方法,通常采用第一种方法:

(1)土压力 E_a 按水平方向绘制,它的面积等于 E_a,但不能表示土压力的方向,如图4-23b)所示。

(2)土压力 E_a 按与水平方向成($\delta + \alpha$)角绘制,它可以表明土压力的方向,但应力图形的面积不等于土压力,如图4-23c)所示。

(3)水平土压力 E_x 按水平方向绘制,这样它既表示土压力 E_x 的方向,同时应力图形的面积也等于土压力 E_a 的水平分力 E_x,如图4-23d)所示。

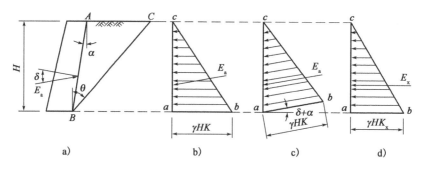

图4-23 土压应力分布图表示方法

土压力系数 K 可按下述方法推求。从图4-23a)可以求得,当填土表面水平时,则破裂棱体 ABC 的重力为:

$$W = \frac{1}{2}\gamma H^2 (\tan\theta + \tan\alpha) \tag{4-47}$$

代入式(4-48),得土压力:

$$E_a = \frac{1}{2}\gamma H^2 \frac{\cos(\theta + \varphi)}{\sin(\theta + \psi)}(\tan\theta + \tan\alpha) \tag{4-48}$$

由土压应力分布图[图4-23b)]可求得:

$$E_a = \frac{1}{2}\gamma H^2 K \tag{4-49}$$

上述两式相等,于是得土压力系数:

$$K = \frac{\cos(\theta + \varphi)}{\sin(\theta + \psi)}(\tan\theta + \tan\alpha) \tag{4-50}$$

上述填土压力为水平时的土压力系数 K 具有普遍意义,可用以推算各种复杂边界条件时的土压应力分布图。

对于图 4-24a)所示的破裂面交会于荷载外侧的路堤墙,其土压应力分布图如图 4-24b)所示。

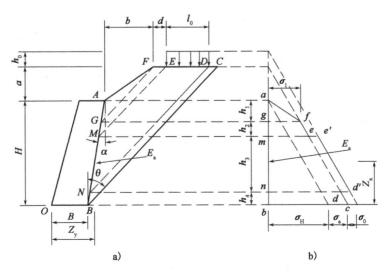

图 4-24　土压应力分布图(破裂面交会于荷载外侧的路堤墙)

在图中,GF、ME、ND 都是平行于破裂面 BC 的直线。墙背上各应力变化点的应力值为:
$\sigma_H = \gamma H K, \sigma_a = \gamma a K, \sigma_0 = \gamma h_0 K, \sigma_1 = \gamma(a + h_1)K$。

应力图各变化点的高度可由几何关系求得:

$$h_1 = \frac{b - a\tan\theta}{\tan\theta + \tan\alpha} \quad (4\text{-}51)$$

$$h_2 = \frac{d}{\tan\theta + \tan\alpha} \quad (4\text{-}52)$$

$$h_3 = \frac{l_0}{\tan\theta + \tan\alpha} \quad (4\text{-}53)$$

$$h_4 = H - h_1 - h_2 - h_3 \quad (4\text{-}54)$$

绘出应力图,就很容易求出该应力图的面积 S 和该面积对 B 点的面积矩 M_0。土压力 E_a 及其作用点则分别为:

$$E_a = S \quad (4\text{-}55)$$

$$Z_x = \frac{M_0}{E_a} \quad (4\text{-}56)$$

$$Z_y = B - Z_x \tan\alpha \quad (4\text{-}57)$$

(六)库仑土压力理论的适用范围

1.库仑主动土压力的适用范围

(1)库仑理论虽有不够严谨之处,但概念清晰,计算简单,适应范围较广,适用于不同墙背坡度和粗糙度、不同墙后填土表面形状和荷载作用情况下的主动土压力计算。而且,一般情况下,计算结果均能满足工程要求。

(2)库仑理论较适用于土质砂,主动土压力计算值与实际情况比较接近。当应用于黏质土时,应考虑黏聚力的影响。

(3)库仑理论不仅适用于墙背为平面或近似平面的挡土墙,也可用于L形墙背(如悬臂式和扶壁式挡土墙),此时可以墙背顶点和墙踵的连线为假想墙背来计算土压力,其中墙背摩擦角为填土的内摩擦角 φ。

(4)当俯斜墙背(包括L形墙背的假想墙背)的坡度较缓时,破裂棱体不一定沿着墙背(或假想墙背)滑动,而可能沿土体内某一破裂面滑动,即土体中出现第二破裂面,此时应按第二破裂面法计算土压力。

(5)库仑理论应用于仰斜墙背时,墙背坡度不宜太缓,一般以不缓于 1:0.3~1:0.35 为宜,不然将出现较大的误差,计算土压力则偏小,如墙背倾角 $\alpha=\varphi$,理论上 $E_a=0$,但实际上 $E_a \neq 0$。

(6)库仑理论仅适用于刚性挡土墙。锚杆式、锚定板式、桩板式等柔性挡土墙的土压力,只能按库仑理论近似计算。

(7)库仑理论适用于地面或墙后填土表面倾角 $\beta<\varphi$ 的情况,否则在计算主动土压力系数时将出现虚根。

2. 库仑被动土压力的使用条件

用库仑理论计算被动土压力,常会引起很大的误差,并且它会随 α、δ 和 β 值的增大而迅速增大。另外,实际的被动土压力达不到理论计算值,这是因为产生被动极限状态时的位移量远大于主动极限状态时的位移量(表4-5),这对一般挡土墙来说几乎是不可能的,有时也是不允许的。因此,当在设计中考虑土体的被动抗力时,应对被动土压力的计算值进行大幅度折减。

例如重力式挡土墙设计时,墙背上承受主动土压力,墙趾处因埋深有部分土层覆盖,会产生一定的被动抗力,但由于主动土压力产生的位移量较小,墙前土体难以达到被动状态,因此墙前被动抗力要比理论计算的被动土压力小得多。目前尚无可靠的计算方法,根据经验并为安全起见,一般只取 1/3 的被动土压力计算值作为设计值,并且常常是在基础埋深较大(如大于1.5m)、土层稳定不受水流冲刷或其他扰动影响时才考虑。《公路路基设计规范》(JTG D30—2015)对被动土压力的处理是,在极限状态设计法中通过被动土压力分项系数对其进行折减,而在容许应力设计法中,则直接取被动土压力计算值的 0.3 倍作为设计值。

五、特殊条件下的库仑土压力计算

由前所述,当墙背填土为黏质土或土体中出现第二破裂面等情况时,均可按库仑土压力理论进行计算或近似计算。下面介绍几种特殊条件下的库仑土压力计算方法。

(一)第二破裂面的土压力

在挡土墙设计中,往往遇到墙背俯斜很缓,即墙背倾角 α 比较大的情况,如衡重式挡土墙的上墙,如图4-25a)所示,其假想墙背 AC 的倾角一般比较大。当墙身向外移动,土体达到主动极限平衡状态时,破裂棱体并不沿墙背滑动,而是沿着土体中另一破裂面 CD 滑动,这时土体中出现相交于墙踵 C 的两个破裂面,远墙的破裂面 CF 称为第一破裂面,而近墙的破裂面 CD 则称为第二破裂面,用 θ_i 和 α_i 分别表示第一、第二破裂角。由于土体中出现了两个破裂面,计算土压力时库仑理论的一般公式便不适用了,在这种情况下,应按破裂面出现的位置,来计算土压力。在工程实际中,常把出现第二破裂面时计算土压力的方法称为第二破裂面法。

1. 第二破裂面产生的条件

(1)墙背(或假想墙背)倾角 α(或 α')必须大于第二破裂面的倾角 α_i,即墙背不妨碍第二破裂面的产生。

(2)墙背(或假想墙背)上的诸力(第二破裂面与墙背之间的土体自重 W_1 及作用于第二破裂面上的土压力 E_a)所产生的下滑力必须小于墙背上的抗滑力,可表示为:

$$E_x \tan(\alpha + \delta) > (E_y + W_1) \tag{4-58}$$

即作用于墙背上的合力对墙背法线的倾角 δ' 必须小于墙背摩擦角 δ,亦可表述为第二破裂面与墙背之间的土体不会沿墙背下滑。

2. 第二破裂面的土压力计算

用库仑理论的方法可求算第二破裂面的土压力,这时第二破裂面上的摩擦角等于土体的内摩擦角 φ。由于破裂棱体有两组破裂面,按照库仑理论,作用于第二破裂面的土压力 E_a 或 E_x 是 α_i 和 θ_i 的函数,即:

$$E_a = f(\alpha_i, \theta_i) \tag{4-59}$$

或

$$E_x = f(\alpha_i, \theta_i) \tag{4-60}$$

从图 4-25b)所示的力三角形中可知:

$$E_a = W \frac{\cos(\theta_i + \varphi)}{\sin[(\alpha_i + \varphi) + (\theta_i + \varphi)]} \tag{4-61}$$

$$E_x = E_a \cos(\alpha_i + \varphi) = \frac{W}{\tan(\alpha_i + \varphi) + \tan(\theta_i + \varphi)} \tag{4-62}$$

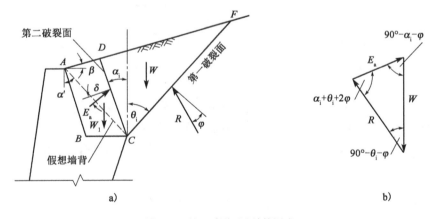

图 4-25 第二破裂面法计算图式

取 E_x 等于最大值为出现第二破裂面的极值条件,可得:

$$\left.\begin{array}{l} \dfrac{\partial E_x}{\partial \alpha_i} = 0 \\[6pt] \dfrac{\partial E_x}{\partial \theta_i} = 0 \end{array}\right\} \tag{4-63}$$

$$\left.\begin{array}{c}\dfrac{\partial^2 E_x}{\partial \alpha_i^2} < 0 \\[6pt] \dfrac{\partial^2 E_x}{\partial \theta_i^2} < 0 \\[6pt] \dfrac{\partial^2 E_x}{\partial \alpha_i^2}\dfrac{\partial^2 E_x}{\partial \theta_i^2} - \left(\dfrac{\partial^2 E_x}{\partial \alpha_i \partial \theta_i}\right)^2 > 0\end{array}\right\} \qquad (4\text{-}64)$$

求解上式可分别得到第一、第二破裂角 θ_i 和 α_i。并将 θ_i 和 α_i 代入式(4-61)，即可求得第二破裂面的土压力 E_a。

(二)折线形墙背的土压力

为了适应地形和工程需要，常采用凸折式(凸形折线)墙背的挡土墙或衡重式挡土墙。这些挡土墙的墙背不是一个平面，而是折面。对于这类折线形墙背挡土墙，以墙背转折点或衡重台为界，分为上墙和下墙，如图4-26所示。

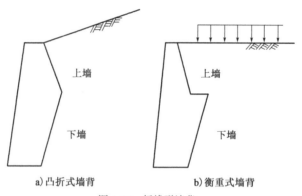

a) 凸折式墙背　　b) 衡重式墙背

图4-26　折线形墙背

如前所述，库仑理论仅适用于直线墙背。当墙背为折线时，不能直接用库仑理论求算全墙的土压力。这时，可将上墙和下墙看作独立的墙背，分别按库仑理论计算主动土压力，然后取两者的矢量和作为全墙的土压力。

计算上墙土压力时，不考虑下墙的影响，采用一般库仑土压力公式计算；若上墙墙背(或假想墙背)倾角较大，出现第二破裂面，则采用第二破裂面法计算。

下墙土压力计算较为复杂，目前普遍采用简化的计算方法，常用的有延长墙背法和力多边形法两种。

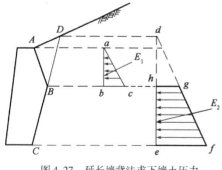

图4-27　延长墙背法求下墙土压力

1. 延长墙背法

如图4-27所示，AB 为上墙墙背，BC 为下墙墙背。先将上墙视为独立的墙背，用一般的方法求出主动土压力 E_1，土压应力分布图形为 abc。计算下墙土压力时，首先延长下墙墙背 CB，交填土表面于 D 点；以 DC 为假想墙背，用一般库仑土压力理论求算假想墙背的土压力，其土压应力分布图形为 def；截取其中与下墙相应的部分，即 $hefg$，其合力即为下墙

主动土压力 E_2。

延长墙背法是一种简化的近似方法,由于计算简便,该方法至今在工程界仍得到广泛的应用。然而,它的理论依据不足,给计算带来一定的误差,这主要是忽略了延长墙背与实际墙背之间的土体重量及作用其上的荷载,但多考虑了由于延长墙背和实际墙背上土压力作用方向的不同而引起的竖直分量差,虽然两者能相互补偿,但未必能抵消。此外,在计算假想墙背上的土压力时,其认为上墙破裂面与下墙破裂面平行,实际上,一般情况下两者是不平行的,这就是产生误差的第二个原因。

2. 力多边形法

力多边形法依据极限平衡条件下作用于破裂棱体上的诸力应构成闭合力多边形的原理,来求算下墙土压力。这种方法不需要借助于任何假想墙背,因而避免了延长墙背法所引起的误差。

力多边形法求算折线形墙背下墙土压力时采用数解法,作用于破裂棱体上的力及由此构成的力多边形如图 4-28 所示。在力多边形中,根据其几何关系,即可求得下墙土压力 E_2:

$$E_2 = W_2 \frac{\cos(\theta_2 + \varphi)}{\sin(\theta_2 + \varphi + \delta_2 - \alpha_2)} - \Delta E \quad (4-65)$$

$$\Delta E = R_1 \frac{\sin(\theta_2 - \theta_i)}{\sin(\theta_2 + \varphi + \delta_2 - \alpha_2)} \quad (4-66)$$

$$R_1 = E_1 \frac{\cos(\alpha_1 + \delta_1)}{\cos(\theta_2 + \varphi)} \quad (4-67)$$

式中:W_2——挡土墙下墙破裂棱体的重量(包括破裂棱体上的荷载);

θ_i——上墙第一破裂角;

θ_2——下墙破裂角;

R_1——上墙破裂面上的反力;

E_1——上墙土压力;

α_1——上墙墙背倾角;

α_2——下墙墙背倾角;

δ_1——上墙墙背摩擦角;

δ_2——下墙墙背摩擦角;

φ——填土的内摩擦角。

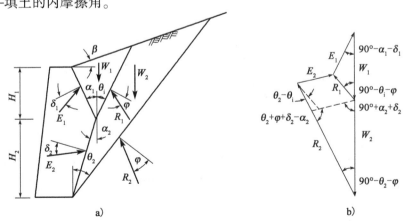

图 4-28 力多边形法求下墙土压力

由上式可知,下墙土压力 E_2 是破裂角 θ_2 的函数,为求 E_2 的最大值,可令 $\dfrac{\partial E_2}{\partial \theta_2} = 0$,求得破裂角 θ_2。将求出的 θ_2 代入式(4-65)即可求得下墙土压力 E_2。

(三)黏质土的土压力

当墙后填料为黏质土时,由于黏聚力对土压力值有很大的影响,因此,在计算土压力时,应考虑黏聚力。

1. 等效内摩擦角法

由于库仑理论仅限于计算土质砂的土压力,故最简单的办法就是增大内摩擦角的计算数值,把黏聚力的影响考虑在内摩擦角这一参数内,然后按土质砂的公式计算其主动土压力。这就是所谓的等效内摩擦角法。

通常把黏质土的内摩擦角值增大 $5°\sim10°$,作为等效内摩擦角 φ_D;或直接取等效内摩擦角值为 $35°\sim40°$(墙高小于或等于6m)或 $30°\sim35°$(墙高大于6m),地下水位以下为 $25°\sim30°$。

按经验确定等效内摩擦角 φ_D,仅与一定的墙高 H 相适应,按 φ_D 设计挡土墙,对低于 H 的挡土墙偏于保守,而对高于 H 的挡土墙则偏于危险,如图4-29所示。为了消除这一不利因素,等效内摩擦角 φ_D 可以按换算前后土体抗剪强度相等的原则或土压力相等的原则进行计算。

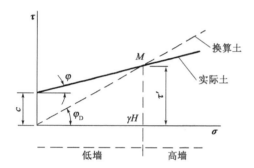

图4-29 按抗剪强度相等原理计算 φ_D

按土体抗剪强度相等的原则计算 φ_D(图4-29)时:

$$\tan\varphi_D = \tan\varphi + \frac{c}{\gamma H} \tag{4-68}$$

按土压力相等的原理计算 φ_D(图4-30)时:

$$\tan\left(45° - \frac{\varphi_D}{2}\right) = \tan\left(45° - \frac{\varphi}{2}\right) - \frac{2c}{\gamma H} \tag{4-69}$$

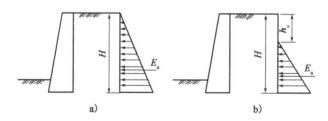

图4-30 按土压力相等原理计算 φ_D

事实上,影响土体等效内摩擦角的因素很多,按土体抗剪强度相等或土压力相等的原理计算 φ_D,虽然考虑了土体的黏聚力 c 和墙高 H 的影响,但未能考虑挡土墙的边界条件(如填土表面倾角 β 和墙背倾角 α 等)对 φ_D 的影响。因此,要选取能真实反映黏质土抗剪强度的 φ_D 是比较困难的。最好按实际的 c、φ 值计算黏质土的主动土压力,即按力多边形法来计算黏质土的主动土压力。

2. 力多边形法

力多边形法仍以库仑理论为依据,其计算图式如图4-31所示,其中图4-31b)为作用于破裂棱体 ABDEFMN 上的各力所构成的力多边形。图中 C 为破裂面上的黏结力, $C = \overline{BD} \times c$;h_c 为考虑黏聚力后,填土表面所产生的裂缝深度,如式(4-16)所示。

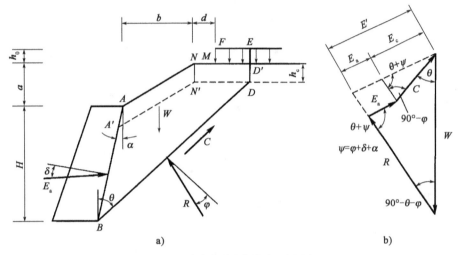

图4-31 力多边形法求黏质土土压力

用力多边形计算黏质土土压力时,仍然是先列出主动土压力 E_a 与破裂角 θ 间的函数关系 $E_a = f(\theta)$,然后取 $(\partial E_a)/\partial \theta = 0$,即可求得破裂角 θ ,并进而计算主动土压力 E_a。

从力多边形可知,作用于墙背上的主动土压力为:

$$E_a = E' - E_c \tag{4-70}$$

式中:E'——当 $c = 0$ 时的土压力(kN):

$$E' = W \frac{\cos(\theta + \varphi)}{\sin(\theta + \psi)} \tag{4-71}$$

E_c——由于黏聚力 C 的存在而减少的土压力(kN):

$$E_c = \frac{C\cos \varphi}{\sin(\theta + \psi)} \tag{4-72}$$

根据上述关系,利用极值原理,即可求得最不利破裂角 θ 和最大主动土压力 E_a。

土压应力分布图可近似地假定局部荷载不影响裂缝区深度,按土质砂的方法绘制。

(四)浸水挡土墙的土压力

浸水挡土墙的土压力应考虑水对填土的影响。填土受到水的浮力作用,使土压力减小;土质砂的内摩擦角受水的影响不大,可认为浸水后不变,但黏质土浸水后应考虑抗剪强度的降低。

1. 浸水后填土的 φ 值不变的土压力计算

在假设填土的 φ 值不变的条件下,则主动土压力系数 K 也不变。当墙后填土表面水平时,破裂角 θ 不受浸水的影响;当填土表面倾斜或有荷载作用时,则破裂角 θ 受浸水的影响而略有变化。虽然破裂角 θ 有变化,但对计算土压力的影响不大,而且影响浸水挡土墙土压力计算的因素复杂,为简化计算,可进一步假设浸水后破裂角 θ 不变。

当 φ、θ 都不变时,浸水挡土墙的土压力可用不浸水时的土压力 E_a 扣除计算水位以下因浮力影响而减小的土压力 ΔE_b,如图 4-32 所示,即:

$$\left. \begin{array}{l} E_b = E_a - \Delta E_b \\ \Delta E_b = \dfrac{1}{2}(\gamma - \gamma')H_b^2 K \end{array} \right\} \quad (4\text{-}73)$$

式中:γ'——填土的浮重度(kN/m^3)。

土压力作用点为:

$$Z_{bx} = \dfrac{E_a Z_x - \dfrac{\Delta E_b H_b}{3}}{E_b} \quad (4\text{-}74)$$

式中:Z_x——填土未浸水时土压力 E_a 的作用点高度(m)。

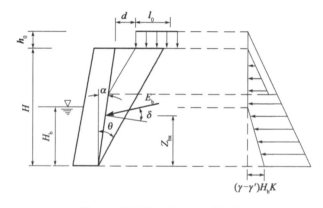

图 4-32 浸水挡土墙土压力计算图式

对于浸水时折线形挡土墙的下墙土压力,当采用延长墙背法时,按上述方法计算,即扣除由于水的浮力影响而减少的土压力 ΔE_{2b} 后,由应力分布图形确定土压力及作用点。当采用力多边形法时,下墙土压力 E_{2b} 及作用点 Z_{2bx} 按下式计算:

$$E_{2b} = E_{2a} - \Delta E_{2b} \quad (4\text{-}75)$$

$$Z_{2bx} = \dfrac{E_{2a} Z_{2x} - \Delta E_{2b} \Delta Z_{2bx}}{E_{2b}} \quad (4\text{-}76)$$

其中:

$$\Delta E_{2b} = \dfrac{1}{2}(\gamma - \gamma')H_2(2H_b - H_2)K \quad (4\text{-}77)$$

$$\Delta Z_{2bx} = \dfrac{H_2}{3}\left(1 + \dfrac{H_b - H_2}{2H_b - H_2}\right) \quad (4\text{-}78)$$

式中:E_{2a}——填土未浸水时下墙土压力;

Z_{2x}——填土未浸水时下墙土压力的作用点高度;

H_2——下墙墙高,当 $H_b \leqslant H_2$ 时,H_2 用 H_b 代替。

2. 浸水后填土的 φ 值变化的土压力计算

当考虑浸水后填土的内摩擦角 φ 值降低时,应以计算水位为界,将填土的上下部分视为不同性质的土层,分层计算土压力。计算中,先求出计算水位以上填土的土压力 E_1;然后再将上层填土重量作为超载,计算浸水部分的土压力 E_2。上述两部分土压力 E_1 和 E_2 的矢量和即为全墙土压力 E_b。

在计算浸水部分的土压力 E_2 时,应将上部土层(计算水位以上部分填土)及其上的荷载按浮重度 γ' 换算为均布土层,作为浸水部分的超载。均布土层的厚度 h_b 为:

$$h_b = \frac{\gamma}{\gamma'}(h_0 + H - H_b) \tag{4-79}$$

(五)地震作用下的土压力

地震对挡土墙的破坏主要是由水平地震力引起的,因此,在分析地震作用下的土压力时,只考虑水平方向地震力的影响。

计算地震土压力通常采用静力法,又称惯性力法。这种方法与计算一般土压力的区别在于多考虑一个由破裂棱体自重 W 所引起的水平地震力 P_h。P_h 作用于棱体重心,其方向水平,并朝向墙后土体滑动方向,其大小为:

$$P_h = C_z K_h W \tag{4-80}$$

式中:C_z——综合影响系数,$C_z = 0.25$;

K_h——水平地震力系数,见表 4-7。

水平地震力系数 K_h 和地震角 θ_s 　　　　表 4-7

基本烈度		7	8	9
K_h		0.1	0.2	0.4
θ_s	非浸水	1°30′	3°	6°
	浸 水	2°30′	5°	10°

地震力 P_h 与破裂棱体自重 W 的合力 W_s[图 4-33c)]为:

$$W_s = \frac{W}{\cos\theta_s} \tag{4-81}$$

式中:θ_s——地震角。

地震角按式(4-82)计算,实际应用可按表 4-7 取值。

$$\theta_s = \arctan(C_z K_h) \tag{4-82}$$

已知地震力与破裂棱体自重的合力 W_s 的大小和方向,并且假定在地震条件下土的内摩擦角 φ 和墙背摩擦角 δ 不变,则墙后破裂棱体上的平衡力系如图 4-33a)所示。

若保持挡土墙和墙后棱体位置不变,将整个平衡力系转动 θ_s 角,使 W_s 处于竖直方向,如图 4-33b)所示。由于没有改变平衡力系中三力间的相互关系,即没有改变图 4-33c)中的力三角形 abc,则这种改变并不影响对 E_a 的求算。由图 4-33b)可以看出,只要用下列各值:

$$\left.\begin{array}{l}\gamma_s = \dfrac{\gamma}{\cos\theta_s}\\ \delta_s = \delta + \theta_s\\ \varphi = \varphi - \theta_s\end{array}\right\} \quad (4-83)$$

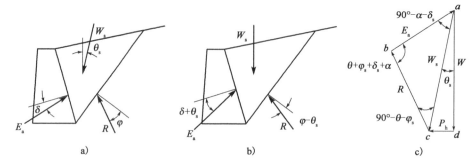

图 4-33 地震土压力计算图式

取代 γ、δ、φ 值时,地震作用下的力三角形 abc 与一般情况下的力三角形(图 4-18)完全相似。因此,可直接采用一般库仑土压力公式来计算地震作用下的土压力。

按上述方法计算时,必须满足下列条件:

$$\left.\begin{array}{l}\alpha + \delta + \theta_s < 90°\\ \varphi \geqslant \beta + \theta_s\end{array}\right\} \quad (4-84)$$

用静力法求得地震土压力 E_a 后,在计算 E_x 和 E_y 时,仍应采用实际墙背摩擦角 δ,而不应用 δ_s。

对于路肩墙还可以按式(4-85)计算地震土压力 E_a,作用于距墙踵以上 $0.4H$ 处。

$$E_a = \dfrac{1}{2}\gamma H^2 K_a(1 + 3C_i C_z K_h \tan\varphi) \quad (4-85)$$

式中:C_i——重要性修正系数,见表4-8。

重要性修正系数   表4-8

公路等级及墙高 H	C_i	公路等级及墙高 H	C_i
高速公路、一级公路,$H > 10\text{m}$	1.7	二级、三级公路,$H > 10\text{m}$	1.0
高速公路、一级公路,$H \leqslant 10\text{m}$	1.3	三级公路,$H \leqslant 10\text{m}$	0.6

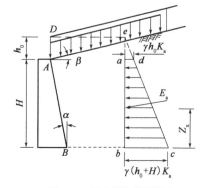

图 4-34 均布荷载换算图式

(六)外荷载作用下的土压力

墙背填土表面常有车辆荷载和人群荷载等外荷载作用,使土体中产生附加的竖向应力,从而产生附加的侧向压力。计算土压力时,对作用于墙背填土表面的外荷载可以近似地按均布荷载来考虑,并将其换算为重度与墙背填土相同的均布土层。

前文应用的 h_0 就是由车辆荷载换算的均布土层高度。h_0 可直接由挡土墙高度确定的附加荷载强度计算(图 4-34),即:

$$h_0 = \frac{q}{\gamma} \tag{4-86}$$

式中：γ——墙背填土的重度（kN/m^3）；

q——附加荷载强度（kPa），按表 4-9 取值。

附加荷载强度 q　　　　表 4-9

墙高 H(m)	q(kPa)
≤2.0	20.0
≥10.0	10.0

注：$H = 2.0 \sim 10.0\mathrm{m}$ 时，q 可由线性内插确定。

作用于墙背填土表面的人群荷载等，近似地按均布荷载来考虑，并按式(4-87)换算成等代均布土层厚度 h_0'，由此来计算人群荷载引起的附加侧向压力。

$$h_0' = \frac{q_r}{\gamma} \tag{4-87}$$

式中：q_r——作用于墙背填土上的人群荷载标准值（kPa），一般按 3kPa 考虑。

第三节　重力式挡土墙

一、基本概念

重力式挡土墙是以墙身自重来维持挡土墙在土压力作用下的稳定，它是目前最常用的一种挡土墙形式。重力式挡土墙多用浆砌片（块）石砌筑，在缺乏石料的地区，有时可用混凝土预制块作为砌体，也可直接用混凝土浇筑，一般不配钢筋或只在局部范围配置少量钢筋。这种挡土墙形式简单，施工方便，可就地取材，适应性强，因而应用广泛。

由于重力式挡土墙依靠自身重量来维持平衡稳定，因此墙身截面大，圬工数量也大，在软弱地基上修建往往受到承载力的限制。如果墙过高，材料耗费多，则不经济。当地基较好，墙高不大，且当地又有石料时，一般优先选用重力式挡土墙。

重力式挡土墙的墙背可做成仰斜、俯斜、垂直、凸形折线（凸折式）和衡重式五种，如图 4-35 所示。从图 4-35 可清楚地看出：墙背向填土一侧倾斜称仰斜，如图 4-35a)所示；墙背向外侧倾斜称俯斜，如图 4-35c)所示；墙背竖直时称垂直，如图 4-35b)所示。墙背只有单一坡度，称为直线形墙背，如图 4-35a)、b) 和 c)所示的仰斜、俯斜、垂直墙背均为直线形墙背；若多于一个坡度，如图 4-35d)、e) 所示，则称为折线形墙背，其中图 4-35d) 为凸折式墙背，图 4-35e)带有衡重台，则为衡重式墙背。

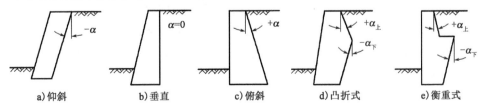

图 4-35　重力式挡土墙墙背形式

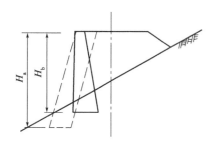

图 4-36 地面横坡对墙高的影响

仰斜墙背所受的土压力较小,用于路堑墙时,墙背与开挖面边坡较贴合,因而开挖量和回填量均较小,但墙后填土不易压实,不便施工。当墙趾处地面横坡较陡时,采用仰斜墙背将使墙身增高(图 4-36),截面增大,所以仰斜墙背适用于路堑墙及墙趾处地面平坦的路肩墙或路堤墙。

俯斜墙背所受土压力较大,其墙身截面较仰斜墙背大,通常在地面横坡陡峻时,借陡直的墙面,以减小墙高。俯斜墙背可做成台阶形,以增加墙背与填土间的摩擦力。

垂直墙背的特点,介于仰斜和俯斜墙背之间。

凸折式墙背系由仰斜墙背演变而来,上部俯斜、下部仰斜,以减小上部截面尺寸,多用于路堑墙,也可用于路肩墙。

衡重式墙背在上下墙间设有衡重台,利用衡重台上填土的重量使全墙重心后移,增加墙身的稳定。因采用陡直的墙面,且下墙采用仰斜墙背,因而可以减小墙身高度,减少开挖工作量。适用于山区地形陡峻处的路肩墙和路堤墙,也可用于路堑墙。

二、挡土墙的构造及材料要求

(一)墙身构造

挡土墙的构造必须满足强度和稳定性的要求,同时应考虑就地取材,经济合理,施工养护的方便和安全。

1. 墙背

重力式挡土墙的墙背坡度一般采用 1:0.25 仰斜,如图 4-37 所示。仰斜墙背坡度不宜缓于 1:0.3,俯斜墙背坡度一般为 1:0.25~1:0.4,衡重式或凸折式挡土墙下墙墙背坡度多采用 1:0.25~1:0.3 仰斜,上墙墙背坡度受墙身强度控制,根据上墙高度,采用 1:0.25~1:0.45 俯斜。

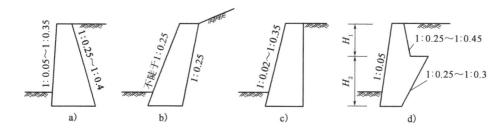

图 4-37 挡土墙墙背和墙面坡度

衡重式挡土墙上墙与下墙高度之比,一般采用 4:6 较为经济合理。

以一处挡土墙而言,其截面形式不宜变化过多,以免造成施工困难,并且应当注意不要影响挡土墙的外观。

2. 墙面

墙面一般为直线形,其坡度应与墙背坡度相协调。同时,还应考虑墙趾处的地面横坡,在地面横向倾斜时,墙面坡度会影响挡土墙的高度,横向坡度越大影响越大。因此,地面横坡较陡时,墙面坡度一般为1:0.05~1:0.2,矮墙时也可采用直立;地面横坡平缓时,墙面可适当放缓,但一般不宜缓于1:0.35。仰斜式挡土墙墙面一般与墙背坡度一致或缓于墙背坡度;衡重式挡土墙墙面坡度多采用1:0.05,所以在地面横坡较大的山区,采用凸折式或衡重式挡土墙较经济。

3. 墙顶

浆砌挡土墙的墙顶宽度一般不应小于50cm,路肩挡土墙墙顶应以粗料石或C15混凝土做帽石,其厚度通常为40cm,宽度不应小于60cm,突出墙顶外的帽檐宽为10cm。如不做帽石或为路堤墙和路堑墙,应选用大块片石置于墙顶并用砂浆抹平。

干砌挡土墙墙顶宽度不应小于60cm,在墙顶50cm高度范围内,应用M2.5砂浆砌筑,以增加墙身稳定。干砌挡土墙的高度一般不超过6m,高速公路、一级公路不宜采用干砌挡土墙。

在有石料的地区,重力式挡土墙应尽可能采用浆砌片石。在缺乏石料的地区,重力式挡土墙可用C15混凝土或片石混凝土浇筑;在严寒地区,则应采用C20混凝土或片石混凝土,此时墙顶宽度不应小于40cm。

(二)填料要求

为保证挡土墙的正常使用和经济合理,墙后填料的选择是一项重要的工作。由土压力理论可知,填料的内摩擦角越大,主动土压力就越小;而填料的密度越大,主动土压力就越大。因此,应选择内摩擦角大、密度小的填料,应优先采用砂类土、碎(砾)石土填筑。这些填料透水性好、抗剪强度大且稳定、易排水,能显著减小主动土压力。

因黏质土的压实性和透水性较差,又常具有吸水膨胀性和冻胀性,产生侧向膨胀压力,从而影响挡土墙的稳定,一般不宜采用黏质土。当不得已需采用时,应适当掺入碎石、砾石和粗砂等,并应充分压实。

严禁使用腐殖土、盐渍土、淤泥、白垩土及硅藻土等作为填料,填料中也不应含有机物、冰块、草皮、树根等杂物及生活垃圾。在季节性冰冻地区,不能使用冻胀材料。对于重要的、高度较大的挡土墙,不应用黏土作填料。由于黏土性能不稳定,在干燥时体积易收缩,而在遇水时易膨胀,其交错收缩和膨胀使得作用于墙背上的土压力无法正确估计,实际土压力值有时比理论计算值大得多,从而导致挡土墙外移或外倾,甚至使挡土墙失去作用和破坏。

浸水挡土墙墙背应全部用水稳性和透水性较好的材料填筑。

(三)墙身材料要求

砌筑重力式挡土墙的石料分为片石、块石和粗料石3种规格,应选用结构密实、质地均匀、不易风化且无裂缝的硬质石料,其抗压强度不应小于30MPa。在冰冻地区及浸水地段,应选择具有耐冻和抗侵蚀性能的石料。形状应大致方正,上下面大致平整,厚度不应小于15cm,宽度及长度不应小于厚度的1.5倍,质量约30kg。用作镶面的片石,可选择表面较平整,尺寸较大者,并应稍加修整,外露面应有细凿边缘。

混凝土预制块的规格与料石相同,抗压强度不应小于C20,并根据砌体形式的需要和起吊能力决定预制块的形状大小。

砌筑挡土墙用的砂浆宜采用中砂或粗砂,当用于砌筑片石时,最大粒径不宜超过5mm,砌筑块石、粗料石、混凝土块时不宜超过 2.5mm。其强度等级应按挡土墙类别、部位及用途选用,见表 4-10。

挡土墙砌筑常用砂浆等级　　　　表 4-10

挡土墙类别、部位及用途	砂浆等级
一般挡土墙	M5
浸水挡土墙常水位以下部分	M7.5
严寒地区挡土墙及地震地区挡土墙	较非地震地区提高一级
勾缝	比砌筑用等级提高一级

对于干砌挡土墙,墙较高时最好用块石砌筑。当墙高超过 5m 或石料强度较低时,可在挡土墙的中部设置厚度不小于 50cm 的浆砌水平层,以增加墙身的稳定性。

墙高大于 10m 的重力式挡土墙和浸水挡土墙宜采用片石混凝土(其中掺入片石量不应超过总体积的 25%),混凝土强度等级不应低于 C20。

三、挡土墙的验算

挡土墙是用来承受土体侧向压力的构造物,它应具有足够的强度和稳定性。重力式挡土墙可能的破坏形式有:滑移、倾覆、不均匀沉陷和墙身断裂等。因此,重力式挡土墙的设计应保证在自重和外荷载作用下不发生全墙的滑动和倾覆,并保证墙身截面有足够的强度,基底应力小于地基承载力和偏心距不超过容许值。这就要求在拟定墙身截面形式及尺寸之后,对上述几方面进行验算。

挡土墙验算方法有两种:一是采用总安全系数的容许应力法,二是采用分项安全系数的极限状态法。《公路路基设计规范》(JTG D30—2015)规定,挡土墙设计应采用以极限状态设计的分项系数法为主的设计方法。

(一)作用在挡土墙上的荷载及其组合

作用于挡土墙上的荷载,根据其性质不同分为永久荷载、可变荷载和偶然荷载。

永久荷载是长期作用在挡土墙上的,而且在设计基准期内,其值不随时间而变化,或其变化值与平均值比较可忽略不计,如图 4-38 所示。它包括下列一些力:

(1)由填土产生的土压力 E_a,可分解为水平土压力 E_x 和竖向土压力 E_y;

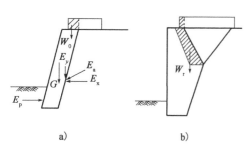

图 4-38 作用于挡土墙上的永久荷载

(2)墙身自重 G;
(3)填土(包括基础襟边以上土)自重;
(4)墙顶上的有效永久荷载 W_0;
(5)墙背与第二破裂面之间的有效荷载 W_r;
(6)计算水位的浮力及静水压力;
(7)预加力;
(8)混凝土收缩及徐变影响力;
(9)基础变位影响力。

可变荷载在支挡构造物设计基准期内,其值随时间而变化,且变化值与平均值比较不可忽略。可变荷载主要有:

(1) 车辆荷载引起的土压力;
(2) 人群荷载及由其引起的土压力;
(3) 水位退落时的动水压力;
(4) 流水压力;
(5) 波浪冲击力;
(6) 冻胀压力和冰压力;
(7) 温度影响力;
(8) 与各类挡土墙施工有关的临时荷载。

可变荷载按其对挡土墙的影响程度不同,又分为基本可变荷载、其他可变荷载和施工荷载,其中(1)和(2)为基本可变荷载,(8)为施工荷载,其余为其他可变荷载。

偶然荷载是指暂时的或属于灾害性的,在挡土墙设计基准期内,发生概率是极小的,而且一旦出现,其值很大且持续时间很短。偶然荷载包括地震作用力、滑坡和泥石流作用力、作用于墙顶护栏上的车辆碰撞力等。

墙前被动土压力 E_p(图 4-38)一般不予考虑。当基础埋置较深(如大于 1.5m 时),且地层稳定,不受水流冲刷或扰动破坏时,才予考虑。

挡土墙设计时,应根据可能同时出现的作用荷载选择荷载组合,常用的荷载组合见表 4-11。

常用荷载组合 表 4-11

组 合	荷 载 名 称
Ⅰ	挡土墙结构自重、墙顶上的有效永久荷载、填土自重与土压力、其他永久荷载相组合
Ⅱ	组合Ⅰ与基本可变荷载相结合
Ⅲ	组合Ⅱ与其他可变荷载、偶然荷载相结合

根据荷载性质和作用的可能性,洪水与地震力不同时考虑;冻胀压力、冰压力与流水压力或波浪冲击力不同时考虑;行车荷载与地震力不同时考虑。

(二)容许应力验算法

1. 稳定性验算

对于重力式挡土墙,墙的稳定性往往是设计中的控制因素。挡土墙的稳定性包括抗滑稳定性和抗倾覆稳定性两方面。设置在软土地基及斜坡上的挡土墙,还应对包括挡土墙、地基及填土在内的整体稳定性进行验算,其稳定系数不应小于 1.25。表土层下伏倾斜基岩上设置挡土墙,则应验算包括挡土墙、填土及山坡覆盖层沿基岩面下滑的稳定性。

(1) 抗滑稳定性验算。

抗滑稳定性是指在土压力和其他外荷载的作用下,基底摩擦阻力抵抗挡土墙滑移的能力用抗滑稳定系数 K_c 表示,即作用于挡土墙的抗滑力与实际下滑力之比,如图 4-39 所示,一般情况下为:

$$K_c = \frac{\mu \sum N + E_p}{E_x} \qquad (4\text{-}88)$$

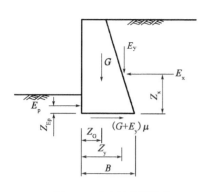

图4-39 稳定性验算图式

式中：$\sum N$——作用于基底的竖向力的代数和(kN)，即挡土墙自重G(包括墙顶上的有效荷载W_0及墙背与第二破裂面之间的有效荷载W_r)和墙背主动土压力的竖向分力E_y(包括车辆荷载引起的土压力)，即：
$$\sum N = G + E_y$$
E_x——墙背主动土压力(包括车辆荷载引起的土压力)的水平分力(kN)；
E_p——墙前被动土压力(kN)；
μ——基底摩擦因数。

抗滑稳定系数K_c不应小于1.3；施工荷载验算时，抗滑稳定系数K_c不应小于1.2。当设计墙高大于12~15m时，应适当加大K_c值，以保证挡土墙的抗滑稳定性。

当挡土墙抗倾覆稳定性已满足而受抗滑稳定性控制时，可采用向内倾斜基底以增加抗滑稳定性。基底倾斜度应按表4-3控制，即一般土质地基不应大于1:5、岩石地基不应大于1:3.33；对于浸水地基，当$\mu<0.5$时，不宜设置倾斜基底；当$0.5\leq\mu<0.6$时，基底倾斜度不应大于1:10；当$\mu\geq0.6$时，不应大于1:5。

设置倾斜基底就是保持墙面高度不变，而使墙踵下降Δh，从而使基底具有向内倾斜的逆坡，如图4-40所示。与水平基底相比，可减小滑动力，增大抗滑力，从而增强抗滑稳定性。需要注意的是，由于墙踵下降了Δh，也就使墙背的计算高度增大了Δh，计算土压力的墙高应增加Δh，即计算墙高$H' = H + \Delta h$。由图4-40可知：

$$\Delta h = \frac{B\tan\alpha_0}{1 + \tan\alpha_0\tan\alpha} \tag{4-89}$$

式中：α_0——基底倾角，即基底与水平面的夹角。

若将竖向力$\sum N$和水平力E_x分别按倾斜基底的法线方向和切线方向分解，则倾斜基底法向力和切向力为：

$$\left.\begin{array}{l}\sum N' = \sum N\cos\alpha_0 + E_x\sin\alpha_0 \\ \sum T' = E_x\cos\alpha_0 - \sum N\sin\alpha_0\end{array}\right\} \tag{4-90}$$

依据式(4-88)可知，挡土墙在设置倾斜基底后的抗滑稳定系数应为：

$$K_c = \frac{\mu\sum N' + E_p\sin\alpha_0}{\sum T'} = \frac{\mu(\sum N + E_x\tan\alpha_0) + E_p\tan\alpha_0}{E_x - \sum N\tan\alpha_0} \tag{4-91}$$

由式(4-91)可以看出，由于设置了倾斜基底，明显地增大了抗滑稳定系数，而且基底倾角α_0越大，越有利于抗滑稳定性。应当指出，除验算沿基底的抗滑稳定性外，尚应验算沿墙踵水平面(图4-40中的I-I面)的抗滑稳定性，以免挡土墙连同地基土体一起滑动。因此，基底的倾斜度不宜过大。

沿墙踵水平面的抗滑稳定系数为：

$$K'_c = \frac{(\sum N + \Delta G)\mu_n}{E_x} \tag{4-92}$$

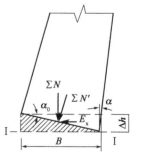

图4-40 倾斜基底

式中：ΔG——基底与通过墙踵的地基水平面（Ⅰ—Ⅰ面）间的土楔重（kN）；
μ_n——地基土的内摩擦因数。

增加抗滑稳定性的另一种措施是采用凸榫基础（图4-41），就是在基础底面设置一个与基础连成整体的榫状凸块，利用榫前土体所产生的被动土压力，以增加挡土墙抗滑稳定性。

凸榫的深度h根据抗滑的要求确定，凸榫的宽度b_2根据截面强度，按图4-41中的EF面上的抗弯拉和抗剪的要求确定。

增加抗滑稳定性的措施还有：改善地基，例如在黏质土地基夯嵌碎石，以增加基底摩擦因数；改变墙身截面形式等。但单纯扩大截面尺寸的收效不大，而且也不经济。

（2）抗倾覆稳定性验算。

抗倾覆稳定性是指其抵抗墙身绕墙趾向外转动倾覆的能力，用抗倾覆稳定系数K_0表示，即对墙趾的稳定力矩之和$\sum M_y$与倾覆力矩之和$\sum M_0$的比值，如图4-39和图4-42所示。

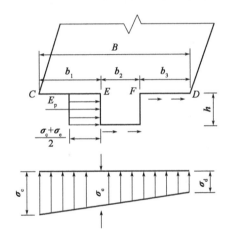

图4-41 凸榫基础

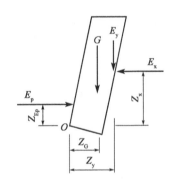

图4-42 倾斜基底抗倾覆稳定性验算

$$K_0 = \frac{\sum M_y}{\sum M_0} \tag{4-93}$$

式中：$\sum M_y$——各荷载对墙趾O点的稳定力矩之和（kN·m）：

$$\sum M_y = G Z_G + E_y Z_y + E_P Z_P \tag{4-94}$$

$\sum M_0$——各荷载对墙趾O点的倾覆力矩之和（kN·m）：

$$\sum M_0 = E_x Z_x \tag{4-95}$$

式中：Z_G、Z_x、Z_y、Z_P——相应各荷载对墙趾的力臂（m）。

对于荷载组合Ⅰ、Ⅱ，抗倾覆稳定系数不应小于1.5；对于荷载组合Ⅲ，抗倾覆稳定系数不应小于1.3。施工荷载验算时，抗倾覆稳定系数不应小于1.2。但当墙高大于12～15m时，应适当加大K_0值，以保证挡土墙的抗倾覆稳定性。

当抗滑稳定性满足要求、挡土墙受抗倾覆稳定性控制时，可展宽墙趾以增加抗倾覆稳定性，如图4-43所示。在墙趾处展宽基础可增大稳定力矩的力臂，是增强抗倾覆稳定性的常用方法。但应注意，在地面横坡较陡处，会引起墙高的

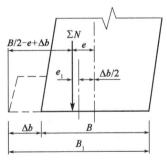

图4-43 展宽墙趾

增加。展宽部分一般用与墙身相同的材料砌筑,不宜过宽,展宽度为 Δb,重力式挡土墙不宜大于墙高的 10%,衡重式挡土墙不宜大于墙高的 5%。基础展宽可分级设置成台阶基础,每级的宽度和高度关系应符合刚性角的要求(即基础台阶的斜向连线与竖直方向的夹角),石砌圬工应不大于 35°,混凝土圬工应不大于 45°。如超过时,则应采用钢筋混凝土基础板。

增加抗倾覆稳定性的措施还有:改变墙背或墙面的坡度以减少土压力或增加稳定力臂;改变墙身形式,如改用衡重式、墙后增设卸荷平台或卸荷板等。

2. 基底应力及合力偏心距验算

为了保证挡土墙的基底应力不超过地基承载力,应进行基底应力验算;同时为了使挡土墙墙身结构合理且避免发生显著的不均匀沉陷,还应控制作用于挡土墙基底合力的偏心距。

如图 4-44 所示,若作用于基底合力的法向分力为 $\sum N$,它对墙趾的力臂为 $Z_N(\mathrm{m})$,即:

$$Z_N = \frac{\sum M_y - \sum M_0}{\sum N} \tag{4-96}$$

则合力偏心距 $e(\mathrm{m})$ 为:

$$e = \frac{B}{2} - Z_N \tag{4-97}$$

基底的合力偏心距,对于土质地基不应大于 $B/6$;对于岩石地基不应大于 $B/4$。

基底两边缘点,即趾部和踵部的法向压应力 σ_1、σ_2(kPa) 为:

$$\begin{matrix}\sigma_1\\\sigma_2\end{matrix} = \frac{\sum N}{A} \pm \frac{\sum M}{W} = \frac{G + E_y}{B}\left(1 \pm \frac{6e}{B}\right) \tag{4-98}$$

式中:$\sum M$——各荷载对中性轴的力矩之和(kN·m),$\sum M = \sum N \times e$;

W——基底截面模量(m³),对 1m 长的挡土墙,$W = \frac{B^2}{6}$;

A——基底面积(m²),对 1m 长的挡土墙,$A = B$。

基底压应力不得大于地基的容许承载力 $[\sigma]$,对于荷载组合Ⅲ及施工荷载验算,地基容许承载力大于 150kPa 时,可提高 25%。

当 $|e| > B/6$ 时,基底的一侧将出现拉应力,考虑到一般情况下地基与基础间不能承受拉力,故不计拉力而应按应力重分布计算基底最大压应力,如图 4-45 所示,基底应力图形将由虚线图形变为实线图形。根据力的平衡条件,总压力等于 $\sum N$,实线三角形的形心必在 $\sum N$ 的作用线上,故基底压应力三角形的底边长度等于 $3Z_N$。于是有:

$$\sum N = \frac{1}{2} \sigma_{\max} \times 3 Z_N \tag{4-99}$$

故最大压应力为:

$$\sigma_{\max} = \frac{2 \sum N}{3 Z_N} \tag{4-100}$$

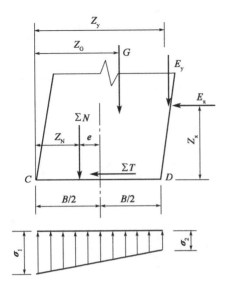

图 4-44 基底应力及合力偏心距验算图式

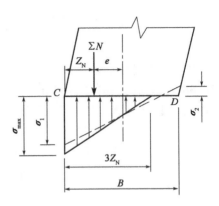

图 4-45 基底应力重分布

当设置倾斜基底(图 4-46)时,倾斜基底的宽度 B' 为:

$$B' = \frac{B\cos\alpha}{\cos(\alpha_0 - \alpha)} \quad (4\text{-}101)$$

倾斜基底法向力 $\sum N'$ 对墙趾的力臂为 Z'_N:

$$Z'_N = \frac{\sum M_y - \sum M_0}{\sum N'} \quad (4\text{-}102)$$

倾斜基底的合力偏心距 e' 为:

$$e' = \frac{B'}{2} - Z'_N \quad (4\text{-}103)$$

这时,基底的法向应力为:

$$\genfrac{}{}{0pt}{}{\sigma_1}{\sigma_2} = \frac{\sum N'}{B'}\left(1 \pm \frac{6e'}{B'}\right) \quad \left(|e'| \leqslant \frac{B'}{6}\right)$$

$$(4\text{-}104)$$

$$\sigma_{\max} = \frac{2\sum N'}{3Z'_N} \quad \left(|e'| > \frac{B'}{6}\right) \quad (4\text{-}105)$$

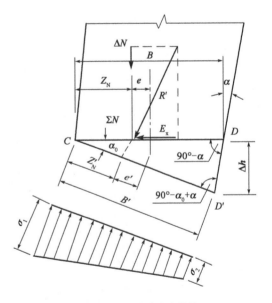

图 4-46 倾斜基底应力计算

基底压应力或偏心距过大时,可采取加宽墙趾或扩大基础的方式予以调整,也可采用换填地基土以提高其承载力;调整墙背坡度或截面形式以减少合力偏心距等措施。

3. 墙身截面验算

通常,选取 1、2 个墙身截面进行验算,验算截面可选在基础顶面、1/2 墙高处、上下墙(凸折式及衡重式墙)交界处等,如图 4-47 所示。

墙身截面强度验算包括法向应力和剪应力验算。

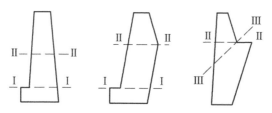

图 4-47 墙身验算截面

(1)法向应力及偏心距验算。

如图 4-48 所示,若验算截面 I-I 的强度,从土压力分布图可得到 I-I 截面以上的土压力为 E_{xi} 和 E_{yi},截面以上的墙身自重为 G_i,截面宽度为 B_i,则:

$$\left.\begin{array}{l}\sum N_i = G_i + E_{yi} \\ \sum M_{yi} = G_i Z_{Gi} + E_{yi} Z_{yi} \\ \sum M_{oi} = E_{xi} Z_{xi} \\ Z_{Ni} = \dfrac{\sum M_{yi} - \sum M_{oi}}{\sum N_i}\end{array}\right\} \quad (4\text{-}106)$$

$$e_i = \frac{B_i}{2} - Z_{Ni} \quad (4\text{-}107)$$

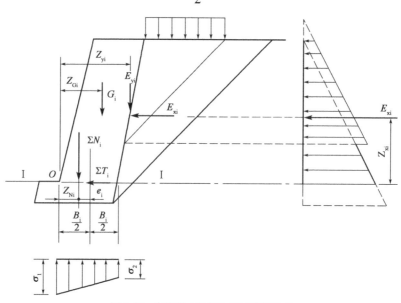

图 4-48 容许应力法墙身截面验算图式

截面偏心距要求,当考虑荷载组合 I、II 时,$e_i \leq 0.3B_i$;当考虑荷载组合 III 和施工荷载时,$e_i \leq 0.35B_i$。

截面两端边缘的法向应力为:

$$\begin{matrix}\sigma_1 \\ \sigma_2\end{matrix} = \frac{\sum N_i}{B_i}\left(1 \pm \frac{6e_i}{B_i}\right) \quad (4\text{-}108)$$

当考虑荷载组合 I、II 时,应使最大压应力和最大拉应力不超过圬工的容许应力。当考虑荷载组合 III 时,容许应力可提高 30%。干砌挡土墙不能承受拉应力。

(2)剪应力验算。

验算图 4-48 所示的 I-I 截面的水平剪应力时,剪切面上的水平剪力 $\sum T_i$ 等于 I-I 截面以上墙身所受水平土压力 $\sum E_{xi}$,则:

$$\tau_i = \frac{\sum T_i}{B_i} = \frac{\sum E_{xi}}{B_i} \leqslant [\tau] \tag{4-109}$$

式中:$[\tau]$——圬工的容许剪应力(kPa)。

当墙身受拉力出现裂缝时,应折减裂缝区的面积。

(三)极限状态验算法

极限状态法是根据结构在荷载作用下的工作特征,在容许应力法基础上发展形成的一种设计方法。

容许应力法视结构材料为理想的弹性体,在荷载作用下产生的应力和变形不超过规定的容许值。极限状态法则不再采用匀质弹性体的假定,而是承认结构在临近破坏时处于弹塑性工作阶段,以结构在各种荷载组合情况下均不得达到其极限状态为出发点,同时相应地给以足够的安全储备。

两种设计理论出发点虽然不同,但总体目的都是保证构造物的安全和正常使用。容许应力法在安全度处理上采用了一个总体安全系数(即材料的极限强度与容许应力的比值),但它不能正确地反映各种实际因素的影响,如荷载的变异、材料的不均匀、结构实际受力情况的变异等,仅对材料起了安全保证作用,而对结构没有明确的物理意义。极限状态法能比较科学、全面地分析影响结构安全和使用的因素,从而对构造物提出合理的要求,根据荷载的性质和对构造物的影响,采用荷载分项安全系数来反映构造物的安全度。

1. 极限状态法的设计原则

挡土墙承载能力极限状态设计的基本条件是结构抗力设计值应大于或等于计入结构重要性系数的荷载效应的组合设计值,即:

$$\gamma_0 S \leqslant R \tag{4-110}$$

$$R = R\left(\frac{R_k}{\gamma_f}, \alpha_d\right) \tag{4-111}$$

式中:γ_0——结构重要性系数,见表 4-12;
   S——荷载效应的组合设计值;
   R——挡土墙结构抗力;
   R_k——抗力材料的强度标准值;
   γ_f——结构材料、岩土性能的分项系数;
   α_d——结构或构件几何参数的设计值,当无可靠数据时,可采用几何参数标准值。

结构重要性系数 γ_0 表 4-12

公路等级	高速公路、一级公路、二级公路	二级以下公路
墙高 $H \leqslant 5.0m$	1.00	0.95
墙高 $H > 5.0m$	1.05	1.00

挡土墙构件按正常使用状态设计时,应根据不同设计目的,分别采用荷载效应标准组合、荷载短期效应组合、荷载长期效应组合进行设计,使变形、裂缝等荷载效应的设计值符合

式(4-112)的规定:

$$S_d \leq C \tag{4-112}$$

式中:S_d——变形、裂缝等荷载的设计值;

C——设计对变形、裂缝等规定的相应限值。

挡土墙按承载能力极限状态设计时,在某类荷载效应组合下,荷载效应的组合设计值按式(4-113)计算:

$$S = \psi_{ZL}(\gamma_G \sum S_{Gik} + \gamma_{Qi} \sum S_{Qik}) \tag{4-113}$$

式中:S——荷载效应的组合设计值;

γ_G、γ_{Qi}——荷载的分项系数,见表4-13;

S_{Gik}——第i个垂直恒载(挡土墙及附加物自重)的标准值效应;

S_{Qik}——土压力、水浮力、静水压力、其他可变荷载的标准值效应;

ψ_{ZL}——荷载的综合效应组合系数,见表4-14。

承载能力极限状态荷载分项系数　　表4-13

项　目	荷载增大对挡土墙起有利作用时		荷载增大对挡土墙起不利作用时	
荷载组合	Ⅰ、Ⅱ	Ⅲ	Ⅰ、Ⅱ	Ⅲ
垂直恒载 γ_G	0.90		1.20	
主动土压力 γ_{Q1}	1.00	0.95	1.40	1.30
被动土压力 γ_{Q2}	0.30		0.50	
水浮力 γ_{Q3}	0.95		1.10	
静力压力 γ_{Q4}	0.95		1.05	
动水压 γ_{Q5}	0.95		1.20	
流水压力 γ_{Q6}	0.95		1.10	

注:作用于挡土墙顶面的车辆荷载、人群荷载,作为垂直力计算时,可采用垂直恒载的分项系数 γ_G。

荷载的综合效应组合系数 ψ_{ZL}　　表4-14

荷载组合	Ⅰ、Ⅱ	Ⅲ	施工荷载
ψ_{ZL}	1.0	0.8	0.7

2. 抗滑稳定性验算

挡土墙抗滑稳定性应满足式(4-114)的要求:

$$[1.1G + \gamma_{Q1}(E_y + E_x\tan\alpha_0) - \gamma_{Q2}E_p\tan\alpha_0]\mu + (1.1G + \gamma_{Q1}E_y)\tan\alpha_0 - \gamma_{Q1}E_x + \gamma_{Q2}E_p > 0 \tag{4-114}$$

式中:G——作用于基底以上的重力(kN),浸水挡土墙的浸水部分应计入浮力;

γ_{Q1}、γ_{Q2}——主动土压力分项系数、墙前被动土压力分项系数,见表4-13。

采用倾斜基底的挡土墙,还需验算沿墙踵处地基土水平面滑动的稳定性:

$$(1.1G + \gamma_{Q1}E_y)\mu_n + 0.67cB_1 - \gamma_{Q1}E_x > 0 \tag{4-115}$$

式中:B_1——挡土墙基底水平投影宽度(m);

μ_n——地基土的内摩擦因数;

c——地基土的黏聚力(kN/m);

G——作用于基底水平滑动面上的重力,包括基底与通过墙踵的地基水平面(I-I面)间的土楔重(kN)。

实际上,由式(4-114)和式(4-115)可知,抗滑稳定性验算时墙身自重 G 的分项系数为 1.1。

同容许应力法,设置于不良地基、覆盖土层下为倾斜基岩地基及斜坡上的挡土墙,也应对挡土墙地基及填土的整体稳定性进行验算。

3. 抗倾覆稳定性验算

挡土墙抗倾覆稳定性应满足式(4-116)的要求:

$$0.8GZ_G + \gamma_{Q1}(E_y Z_y - E_x Z_x) + \gamma_{Q2} E_p Z_p > 0 \quad (4\text{-}116)$$

其中墙身自重 G 的分项系数为 0.8,不同于抗滑稳定性。

4. 基底应力及合力偏心距验算

在偏心荷载作用下,基底两边缘的压应力为:

$$\left. \begin{array}{l} \sigma_{\max} = \dfrac{N_d}{B}\left(1 + \dfrac{6e_0}{B}\right) \\ \sigma_{\min} = \dfrac{N_d}{B}\left(1 - \dfrac{6e_0}{B}\right) \end{array} \right\} \quad (4\text{-}117)$$

式中:$\sigma_{\max}$、$\sigma_{\min}$——基底边缘的最大、最小压应力设计值(kPa);
N_d——作用于基底的垂直荷载组合设计值(kN);
e_0——基底合力偏心距:

$$e_0 = \frac{M_d}{N_d} \quad (4\text{-}118)$$

其中:M_d——作用于基底形心的力矩组合设计值(kN·m)。

应该指出,在基底应力及合力偏心距验算时,在各类荷载组合下,荷载效应组合设计值计算式中的荷载分项系数,除被动土压力分项系数 γ_{Q2} 取 0.3 外,其余都取 1.0。

对于岩石地基,当 $e_0 > B/6$ 时,不计地基拉应力,而按压应力重分布计算基底应力,即:

$$\left. \begin{array}{l} \sigma_{\max} = \dfrac{2N_d}{3a_1} \\ \sigma_{\min} = 0 \end{array} \right\} \quad (4\text{-}119)$$

式中:a_1——作用于基底的总竖向力 N_d 对受压边缘的力臂(m),$a_1 = \dfrac{B}{2} - e_0$,且 a_1 不能小于 0。

基底合力偏心距,对于土质地基不应大于 $B/6$,对于岩石地基不应大于 $B/4$。

基底最大压应力值应满足式(4-120)要求:

$$\sigma_{\max} \leqslant K f_a' \quad (4\text{-}120)$$

式中:f_a'——地基承载力特征值(kPa);
K——地基承载力特征值提高系数,见表4-15。

地基承载力提高系数 K 表4-15

荷载组合和使用情况	提高系数 K
荷载组合Ⅰ、Ⅱ	1.0
荷载组合Ⅲ、施工荷载	1.3
经多年压实未受破坏的旧基础	1.5

地基承载应力抗力值按式(4-121)计算：
$$f'_a = f_a + k_1 \gamma_1 (B-2) + k_2 \gamma_2 (h_D - 3) \tag{4-121}$$

式中：f_a——地基承载应力特征值(kPa)；

B——基础底面宽度(m)，小于2m时按2m计，大于10m时按10m计；

h_D——基础底面的埋置深度(m)，从天然地面算起；有水流冲刷时，从一般冲刷线算起；位于挖方区时，由开挖后的地面算起；小于3m时按3m计；

γ_1——基底下持力层土的天然重度(kN/m³)，如在水面以下且透水者，应采用浮重度；

γ_2——基底以上土的加权平均天然重度(kN/m³)，如持力层在水面以下，且为不透水层，在水面以下采用饱和重度；如持力层为透水层，应采用浮重度。土的加权平均重度按 $\gamma_2 = \dfrac{\sum \gamma_i h_i}{\sum h_i}$ 计算；

k_1、k_2——地基承载力特征值的基础宽度和埋深修正系数，见表4-16。

承载力特征值修正系数 k_1、k_2 　　表4-16

土的类别			k_1	k_2
黏质土	老黏质土		0	2.5
	一般黏质土	$I_L \geq 0.5$	0	1.5
		$I_L < 0.5$	0	2.5
	新近沉积黏质土		0	1.0
	残积黏质土		0	1.5
黄土	新近堆积黄土		0	1.0
	一般新黄土		0	1.5
	老黄土		0	1.5
砂类土	粉砂	中密	1.0	2.0
		密实	1.2	2.5
	细砂	中密	1.6	3.0
		密实	2.0	4.0
	中砂	中密	2.0	4.0
		密实	3.0	5.5
	砾砂、粗砂	中密	3.0	5.0
		密实	4.0	6.0
碎石类土	碎石、圆砾、角砾	中密	3.0	5.0
		密实	4.0	6.0
	卵石	中密	3.0	6.0
		密实	4.0	10.0

注：1. 对于稍松状态的砂类土和松散状态的碎石，k_1、k_2 值可采用表列值的50%；

　　2. 节理不发育或较发育的岩石不做宽度、埋深修正；节理发育或很发育的岩石，k_1、k_2 可参照碎石的系数；对已风化成砂、土状者，可参照砂类土、黏质土的系数。

5. 墙身截面验算

(1)合力偏心距验算。

当挡土墙墙身或基础为圬工构件时，偏心受压构件计算截面上的轴向力偏心距 e_0（图4-49）按式(4-122)计算，且应符合表4-17的规定。

$$e_0 = \left| \frac{M_0}{N_0} \right| \qquad (4\text{-}122)$$

式中：M_0——在某一类荷载组合下，荷载对验算截面形心的总力矩（kN·m）；

N_0——在某一类荷载组合下，作用于验算截面上的轴向力的合力（kN）。

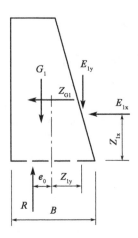

图 4-49 极限状态法墙身截面验算图式

圬工挡土墙截面上轴向力合力偏心距的限值 表 4-17

荷载组合	Ⅰ、Ⅱ	Ⅲ	施工荷载
容许偏心距	0.25B	0.30B	0.33B

注：B 为沿力矩转动方向的矩形计算截面宽度。

当混凝土挡土墙截面在受拉一侧配有不小于截面积 0.05% 的纵向钢筋时，表 4-17 中的偏心距限值可增加 0.05B。当截面配筋率大于表 4-18 的规定时，应按钢筋混凝土构件计算，偏心距不受限制。

按钢筋混凝土构件计算的受拉钢筋最小配筋率 表 4-18

钢筋牌号（种类）	钢筋最小配筋率（%）	
	截面一侧钢筋	全截面钢筋
Q235 钢筋（Ⅰ级）	0.20	0.50
HRB 400 钢筋（Ⅱ、Ⅲ级）	0.20	0.50

注：钢筋最小配筋率按构件的全截面面积计算。

（2）强度和稳定性验算。

当挡土墙轴心或偏心受压时，正截面强度和稳定性应分别满足式（4-123）和式（4-124）的要求：

强度 $\qquad \gamma_0 N_d \leqslant \dfrac{a_k A R_a}{\gamma_f} \qquad (4\text{-}123)$

稳定性 $\qquad \gamma_0 N_d \leqslant \dfrac{\psi_k a_k A R_a}{\gamma_f} \qquad (4\text{-}124)$

$$a_k = \frac{1 - 256 \left(\dfrac{e_0}{B} \right)^8}{1 + 12 \left(\dfrac{e_0}{B} \right)^2} \qquad (4\text{-}125)$$

式中：N_d——验算截面上的轴向力组合设计值(kN)；
γ_0——重要性系数，见表4-12；
γ_f——圬工构件或材料的抗力分项系数，见表4-19；
R_a——材料抗压极限强度(kPa)；
A——验算截面面积(m^2)；
a_k——轴向力偏心影响系数；
ψ_k——受压构件在弯曲平面内的纵向弯曲系数；
e_0——轴向力的偏心距(m)；
B——验算截面宽度(m)。

圬工构件或材料的抗力分项系数　　　　　　　　　　表4-19

圬工种类	受力情况	
	受压	受弯、剪、拉
石料	1.85	2.31
片石砌体、片石混凝土砌体	2.31	2.31
块石、粗料石、混凝土预制块、砖砌体	1.92	2.31
混凝土	1.54	2.31

偏心受压构件在弯曲平面内的纵向弯曲系数ψ_k可按下式计算，轴心受压构件在弯曲平面内的纵向弯曲系数ψ_k可按表4-20确定。

$$\psi_k = \frac{1}{1 + a_s \beta_s (\beta_s - 3)\left[1 + 16\left(\frac{e_0}{B}\right)^2\right]} \quad (4-126)$$

$$\beta_s = \frac{2H}{B} \quad (4-127)$$

式中：H——验算截面处的墙高，即验算截面至墙顶的距离(m)；
a_s——与材料有关的系数，见表4-21。

轴心受压构件的纵向弯曲系数　　　　　　　　　　表4-20

2H/B	混凝土构件	砌体砂浆强度等级	
		M10、M7.5、M5	M2.5
≤3	1.00	1.00	1.00
4	0.99	0.99	0.99
6	0.96	0.96	0.96
8	0.93	0.93	0.91
10	0.88	0.88	0.85
12	0.82	0.82	0.79
14	0.76	0.76	0.72
16	0.71	0.71	0.66
18	0.65	0.65	0.60

续上表

$2H/B$	混凝土构件	砌体砂浆强度等级	
		M10、M7.5、M5	M2.5
20	0.60	0.60	0.54
22	0.54	0.54	0.49
24	0.50	0.50	0.44
26	0.46	0.46	0.40
28	0.42	0.42	0.36
30	0.38	0.38	0.33

a_s 值　　　　表 4-21

圬工名称	浆砌砌体采用以下砂浆强度等级			混凝土
	M10、M7.5、M5	M2.5	M1	
a_s 值	0.0020	0.0025	0.0040	0.0020

偏心受压构件除验算弯曲平面内的纵向稳定外,还应按轴心受压构件验算非弯曲平面内的稳定。

四、衡重式挡土墙的验算

对于衡重式挡土墙而言,衡重台与上墙背相交处的墙身截面抗剪能力相对比较薄弱。除了验算抗滑稳定性、抗倾覆稳定性、水平截面应力、基底应力及合力偏心距外,还应对衡重台处的水平截面及斜截面进行剪应力验算。

1. 上墙实际墙背的土压力

当验算上墙墙身截面时,应采用上墙实际墙背所承受的土压力。上墙实际墙背的土压力 E'_1 是由第二破裂面上的土压力 E_1 传递而来,一般可根据实际墙背及衡重台与土体间无相对移动(即无摩擦力)的条件,利用力多边形法推算(图 4-50):

$$E'_{1x} = E_{1x} = E_1 \cos(\alpha_i + \varphi) \tag{4-128}$$

$$E'_{1y} = E'_{1x} \tan\alpha = E_1 \cos(\alpha_i + \varphi)\tan\alpha \tag{4-129}$$

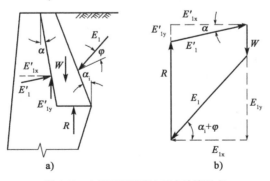

图 4-50　上墙实际墙背土压力计算图式

假设此土压力沿墙背呈线性分布,作用于上墙的下三分点处。

需要指出的是,在验算中应将墙背与第二破裂面之间的那部分回填土重量 W 计入永久荷载。

2. 斜截面剪应力验算

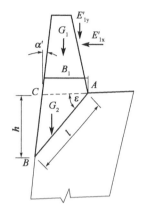

图 4-51 斜截面剪应力验算

如图 4-51 所示,设衡重式挡土墙上墙底面沿倾斜方向 AB 被剪裂,剪裂面与水平面成 ε 角,剪裂面上的作用力是竖直力 $\sum N$ 和水平力 $\sum T$,则:

$$\left.\begin{array}{l}\sum N = E'_{1y} + G_1 + G_2 \\ \sum T = E'_{1x}\end{array}\right\} \quad (4\text{-}130)$$

式中:E'_{1x}——上墙土压力的水平分力(kN);
E'_{1y}——上墙土压力的竖直分力(kN);
G_1——上墙圬工重量(kN);
G_2——$\triangle ABC$ 的圬工重量(kN)。

当 ε 角不同时,AB 面上的剪应力 τ 也不同,故 τ 是 ε 的函数,即:

$$\tau = \frac{P}{l} \quad (4\text{-}131)$$

式中:P——剪裂面 AB 方向的切向分力(kN):

$$P = \sum T\cos\varepsilon + \sum N\sin\varepsilon = E'_{1x}\cos\varepsilon + (E'_{1y} + G_1)\sin\varepsilon + \frac{1}{2}\gamma_h B_1^2 \frac{\tan\varepsilon\sin\varepsilon}{1 - \tan\alpha'\tan\varepsilon} \quad (4\text{-}132)$$

其中:γ_h——圬工的重度(kN/m³);
l——剪裂面的长度(m):

$$l = \frac{B_1 \tan\varepsilon}{\sin\varepsilon (1 - \tan\alpha'\tan\varepsilon)} \quad (4\text{-}133)$$

将式(4-132)、式(4-133)代入式(4-131),并令 $\tau_x = \dfrac{E'_{1x}}{B_1}$,$\tau_w = \dfrac{E'_{1y} + G_1}{B_1}$,$\tau_r = \dfrac{1}{2}\gamma_h B_1$,整理得:

$$\tau = \cos^2\varepsilon[\tau_x(1 - \tan\alpha'\tan\varepsilon) + \tau_w\tan\varepsilon(1 - \tan\alpha'\tan\varepsilon) + \tau_r\tan^2\varepsilon] \quad (4\text{-}134)$$

对式(4-134)微分,并令 $\dfrac{d\tau}{d\varepsilon} = 0$,整理得:

$$\tan\varepsilon = -\eta \pm \sqrt{\eta^2 + 1} \quad (4\text{-}135)$$

式中:$\eta = \dfrac{\tau_r - \tau_x - \tau_w\tan\alpha'}{\tau_x\tan\alpha' - \tau_w}$。

由式(4-135)解出 ε 角,代入式(4-134)即可求得 AB 斜截面的最大剪应力 τ_{max}。如 $\tau_{max} \leqslant [\tau]$,说明斜截面抗剪强度满足要求。

五、浸水挡土墙的验算

浸水条件下土压力按第二节的方法计算。作用于浸水挡土墙上的力系,除一般重力式挡土墙的荷载外,尚应考虑浸水时的附加力。

1.作用于浸水挡土墙的附加力

(1)墙内外侧的静水压力。

如图 4-52 所示,墙面的水位高度为 H_{b1},墙背的水位高度为 H_{b2},水的重度为 γ_w,则作用于墙面和墙背法向的静水压力分别为 J_1 及 J_2:

$$J_1 = \frac{1}{2}\gamma_w H_{b1}^2 \frac{1}{\cos\alpha'} \tag{4-136}$$

$$J_2 = \frac{1}{2}\gamma_w H_{b2}^2 \frac{1}{\cos\alpha} \tag{4-137}$$

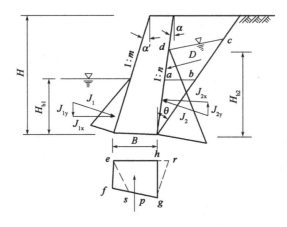

图 4-52 作用于浸水挡土墙上的附加力

作用于墙背及墙面的竖向静水压力之和为:

$$J_y = J_2\sin\alpha + J_1\sin\alpha' = \frac{1}{2}\gamma_w(H_{b2}^2\tan\alpha + H_{b1}^2\tan\alpha') \tag{4-138}$$

考虑到 $(H_{b2} - H_{b1})$ 段已计算动水压力[式(4-141)],计算水平静水压力差时不应计入,则作用于墙背及墙面的水平静水压力差为:

$$J_x = [J_2\cos\alpha - \frac{1}{2}\gamma_w(H_{b2} - H_{b1})^2 \frac{1}{\cos\alpha}\cos\alpha] J_1\cos\alpha'$$

$$= \frac{1}{2}\gamma_w(2H_{b1}H_{b2} - H_{b1}^2) - \frac{1}{2}\gamma_w H_{b1}^2$$

即

$$J_x = \gamma_w H_{b1}(H_{b2} - H_{b1}) \tag{4-139}$$

(2)作用于基底的上浮力。

作用于基底的上浮力 P 为墙身所排开水的体积,和地基的透水性有关,按式(4-140)计算:

$$P = \frac{1}{2}\gamma_w(H_{b1} + H_{b2})B\lambda \tag{4-140}$$

式中:λ——上浮力折减系数,对于透水的或不能确定透水与否的地基:$\lambda = 1.0$;对于岩石地基或基底与岩石间灌注混凝土,认为是相对不透水时:$\lambda = 0.5$。

(3)动水压力。

当墙背填土中出现渗透水流时,墙背上作用着动水压力 D,其值按式(4-141)计算:

$$D = I\gamma_w\Omega \tag{4-141}$$

式中：Ω——破裂棱体内产生动水压力的浸水面积，即图4-52中的 $abcd$，可近似地按式(4-142)计算：

$$\Omega = \frac{1}{2}(H_{b2}^2 - H_{b1}^2)(\tan\theta + \tan\alpha) \quad (4-142)$$

其中：θ——计算土压力时的破裂角。

动水压力 D 作用于 Ω 面积的形心，其方向平行于 I（水力坡降）。

2. 浸水挡土墙验算

验算抗滑稳定性和抗倾覆稳定性时，应计入上述浸水时的附加力，分别代入有关的公式。对于容许应力法，分别代入式(4-88)或式(4-91)及式(4-93)中，求 K_c、K_0；对于极限状态法，则分别代入式(4-114)或式(4-115)及式(4-116)。

当填料为透水性材料，$H_{b1} = H_{b2}$ 时，其静水压力和动水压力可忽略不计。

因浸水墙基受水浸泡，当地基软弱（$\mu < 0.5$）时，不易挖成倾斜基底，故不宜设置倾斜基底。但对于密实的卵石、块石土、岩石地基，则可按前文所述设置倾斜基底。

验算基底合力偏心距和基底法向应力时，也应计入浸水时的附加力，代入相应的公式中进行计算。由于附加力是暂时的，地基承载力可提高25%。

3. 最不利水位的确定

浸水挡土墙验算，由于计算水位不同，验算结果也不相同，故应考虑水位的涨落情况，以确定最不利水位高度，以便求得最不利稳定状态，控制挡土墙设计。通常最不利水位不是最高水位，而且对于不同的验算项目，最不利水位高度也是不同的。为减少试算工作量，可采用"优选法"推求最不利水位高度，下面以容许应力法的抗滑稳定性和抗倾覆稳定性验算加以说明。

设最高水位高度为 H_b，用优选法选点试算时，第一次计算 $0.618H_b$ 处（即图4-53中 C 点）的稳定系数 K_C。一般在 $0.382H_b$ 处（即图4-53中 D 点）以下不控制设计，可舍去 AD 段。

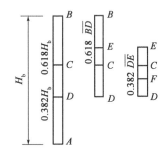

图4-53 优选法求算最不利水位

第二次计算余下的 BD 段的0.618倍处（即图4-53中 E 点）的稳定系数 K_E。比较 C、E 两点的 K 值，如 $K_E > K_C$ 则舍去 BE 段，如 $K_C > K_E$ 则舍去 CD 段。

第三次再计算余下段 DE 的0.382倍处（或 BC 的0.618倍处）即图4-53中 F 点的稳定系数，并比较 K_F 值，舍去 K 值大的一段，如此进行3~5次，即可求得最不利水位的高度。

当最高水位不能确定时，可按墙高减0.5m为 H_b 进行验算。

基底应力在一般情况下随着水位的降低而增大，即在枯水位时为最大值，故验算时，通常以枯水位作为最不利水位。

六、地震条件下挡土墙的验算

1. 挡土墙抗震验算范围

对地震地区的挡土墙，应先按一般条件进行设计，然后再考虑地震力的作用进行抗震验算。挡土墙抗震验算的范围列于表4-22。

挡土墙抗震验算范围 表4-22

公路等级	高速公路及一级、二级公路			二级以下公路
基本烈度	7	8	9	9
岩石、非软土、非液化土地基 非浸水	不验算	$H>5m$ 验算	验算	验算
岩石、非软土、非液化土地基 浸水	不验算	验算	验算	验算
液化土及软土地基	验算	验算	验算	验算

2. 地震条件下作用于挡土墙的特殊力

地震作用下的土压力已在第二节作了介绍,地震条件下的特殊力是指墙身自重产生的水平地震惯性力 Q_h,它作用于验算截面以上的墙身重心处,按式(4-143)计算:

$$Q_h = C_i C_z K_h \psi_i G_i \qquad (4\text{-}143)$$

式中:C_z——综合影响系数,$C_z = 0.25$;

C_i——重要性修正系数;

K_h——水平地震力系数;

G_i——验算截面以上的墙身圬工重量(kN);

ψ_i——水平地震作用沿墙高的分布系数。

地震力对构造物的影响,顶部较底部大,有时超过1倍。从因地震而产生破坏的高挡土墙看,破坏位置多出现在中部以上接近顶部。因此,当墙高 $H \leqslant 12m$ 时,地震作用沿墙高影响不显著,计算时取 $\psi_i = 1$。当墙高 $H > 12m$ 时,则应考虑地震作用沿墙高向顶部的增大,ψ_i 按式(4-144)计算:

$$\psi_i = 1 + \frac{H_i}{H} \qquad (4\text{-}144)$$

式中:H_i——验算截面 h_i 以上墙身圬工的重心至墙底的高度,如图4-54所示。

对于三级、四级公路,不考虑地震作用沿墙高的影响,分布系数 $\psi_i = 1$。

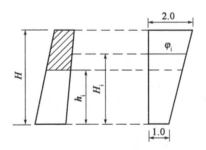

图4-54 水平地震作用沿墙高的分布

3. 挡土墙的抗震验算

验算时要考虑墙身承受的地震力作用,并采用地震作用下的土压力,将地震荷载和永久荷载组合,并考虑常水位的浮力。验算时不考虑季节性浸水的影响,车辆荷载、人群荷载等其他外荷载均不考虑。

由于地震力为偶然荷载,稳定性、承载力等要求可适当放宽,按荷载组合Ⅲ考虑,其抗滑稳定系数 K_C 和抗倾覆稳定系数 K_0 不应小于1.3。

第四节　薄壁式挡土墙

一、基本概念

薄壁式挡土墙是钢筋混凝土结构,属轻型挡土墙,包括悬臂式和扶壁式两种形式。悬臂式挡土墙的一般形式如图 4-55 所示,它是由立壁(墙面板)和墙底板(包括墙趾板和墙踵板)组成,呈倒"T"字形,具有 3 个悬臂,即立壁、墙趾板和墙踵板。当墙身较高时,在悬臂式挡土墙的基础上,沿墙长方向每隔一定距离加设扶肋(扶壁),即为扶壁式挡土墙,由立壁(墙面板)、墙底板(墙趾板和墙踵板)及扶肋组成,如图 4-56 所示。扶肋把立壁与墙踵板连接起来,扶肋起加劲的作用,以改善立壁和墙踵板的受力条件,提高结构的刚度和整体性,减小立壁的变形。扶壁式挡土墙宜整体灌注,也可采用拼装,但拼装式扶壁挡土墙不宜在地质不良地段和地震烈度大于等于 8 度的地区使用。

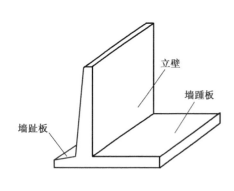

图 4-55　悬臂式挡土墙

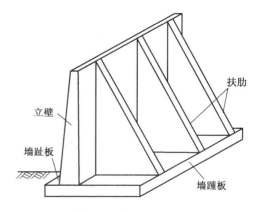

图 4-56　扶壁式挡土墙

薄壁式挡土墙的结构稳定性是依靠墙身自重和墙踵板上方填土的重量来保证,而且墙趾板也显著地增大了抗倾覆稳定性,并大大减小了基底应力。它们的主要特点是构造简单,施工方便,墙身截面较小,自身重量轻,可以较好地发挥材料的强度性能,能适应承载力较低的地基。但是需耗用一定数量的钢材和水泥,特别是当墙高较大时,钢材用量急剧增加,影响其经济性能。一般情况下,墙高 6m 以内采用悬臂式,6m 以上则采用扶壁式。它们适用于缺乏石料的地区及地震地区。受墙踵板的施工条件限制,其一般用于填方路段作路肩墙或路堤墙使用。

二、土压力计算

1. 库仑土压力法

薄壁式挡土墙土压力一般采用库仑土压力理论计算,特别是填土表面为折线或有局部荷载作用时。由于假想墙背 AC 的倾角较大,当墙身向外移动、土体达到主动极限平衡状态时,往往会产生第二破裂面 DC,如图 4-57 所示。若不出现第二破裂面,则按一般库仑理论计算作

用于假想墙背 AC 上的土压力 E_a，此时墙背摩擦角 $\delta = \varphi$。若出现第二破裂面，则应按第二破裂面法来计算土压力 E_a。立壁设计计算时，应以立壁的实际墙背为计算墙背进行土压力计算，并假定立壁与填土间的摩擦角 $\delta = 0$。当验算地基承载力、稳定性、墙底板（墙趾板和墙踵板）截面内力时，以假想墙背 AC（或第二破裂面 DC）为计算墙背来计算土压力。将计算墙背与实际墙背间的土体重量，作为计算墙体的一部分。

有关土压力计算详见第二节。

2. 朗金土压力法

填土表面为一平面或其上有均匀荷载作用时，也可采用朗金土压力理论来计算土压力，如图 4-58 所示。按朗金理论计算的土压力，作用于通过墙踵的竖直面 AC 上，在立壁和墙踵板设计时，应将 E_a 分成两部分，一是作用于竖直面 AB 上的土压力 E_{H1}；二是作用于竖直面 BC 上的土压力 E_{B3}。E_a、E_{H1} 和 E_{B3} 方向平行于填土表面，其大小以及对墙踵 C 点的力臂按下列公式计算：

$$E_a = \frac{1}{2}\gamma H' K_a (H' + 2h_0) \tag{4-145}$$

$$E_{H1} = \frac{1}{2}\gamma H_1 K_a (H_1 + 2h_0) \tag{4-146}$$

$$E_{B3} = \frac{1}{2}\gamma (H' - H_1) K_a (H' + H_1 + 2h_0) \tag{4-147}$$

$$Z_{E_a} = \frac{(3h_0 + H')H'}{3(2h_0 + H')} \tag{4-148}$$

$$Z_{E_{H1}} = \frac{(3h_0 + H_1)H_1}{3(2h_0 + H_1)} \tag{4-149}$$

$$Z_{E_{B3}} = \frac{(3h_0 + 2H_1 + H')(H' - H_1)}{3(2h_0 + H_1 + H')} \tag{4-150}$$

式中：K_a——朗金主动土压力系数；
γ——填土重度（kN/m^3）。

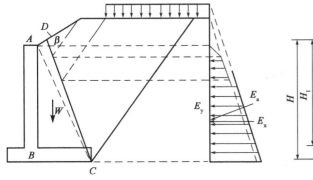

图 4-57 库仑土压力法

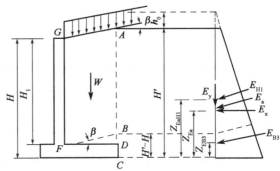

图 4-58 朗金土压力法

立壁与墙踵竖直面 AD 间的填土重量 W 作用于墙踵板上。为简化计算，车辆荷载可以按整个路基范围分布来考虑。

三、悬臂式挡土墙

悬臂式挡土墙设计,主要包括墙身构造设计、墙身截面尺寸拟定、结构稳定性和基底应力及合力偏心距验算等,另外还包括墙身配筋设计和裂缝开展宽度验算。

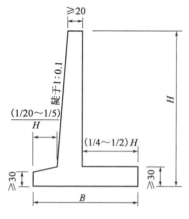

图 4-59 悬臂式挡土墙构造(尺寸单位:cm)

(一)墙身构造设计

(1)悬臂式挡土墙分段长度不应大于 15m,段间应设置变形缝(沉降缝和伸缩缝)。

(2)为便于施工,立壁(图 4-59)内侧(即墙背)做成竖直面,外侧(即墙面)坡度宜陡于 1:0.1,一般为 1:0.02~1:0.05,具体坡度值应根据立壁的强度和刚度要求确定。当挡土墙高度不大时,立壁可做成等厚度,墙顶宽度不得小于 20cm;当墙较高时,宜在立壁下部将截面加宽。

(3)墙底板(图 4-59)一般水平设置,底面水平。墙趾板的顶面一般从与立壁连接处向趾端倾斜。墙踵板顶面水平,但也可做成向踵端倾斜。墙底板厚度不应小于 30cm。墙踵板宽度由全墙抗滑稳定性确定,并具有一定的刚度,其值宜为墙高的 1/4~1/2,且不应小于 50cm。墙趾板的宽度应根据全墙的抗倾覆稳定、基底应力(即地基承载力)和偏心距等条件来确定,一般可取墙高的 1/20~1/5。墙底板的总宽度 B 一般为墙高的 0.5~0.7 倍。当墙后地下水位较高,且地基为承载力很小的软弱地基时,B 值可增大到 1 倍墙高或者更大。

(4)悬臂式挡土墙的混凝土强度等级不得低于 C20,钢筋可选用 HPB235、HPB300 热轧光圆钢筋和 HRB335、HRB400 热轧带肋钢筋,受力钢筋的直径不应小于 12mm。主钢筋间距不应大于 20cm。墙趾板上缘、墙踵板下缘需对应配置不小于 50% 主筋面积的构造钢筋。挡土墙外侧墙面应配置分布钢筋,直径不应小于 8mm,每延米墙长上每米墙高需配置的钢筋总面积不宜小于 500mm²,钢筋间距不应大于 300mm。

钢筋混凝土的保护层厚度为 a,在立壁的外侧 $a>35$mm、内侧 $a>50$mm;墙踵板(按受力主筋计)$a>50$mm、墙趾板(按受力主筋计)$a>75$mm。

(二)墙底板宽度拟定

悬臂式挡土墙的整体稳定性通常取决于墙底板的宽度,增大墙底板宽度,可以提高挡土墙的抗滑稳定性和抗倾覆稳定性,减小基底应力。墙底板的宽度 B 可分为三部分,墙趾板宽度 B_1、立壁底部宽度 B_2 和墙踵板宽度 B_3,即 $B = B_1 + B_2 + B_3$,如图 4-60 所示。

1. 墙踵板宽度

墙踵板宽度 B_3 是根据挡土墙抗滑稳定性的要求确定的,其抗滑稳定系数为:

$$K_c = \frac{\mu \sum N}{E_x} \tag{4-151}$$

竖向力 $\sum N$ 包括墙身自重 G、墙踵板上方的填土和车辆荷载的重量 W 及墙趾板上方的填土重量 W_1,如图 4-60a)所示,即:

$$\sum N = G + W + W_1 \tag{4-152}$$

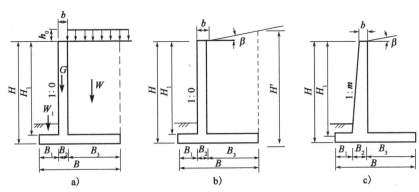

图 4-60　墙踵板宽度计算图式

在墙身截面尺寸拟定时，$\sum N$ 可采用近似计算：

路肩墙

$$\sum N = (B_2 + B_3)(H + h_0) m_\gamma \gamma \tag{4-153}$$

路堤墙或路堑墙

$$\sum N = (B_2 + B_3)\left(H + \frac{1}{2}B_3 \tan\beta\right) m_\gamma \gamma + E_y \tag{4-154}$$

将式（4-153）和式（4-154）分别代入 $[K_c] = \mu \sum N / E_x$ 中，经整理即可确定墙踵板的宽度 B_3。

(1) 路肩墙墙顶有均布荷载 h_0，立壁面坡垂直时，如图 4-60a) 所示：

$$B_3 = \frac{[K_c] E_x}{\mu (H + h_0) m_\gamma \gamma} - B_2 \tag{4-155}$$

(2) 路堑墙或路堤墙填土表面倾斜，立壁面坡垂直时，如图 4-60b) 所示：

$$B_3 = \frac{[K_c] E_x - \mu E_y}{\mu \left(H + \frac{1}{2}B_3 \tan\beta\right) m_\gamma \gamma} - B_2 \tag{4-156}$$

B_3 由上述公式通过试算法求出。

(3) 当立壁面坡的坡度为 $1:m$ 时，上两式应加上立壁面坡修正宽度 $\Delta B_3(m)$，如图 4-60c) 所示：

$$\Delta B_3 = \frac{1}{2} m H_1 \tag{4-157}$$

式中：$[K_c]$——容许抗滑稳定系数，如果加设凸榫，在设凸榫前，要求 $[K_c] = 1.0$ 即可；

　　　μ——基底摩擦因数；

　　　γ——填土的重度（kN/m^3）；

　　　h_0——车辆荷载的换算土层高度（m）；

　　　m_γ——重度修正系数，由于未考虑墙趾板及其上部土体的重量对抗滑稳定性的作用，因而近似地将填土的重度加以修正，其值与填土重度 γ 和基底摩擦系数 μ 有关，见表 4-23。

重度修正系数 m_γ 表 4-23

重度 γ (kN/m³)	摩擦因数 μ								
	0.30	0.35	0.40	0.45	0.5	0.6	0.7	0.84	1.00
16	1.07	1.08	1.09	1.10	1.12	1.13	1.15	1.17	1.20
18	1.05	1.06	1.07	1.08	1.09	1.11	1.12	1.14	1.16
20	1.03	1.04	1.04	1.05	1.06	1.07	1.08	1.10	1.12

2. 墙趾板宽度

墙趾板宽度 B_1 除高墙受抗倾覆稳定性控制外，一般都由基底应力或偏心距控制，并要求墙踵处的基底不出现拉应力，如图 4-61 所示。令偏心距 $e = \dfrac{B}{6}$，则：

$$Z_N = \frac{B}{3} = \frac{\sum M_y - \sum M_0}{\sum N} \quad (4\text{-}158)$$

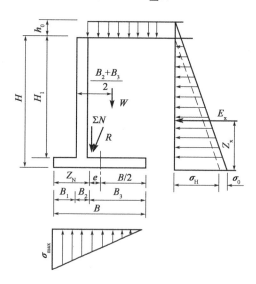

图 4-61 墙趾板宽度计算图式

式(4-158)中竖向力 $\sum N$ 根据抗滑稳定性要求确定，即 $\sum N = E_x[K_c]/\mu$，并近似地认为作用于墙踵板和立壁底部宽度的中部，即距墙踵 $(B_2+B_3)/2$ 处。因此，稳定力矩为：

$$\sum M_y = \sum N \left(\frac{B_2 + B_3}{2} + B_1 \right) \quad (4\text{-}159)$$

将上式代入式(4-158)，可得：

$$B_1 = \frac{3\mu \sum M_0}{2[K_c] E_x} - \frac{1}{4}(B_2 + B_3) \quad (4\text{-}160)$$

为便于计算，可分以下几种情况加以讨论。

(1) 路肩墙且无车辆荷载作用时，倾覆力矩为：

$$\sum M_0 = \frac{1}{2} H E_x \quad (4\text{-}161)$$

将式(4-161)代入式(4-160)中，则：

$$B_1 = \frac{\mu H}{2[K_c]} - \frac{1}{4}(B_2 + B_3) \qquad (4\text{-}162)$$

(2)路肩墙墙顶有均布荷载 h_0 时(图4-61),土压力 E_x 和倾覆力矩 $\sum M_0$ 分别为：

$$E_x = \frac{H}{2}(2\sigma_0 + \sigma_H) \qquad (4\text{-}163)$$

$$\sum M_0 = \frac{H^2}{6}(3\sigma_0 + \sigma_H) \qquad (4\text{-}164)$$

将其代入式(4-160)中,则：

$$B_1 = \frac{\mu H(3\sigma_0 + \sigma_H)}{2[K_c](2\sigma_0 + \sigma_H)} - \frac{1}{4}(B_2 + B_3)$$

即：

$$B_1 = \frac{\mu H(3h_0 + H)}{2[K_c](2h_0 + H)} - \frac{1}{4}(B_2 + B_3) \qquad (4\text{-}165)$$

式中：$\sigma_0 = \gamma h_0 K_a$，$\sigma_H = \gamma H K_a$。

(3)路堑墙或路堤墙,如图4-60b)所示,计算高度 $H' = H + B_3 \tan\beta$,则：

$$\sum M_0 = \frac{1}{3}(H + B_3\tan\beta)E_x \qquad (4\text{-}166)$$

$$B_1 = \frac{\mu(H + B_3\tan\beta)}{2[K_c]} - \frac{1}{4}(B_2 + B_3) \qquad (4\text{-}167)$$

当按 $B = B_1 + B_2 + B_3$ 计算出的基底应力 σ 或偏心距 e 不能满足要求时,应采用加宽基础的方法加大 B_1,使其满足要求。如果地基承载力较低,致使计算的墙趾板过宽,那么,可适当增大墙踵板的宽度。

(三)立壁和墙底板厚度拟定

立壁和墙底板厚度除满足墙身构造要求外,主要取决于截面强度要求,分别按配筋要求和斜裂缝宽度要求计算其有效厚度,然后取其大者为设计值。

1. 内力计算

如图4-62所示,将挡土墙分为立壁、墙趾板和墙踵板三个悬臂梁,同时固支于中间夹块 $ABCD$ 上,并认为夹块处于平衡状态。

(1)墙趾板。

作用于墙趾板上的力有地基反力、墙趾板自重以及墙趾板上填土重量等。当墙趾板埋深为 h_D 时,墙趾板 AB 截面处的剪力 Q_1(kN)和弯矩 M_1(kN·m)为：

$$Q_1 = B_1\left[\sigma_1 - (\sigma_1 - \sigma_2)\frac{B_1}{2B} - \gamma_h t_{pj} - \gamma(h_D - t_{pj})\right] \qquad (4\text{-}168)$$

$$M_1 = \frac{B_1^2}{6}\left[3(\sigma_1 - \gamma h_D) - (\gamma_h - \gamma)(t_1^0 + 2t_{pj}) - (\sigma_1 - \sigma_2)\frac{B_1}{B}\right] \qquad (4\text{-}169)$$

式中：B_1——墙趾板计算宽度(墙趾至立壁根部的距离)(m);

σ_1、σ_2——墙趾和墙踵处的基底应力(kPa);

t_{pj}——墙趾板厚度的平均值(m);

t_1^0——墙趾板端部厚度(m);

γ_h——钢筋混凝土重度(kN/m^3);

γ——填土重度(kN/m^3)。

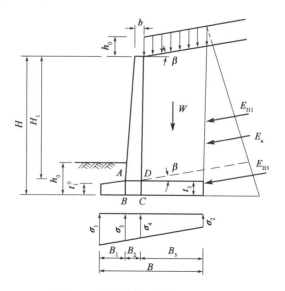

图 4-62 悬臂式挡土墙内力计算图式

(2)立壁。

立壁主要承受墙后的主动土压力 E_{hi},任一截面的剪力和弯矩为:

$$Q_{2i} = E_{xhi} = E_{hi}\cos\beta = \gamma h_i \cos\beta(0.5h_i + h_0)K_a \quad (4-170)$$

$$M_{2i} = M_{hi} = \frac{1}{6}\gamma h_i^2 \cos\beta(h_i + 3h_0)K_a \quad (4-171)$$

式中:Q_{2i}——计算截面处的剪力(kN);

M_{2i}——计算截面处的弯矩(kN·m);

E_{hi}、E_{xhi}——计算截面以上(至立壁顶部的高为 h_i)的主动土压力及其水平分力(kN)。

(3)墙踵板。

墙踵板上作用有计算墙背与实际墙背间的土体重量(包括车辆荷载)、墙踵板自重、主动土压力的竖向分力以及地基反力等。墙踵板任一截面处的剪力和弯矩为:

$$Q_{3i} = B_{3i}\left[\gamma(H_1 + h_0) + \gamma_h t_3 - \sigma_2 - \frac{1}{2}B_{3i}\left(\frac{\sigma_1 - \sigma_2}{B} - \gamma\tan\beta\right)\right] + E_{B3}\sin\beta \quad (4-172)$$

$$M_{3i} = \frac{B_{3i}^2}{6}\left[3\gamma(H_1 + h_0) + 3\gamma_h t_3 - 3\sigma_2 - B_{3i}\left(\frac{\sigma_1 - \sigma_2}{B} - 2\gamma\tan\beta\right)\right] + E_{B3}\sin\beta Z_{EB3}$$

$$(4-173)$$

式中:Q_{3i}、M_{3i}——计算截面处的剪力(kN)和弯矩(kN·m);

B_{3i}——墙踵板计算长度(墙踵至计算截面的距离)(m);

E_{B3}——作用于墙踵板上的主动土压力(kN);

t_3——墙踵板厚度(m);

Z_{EB3}——作用于墙踵板上的主动土压力竖向分力对计算截面的力臂(m):

$$Z_{EB3} = \frac{B_{3i}}{3}\Big[1 + \frac{(h_0 + H_1) + 2B_{3i}\tan\beta}{2(h_0 + H_1) + B_{3i}\tan\beta}\Big] \tag{4-174}$$

当采用极限状态法设计时,用式(4-168)~式(4-173)计算出的内力,应换算成相应的计算内力。为简化计算过程,将车辆荷载产生的附加土压力当作永久荷载处理。

2. 截面厚度计算

(1) 按配筋率要求确定。

按配筋率要求,截面厚度为:

$$t \geqslant \sqrt{\frac{M_j \gamma_c}{A_0 L R_a}} \tag{4-175}$$

式中:t——计算截面的有效厚度(m),它可以是立壁高度范围内或墙趾板和墙踵板宽度范围内的任一截面;

M_j——计算弯矩(kN·m),见式(4-169)、式(4-171)和式(4-173);

γ_c——混凝土安全系数,$\gamma_c = 1.25$;

L——矩形截面单位长度,即 $L = 1.0\text{m}$;

R_a——混凝土抗压设计强度(kPa);

A_0——计算系数:

$$A_0 = \xi(1 - 0.5\xi) \tag{4-176}$$

$$\xi = \frac{\mu R_g}{R_a} \tag{4-177}$$

式中:μ——配筋率,$\mu = 0.3\% \sim 0.8\%$;

R_g——纵向受拉钢筋设计强度(kPa)。

(2) 按斜裂缝宽度要求确定。

为了防止斜裂缝开展过大和端部斜压破坏,截面有效厚度应满足式(4-178)的要求:

$$t \geqslant \frac{Q_j}{0.05\sqrt{RL}} \tag{4-178}$$

式中:t——计算截面的有效厚度(cm);

Q_j——计算剪力(kN),见式(4-168)、式(4-170)和式(4-172);

R——混凝土强度(MPa);

L——矩形截面长度,取 $L = 100\text{cm}$。

(四) 墙身稳定性及基底应力验算

悬臂式挡土墙验算内容包括抗滑稳定性、抗倾覆稳定性、基底应力及合力偏心距、墙身截面强度验算等,其中抗滑稳定性、抗倾覆稳定性、基底应力及合力偏心距验算方法与重力式挡土墙相同。对于荷载组合Ⅰ、Ⅱ,抗滑稳定系数 K_C 不应小于1.3,抗倾覆稳定系数 K_0 不应小于1.5;对于荷载组合Ⅲ,抗滑稳定系数 K_C 和抗倾覆稳定系数 K_0 不应小于1.3;对于施工荷载,抗滑稳定系数 K_C 和抗倾覆稳定系数 K_0 不应小于1.2。合力偏心距 e 要求为:土质地基不应小于 $B/6$;岩石地基不应小于 $B/4$。

墙身截面验算时,一般选取以下截面作为控制截面:
(1)立壁:底部、2/3立壁高和1/3立壁高处3个截面;
(2)墙踵板:根部和1/2墙踵板宽度处2个截面;
(3)墙趾板:根部和1/2墙趾板宽度处2个截面。

四、扶壁式挡土墙

扶壁式挡土墙设计与悬臂式挡土墙设计相近,但有其自己的特点。扶壁式挡土墙设计内容主要包括墙身构造设计、墙身截面尺寸拟定、结构稳定性和基底应力及合力偏心距验算等,还应进行墙身配筋设计和裂缝开展宽度验算。其中墙趾板设计、墙身稳定性和基底应力及合力偏心距验算等均与悬臂式挡土墙相同。

(一)墙身构造设计

扶壁式挡土墙墙高不宜超过15m,一般在9~10m,分段长度不应大于20m。扶肋间距应根据经济性要求确定,一般为1/4~1/2墙高,每段中宜设置3个或3个以上的扶肋,扶肋厚度一般为扶肋间距的1/10~1/4,但不应小于30cm,常采用随高度逐渐向后加厚的变截面,也可采用等厚式以利于施工。

立壁宽度和墙底板厚度与扶肋间距成正比,立壁顶宽不得小于20cm,可采用等厚的垂直面板;墙踵板宽一般为墙高的1/4~1/2,且不应小于50cm;墙趾板宽宜为墙高的1/20~1/5,墙底板板端厚度不应小于30cm。

扶壁式挡土墙有关构造要求如图4-63所示,其余要求同悬臂式挡土墙。

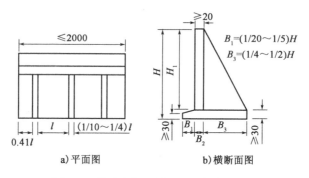

图4-63 扶壁式挡土墙构造(尺寸单位:cm)

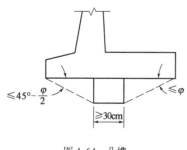

图4-64 凸榫

为了提高扶壁式挡土墙的抗滑能力,墙底板常设置凸榫(图4-64)。为使凸榫前的土体产生最大的被动土压力,墙后的主动土压力不因设凸榫而增大,故应注意凸榫设置的位置。通常将凸榫置于通过墙趾与水平面成(45°-$\varphi/2$)角线和通过墙踵与水平面成φ角线的范围内。凸榫高则应根据凸榫前土体的被动土压力能够满足抗滑稳定性要求确定,宽度除满足混凝土的抗剪和抗弯拉要求以外,为便于施工,还不应小于30cm。

（二）立壁设计计算

1. 计算模型和计算荷载

立壁计算通常取扶肋中至扶肋中、或跨中至跨中的一段为计算单元，视为固支于扶肋及墙踵板上的三向固支板，属超静定结构，一般作简化近似计算。计算时，将其沿墙高或墙长划分为若干单位宽度的水平板条和竖向板条，假定每一单元条上作用均布荷载，其大小为该条单元位置处的平均值，近似按支承于扶肋上的连续板来计算水平板条的弯矩和剪力；按固支于墙底板上的刚架梁来计算竖向板条的弯矩。

立壁的荷载仅考虑墙后主动土压力的水平分力，而墙自重、土压力竖向分力及被动土压力等均不考虑。为简化计算，将作用于立壁上的水平土压力图形 $afeg$ 近似地用 $abdheg$ 表示的土压力图形来代替，如图 4-65 所示，其中土压应力为：

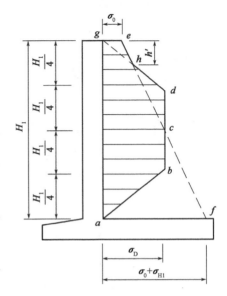

图 4-65 立壁简化土压力图

$$\left.\begin{array}{l} \sigma_{pi} = \sigma_0 + \dfrac{\sigma_{H_1} h_i}{H_1} \quad (h_i \leq h') \\[2mm] \sigma_{pi} = \dfrac{4\sigma_D h_i}{H_1} \quad \left(h' < h_i \leq \dfrac{H_1}{4}\right) \\[2mm] \sigma_{pi} = \sigma_D \quad \left(\dfrac{H_1}{4} < h_i \leq \dfrac{3H_1}{4}\right) \\[2mm] \sigma_{pi} = \sigma_D \left[1 - \dfrac{4\left(h_i - \dfrac{3H_1}{4}\right)}{H_1}\right] \quad \left(\dfrac{3H_1}{4} < h_i \leq H_1\right) \end{array}\right\} \quad (4\text{-}179)$$

式中：$\sigma_D = \sigma_0 + \dfrac{\sigma_{H_1}}{2}$

$\sigma_0 = \gamma K_a h_0$

$\sigma_{H_1} = \gamma K_a H_1$

2. 水平内力

根据立壁计算模型，水平内力计算简图如图 4-66b）所示。各内力分别为：

支点负弯矩 $\qquad M_1 = -\dfrac{1}{12}\sigma_{pi} l^2$ （4-180）

支点剪力 $\qquad Q = \sigma_{pi}\dfrac{l}{2}$ （4-181）

跨中正弯矩 $\qquad M_2 = \dfrac{1}{20}\sigma_{pi} l^2$ （4-182）

边跨自由端弯矩 $\qquad M_3 = 0$

式中：l——扶肋间净距（m）。

立壁承受的最大水平正弯矩及最大水平负弯矩,在竖直方向上分别发生在扶肋跨中的 $H_1/2$ 处和扶肋固支处的第 3 个 $H_1/4$ 处,如图 4-67 所示。

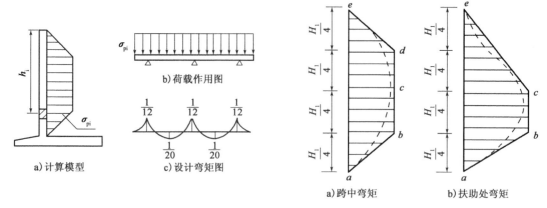

图 4-66 立壁的水平内力计算

图 4-67 立壁跨中及扶肋处弯矩图

设计采用的弯矩值和实际弯矩值相比是偏安全的,如图 4-67 所示。例如,对于固端梁而言,当它承受均布荷载 σ_{pi} 时,其跨中弯矩应为 $\sigma_{pi} l^2/24$。但是,考虑到立壁虽然按连续板计算,然而它们的固支程度并不充分,为安全计,故设计值按式(4-182)确定。

3. 竖直弯矩

立壁在土压力的作用下,除了产生上述水平弯矩外,将同时产生沿墙高方向的竖直弯矩。其扶肋跨中的竖直弯矩沿墙高的分布如图 4-68a)所示,负弯矩出现在墙背一侧底部 $H_1/4$ 范围内;正弯矩出现在墙面一侧,最大值在第 3 个 $H_1/4$ 段内。其最大值可近似按下列公式计算:

竖直负弯矩 $\qquad M_D = -0.03(\sigma_0 + \sigma_{H1})H_1 l \qquad (4\text{-}183)$

竖直正弯矩 $\qquad M = \dfrac{0.03(\sigma_0 + \sigma_{H1})H_1 l}{4} \qquad (4\text{-}184)$

沿墙长方向(纵向),竖直弯矩的分布如图 4-68b)所示,呈抛物线形分布。设计时,可采用中部 $2l/3$ 范围内的竖直弯矩不变,两端各 $l/6$ 范围内的竖直弯矩较跨中减少一半的阶梯形分布。

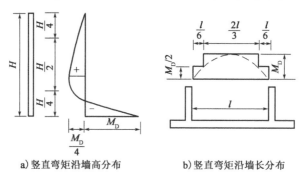

图 4-68 立壁竖直弯矩图

4. 扶肋外悬臂长 l' 的确定

扶肋外悬臂节长 l' 可按悬臂梁的固端弯矩与设计采用弯矩相等求得(图 4-67),即:

$$M = \frac{1}{12}\sigma_{pi} l^2 = \frac{1}{2}\sigma_{pi} l'^2$$

于是得：
$$l' = 0.41l \tag{4-185}$$

(三)墙踵板设计计算

1. 计算模型和计算荷载

墙踵板可视为支承于扶肋上的连续板,不计立壁对它的约束,而视其为铰支。内力计算时,可将墙踵板沿墙长方向划分为若干单位宽度的水平板条,根据作用于墙踵板上的荷载,对每一连续板条进行弯矩、剪力计算,并假定竖向荷载在每一连续板条上的最大值均匀作用于板条上。

作用于墙踵板上的荷载有:计算墙背与实际墙背间的土重及活载 W_1,墙踵板自重 W_2;作用于墙踵板顶面上的土压力的竖向分力 $W_3(E_{BCy})$,作用于墙踵板端部的土压力的竖向分力 $W_4(E_{CDy})$,由墙趾板固端弯矩 M_1 的作用在墙踵板上引起的等代荷载 W_5,以及地基反力等,如图 4-69a)所示。

为简化计算,假设 W_3 为中心荷载,如图 4-69b)所示;W_4 是悬臂端荷载 E_{CDy} 所引起的,如图 4-69c)所示,实际应力呈虚线表示的二次抛物线分布,简化为实线表示的三角形分布;M_1 引起的等代荷载的竖向应力近似地假设成图 4-69d)所示的抛物线形,其重心位于距固支端 $\frac{5}{8}B_3$ 处,以其对固支端的力矩与 M_1 相平衡,可得墙踵处的应力 $\sigma_{W5} = 2.4M_1/B_3^2$。

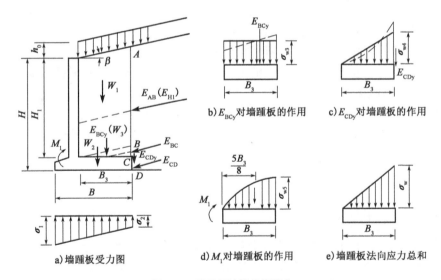

图 4-69 墙踵板计算荷载图式

将上述荷载在墙踵板上引起的竖向应力叠加,即可得到墙踵板的计算荷载。由于立壁对墙踵板的支撑约束作用,在墙踵板与立壁衔接处,墙踵板沿墙长方向板条的弯曲变形为 0,且向墙踵方向变形逐渐增大。故可近似假设墙踵板的计算荷载为三角形分布,最大值 σ_W 在踵点处[图 4-69e)]。于是得:

$$\sigma_W = \sigma_{W1} + \sigma_{W2} + \sigma_{W3} + \sigma_{W4} + \sigma_{W5} - \sigma_2$$
$$= \gamma(H_1 + B_3\tan\beta + h_0) + \gamma_h t_3 + \frac{E_{BC}\sin\beta}{B_3} + \frac{2E_{CD}\sin\beta}{B_3} + 2.4\frac{M_1}{B_3^2} - \sigma_2$$

即
$$\sigma_W = \gamma(H_1 + B_3\tan\beta + h_0) + \gamma_h t_3 + \frac{\sin\beta}{B_3}(E_{BC} + 2E_{CD}) + 2.4\frac{M_1}{B_3^2} - \sigma_2 \quad (4\text{-}186)$$

式中：E_{BC}——作用于 BC 面上的土压力（kN）；

E_{CD}——作用于 CD 面上的土压力（kN）；

M_1——墙趾板固端处的计算弯矩（kN·m）；

γ、γ_h——墙后填土和钢筋混凝土的重度（kN/m³）；

t_3——墙踵板厚度（m）；

σ_2——墙踵板端处的地基反力（kPa）。

2. 纵向内力

墙踵板沿墙长方向（纵向）板条的弯矩和剪力计算与立壁相同，各内力分别为：

支点负弯矩
$$M_1 = -\frac{1}{12}\sigma_W l^2 \quad (4\text{-}187)$$

支点剪力
$$Q = \sigma_W \frac{l}{2} \quad (4\text{-}188)$$

跨中正弯矩
$$M_2 = \frac{1}{20}\sigma_W l^2 \quad (4\text{-}189)$$

边跨自由端弯矩 $M_3 = 0$

3. 横向弯矩

墙踵板沿板宽方向（横向）的弯矩由两部分组成：

(1) 在图 4-69e）所示的三角形分布荷载作用下产生的横向弯矩，最大值出现在墙踵板的根部。由于墙踵板的宽度通常只有墙高的 1/3 左右，其值一般较小，对墙踵板横向配筋不起控制作用，故不必计算此横向弯矩。

(2) 由于在荷载作用下立壁与墙踵板有相反方向的移动趋势，即在墙踵板根部产生与立壁竖直负弯矩相等的横向负弯矩，沿纵向的分布与立壁的竖直弯矩沿纵向的分布相同，如图 4-68b）所示。

（四）扶肋设计计算

1. 计算模型和计算荷载

扶肋可视为锚于墙踵板上的"T"形变截面悬臂梁，立壁则作为该"T"形梁的翼缘板，如图 4-70a）所示。翼缘板的有效计算宽度由墙顶向下逐渐加宽，如图 4-70a）、b）所示。为简化计算，只考虑墙背主动土压力的水平分力，而扶肋和立壁的自重以及土压力的竖向分力忽略不计。

2. 剪力和弯矩

悬臂梁承受两相邻扶肋的跨中至跨中长度 L_W 与立壁高 H_1 范围内的土压力。在土压力 E_{AB} [作用于 AB 面上的土压力，如图 4-69a）所示]的水平分力作用下，产生的剪力和弯矩为：

$$Q_{hi} = \gamma h_i L_W(0.5h_i + h_0)K_a\cos\beta \quad (4\text{-}190)$$

$$M_{hi} = \frac{1}{6}\gamma h_i^2 L_W(h_i + 3h_0)K_a\cos\beta \quad (4\text{-}191)$$

式中：Q_{hi}、M_{hi}——高度为 h_i（从墙顶算起）截面处的剪力(kN)和弯矩(kN·m)；
L_W——跨中至跨中的计算长度(m)。

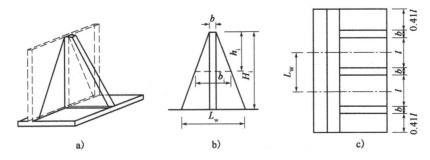

图 4-70 扶肋计算图式

如图 4-70c)所示，长度 L_W 按式(4-192)计算，且 $L_W \leq b + 12B_2$。

$$\left. \begin{array}{l} L_W = l + b \quad （中跨） \\ L_W = 0.91l + b \quad （悬臂跨） \end{array} \right\} \quad (4\text{-}192)$$

3. 翼缘宽度

扶肋的受压区有效翼缘宽度 b_i，墙顶部 $b_i = b$，底部 $b_i = L_W$（或 $12B_2$），中间为直线变化，如图 4-70b)所示，即：

$$b_i = b + \frac{12B_2 h_i}{H_1} \quad (4\text{-}193)$$

或

$$b_i = b + \frac{h_i l}{H_1} \quad (4\text{-}194)$$

第五节 加筋土挡土墙

一、基本概念

加筋土挡土墙是利用加筋土技术修建的一种支挡构造物。加筋土是一种在土中加入拉筋的复合土，它利用拉筋与土之间的摩擦作用，改善土体的变形条件并提高土体的工程性能，从而达到稳定土体的目的。加筋土挡土墙由填料、在填料中布置的拉筋以及墙面板三部分组成，其基本结构如图 4-71 所示。

加筋土挡土墙一般应用于地形较为平坦且宽敞的填方路段上；在挖方路段或地形陡峭的山坡处，由于不利于布置拉筋，一般不宜使用。当加筋土挡土墙用于高速公路和一级公路时，墙高不宜大于 12m；用于二级及二级以下公路时，墙高不宜大于 20m。岩石地基上或地基经处理后，可采用较高的墙身。当采用多级墙时，每级墙高不宜大于 10～12m。

在公路工程中，常见的加筋土挡土墙形式有以下几种：

(1)单面式加筋土挡土墙；

(2)双面式加筋土挡土墙,双面式中又分为分离式、交错式以及对拉式加筋土挡土墙,如图 4-72 所示;

(3)台阶式加筋土挡土墙,如图 4-73 所示;

(4)无面板加筋墙。

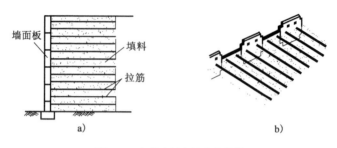

图 4-71 加筋土挡土墙基本结构

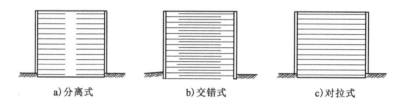

图 4-72 双面式加筋土挡土墙

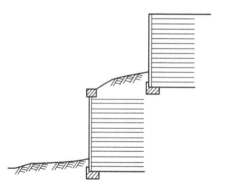

图 4-73 台阶式加筋土挡土墙

按拉筋的形式不同,其可分为:条带式加筋土挡土墙,即拉筋为条带式,每一层不满铺拉筋;席垫式土工合成材料加筋挡土墙,即每一层连续满铺土工格网或土工席垫拉筋。目前,我国主要采用条带式有面板的加筋土挡土墙。

加筋土挡土墙能得到迅速发展和广泛应用,是由于它具有以下特点:

(1)组成加筋土的墙面板和拉筋可以预先制作,在现场用机械(或人工)逐层安装和铺设。这种装配式的方法施工简便、快速,并且能够节省劳力和缩短工期。

(2)加筋土是柔性结构物,能够适应地基轻微的变形。在软弱地基上修筑时,由于拉筋在填筑过程中逐层埋设,所以,因填土引起的地基变形对加筋土挡土墙的稳定性影响较对其他构造物小,地基的处理也较简便。

(3)加筋土挡土墙具有一定的柔性,抗振动性强,因此,它也是一种很好的抗震结构物。

(4)加筋土挡土墙占地面积小,造型美观。由于墙面板可以垂直砌筑,可大量减少占地。挡土墙的总体布设和墙面板的形式图案可根据周围环境特点和需要进行设计。

(5)加筋土挡土墙造价比较低。与钢筋混凝土挡土墙相比,可减少造价一半左右;与石砌重力式挡土墙比较,也可节约 20% 以上。而且,加筋土挡土墙造价的节省随墙高的增加而愈加显著,因此它具有良好的经济效益。

二、加筋体材料和构造设计

加筋体是由填料、拉筋及墙面板组成,应根据具体条件和设计要求合理选用各组成部分的材料,并进行构件设计。

(一)加筋体横断面

加筋体的横断面形式一般宜用矩形,如图 4-74a)所示,即拉筋长度在加筋体内均相同,这种断面形式是根据最小拉筋长度的要求提出来的。试验表明,拉筋长度不宜小于 3m,否则拉筋有被拔出的可能。这是因为加筋体中埋设的拉筋不会沿其全长发挥出全部摩擦阻力,在墙面板附近因不能使用重型机械碾压,填土处于未被充分压实的状态。因此,理论计算和分析所需拉筋长度不足 3m 时,一般仍应取 3m,且不应小于 $0.4H$(H 为墙高)。

斜坡地段由于地形条件限制可采用倒梯形断面,如图 4-74b)所示,即拉筋长度随填土深度的增加而减短,这种断面形式符合库仑破裂面的状态。

在宽敞的填方地段可用正梯形断面,如图 4-74c)所示,即拉筋的长度随填土深度的增加而加长。这种断面是根据传统的重力式挡土墙的断面形式提出来的,视加筋体为俯斜式挡土墙。

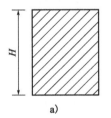 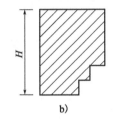 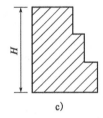

图 4-74 加筋体横断面形式

加筋土挡土墙高度大于 $10\sim12m$ 时,应分级设置,墙高的中部宜设置宽度不应小于 2.0m 的错台。台面用厚度不小于 15cm 的 C15 混凝土板防护并设向外倾斜 2% 的排水横坡。当采用细粒土填料时,上级墙的墙面板基础宜设置宽度不应小于 1.0m、高度不应小于 50cm 的砂砾或石灰土人工地基(垫层),如图 4-75 所示。墙高大于 20m 时应进行特殊设计。

(二)填料

填料是加筋体的主体材料,由它与拉筋产生摩擦阻力。其基本要求是:

(1)易于填筑和压实;
(2)能与拉筋产生足够的摩擦阻力;
(3)满足化学和电化学标准;
(4)水稳定性好。

为使拉筋与填料之间能发挥较大的摩擦阻力,以确保结构的稳定,通常填料优先选择具有一定级配、透水性好的砂类土、碎(砾)石类土。粗粒料中

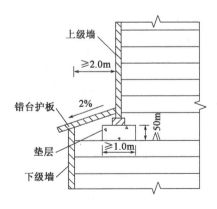

图 4-75 设错台的加筋土挡土墙

不得含有尖锐的棱角,以免在压实过程中压坏拉筋。当采用黄土、红黏土及工业废渣时,应做

好防水、排水设施,并确保压实质量等。从压实的需求出发,粒径 $D = 60 \sim 200$mm 的卵石含量不宜大于 30%,最大粒径不宜超过 100mm。

填料的化学和电化学标准,主要为保证拉筋的长期使用品质和填料本身的稳定,加筋体内严禁使用泥炭、淤泥、腐质土、冻土、盐渍土、白垩土、硅藻土及生活垃圾等,填料中不应含有大量有机物。采用钢带时,填料中的化学和电化学标准应满足表 4-24 的规定;采用聚丙烯土工带的填料中不宜含有二阶以上的铜、镁、铁离子及氯化钙、碳酸钠、硫化物等化学物质,因为它们会加速聚丙烯土工带的老化和溶解。

填料的化学和电化学标准　　　　表 4-24

项　目	电阻率 (Ω/cm)	氯离子 (m·e/100g)	硫酸根离子 (m·e/100g)	pH 值
无水工程	>1000	≤5.6	≤21.0	5~10
淡水工程	>1000	≤2.8	≤10.5	5~10

注:每毫克当量(m·e)氯离子为 0.0355g;每毫克当量(m·e)硫酸根离子为 0.048g。

(三)拉筋

拉筋(又称筋带)的作用是通过拉筋与填料之间的摩擦作用,承受垂直荷载和水平拉力,从而使加筋体稳定。因此,拉筋材料必须具有以下特性:

(1)抗拉能力强,延伸率小,蠕变小,不易产生脆性破坏;

(2)与填料之间具有足够的摩擦阻力;

(3)耐腐蚀和耐久性能好;

(4)具有一定的柔性,加工容易,接长及与墙面板连接简单,牢固可靠;

(5)使用寿命长,施工简便。

拉筋在土中随着时间推移,有锈蚀或老化的可能,这时墙面板抗拒外力的能力减弱。挡土墙的稳定主要靠土体本身的自立作用,因此,不宜在急流、波浪冲击及高陡山坡地段使用加筋土挡土墙。必须设置时,水位以下部分的墙体应采用其他措施,如重力式挡土墙或浆砌片石防护等。

拉筋为带状,国内以聚丙烯土工带、钢塑复合带和钢筋混凝土带为主,对于高速公路和一级公路应采用钢带和钢筋混凝土筋带,而国外则广泛使用镀锌钢带。

以下介绍常用的钢带、钢筋混凝土带、聚丙烯土工带和钢塑复合带。

1. 钢带

钢带一般用软钢轧制,分光面带和有肋带两种。对于有肋钢带,如图 4-76 所示,带上设置横肋以增加摩擦阻力。钢带的横断面为扁矩形,宽度不应小于 30mm,厚度不应小于 3mm。

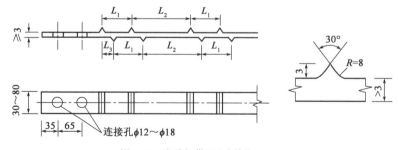

图 4-76　有肋钢带(尺寸单位:mm)

钢带防锈所涉及的因素较多,除表面采取镀锌防锈措施外,还应注意填料中的水及水中的化学物质,并考虑不同设计年限的锈蚀厚度,见表4-25。

钢带锈蚀厚度(mm) 表4-25

最短使用期	临时工程(5年)		长期工程(30年)		永久性工程			
					(70年)		(100年)	
工程类别	拉筋性质							
	A	Az	A	Az	A	Az	A	Az
无水工程	0.5	0	1.5	0.5	3.0	1.0	4.0	1.5
淡水工程	0.5	0	2.0	1.0	4.0	1.5	5.0	2.0
海边工程	1.0	0	3.0	—	5.0	—	7.0	—
特殊腐蚀地区工程	根据具体情况确定							

注:1. 引自"法国道路和桥梁中心试验室"规定。
  2. A——非镀锌钢带,Az——镀锌钢带。
  3. 30～70年、70～100年之间的锈蚀值可按内插确定,当不足0.1mm时,按0.1mm计。

2. 钢筋混凝土带

钢筋混凝土带表面粗糙,与填料之间的摩擦阻力较大,且筋带宽,所以拉筋长度较短,而且造价低。

钢筋混凝土带一般分节预制,每节长度不宜大于2m,做成串联状。平面为长条矩形或宽度变化的楔形,横断面为扁矩形,如图4-77所示,带宽10～25cm,厚度6～10cm。在满足强度要求的前提下,宜采用宽而薄的扁楔形断面带,以增大拉筋与填料之间的摩擦阻力。

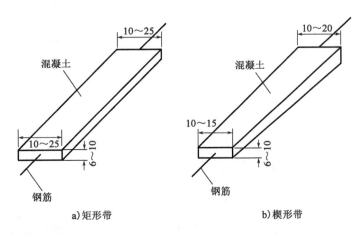

图4-77 钢筋混凝土拉筋(尺寸单位:cm)

混凝土强度不应低于C20,主筋可选用HPB235、HPB300热轧光圆钢筋,直径不应小于8mm。为防止或减少混凝土被压裂,往往在混凝土内布设钢丝网。筋带的接长多用焊接,也可用螺栓连接,外露钢筋表面采用沥青纤维布处理,以减缓锈蚀。

3. 聚丙烯土工带

聚丙烯土工带是一种低模量、高蠕变材料,其抗拉强度受蠕变控制。

聚丙烯土工带由专业工厂定型生产,表面有均匀的粗糙压纹,宽度均匀一致,带宽应大于

18mm,厚度应大于0.8mm。由于各地产品性质差异较大,应通过试验确定断裂强度和伸长率,断裂强度(在25℃±2℃的恒温下4h,以标距10cm、拉伸速度100mm/min测定)不应小于220MPa,断裂伸长率不宜大于10%,容许应力采用值应小于断裂强度的1/5。在含有硬质尖棱的碎石土中不得使用聚丙烯土工带以免筋带被割断。

4. 钢塑复合带

钢塑复合带采用高强钢丝和添加抗老化剂的塑料复合而成,它集刚性和柔性筋带的优点,即强度高、变形小,耐腐蚀性好,使用寿命长,造价低。由于其制作加工简单,接长以及与墙面板连接方便,故施工较为简便,应用较广泛。一般钢塑复合带宽度应大于30mm,厚度应大于1.5mm,断裂伸长率不应大于2%,且表面有粗糙花纹。抗拉力由钢丝承担,塑料对钢丝起防腐作用,设计强度应考虑接头处或破损处的钢丝锈蚀影响而折减。

另外,拉筋还可使用土工织物、钢筋格带等,并根据要求和使用经验设计。

在满足抗拔稳定的前提下,采用的拉筋长度应符合下列规定:

(1)当墙高大于3.0m时,拉筋最小长度宜大于0.8倍墙高,且不应小于5m;当采用不等长的拉筋时,同等长度拉筋的墙段高度,应大于3.0m;相邻不等长拉筋的长度差不宜小于1.0m;

(2)当墙高小于3.0m时,拉筋长度不应小于3.0m,且应采用等长拉筋。

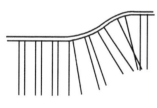

图4-78 平面上拉筋的布设

拉筋一般应水平放置,并垂直于墙面板,如图4-78所示。当两根以上的拉筋固定在同一连接点上时,应在平面上成扇形错开,使拉筋的摩擦阻力能够充分发挥。但当采用聚丙烯土工带时,在满足抗拔稳定性要求的前提下,部分为满足强度要求而设置的拉筋可以重叠。当采用钢片和钢筋混凝土带时,水平间距不能太宽,否则拉筋的增加效果将出现作用不到的区域,根据工程实践经验,可取最大间距为1.5m。

聚丙烯土工带从墙面板预埋拉环或预留孔中穿过并绑扎后,成扇形辐射状铺设在压实整平的填土上,不宜重叠,不得卷曲或折曲。

在角隅处应采用角隅伞形构件并布设增强拉筋,如图4-79所示。在加筋体的凸部,有应力集中而造成外胀的趋势。因此,要在墙面拐角处安装加强拉筋。在凹部,为使墙背后不留有无配筋的墙体,应增设拉筋,以使拉筋的密度与一般部位相同。

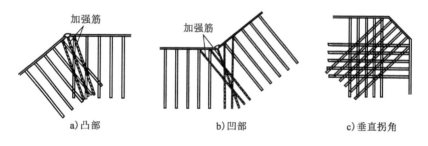

图4-79 拐角部分拉筋的配置

当加筋土挡土墙中设有斜交的横向构造物(如涵洞)时,在垂直于墙面的方向上,若拉筋无法配置到所需的长度,则应配置足够的增强拉筋,如图4-80所示。

双面加筋土挡土墙的拉筋,当相互插入时,同一平面上的拉筋应尽可能错开,避免重叠,以免影响摩擦阻力的充分发挥,如图4-81所示。

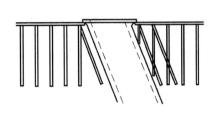

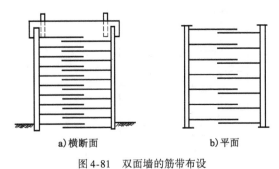

图4-80 有斜交构造物时的布筋

图4-81 双面墙的筋带布设

(四)墙面板

墙面板的作用是防止填土侧向挤出、传递土压力以及便于拉筋固定布设,并保证填料、拉筋和墙面构成具有一定形状的整体。墙面板不仅要有一定的强度,以保证拉筋端部土体的稳定;而且要求具有足够的刚度,以抵抗预期的冲击和振动作用;还应具有足够的柔性,以适应加筋体在荷载作用下产生的容许沉降所带来的变形。因此,墙面板设计应满足坚固、美观以及运输和安装方便等要求。

国内常用混凝土或钢筋混凝土墙面板,国外亦采用金属墙面板。混凝土或钢筋混凝土墙面板的类型有十字形、槽形、六角形、L形、矩形和弧形等,见表4-26,各种形式墙面板的参考尺寸也列于表4-26中。

墙面板尺寸表　　　　　　表4-26

类型	简　图	高度(cm)	宽度(cm)	厚度(cm)	备　注
十字形		50~150	50~150	8~25	
槽形		30~75	100~200	14~20	槽形面板和翼缘厚度不应小于5cm;L形面板下缘宽度一般为20~25cm,厚度为8~12cm
六角形		60~120	70~180	8~25	
L形		30~50	100~200	8~12	
矩形		50~100	100~200	8~25	
弧形		50~100	100~200	8~15	

除上述标准形状墙面板外,为适应地形和构造要求,尚需在边缘(如顶部、底部、变形处等)和角隅处设计异形面板和角隅板,如图4-82和图4-83所示。

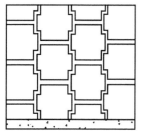

图4-82 墙面板组合及异形板

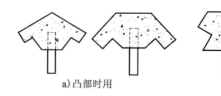

图4-83 角隅板

墙面板混凝土强度不应低于C20,板厚不应小于8cm。计算墙面板厚度时,假定每块板单独受力,土压力均匀分布,并由拉筋平均承担,即可将墙面板视为均布荷载作用下的简支板,按式(4-195)估算厚度:

$$t = \frac{\sqrt{60 M_{max}}}{K[\sigma_{WL}]a} \tag{4-195}$$

式中:t——墙面板厚度(m);

M_{max}——计算断面内的最大弯矩,按简支梁或悬臂梁求出(kN·m),当按悬臂梁计算时:

$$M_{max} = \frac{1}{8} q_i S_x^2 \tag{4-196}$$

$$q_i = \frac{0.75 T_i}{S_x S_y} \tag{4-197}$$

式中:q_i——深度h_i处的土压应力(kPa);

T_i——深度h_i处的拉筋拉力(kN),$0.75 T_i$为墙面板处的拉筋拉力(详见拉筋拉力计算);

S_x——拉筋的水平间距(m);

S_y——拉筋的垂直间距(m);

$[\sigma_{WL}]$——混凝土的容许弯拉应力(MPa);

K——材料容许应力提高系数;

a——计算截面宽度(m)。

当挡土墙较高时,墙面板厚度可按不同高度分段设计,但分段不宜过多。

墙面板与拉筋间的连接必须坚固可靠,通常用连接构件来实现。对于十字形、六角形或矩形等厚度墙面板,当采用钢带或钢筋混凝土带时,连接构件可采用预埋钢板,外露部分预留12~18mm的连接孔,预埋钢板厚度不应小于3mm。当采用聚丙烯土工带时,可以在墙面板内预埋钢环。槽形、L形墙面板可在肋部预留穿筋孔,以便与聚丙烯土工带相连接,钢环采用直径不小于10mm的HPB235钢筋制作。露在混凝土外部的钢环和钢板应做防锈处理,与聚丙烯土工带接触面处应加以隔离,可用涂刷聚氨酯或两层沥青两层布作为防锈和隔离措施。墙面板四周应设企口和相互连接装置,当采用钢筋插销连接时,插销直径不应小于10mm。

金属墙面板由软钢或镀锌钢制作,每块板的高度一般为250mm或333mm,厚度为3~5mm,长度为3m、6m和10m多种,截面多为半椭圆形。为适应地形和构造要求,同样也会有非标准形构件和转角处的异形板。

(五)基础

加筋土挡土墙的基础一般情况下只在墙面板下设置宽度为 30～50cm,厚度为 25～40cm 的条形基础,如图 4-84 所示,宜用混凝土现浇或片(块)石砌筑。地基为土质时,应铺设一层 10～15cm 厚的砂砾垫层;如果地基土质较差,承载力不能满足要求,应进行地基处理,如采用换填、土质改良以及补强等措施。

在岩石出露的地基上,一般可在基岩上打一层贫混凝土找平,然后在其上砌筑加筋土挡土墙。若地面横向坡度较大,则可设置混凝土或浆砌片石台阶基础。

加筋土挡土墙的墙面板应有一定的埋置深度,以防止因土粒流失而引起墙面附近加筋体的局部破坏。其埋深与地基的地质和地形条件、冻结深度以及冲刷深度等有关。

在土质地基上的埋置深度取决于土层的性质,一般视土的承载力和压缩性质等具体情况而定。在无冲刷和无冻胀影响时,至少应在天然地面以下 60cm;设置在岩石上时,应清除表面风化层,当风化层较厚难以全部清除时,可采用土质地基的埋置深度;设置在斜坡上的加筋土挡土墙,应设宽度不小于 1m 的襟边,埋置深度应从襟边顶面算起,如图 4-85 所示。

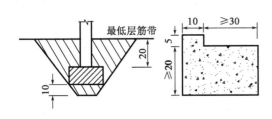

图 4-84　条形基础(尺寸单位:cm)

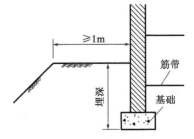

图 4-85　斜坡上挡土墙的襟边

在季节性冰冻地区,为防止地基冻胀的危害,在冻深范围内宜采用非冻胀性的中砂、粗砂、砾石等换填,填土中的粉、黏粒含量不应大于 15%。此时,埋深可小于冻结线。

浸水加筋土挡土墙应埋置在冲刷线以下 1m,并要防止墙面板后填料的渗漏。

当墙面基底沿路线方向有坡度时,一般采用纵向台阶,在错台处要保证最小埋置深度。

当非浸水加筋土挡土墙墙面板埋深小于 1m 时,宜在墙面地表处设置宽为 1.0m 的混凝土预制块或浆砌片石护坡,其表面做成向外倾斜 3%～5% 的横坡。

三、内部稳定性分析

(一)加筋土挡土墙内部失稳形式

加筋土挡土墙内部稳定性受诸多因素的影响,如拉筋的数量、截面尺寸、强度、间距、长度,以及作用于墙面板上的土压力、填土的性质等,而且上述诸因素又是相互影响的。与加筋土挡土墙内部稳定性有关的破坏形式(图 4-86)有以下两种:

(1)由于拉筋断裂造成的加筋体破坏[图 4-86a]。

拉筋开裂造成的工程断裂,是由于拉筋强度不足。这种现象可能来源于拉筋或锚接点钢筋、螺栓的尺寸不够或荷载过大,也可能是因受力区段拉筋腐蚀,造成抗力减退。试验结果表明,断裂渐渐地沿最大拉力线发展。

(2)由于拉筋与填土之间结合力不足造成的加筋体断裂[图4-86b)]。

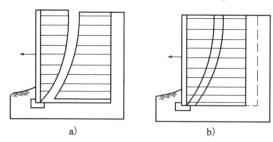

图4-86 加筋土挡土墙内部失稳形式

当拉筋与填土之间的摩擦阻力不足以平衡施加于拉筋的拉力时,就会因结合力不足而造成断裂。此时拉筋与填土相对滑动,加筋体出现严重变形,直至断裂。

内部稳定性主要用拉筋在拉力作用下的抗拉能力和抗拔能力来衡量,因为这两个方面能概括反映各因素对内部稳定性的影响。

加筋土挡土墙内部稳定性分析的方法很多,大多采用库仑理论和朗金理论。目前设计中用得较多的是应力分析法和楔体平衡分析法。另外,还有滑裂楔体法、能量法、剪区法和有限元法等。

应力分析法和楔体平衡分析法共同的特点是:将加筋体本身分为活动区和稳定区。活动区的加筋体试图将拉筋材料从稳定区拔出;而稳定区的加筋体则力图阻止拔出。如果阻止的力不足以抵挡拔出的力,则加筋体产生拔出破坏。破裂面就是两区的交界面。

这两种方法的主要区别在于:①破裂面形状;②墙面的转动中心;③作用于加筋体内的土压力等三方面,这些区别如图4-87所示。

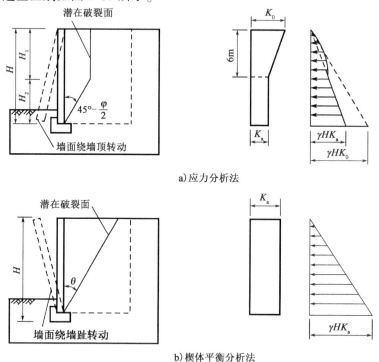

图4-87 两种方法的主要区别

用楔体平衡分析法计算时,作用于墙面板上的侧向压力为主动土压力,主动土压力系数K_a沿墙高不变,墙面绕墙趾转动使得挡土墙破坏,且为朗金-库仑破裂面,如图 4-87b)所示。应力分析法认为在某一深度(一般为 6m)以下处于主动极限平衡状态,而且墙顶一般处于弹性平衡状态,并随墙深逐渐变化到主动极限平衡状态,其破坏主要是由于绕墙顶旋转的侧向变形引起的,如图 4-87a)所示。

内部稳定性分析方法的选择应根据拉筋的密度、性质以及施工方法等方面来考虑。当用高模量、高黏附拉筋(如钢带或钢筋混凝土带),按正常方法布置拉筋时,则宜采用应力分析法中的垂直应力均匀分布法,该法计算简便,用筋量较少,且为大量的已建工程所验证。若采用高模量低密度拉筋或用低模量拉筋(如塑料带),则宜采用楔体平衡分析法,因为此时加筋土结构墙面顶部产生$(0.001 \sim 0.005)H$(H 为加筋体高度)的水平位移的可能性是存在的。同时在结构变形容许条件下,可提高低模量拉筋的强度利用率。

(二)应力分析法

应力分析法是以朗金理论为基础,视加筋土为复合材料。其基本原理是根据作用在填土中最大拉应力点上的应力来计算拉筋的最大拉力。在最大拉力点处剪应力等于 0,仅存在竖向应力和水平应力,而水平应力则由拉筋所平衡。

1. 基本假定

(1)在荷载作用下,加筋体沿着拉筋最大拉力点的连线产生破坏,因此加筋体被拉筋最大拉力点的连线[图 4-88b)]分为活动区和稳定区[采用的简化破裂面如图 4-88a)所示],拉筋在墙面处的拉力为拉筋最大拉力的 0.75 倍。

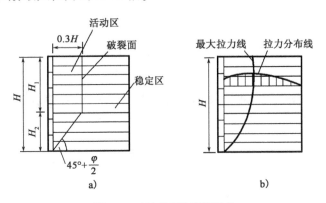

图 4-88 应力分析法计算图式

(2)加筋体中的应力状态,在挡土墙顶部为静止状态,随深度逐步向主动应力状态变动,深度到 6m 以下便为主动应力状态。

(3)只有稳定区内的拉筋与填土的相互作用才能产生抗拔阻力。

2. 拉筋拉力计算

(1)加筋体自重产生的拉力。

根据应力分析法的基本原理和基本假定,加筋体内任一深度 h_i 处的水平应力由拉筋来局部平衡,如图 4-89 所示。因而,加筋体自重对第 i 层拉筋所产生的拉力 T_{hi} 为:

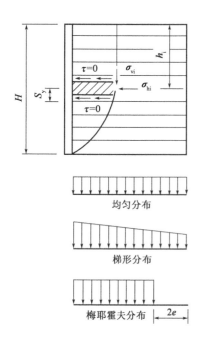

图 4-89 应力分析法拉筋拉力计算图式

$$T_{hi} = \sigma_{vi} K_i S_x S_y \quad (4\text{-}198)$$

式中：σ_{vi}——第 i 层拉筋处的竖向应力(kPa)；
K_i——第 i 层拉筋处的土压力系数；
S_x、S_y——拉筋水平方向、垂直方向的计算间距(m)。

由基本假定可知，加筋体中的应力状态，在挡土墙顶部接近静止应力状态，并随深度加深逐渐向主动应力状态变化，靠近挡土墙底部则接近主动应力状态，如图 4-87a) 所示。因此，土压力系数 K_i 可按式(4-199)计算：

$$\left.\begin{array}{l} K_i = K_0 \left(1 - \dfrac{h_i}{6}\right) + K_a \dfrac{h_i}{6} \quad (h_i < 6\text{m}) \\ K_i = K_a \quad (h_i \geqslant 6\text{m}) \end{array}\right\} \quad (4\text{-}199)$$

式中：K_0——静止土压力系数；
K_a——朗金主动土压力系数。

加筋体后填土土压力的作用使得各层拉筋偏心受力。作用于拉筋上的竖向应力 σ_v 可按均匀分布、梯形分布和梅耶霍夫(Meyerhof)分布计算，如图 4-89 所示。

① 均匀分布。

均匀分布认为加筋体后填土的土压力对加筋体内部的竖向应力 σ_v 不产生影响，即：

$$\sigma_{vi} = \gamma_1 h_i \quad (4\text{-}200)$$

因此，拉筋拉力为：

$$T_{hi} = \gamma_1 h_i K_i S_x S_y \quad (4\text{-}201)$$

② 梯形分布。

梯形分布认为加筋体后填土的土压力对计算截面产生弯矩，使得拉筋偏心受力，因而竖向应力和拉筋拉力分别为：

$$\sigma_{vi} = \gamma_1 h_i \left(1 + K_i \dfrac{h_i^2}{L_i^2}\right) \quad (4\text{-}202)$$

$$T_{hi} = \gamma_1 h_i \left(1 + K_i \dfrac{h_i^2}{L_i^2}\right) K_i S_x S_y \quad (4\text{-}203)$$

③ 梅耶霍夫分布。

当考虑加筋体后填土土压力的影响时，用 $(L-2e)$（e 为作用于拉筋上的合力偏心距）代替拉筋长度 L，假定在 $(L-2e)$ 的长度上竖向应力为均匀分布，则有：

$$\sigma_{vi} = \dfrac{\gamma_1 h_i}{1 - \dfrac{K_i}{3} \dfrac{h_i^2}{L_i^2}} \quad (4\text{-}204)$$

$$T_{\mathrm{hi}} = \frac{\gamma_1 h_i}{1 - \dfrac{K_i}{3} \dfrac{h_i^2}{L_i^2}} K_i S_x S_y \qquad (4\text{-}205)$$

式中：γ_1——加筋体内填土的重度（kN/m^3）；
$\quad h_i$——自加筋体顶面至第 i 层拉筋的高度（m）；
$\quad L_i$——第 i 层拉筋的长度（m）；
$\quad K_i$——加筋体后填土的主动土压力系数。

目前大多采用均匀分布法，我国公路路基设计规范和公路加筋土工程设计规范采用的也是均匀分布法。因此，下面关于加筋体上荷载（路堤填土、车辆荷载）引起的附加拉力、内部稳定性均按竖向应力均匀分布进行计算分析。

(2) 加筋体上路堤填土产生的拉力。

加筋体上路堤填土的计算分界面为通过加筋体墙面顶部的水平面，该面以上填土自重属加筋体上填土重量。由于拉筋拉力按竖向应力均匀分布计算，加筋体上的路堤填土重量需换算为假想的均布连续荷载。其等代均布土层厚度 h_F 为距墙面板背面 $1/2$ 加筋体高度的水平距离处的加筋体上的填土高度，如图4-90所示，即：

$$\left.\begin{aligned} h_F &= \frac{1}{m}\left(\frac{H}{2} - b_b\right) \quad (h_F < a) \\ h_F &= a \qquad\qquad\qquad (h_F \geqslant a) \end{aligned}\right\} \qquad (4\text{-}206)$$

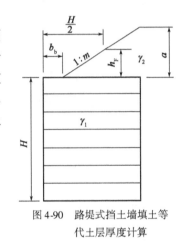

图4-90　路堤式挡土墙填土等代土层厚度计算

式中：a——加筋体上路堤填土高度（m）；
$\quad m$——加筋体上路堤边坡的坡率。

顺便指出，在外部稳定性分析时，加筋体上填土重量按几何尺寸计算。

因此，加筋体上路堤填土对第 i 层拉筋产生的拉力 T_{Fi} 为：

$$T_{Fi} = \gamma_2 h_F K_i S_x S_y \qquad (4\text{-}207)$$

式中：γ_2——路堤填土的重度（kN/m^3）。

(3) 车辆荷载产生的拉力。

车辆荷载对拉筋产生的拉力可近似地以均布土层进行计算。

车辆荷载换算成等代均布土层后，考虑到这种荷载影响将会随深度增加而减小，因此路堤式挡土墙采用 1:0.5 向下扩散来传递荷载（图4-91）。在深度 h_i 处，拉筋承受的拉力 T_{ai} 为：

$$T_{ai} = \sigma_{ai} K_i S_x S_y \qquad (4\text{-}208)$$

其中，σ_{ai} 为车辆荷载作用下加筋体内深度 h_i 处的竖向应力（kPa）：

$$\left.\begin{aligned} \sigma_{ai} &= \gamma_1 h_0 \frac{B_0}{B_i} \quad (l_{oi} > l_{ci}) \\ \sigma_{ai} &= 0 \qquad\quad (l_{oi} \leqslant l_{ci}) \end{aligned}\right\} \qquad (4\text{-}209)$$

式中：h_0——均布土层厚度（m）；

l_{oi}——第 i 层拉筋的活动区长度(m);
l_{ci}——第 i 层拉筋墙面板背面至均布土层扩散线外侧的距离(m);
B_0——车辆荷载布置宽度(m),取路基全宽;
B_i——均布土层扩散至第 i 层筋带处的分布宽度(m):

$$\left. \begin{array}{l} B_i = B_0 + a + h_i \quad (h_i + a \leqslant 2b) \\ B_i = B_0 + b + \dfrac{a + h_i}{2} \quad (h_i + a > 2b) \end{array} \right\} \quad (4\text{-}210)$$

式(4-209)表明,当车辆荷载等代土层未扩散至活动区($l_{oi} \leqslant l_{ci}$)时,如图4-91b)所示,不考虑车辆荷载引起的附加拉力 T_{ai}。

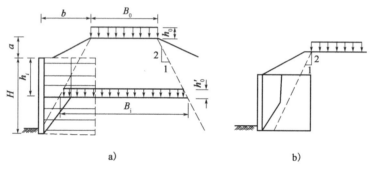

图4-91 荷载扩散及影响范围
注:图中"1"和"2"反显示比例关系表示2:1。

对于路肩式挡土墙,不考虑车辆荷载的扩散作用。因此,车辆荷载引起的附加拉力 T_{ai} 为:

$$T_{ai} = \sigma_{ai} K_i S_x S_y = \gamma_1 h_0 K_i S_x S_y \quad (4\text{-}211)$$

(4)拉筋拉力。

第 i 层拉筋总的拉力 T_i 按下式计算(竖向应力均匀分布):

路堤式挡土墙:

$$T_i = T_{hi} + T_{Fi} + T_{ai} = (\gamma_1 h_i + \gamma_2 h_F + \sigma_{ai}) K_i S_x S_y \quad (4\text{-}212)$$

路肩式挡土墙:

$$T_i = T_{hi} + T_{ai} = \gamma_1 (h_i + h_0) K_i S_x S_y \quad (4\text{-}213)$$

3.拉筋截面计算和抗拉稳定性验算

根据不同深度处拉筋所承受的最大拉力来计算拉筋截面。当采用扁钢带并用螺栓连接时,还应验算螺栓连接处的截面强度(该截面受到固定螺栓孔的削弱)和螺栓的抗剪强度。

(1)容许应力法。

①拉筋截面计算。

第 i 层拉筋截面积根据拉筋拉力和拉筋强度确定,即:

$$A_i = \frac{T_i \times 10^3}{\eta [\sigma_t]} \quad (4\text{-}214)$$

式中:A_i——第 i 层拉筋的有效截面积(mm²);
η——拉筋容许应力提高系数,见表4-27;
$[\sigma_t]$——拉筋容许拉应力(MPa)。

容许拉应力提高系数 表4-27

荷载组合	拉筋类别	
	钢带、钢筋混凝土带	聚丙烯土工带
组合Ⅰ	1.00	1.00
组合Ⅱ	1.25	1.30
组合Ⅲ	1.50	2.00

对于扁钢带而言,有效截面积为扣除预留腐蚀厚度并扣除螺栓孔后的计算净截面积;而对于钢筋混凝土带而言,不计混凝土的抗拉强度,钢筋有效截面积为扣除钢筋直径预留腐蚀量后的主钢筋截面积的总和。

也可按拉筋拉力和容许拉应力进行拉筋抗拉稳定性验算,抗拉稳定性用 K_r 表示,即:

$$K_{ri} = \frac{\eta[\sigma_t]A_i}{T_i \times 10^3} \quad (4-215)$$

式中:K_{ri}——第 i 层拉筋抗拉稳定系数,$K_r \geqslant 1$。

②螺栓连接处拉筋强度验算。

除去螺栓孔后,拉筋截面的容许拉力应大于或等于该层拉筋所承受的拉力,即:

$$T_i \leqslant \eta[\sigma_t][b_i - n'(d + d')](t - c) \times 10^{-3} \quad (4-216)$$

式中:b_i——第 i 层拉筋总宽度(mm);

n'——拉筋横截面内螺栓数;

$(d + d')$——安装螺栓的直径(mm)加上钻孔误差 d',取 $d' = 3$mm;

t——拉筋的厚度(mm);

c——拉筋的预留锈蚀厚度(mm)。

③连接螺栓抗剪强度验算。

安装螺栓承受的剪应力 τ_i 应小于或等于螺栓的容许剪应力,即:

$$\tau_i = \frac{T_i \times 10^3}{n'A_e} \leqslant [\tau_a] \quad (4-217)$$

式中:A_e——螺栓的螺纹部有效截面面积(mm^2);

$[\tau_a]$——螺栓的容许剪应力(MPa)。

(2)极限状态法。

用极限状态法验算时,拉筋抗拉稳定性应满足式(4-218)的要求:

$$\gamma_0 \gamma_{Q1} T_i \leqslant \frac{A_i f_k \times 10^{-3}}{\gamma_f \gamma_{R2}} \quad (4-218)$$

式中:γ_0——结构重要性系数;

γ_{Q1}——土压力分项系数;

f_k——拉筋材料强度标准值(MPa);

γ_f——拉筋材料抗拉性能的分项系数,取 1.25;

γ_{R2}——拉筋材料抗拉计算调节系数,见表 4-28。

拉筋强度标准值及抗力分项系数 表 4-28

材料类型	f_k(MPa)	γ_{R2}
Q235 扁钢带	240	1.00
钢筋混凝土带	240	1.05
钢塑复合带	试验断裂拉力	1.55～2.00
聚丙烯土工带	试验断裂拉力	2.70～3.40
土工格栅	试验断裂拉力	1.80～3.40

注:1. 土工合成材料带的 γ_{R2},在施工条件差、材料蠕变大时,取大值;材料蠕变小或施工荷载验算时,可取较小值。
2. 当为钢筋混凝土带时,受拉钢筋的含筋率应小于 2.0%。
3. 试验断裂拉力相应延伸率不得大于 10%。

4. 拉筋抗拔稳定性验算和拉筋长度计算

拉筋抗拔稳定性主要是验算拉筋与填土之间产生的摩擦阻力是否足以抵抗土体产生的拉拔力。

(1)容许应力法。

拉筋抗拔稳定性用抗拔稳定系数 K_{ft} 表示,第 i 层拉筋抗拔稳定性定义为拉筋所具有的抗拔力(不计车辆荷载的影响)S_i 与它所受到的拉拔力(即拉筋拉力)T_i 之比值,即:

$$K_{ft} = \frac{S_i}{T_i} \tag{4-219}$$

抗拔力与拉筋填土之间的摩擦阻力、拉筋长度及破裂面形状有关,只有稳定区内的拉筋长度(称有效锚固长度),才能提供抗拔力。模型试验和现场原型试验结果表明,破裂面形状如图 4-88b)所示,为简化计算,工程设计中一般采用 0.3H 简化破裂面,如图 4-88a)所示。因此,拉筋抗拔力 S_i 为:

$$S_i = 2b_i(\gamma_1 h_i + \gamma_2 h_F)f^* l_{ei} \tag{4-220}$$

式中:f^*——拉筋与填土的似摩擦因数;

l_{ei}——第 i 层拉筋的有效锚固长度(m):

$$l_{eo} = l_o - l_{oi} \tag{4-221}$$

其中:l_i——第 i 层拉筋长度(m);

l_{oi}——第 i 层拉筋活动区长度(m):

$$\left.\begin{array}{l} l_{oi} = 0.3H \quad (0 < h_i \leq H_1) \\ l_{oi} = (H - h_i)\tan\left(45° - \frac{\varphi}{2}\right) \quad (H_1 < h_i \leq H) \end{array}\right\} \tag{4-222}$$

$$H_1 = \left[1 - 0.3\tan\left(45° + \frac{\varphi}{2}\right)\right]H \tag{4-223}$$

另外,还应验算全墙的总抗拔稳定性,其总抗拔稳定系数 K_f 为:

$$K_f = \frac{\sum S_i}{\sum T_i} \tag{4-224}$$

式中:$\sum S_i$——各层拉筋的抗拔力总和(kN);

$\sum T_i$——各层拉筋的拉力总和(kN)。

全墙的总抗拔稳定系数不应小于 2.0。

如果抗拔稳定性不足,则应根据设计工点的地形、地质、材料来源等采用增加拉筋长度,或增加拉筋数量,或改用内摩擦角较大的材料等措施来改善和提高抗拔力。

也可按拉筋拉力和容许抗拔稳定系数$[K_f]$计算第i层拉筋的有效锚固长度l_{ei}:

$$l_{ei} = \frac{[K_f]T_i}{2b_i(\gamma_1 h_i + \gamma_2 h_F)f^*} \tag{4-225}$$

则深度h_i处拉筋的总长度为:

$$l_i = l_{ei} + l_{oi} \tag{4-226}$$

(2)极限状态法。

用极限状态法验算时,拉筋的抗拔稳定性应满足式(4-227)的要求:

$$\frac{S_i}{\gamma_{R1}} - \gamma_0 \gamma_{Q1} T_i \geq 0 \tag{4-227}$$

式中:γ_{R1}——拉筋抗拔力计算调节系数,见表4-29。

拉筋抗拔力计算调节系数 表4-29

荷载组合	Ⅰ、Ⅱ	Ⅲ	施工荷载
γ_{R1}	1.4	1.3	1.2

(三)楔体平衡分析法

楔体平衡分析法以库仑理论为基础,视加筋体为复合结构,认为填土和活载引起的土压力通过拉筋与墙面板的连接而传给拉筋,即拉筋承担的拉力是通过计算其分担的墙面板面积范围内所承受的土压力来决定的;加筋土挡土墙墙面修建过程中可以产生足够的侧向位移,从而使墙后土体达到主动土压力状态,拉筋与填土之间产生相对位移,使拉筋与填土之间发挥摩擦作用,从而使加筋体内部达到平衡。

1. 基本假定

(1)加筋体填料为非黏质土。

(2)加筋体墙面顶部能产生足够的侧向位移,从而使墙面后土体达到主动极限平衡状态(即加筋体的墙面绕墙面板底端墙趾旋转),在加筋体内产生与垂直面成θ角的破裂面(即库仑破裂面),破裂面将加筋体分为活动区和稳定区,如图4-92a)所示。

(3)加筋体中形成的楔体相当于刚体,墙面板与填土之间的摩擦作用忽略不计。作用于墙面板上的侧向压力为库仑主动土压力,如图4-92b)所示。

(4)拉筋拉力随深度逐渐增大,如图4-92c)所示。在拉筋长度方向上,自由端拉力为零,墙面处的拉力最大,其间呈线性变化。

(5)稳定区内的拉筋与填土的相互作用产生抗拔阻力。

2. 拉筋拉力计算

根据上述基本假定,以库仑理论为基础,采用重力式挡土墙计算土压力的方法,按加筋体上填土表面的形态和车辆荷载的分布情况不同,并考虑到加筋土挡土墙通常墙背倾角$\alpha = 0$和墙背摩擦角$\delta = 0$的特点,加筋体上局部荷载(包括路堤填土)所产生的土压力在墙面板上的影响范围,近似地沿平行于破裂面的方向传递至墙背,从而绘制土压力分布图形。根据土压力分布图形,可以求出加筋土挡土墙沿墙高各层拉筋处的土压力,并由此确定各层拉筋所承受

的拉力。因此,拉筋拉力即为作用于该层拉筋范围内的主动土压力,如图4-92c)所示,即:

$$T_i = \sigma_i S_x S_y \tag{4-228}$$

式中:σ_i——第i层拉筋处的土压应力(kPa)。

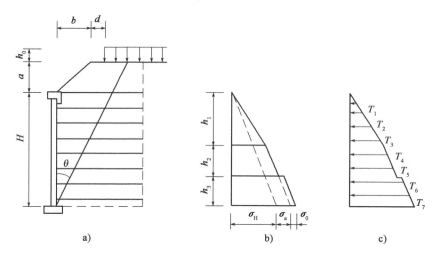

图 4-92 楔体平衡分析法计算图式(破裂面交于路基面荷载中部)

注:$\sigma_0 = \gamma_1 h_0 K_a$,$\sigma_a = \gamma_2 a K_a$,$\sigma_H = \gamma_1 H K_a$,$h_1 = \dfrac{b}{\tan\theta} - a$,$h_2 = \dfrac{d}{\tan\theta}$,$h_3 = H - h_1 - h_2$

对于如图4-92所示的破裂面交于路基面荷载中部的路堤墙,不同深度h_i处的土压应力可根据土压力分布图求得:

$$\left.\begin{aligned}\sigma_i &= \frac{h_i}{h_1}(h_i\gamma_1 + a\gamma_2)K_a & (h_i \leq h_1) \\ \sigma_i &= (h_i\gamma_1 + a\gamma_2)K_a & (h_1 < h_i \leq h_1 + h_2) \\ \sigma_i &= [(h_i + h_0)\gamma_1 + a\gamma_2]K_a & (h_1 + h_2 < h_i \leq H)\end{aligned}\right\} \tag{4-229}$$

式中:K_a——库仑主动压力系数。

3. 拉筋截面计算和抗拉稳定性验算

计算原理和方法同应力分析法,只是用楔体分析法求得的拉筋拉力T_i代入相应的公式。

4. 拉筋抗拔稳定性验算和拉筋长度计算

各层拉筋抗拔稳定性验算原理同应力分析法。但锚固长度l_{ei}为活动区(即破裂面)以后的长度,如图4-93所示。各层拉筋的抗拔力S_i按作用于该锚固长度范围内的垂直荷载的大小进行计算。

(1)$l_i > b$[图4-93a)]。

$$S_i = 2b_i f^* \left[\frac{1}{2}\gamma_2(a_i + a)(b - l_{oi}) + \gamma_2 a(l_i - b) + \gamma_1 l_{ei} h_i\right] \tag{4-230}$$

(2)$l_i \leq b$[图4-93b)]。

$$S_i = 2b_i f^* \left[\frac{1}{2}\gamma_2 l_{ei}(a_i + l_i \tan\beta) + \gamma_1 l_{ei} h_i \right] \qquad (4\text{-}231)$$

式中：l_{ei}——第 i 层拉筋稳定区长度(m)，$l_{ei} = l_i - l_{oi}$；

l_i——第 i 层拉筋长度(m)；

l_{oi}——第 i 层拉筋活动区长度(m)：

$$l_{oi} = (H - h_i)\tan\theta \qquad (4\text{-}232)$$

θ——破裂角。

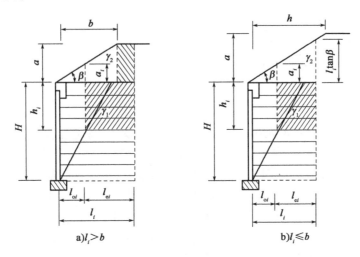

图 4-93　拉筋抗拔稳定性验算图式

求得 S_i 后，即可按应力分析法验算拉筋的抗拔稳定性。

根据抗拔稳定性要求，利用上述公式可确定拉筋的有效锚固长度 l_{ei}、活动区长度 l_{oi} 以及总长度 l_i。

(四)讨论

加筋土挡土墙内部稳定性分析，主要是确定拉筋拉力和验算抗拉和抗拔稳定性，它与加筋体破裂面形状、拉筋与填土间的摩擦作用以及土压力等因素有关。

1. 似摩擦因数

拉筋拉力计算中所用的摩擦因数应为似摩擦因数 f^*，它是填土与拉筋的滑动摩擦、土颗粒之间的互相咬合以及拉筋凹凸引起的土抗力的综合。对于似摩擦因数，不能简单地从土的内摩擦角 φ 得出，它取决于土的内摩擦角、土的密度、拉筋上的垂直压力、结构的几何形状、拉筋的长度、宽度以及粗糙程度等。试验表明，土的密度高，f^* 值大；填土高度增加或荷载增加，f^* 减小，并且 f^* 随着拉筋长度的增加而减小；拉筋表面越粗糙，f^* 就越大。在确定 f^* 时，应了解土的密度、抗剪强度、拉筋尺寸、结构形式等。因此，似摩擦因数的确定是比较复杂的，宜模拟实际工程的情况，进行抗拔试验。

一般来说，似摩擦因数的测试方法有以下几种：

(1) 填土与拉筋材料之间的直剪(滑动剪切)试验；

(2) 在模型或足尺加筋体中的拉筋抗拔试验；

(3) 在模型刚性移动墙中的拉筋抗拔试验；

(4)填方中加拉筋的抗拔试验;

(5)模型加筋土墙中,在振动荷载作用下的拉筋抗拔试验。

根据拉筋似摩擦因数随垂直压力(墙高)增加而减小,并趋于稳定的试验结果,法国、日本等提出似摩擦因数的计算公式(图4-94),即:

$$\left. \begin{array}{ll} f^* = f_0^* \left(1 - \dfrac{h_i}{6}\right) + \tan\varphi_1 \dfrac{h_i}{6} & (h_i < 6\mathrm{m}) \\ f^* = \tan\varphi_1 & (h_i \geq 6\mathrm{m}) \end{array} \right\} \tag{4-233}$$

式中:f_0^*——与填土的粒度、内摩擦角等有关的系数,$f_0^* = 1.2 + \lg C_u$;

C_u——填土的不均匀系数;

φ_1——拉筋与填土的摩擦角。

当缺乏资料时,可取 $f_0^* = 1.5$。

2. 破裂面形状

加筋体潜在的破裂面为拉筋最大拉力点的连线,按朗金-库仑土压力理论,土体的破裂面与水平面成$(45° + \varphi/2)$,但是许多试验证明,加筋土的破裂面为对数螺线面。由于试验方法不同,得出的结论也不同。如法国采用加高墙身,或在墙后填土表面加荷至墙破坏得出的实测破裂面,如图4-95a)所示,b_H约为$0.3H$。而美国加州大学采用使墙身略微外移的方法使墙破坏,得出破裂面形状和位置都接近朗金主动极限状态,如图4-95b)所示。目前,普遍认为法国的试验比较符合实际工作情况。实用上,简化成图4-95a)虚线所示的破裂面,给设计上带来了便利;但是,这种简化没有考虑填土的内摩擦角φ值等因素。

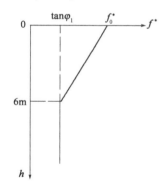
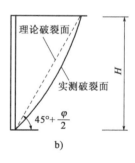

图4-94 似摩擦因数的变化规律　　　　　图4-95 加筋土破裂面示意图

根据理论和试验结果,实际工程中破裂面的形状常采用两种,即$0.3H$形[图4-95a)虚线所示]和朗金-库仑形[图4-95b)虚线所示]。目前,应力分析法采用$0.3H$形,而楔体平衡分析法则采用朗金-库仑形。

总之,加筋土结构的内部稳定性分析是设计的核心部分,不考虑拉筋的存在,而以传统的朗金-库仑破裂面为设计依据显然是保守的,但考虑拉筋的影响将会出现怎样的破裂面,却需要许多实际资料加以分析、证实,尤其是结构本身的参数众多,条件各异,即使有了较为一致的认识,但如何将其合理地体现到具体设计中,也是一个值得研究的问题。

3. 土压力系数

土压力系数K的取值直接影响到拉筋拉力的大小和加筋体的稳定性。目前,与破裂面形状一样,学界有两种观点:一种观点认为,当加筋体墙面产生一定的侧向位移,并使加筋体破坏时,其破裂面为朗金-库仑破裂面,土体达到主动应力状态,这时,土压力系数 K 为主动土压力系数 K_a,楔体平衡分析法就是基于上述观点,取 $K = K_a$。但是,另一种观点则认为,要使土体处于主动状态,墙面需要有一定的位移,加筋土挡土墙墙内由于拉筋约束了墙面板的位移,且侧向应变随深度加大而增加,因此在墙顶处于静止土压力状态,而在墙脚处由于施工期间抗拔阻力不足以克服侧向土压力,使墙面产生侧向位移,使其接近主动状态,在静止状态和主动状态之间有一过渡区,如图 4-87a)所示。一些模型及原型试验已证实了这一点,应力分析法就是基于这一观点,并按式(4-199)计算土压力系数。还有一些学者从理论分析及一些现场观测中得出,加筋土墙内的应力状态接近静止状态,而在紧靠墙面后的填土部分近似主动状态,从而认为在墙面板附近的拉筋受主动土压力的影响,取 $K = K_a$,而在内侧则处于静止状态,取 $K = K_0$。有的设计理论提出,在施工中宜让墙面板处的拉筋松弛,以达到主动状态所需的位移,使土压力减小。

四、外部稳定性分析

(一)加筋土挡土墙外部失稳形式

加筋土挡土墙的外部稳定性与工程的地基土(承载能力、抗剪性能等)和工程相连的整体土层等有关,其破坏形式有:

(1)加筋土挡土墙与地基间的摩擦阻力不足或墙后土体的侧向推力过大所引起的滑移,如图 4-96a)所示;

(2)加筋土挡土墙被墙后土体的侧向推力所倾覆,如图 4-96b)所示;

(3)由于地基承载力不足或不均匀沉降而引起的倾斜,如图 4-96c)所示;

(4)加筋土挡土墙及墙后土体出现整体滑动,如图 4-96d)所示。

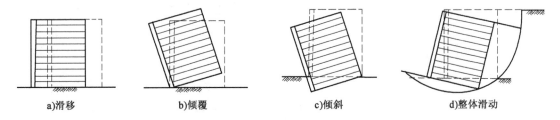

a)滑移 b)倾覆 c)倾斜 d)整体滑动

图 4-96 加筋土挡土墙外部破坏形式

当进行加筋土挡土墙的外部稳定性分析时,把拉筋的末端与墙面板之间的填土视为一整体墙,即加筋体。验算方法与普通重力式挡土墙相似,视加筋体为刚体。根据破坏形式,外部稳定性分析的内容有抗滑稳定性和抗倾覆稳定性验算、地基承载力验算,必要时还应对整体滑动稳定性和地基沉降进行验算。

(二)土压力计算

根据加筋土挡土墙墙后填土的不同边界条件,采用库仑理论计算作用于加筋体的主动土压力。但是,应注意此时墙背为 AB(图 4-97),墙高为 H',则墙背摩擦角 δ 为:

$$\delta = \min(\varphi_1, \varphi_2) \tag{4-234}$$

式中：φ_1——加筋体填土的内摩擦角；
φ_2——墙后填土的内摩擦角。

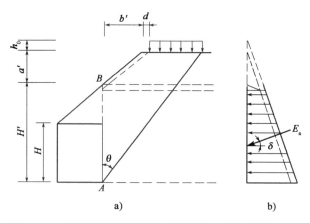

图 4-97 加筋体土压力计算图式（破裂面交于路基面荷载中部）

如图 4-97a）所示的路堤墙，其土压力分布图示于图 4-97b）中。

(三)外部稳定性分析

1. 抗滑稳定性分析

为防止加筋土挡土墙产生滑动，需验算加筋体在总侧向推力作用下，加筋体与地基间产生的摩擦阻力和黏聚力抵抗其滑移的能力，用抗滑稳定系数 K_c 表示（图 4-98）：

$$K_c = \frac{\mu \sum N + cL}{\sum T} \quad (4-235)$$

式中：$\sum N$——竖向力总和(kN)，包括加筋体的自重 G_1、加筋体上的路堤填土重 G_2 和作用于加筋体上的土压力的竖向分力 E_y，对于如图 4-98 所示的路堤墙：

$$\sum N = G_1 + G_2 + E_y = \gamma_1 HL + \frac{1}{2}\gamma_2 L^2 \tan\beta + E_y \quad (4-236)$$

$\sum T$——水平力总和(kN)；
c——加筋体底面与地基土之间的黏聚力(kPa)；
μ——加筋体底面与地基土之间的摩擦因数。

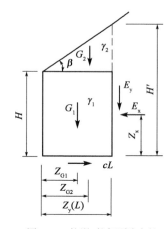

图 4-98 抗滑、抗倾覆稳定性验算图式

2. 抗倾覆稳定性分析

为保证加筋土挡土墙抗倾覆稳定性，需验算它抵抗墙身绕墙趾向外转动倾覆的能力，用抗倾覆稳定系数 K_0 表示（图 4-98）：

$$K_0 = \frac{\sum M_y}{\sum M_0} \quad (4-237)$$

式中：$\sum M_y$——稳定力系对加筋体墙趾的力矩(kN·m)；
$\sum M_0$——倾覆力系对加筋体墙趾的力矩(kN·m)。

对于图 4-98 所示的加筋体,稳定力矩 $\sum M_y$ 和倾覆力矩 $\sum M_0$ 分别为:

$$\sum M_y = G_1 Z_{G1} + G_2 Z_{G2} + E_y Z_y = \frac{1}{2}\gamma_1 H L^2 + \frac{2}{3}\gamma_2 L^3 \tan\beta + E_y L \qquad (4\text{-}238)$$

$$\sum M_0 = E_x Z_x = \frac{1}{3} E_x H' \qquad (4\text{-}239)$$

3. 地基承载力分析

地基承载力验算就是要验证加筋体在总竖向力作用下,基底压应力是否小于地基承载力。由于加筋体承受偏心荷载,因此,基底压应力应按梯形分布或梅耶霍夫分布考虑。一般多采用梯形分布(图 4-99),则基底应力为:

$$\left.\begin{array}{l} \sigma_{\max} = \dfrac{\sum N}{L}\left(1 + \dfrac{6e}{L}\right) \\[2mm] \sigma_{\min} = \dfrac{\sum N}{L}\left(1 - \dfrac{6e}{L}\right) \end{array}\right\} \qquad (4\text{-}240)$$

式中:$\sigma_{\max}$——基底最大压应力(kPa);
$\sigma_{\min}$——基底最小压应力(kPa);
e——$\sum N$ 的偏心距(m):

$$e = \frac{L}{2} - \frac{\sum M_y - \sum M_0}{\sum N} \qquad (4\text{-}241)$$

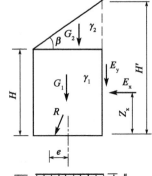
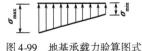

图 4-99 地基承载力验算图式

如果 $\sigma_{\min} < 0$(即 $e > \dfrac{L}{6}$),应按应力重分布计算基底最大压应力:

$$\sigma_{\max} = \frac{2}{3} \times \frac{\sum N}{\dfrac{L}{2} - e} \qquad (4\text{-}242)$$

4. 整体抗滑稳定性分析

整体抗滑稳定性分析,即加筋体随地基一起滑动的验算,其目的在于确定潜在破裂面的稳定系数,目前大多采用圆弧滑动面法进行验算。

整体稳定性验算时,应考虑埋置于填土中的拉筋作用,一般有以下三种方法:

(1)若拉筋长度不超过可能的破裂面(图 4-100),可以按普通的圆弧法计算。

(2)若拉筋穿越破裂面,在加筋体部分需考虑因拉筋产生的准黏聚力,而将该力视为稳定力,计入稳定力矩中。准黏聚力 c_p 按式(4-243)计算:

$$c_p = \frac{\sigma_s A_s \tan\left(45° + \dfrac{\varphi}{2}\right)}{2 S_x S_y} \qquad (4\text{-}243)$$

式中:S_y——加筋土体中拉筋层垂直间距(m);
S_x——加筋土体中拉筋层水平间距(m);
σ_s——拉筋的极限抗拉强度(kPa);
A_s——拉筋的截面积(m^2)。

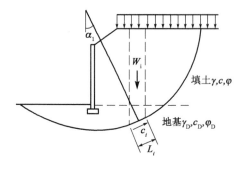

图 4-100　圆弧滑动面条分法验算图式

(3)若拉筋穿越破裂面,将伸入破裂面后的拉筋所产生的抗拔力对破裂面圆心取矩,视为稳定力矩。当拉筋的抗拉强度小于抗拔力时,则应以抗拉强度控制,计算稳定力矩。

上述第(2)(3)种方法比较复杂,一般情况下与第(1)种方法计算的滑动圆弧最小稳定系数差别不大,因此常按方法(1)进行整体抗滑稳定性验算。那么,整体抗滑稳定系数(图 4-100)为:

$$K_s = \frac{\sum(c_i L_i + W_i \cos\alpha_i \tan\varphi_i)}{\sum W_i \sin\alpha_i} \quad (4-244)$$

式中：c_i、φ_i——第 i 条块滑动面上土的黏聚力(kPa)和内摩擦角(°)；

W_i——第 i 条块自重及其荷载重(kN)；

l_i——第 i 条块滑动面的弧长(m)；

α_i——第 i 条块滑动弧的法线与竖直方向的夹角。

5. 沉降分析

地基土因加筋体自重及上部荷载引起的沉降,尤其是不均匀沉降,必须控制在容许范围内。由于拉筋具有柔性,能较好地随地基下沉而变形,因而顺拉筋延长方向能克服较大沉降差,但沿墙面板的延长方向却必须严格控制不均匀沉降。目前尚无公认的容许沉降值或容许沉降差的标准。

根据墙面容许的变形量不同而规定容许下沉量 ΔW,可取下列经验数值:混凝土墙面板 $\Delta W \leq 1\%$,金属墙面板 $\Delta W \leq 2\%$。

在预计有较大不均匀沉降的地段,可把加筋土挡土墙在构造上分为若干段,段间设置沉降缝,尤其是与桩基桥台及涵洞等的连接部分应加设沉降缝。加筋体地基的沉降计算方法和其他构造物计算一样,把加筋土挡土墙视为一个整体,按土力学中浅基础沉降和填土沉降计算方法(一般采用分层总和法)来进行估算。

第六节　锚固式挡土墙

一、基本概念

锚杆挡土墙和锚定板挡土墙统称为锚固式挡土墙。

锚杆挡土墙是利用锚杆技术形成的一种支挡构造物。锚杆是一种受拉杆件,它的一端与挡土墙连接,另一端通过钻孔、插入锚杆、灌浆、养护等工序锚固在稳定的地层中,以承受土压力对挡土墙所施加的推力,从而利用锚杆与地层间的锚固力来维持挡土墙的稳定。

锚杆挡土墙是由挡土板、肋柱(立柱)和锚杆组成,如图 4-101 所示。肋柱是挡土板的支座,锚杆是肋柱的支座,墙后的侧向土压力作用于挡土板上,并通过挡土板传给肋柱,再由肋柱传给锚杆,由锚杆与周围地层之间的锚固力,即锚杆抗拔力使之平衡,以维持墙身及墙后土体的稳定。

锚定板挡土墙由挡土板、肋柱(立柱)、拉杆、锚定板以及充填墙面(挡土板)与锚定板之间的填土所共同组成,如图4-102所示。在这个整体结构的内部,存在着作用于墙面上的土压力,拉杆的拉力和锚定板的抗拔力等相互作用的内力,这些内力必须互相平衡,才能保证结构内部稳定。同时,在锚定板挡土墙的周围边界上,还存在着从边界外部传来的土压力,活载以及结构自重所产生的作用力和摩擦阻力,这些外力也必须互相平衡,以保证锚定板挡土墙的整体稳定性,防止发生滑动或蠕动。

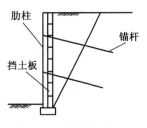

图 4-101　锚杆挡土墙

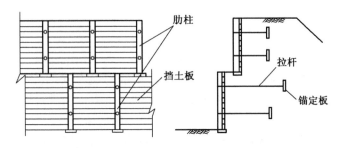

图 4-102　锚定板挡土墙

锚定板挡土墙和锚杆挡土墙的不同之处在于抗拔力来源,后者来源于锚杆与砂浆、孔壁地层之间的摩擦阻力;而锚定板挡土墙的拉杆及其端部的锚定板均埋设在回填土中,其抗拔力来源于锚定板前填土的被动抗力。因此,墙后侧向土压力通过墙面传给拉杆,后者则依靠锚定板在填土中的抗拔力抵抗侧向土压力,以维持挡土墙的平衡和稳定。

锚固式挡土墙可根据地形设计为单级或多级,每级墙的高度不宜大于 8～10m(锚杆挡土墙)或 3～5m(锚定板挡土墙),具体高度应视地质和施工条件而定。在多级墙的上、下两级墙之间应设置平台,平台宽度一般不应小于 1.5～2.0m。平台应用厚度不小于 15cm 的 C15 混凝土封闭,并设向墙外倾斜的横坡,坡度为 2%。为了减少因上级墙肋柱下沉对下级墙拉杆的影响,上级墙肋柱与下级墙肋柱沿路线方向的位置应相互错开,如图4-102所示。按肋柱上的锚杆(拉杆)层数不同,还可分为单层锚杆(拉杆)、双层锚杆(拉杆)和多层锚杆(拉杆、锚定板)挡土墙。

锚固式挡土墙可以相互组合使之形式多样,适合各种具体使用条件,也可根据周围环境及地质地形条件设计成锚定板和锚杆联合使用的挡土墙,如图4-103所示。上层拉杆利用锚定板锚固在新填土中,下层为灌浆锚杆固定在原有边坡内。这样可充分利用原有边坡及新填路基,发挥锚定板和锚杆的优越性。

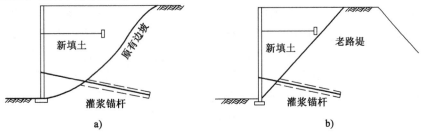

图 4-103　锚定板与锚杆联合使用

锚固式挡土墙的特点是:①构件截面小、结构重量轻,使挡土墙的结构轻型化,与重力式挡土墙相比,可以节约大量的圬工并节省工程投资;②利于挡土墙的机械化、装配化施工,可以减轻笨重的体力劳动,提高劳动生产率;③不需要开挖大量基坑,能克服不良地基挖基的困难,并利于施工安全。但也有一些不足之处使其应用受到一定的限制,譬如锚杆挡土墙对施工工艺要求较高,需有钻孔、灌浆等配套的专用机械设备,且要耗用一定的钢材。

锚杆挡土墙一般适用于岩质路堑地段,但其他具有锚固条件的路堑墙也可使用,还可应用于陡坡路堤。锚定板挡土墙主要适用于承载力较低的软弱地基和缺乏石料的地区,作路肩墙或路堤墙,但在滑坡、坍塌地段以及膨胀土地区不能使用。

二、土压力计算

1. 锚杆挡土墙

由于墙后岩(土)层中有锚杆的存在,造成比较复杂的受力状态,因此土压力的计算至今没有得到很好的解决。目前设计中大多仍按库仑主动土压力理论进行近似计算。

对于多级挡土墙,应利用延长墙背法分别计算每一级的墙背土压力,如图 4-104 所示。计算上级墙时,视下级墙为稳定结构,可不考虑下级墙对上级墙的影响;计算下级墙时,则应考虑上级墙的影响。为简化计算,特别是在挡土板和肋柱设计时,可近似按图 4-104b)实线所示的土压力分布图考虑,即土压力分布简化为三角形或梯形分布。

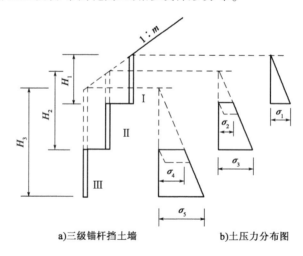

a)三级锚杆挡土墙　　b)土压力分布图

图 4-104　分级锚杆挡土墙土压力

2. 锚定板挡土墙

由于墙面系、拉杆、锚定板及填土的相互作用,土压力问题比较复杂,它与填土的性质、压实程度、拉杆位置及其长度、锚定板大小等因素有关。现场实测和室内模型试验表明,土压力值大于库仑主动土压力计算值,但小于静止土压力值。为简化计算,在锚定板挡土墙设计时,作用于墙背上的恒载土压力可以库仑主动土压力理论或静止土压力理论为基础进行近似计算。

由于柱板并非刚性墙背,而且柱板的变形受拉杆和锚定板的约束,其变形不可能使土压力进入主动状态,并受拉杆的影响。因此,当作用于墙面上的土压力按库仑主动土压力理论计算时,需乘以大于 1 的系数 m,使计算结果与实际土压力接近。根据锚定板挡土墙土压力实测结果与理论计算值的比较,增大系数 m 值在 $1.20 \sim 1.40$ 之间。

土压力沿墙背的分布图形如图 4-105 所示,采用墙高上部 $0.5H$ 范围内为三角形分布、下部 $0.5H$ 为矩形分布,其土压应力为:

$$\left.\begin{array}{l} \sigma_H = \dfrac{1.33E_x}{H}m \\ \sigma_{hi} = \dfrac{2\sigma_H h_i}{H} \quad \left(0 \leq h_i < \dfrac{H}{2}\right) \\ \sigma_{hi} = \sigma_H \quad \left(\dfrac{H}{2} \leq h_i \leq H\right) \end{array}\right\} \quad (4\text{-}245)$$

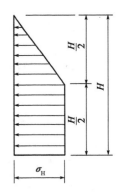

图 4-105　锚定板挡土墙土压应力分布

式中:σ_H——墙底的水平土压应力(kPa);
　　　h_i——墙顶至计算截面的高度(m);
　　　σ_{hi}——深度为 h_i 处的水平土压应力(kPa);
　　　E_x——库仑主动土压力的水平分力(kN);
　　　H——墙高(m),当为两级及两级以上时,H 为各级墙的总高度;
　　　m——土压力增大系数,$m = 1.20 \sim 1.40$。

上述分布图形是根据国内外大多数实测土压力的分布图形为抛物线形,合力作用点约在墙底以上 $0.4H$ 处,并结合锚定板挡土墙的实测土压力分布图形简化而成的。

活载对墙面的土压力也按库仑主动土压力计算,但不乘增大系数 m。作用于墙背上总的土压力应为恒载产生的土压力和活载产生的土压力之和。

当作用于墙面上的土压力按静止土压力近似计算时,需对计算值给予适当折减,实际按 75% 进行折减,即:

$$E = 0.375\gamma H^2 K_0 \quad (4\text{-}246)$$

土压应力沿墙背的分布与图 4-105 相同,则土压应力为:

$$\left.\begin{array}{l} \sigma_{hi} = \gamma h_i K_0 \quad \left(0 \leq h_i < \dfrac{H}{2}\right) \\ \sigma_{hi} = \sigma_H = 0.5\gamma H K_0 \quad \left(\dfrac{H}{2} \leq h_i \leq H\right) \end{array}\right\} \quad (4\text{-}247)$$

式中:σ_{hi}——深度为 h_i 处的土压应力(kPa);
　　　h_i——墙顶至计算截面的高度(m);
　　　K_0——静止土压力系数。

活载土压应力是按活载引起的竖向土压应力与静止土压力系数相乘而得,由于活载的影响随深度的增加而减小,因此,竖向土压应力按 30° 的扩散角向下扩散。活载的土压应力为:

$$\sigma_{pi} = \dfrac{qK_0 B}{L_{hi}} \quad (4\text{-}248)$$

式中:σ_{pi}——深度为 h_i 处的活载土压应力(kPa);
　　　q——活载等代附加荷载强度(kPa);
　　　B——墙顶活载的横向分布宽度(m);
　　　L_{hi}——深度 h_i 处的活载扩散宽度(m)。

三、抗拔力计算

(一)锚杆抗拔力计算

锚杆抗拔力的确定是锚杆挡土墙设计的基础,它与锚杆锚固的形式、地层的性质、锚孔的直径、有效锚固段的长度以及施工方法、填注材料等因素有关。因此,从理论上确定锚杆抗拔力复杂而困难,至今尚未有理想的方法,目前普遍采用的方法是:根据以往施工经验、理论计算值和拉拔试验结果综合确定。

1. 摩擦型灌浆锚杆的抗拔力

利用砂浆与孔壁摩擦阻力起锚固作用的摩擦型灌浆锚杆,是用水泥砂浆将一组粗钢筋锚固在地层内部的钻孔中,中心受拉部分是钢筋,而钢筋所承受的拉力首先通过锚杆周边的砂浆握裹力传递到砂浆中,然后通过锚固段周边地层的摩擦阻力传递到锚固区的稳定地层中,如图4-106所示。

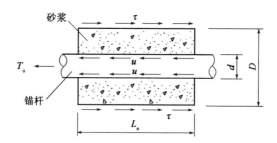

图 4-106 灌浆锚杆锚固段的受力状态

因此,锚杆如受到拉力的作用,除了钢筋本身需有足够的抗拉能力外,锚杆的抗拔作用还必须同时满足以下三个条件:

①锚固段的砂浆对于锚杆的握裹力需能承受极限拉力;
②锚固段地层对于砂浆的摩擦阻力需能承受极限拉力;
③锚固的土体在最不利的条件下仍能保持整体稳定性。

(1)岩层锚杆的抗拔力。

当锚杆锚固于较完整的岩层中时(用 M30 的水泥砂浆灌注),由于岩层的强度一般大于砂浆的强度,即岩层与孔壁的摩擦阻力一般大于砂浆对锚杆的握裹应力。因此,在完整硬质岩层中的锚杆抗拔力一般取决于砂浆的握裹能力,则锚杆的极限抗拔力为:

$$T_u = \pi d L_e u \tag{4-249}$$

式中:T_u——锚杆的极限抗拔力(kN);
d——锚杆的直径(m);
L_e——锚杆的有效锚固长度(m);
u——砂浆对于钢筋的平均握裹应力(kPa)。

砂浆对钢筋的握裹力,取决于砂浆与钢筋之间的抗剪强度。如果采用螺纹钢筋,这种握裹力取决于螺纹凹槽内部的砂浆与周边以外砂浆之间的抗剪力,也就是砂浆本身的抗剪强度,一般可取砂浆标准抗压强度的1/10。

(2)土层锚杆的抗拔力。

当锚杆锚固在风化岩层和土层中时,锚杆孔壁对砂浆的摩擦阻力一般低于砂浆对锚杆的握裹力。因此,锚杆的极限抗拔能力取决于锚固段地层对于锚固段砂浆所能产生的最大摩擦阻力,则锚杆的极限抗拔力为:

$$T_u = \pi D L_e \tau \tag{4-250}$$

式中:D——锚杆钻孔的直径(m);

τ——锚固段周边砂浆与孔壁的平均抗剪强度(kPa)。

抗剪强度 τ 除取决于地层特性外,还与施工方法、灌浆质量等因素有关,最好在进行现场拉拔试验以确定锚杆的极限抗拔力,在没有试验条件的情况下,可根据过去拉拔试验得出的统计数据参考使用。

由式(4-250)可见,锚孔直径 D、有效锚固长度 L_e 和砂浆与孔壁周边的抗剪强度 τ 是直接影响锚杆抗拔能力的因素。其中,锚杆周边抗剪强度 τ 值又受地层性质、锚杆的埋藏深度、锚杆类型和施工灌浆等许多复杂因素的影响。抗剪强度 τ 值不仅在不同种类的地层中和不同深处的锚杆周边有很大差异,即使在相同地层和相同埋深处,τ 值也可能由于锚杆类型和灌浆方法的差别而有大幅度的变化。锚杆孔壁与砂浆接触面的抗剪强度与以下三种破坏形式有关,分别是:第一,砂浆接触面外围的地层剪切破坏,这只有当地层强度低于砂浆与接触面强度时才会发生;第二,沿着砂浆与孔壁的接触面剪切破坏,这只有当灌浆工艺不合要求而使砂浆与孔壁黏结不良时才会发生;第三,接触面内砂浆的剪切破坏。

土层的强度一般低于砂浆强度。因此,土层锚杆孔壁对于砂浆的摩擦阻力应取决于沿接触面外围的土层抗剪强度。其土层抗剪强度 τ 为:

$$\tau = c + \sigma \tan\varphi \tag{4-251}$$

式中:c——锚固区土层的黏聚力(kPa);

φ——锚固区土层的内摩擦角;

σ——孔壁周边法向压应力(kPa)。

c、φ 值完全取决于锚固区土层的性质,而 σ 则受到地层压力和灌浆工艺两方面因素的影响。一般灌浆锚杆在灌浆过程中未加特殊压力,其孔壁周边的法向压力 σ 主要取决于地层压力,因而式(4-251)可以表示为:

$$\tau = c + K_0 \gamma h \tan\varphi \tag{4-252}$$

式中:h——锚固段以上的地层覆盖厚度(m);

γ——锚固段土层的重度(kN/m³);

K_0——锚固段孔壁的土压力系数。

一般情况下,孔壁土压力系数 K_0 接近或略小于1;如采用特殊的高压灌浆工艺,则孔壁土压力系数 K_0 将大于1;其具体数值须根据地层和施工工艺的情况试验确定。但如果是在松软地层中进行高压灌浆,高压灌浆所产生的局部应力将逐渐扩散减小,因而 K_0 值的增大也是有限的。因此,在松软地层中往往采用扩孔的方法以增大锚杆的抗拔能力。

2. 扩孔型灌浆锚杆的抗拔力

所谓扩孔锚杆(图4-107)就是利用扩孔钻头或爆破等方法扩大锚固段的钻孔直径(一般可扩大3~5倍),从而提高锚杆的抗拔能力,这种扩孔方法主要用于软弱地层中。

(1)压缩桩法。

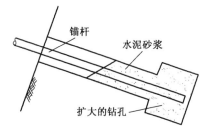

图 4-107 扩孔灌浆锚杆

对于锚杆端部采用扩孔形式的锚杆,其极限抗拔力视地层性质而不同。当锚固体处在岩层中时,锚杆的极限抗拔力往往取决于砂浆的抗压强度;当锚固体处在土层中时,锚杆极限抗拔力推算公式的基本形式为:

$$T_u = F + Q \tag{4-253}$$

式中:F——锚固体的周面摩擦阻力;

Q——锚固体受压面上的抗压力。

由此可见,锚固体的抗拔力为锚固体侧面的摩擦阻力以及截面突出部分的抗压力之和。对于图 4-108 所示的典型单根锚杆,其锚固体的极限抗拔力为:

$$T_u = \pi D_1 \int_{Z_1}^{Z_1+L_1} \tau_1 dZ + \pi D_2 \int_{Z_2}^{Z_2+L_2} \tau_2 dZ + q_d S \tag{4-254}$$

式中:D_1——锚固体直径(m);

D_2——锚固体扩孔部分的直径(m);

τ_1——锚固体与地基间的抗剪强度(kPa);

τ_2——锚固体扩孔部分与地基间的抗剪强度(kPa);

S——锚固体扩孔受压面积(m^2);

q_d——锚固体扩大受压部分的极限承载力(kPa)。

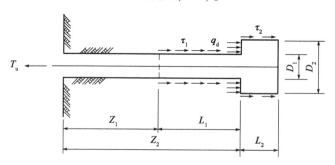

图 4-108 压缩桩法计算图式

对于设置在黏质土中的锚杆,当承压截面部分有足够的埋置深度时,可按深基础端支承力处理。捷博塔辽夫提出了极限承载力 q_d 的计算方法,即:

$$q_d = 9c \tag{4-255}$$

而门纳尔特(Menard)建议取:

$$q_d = 6kc \tag{4-256}$$

式中:k——系数,当为软黏土时取 1.5,硬黏土时取 2。

式(4-255)中考虑了摩擦阻力和抗压力两个方面,通常 $T_u < F_{max} + Q_{max}$;也就是说,实际上,锚固体的极限抗拔力不可能达到摩擦阻力和抗压力全部充分发挥的程度。因此,推算的结果会偏大,而这种偏大是不安全的。为此,在考虑锚固体构造和形状的同时,应预测锚杆各部分在设计荷载作用下的变位状态,由此来判断式(4-255)中 τ 和 q_d 的取值。

(2)柱状剪切法。

对于土层扩孔锚杆,假定锚杆在拉拔力的作用下,锚固体扩大部分以上的土体沿锚杆轴线方向作柱状剪切破坏,如图 4-109 所示,则锚固体的极限抗拔力:

$$T_u = \pi D_2 L_1 \tau_1 + \pi D_2 L_2 \tau_2 \qquad (4\text{-}257)$$

式中：τ_1——锚固体扩大部分以上滑动土体与外界土体表面间的抗剪强度(kPa)。

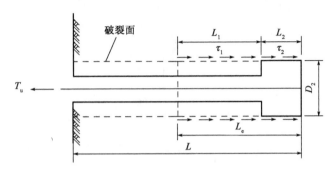

图 4-109　柱状剪切法计算图式

τ_1 值也是根据统计资料凭经验选定，有时也可采用式(4-252)推算，然后根据现场拉拔试验数值综合加以确定。

(二)锚定板抗拔力计算

锚定板抗拔力是一个十分复杂的问题，其影响因素较多，到目前为止，尚未找到精确的理论解答，需通过现场拉拔试验确定其抗拔力。我国铁路部门曾做过大量的现场拉拔试验，试验方法如图 4-110 所示。通过对现场原型试验结果，提出了深埋锚定板单位面积的容许抗拔力。对于浅埋锚定板，由于锚定板的稳定不是由抗拔力控制，而是由锚定板前的被动抗力阻止板前土体破坏来控制，因此，其抗拔力取决于锚定板前的被动土压力。

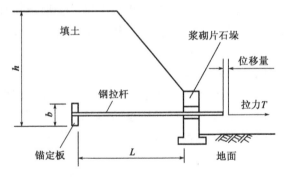

图 4-110　现场拉拔试验示意图

1. 极限抗拔力

为了从原型拉拔试验曲线上确定合理的抗拔力，首先应确定极限抗拔力的判别标准和方法。根据判别标准的不同，极限抗拔力有三种：极限稳定抗拔力、局部破坏抗拔力和极限变形抗拔力。

(1)极限稳定抗拔力。

当锚定板所受拉力超过一定程度后，锚定板前土体中某一点的应力状态开始达到极限平衡，出现局部剪切作用和塑性区。随着拉力不断增大，锚定板周围土体的塑性区继续发展，直至塑性区连通之后(图 4-111)，锚定板在土体中的位置将不能保持局部稳定状态。以锚定板在土体中能够保持局部稳定状态的最大抗拔力作为极限稳定抗拔力。

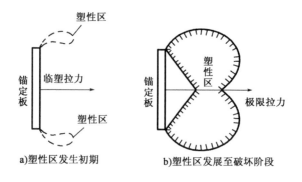

图 4-111 锚定板前方土体塑性区的发展

在现场试验时,是以位移速率作为判断"稳定"或"丧失稳定"的界限。一般规定当变位速率降至 30min 而不超过 0.1mm 时,即为稳定。当某一级拉力施加 3h 后仍不能达到上述稳定标准,即认为丧失稳定。其前一级拉力则为极限稳定抗拔力。

(2)局部破坏抗拔力。

从锚定板拉拔试验所得到的拉力-变位曲线与地基荷载试验的 P-S 曲线形状相似,其最后阶段往往是直线,而且这段曲线的斜率为最小。根据地基承载力中局部破坏承载力的概念和确定方法,在拉拔试验曲线上以最后直线段的起始点作为确定极限抗拔力的第二种标准,由此得到的极限抗拔力即为局部破坏抗拔力。

(3)极限变形抗拔力。

如果锚定板受力后的位移量超过了结构所能承受的极限变形值,该挡土墙将会失去作用或被破坏。因此,以锚定板的位移量不超过锚定板挡土墙的变形极限时的最大抗拔力,作为极限变形抗拔力,即确定极限抗拔力的第三种标准。建议将锚定板的位移量 100mm 作为变形的极限值,当位移量超过 100mm 时,锚定板挡土墙将不能使用。

根据原型试验的结果确定极限抗拔力时,往往需要综合使用上述三种标准。三种标准中应优先采用第一种标准,但由于试验设备和时间所限,有很多试验不能达到极限稳定抗拔力,这时可采用第二种标准。若采用前两种标准所得到的变形量超过了第三种标准的极限变形值时,则在锚定板尚未丧失稳定之前,构造物已不能承受,这时应以第三种标准确定极限抗拔力。

2. 深埋锚定板容许抗拔力

容许抗拔力是锚定板设计拉力的最大容许值,等于锚定板的极限抗拔力除以安全系数。安全系数的取值应考虑影响抗拔力的各种因素的复杂程度,及工程结构的性质和重要程度。

实测极限抗拔力是锚定板能承受的极限拉力,考虑到在实际工程中填土的不均匀性、墙面变形的影响、群锚的相互影响以及荷载的长期作用等因素,安全系数不应小于 2.5~3.0。

根据现场拉拔试验,按照极限抗拔力的判别标准,当采用局部破坏抗拔力标准的安全系数 2.5 或者采用极限变形抗拔力标准的安全系数 3.0 时,二者所得到的容许抗拔力比较接近,大多数为 100~150kPa。因此,对于埋深在 3~10m,且埋于土质砂或黏质土中的锚定板,其单位容许抗拔力建议值为 $T_R = 100 \sim 150$ kPa,并按表 4-30 取值。

锚定板容许抗拔力 表4-30

锚定板埋置深度(m)	容许抗拔力(kPa)
10	150
5	120
3	100

注：当锚定板埋置深度为3~5m、5~10m时，容许抗拔力可分别按线性内插确定。

3. 浅埋锚定板容许抗拔力

现场原型拉拔试验大多是在锚定板埋置深度为3~10m范围内进行的。如果埋置深度小于3m，则锚定板容许抗拔力不能按表4-30确定。

当锚定板埋置深度小于3m时，锚定板的稳定由锚定板前的被动土压力控制，如图4-112所示。因此，对于宽度方向连续的锚定板，当埋置深度 $D < 4.5h$（h 为锚定板高度）时，每延米锚定板的极限抗拔力 T_u(kN)为：

$$T_u = \frac{1}{2}\gamma D^2 (K_p - K_a) \tag{4-258}$$

式中：K_p、K_a——被动土压力系数和主动土压力系数；
γ——填土重度(kN/m³)。

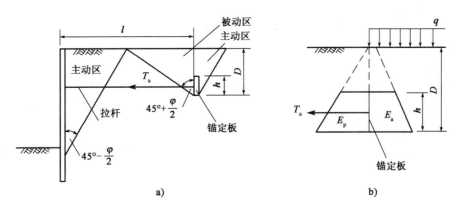

图4-112 浅埋锚定板抗拔力计算图式

如果采用不连续的方形锚定板，则其极限抗拔力为：

$$T_u = \frac{1}{2}\gamma D^2 (K_p - K_a)\lambda h \tag{4-259}$$

式中：T_u——单块锚定板的极限抗拔力(kN)；
λ——修正系数：

$$\lambda = 1 + \frac{D}{2h}\tan\varphi \tag{4-260}$$

对于锚定板挡土墙，修正系数 λ 一般取为1，即采用不连续的方形锚定板，其极限抗拔力为：

$$T_u = \frac{1}{2}\gamma D^2 (K_p - K_a)h \tag{4-261}$$

如果锚定板布置得很密，其中心间距 l 小于 $(h+2a)$ 时，则被动破裂棱体会发生重叠，重叠

宽度为 $a_1 = h + 1.5D\tan\varphi - l$。在这种情况下,方形锚定板的极限抗拔力应为:

$$T_u = \frac{1}{2}\gamma D^2(K_p - K_a)\lambda h - \frac{a_1^3}{3a^2}\gamma D^2(K_p - K_a) \qquad (4\text{-}262)$$

式中: $a = 0.75D\tan\varphi$。

容许抗拔力则为:

$$T_R = \frac{T_u}{K} \qquad (4\text{-}263)$$

其中,安全系数 K 不应小于2。

4. 锚定板抗拔力其他计算方法

梅耶霍夫认为方形锚定板的埋深比 $D/h \leq 4$(在松砂中)或 $D/h \leq 8$(在密实砂中)时属于浅埋锚定板;连续条形锚定板埋深比 $D/h \leq 6$(在松砂中)或 $D/h \leq 12$(在密实砂中)时属于浅埋锚定板;超过上述的界限,则属于深埋锚定板。

浅埋锚定板的极限抗拔力按式(4-264)计算:

$$T_u = \frac{1}{2}\gamma D_0^2 K_b b \qquad (4\text{-}264)$$

式中: $D_0 = D - \frac{h}{2}(\text{m})$;

K_b——土压力系数,是填土的内摩擦角 φ 的函数;

b——锚定板宽度(m);

γ——填土的重度(kN/m³)。

深埋锚定板的极限抗拔力按式(4-265)计算:

$$T_u = N_q \gamma D b h \qquad (4\text{-}265)$$

式中: N_q——与摩擦角 φ 有关的参数(断裂因素)。

港工设计规范规定,当 $D \geq 4.5h$ 时,深埋锚定板的极限抗拔力 T_u 为:

$$T_u = \frac{1}{2}\gamma(K_p - K_a)[D^2 - (D - h)^2]\lambda h \qquad (4\text{-}266)$$

式中, λ 按式(4-260)计算。

四、构件设计

(一)挡土板

挡土板一般采用钢筋混凝土槽形板、矩形板和空心板,有时也采用拱形板,大多为预制构件。混凝土强度不应低于C20,矩形板挡土板厚度不应小于0.15m,宽度视吊装设备的能力而定,但不得小于0.3m,一般采用0.5m。预制挡土板的长度考虑到锚杆(拉杆)与肋柱的连接,一般较肋柱间距短10~12cm,或将锚杆(拉杆)处的挡土板留有缺口。挡土板与肋柱的搭接长度不应小于0.10m,另外挡土板后应设置反滤层。

挡土板以肋柱为支点,当采用槽形板、矩形板和空心板预制构件时,挡土板可按简支板计算内力;当采用拱形板预制构件时,挡土板可按双铰拱板计算内力;在现浇结构中,挡土板常做成与肋柱连在一起的连续板,应按连续梁计算内力。

挡土板直接承受土压力,对每一块挡土板来说,承受的荷载为梯形均匀荷载,而且每一块板所承受的荷载是不同的。在设计中,一般将挡土板自上而下的分为若干个区段,每一区段内的挡土板厚度是相同的,并按区段内最大荷载进行计算,如图 4-113 所示,但挡土板的规格不宜过多。

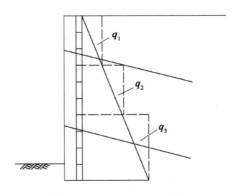

图 4-113　挡土板土压力分布及计算区段

1. 视挡土板为简支板时的内力计算

计算图式如图 4-114 所示,跨中最大弯矩 M_{max}(kN·m)和最大剪力 Q_{max}(kN)分别为:

$$M_{max} = \frac{1}{8}ql^2 \tag{4-267}$$

$$Q_{max} = \frac{1}{2}ql \tag{4-268}$$

式中:l——计算跨径(m),即肋柱间净矩加一个搭接长度;
　　　q——土压应力(kN/m),即挡土板宽度范围内的土压力。

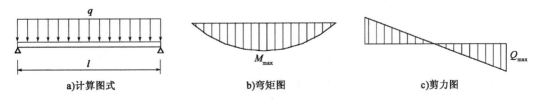

图 4-114　视挡土板为简支梁时的内力计算图式

2. 视挡土板为双铰拱时的内力计算

双铰拱为一次超静定结构,计算图式如图 4-115 所示。在均布荷载作用下,水平推力为:

$$H_P = -\frac{\Delta_{2P}}{\delta_{22}} = \frac{m_1 q \dfrac{R^4}{EI} + m_1' \dfrac{qR^2}{EA}}{\left(n_1 R^2 + K_1 \dfrac{I}{A}\right)\dfrac{R}{EI}} \tag{4-269}$$

式中:H_P——均布荷载作用下的拱脚水平推力(kN);
　　　δ_{22}——当 $H_P = 1$ 时,拱脚产生的水平位移(即常变位);
　　　Δ_{2p}——荷载作用下拱脚产生的水平位移(即荷变位);
　　　R——圆弧曲线半径(m);
　　　I、A——截面惯性矩(m^4)及截面面积(m^2);

E——材料的弹性模量(kPa);

$m_1 = \left(-\cos^3\varphi_0 + \frac{1}{2}\cos\varphi_0\right)\varphi_0 + \frac{1}{2}\sin\varphi_0 - \frac{7}{6}\sin^3\varphi_0$;

$m_1' = \frac{2}{3}\sin^3\varphi_0$;

$n_1 = \varphi_0(1 + 2\cos^2\varphi_0) - 3\sin\varphi_0\cos\varphi_0$;

$K_1 = \varphi_0 + \sin\varphi_0\cos\varphi_0$;

φ_0——拱圆弧半圆心角(rad)。

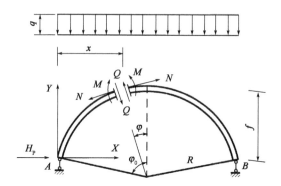

图 4-115 视挡土板为双铰拱时的内力计算图式

由温度变化产生的附加水平推力为:

$$H_t = \frac{l\alpha t}{\delta_{22}} = \frac{l\alpha t}{\left(n_1 R^2 + K_1 \dfrac{I}{A}\right)\dfrac{R}{EI}} \quad (4\text{-}270)$$

式中:H_t——由温度变化引起的拱脚水平推力(kN);

　　　l——两铰拱挡土板的计算跨径(m);

　　　α——材料的温度膨胀系数,对于混凝土,$\alpha \approx 1 \times 10^{-5}$;

　　　t——温度变化值(℃),上升为正,下降为负。

当求得拱脚水平推力后,则圆弧两铰拱挡土板在任意截面处弯矩 M_x(kN·m)、轴向力 N_x(kN)和剪力 Q_x(kN)分别为:

$$M_x = M_p - H_y = M_p - HR(\cos\varphi - \cos\varphi_0) \quad (4\text{-}271)$$

$$N_x = H\cos\varphi + P_p\sin\varphi \quad (4\text{-}272)$$

$$Q_x = \pm H\sin\varphi \pm P_p\cos\varphi \quad (4\text{-}273)$$

式中:H——水平推力(kN),按荷载组合的需要计算确定;

　　　M_p、P_p——计算荷载作用下任意截面处的弯矩(kN·m)和垂直力(kN);

$$M_p = \frac{1}{2}qR^2(\sin^2\varphi_0 - \sin^2\varphi) \quad (4\text{-}274)$$

$$P_p = qR\sin\varphi \quad (4\text{-}275)$$

求得各内力后,便可根据内力值的大小确定挡土板的截面尺寸。

视挡土板为连续板时,其内力计算参见肋柱的内力计算。

(二)肋柱

1. 肋柱的截面设计和布设

肋柱一般采用矩形或 T 形截面,沿墙长方向肋柱宽度不宜小于 0.3m,肋柱的间距由工点的地形、地质、墙高以及施工条件等因素确定,考虑工地的起吊能力和锚杆(锚定板)的抗拔力等因素,间距一般可为 2.0~3.0m(锚杆挡土墙)或 1.5~2.5m(锚定板挡土墙)。根据运输和吊装能力,肋柱可采用整体预制,亦可分段拼接或就地浇筑。锚定板挡土墙上下两级肋柱接头常用榫接,亦可做成平台并相互错开。肋柱采用的混凝土强度等级不应低于 C20。

肋柱上设置锚杆(拉杆)处需要预留安装锚杆(拉杆)的椭圆形或圆形孔道。椭圆形孔道的宽和圆形孔道的直径应该大于锚杆(拉杆)的螺丝端杆直径(螺母锚固)或锚杆(拉杆)直径(弯钩、焊短钢筋锚固),以便于在填土之前填塞沥青水泥砂浆用来防锈,如果采用压浆方法封孔,则需要预留压浆孔。

肋柱严禁前倾,应适当后仰,其仰斜度宜为 1:0.05。

肋柱与地基的嵌固程度和基础的埋置深度有关,它取决于地基的条件及结构的受力特点。设计时,一般按自由端或铰支端考虑。当为自由端时,肋柱所受侧压力全部由锚杆(拉杆)承受,此时肋柱下端的基础仅做简单处理。通常,当地基条件较差、挡土墙高度不大以及处治滑坡时,按自由端考虑。当为铰支端时,要求肋柱基础有一定的埋深,使少部分推力由地基承受,可减少锚杆(拉杆)所受的拉力。当肋柱基础埋置较深,且地基为坚硬的岩石时,可以按固定端考虑,这对减少锚杆(拉杆)受力较为有利。但应注意地基对肋柱基础的固着作用而产生的负弯矩。固定端的使用应慎重,因为施工中往往较难保证设计条件,同时由于固定端处的弯矩、剪力较大,也影响肋柱截面尺寸。

肋柱截面尺寸应按计算截面弯矩来确定,并满足构造要求。考虑到肋柱的受力及变形情况较复杂,截面配筋一般采用双向配筋,并在肋柱的内外侧配置通长的主要受力钢筋。配筋设计包括:

(1)按最大正负弯矩决定纵向受拉钢筋截面面积;
(2)计算斜截面的抗剪强度,确定箍筋数量、间距以及抗剪斜钢筋的截面面积和位置;
(3)抗裂性计算。

配筋设计应遵守现行《公路钢筋混凝土及预应力混凝土桥涵设计规范》(JTG 3362)的有关规定。

2. 肋柱的内力计算

肋柱承受的是由挡土板传递来的土压力,由于肋柱上的锚杆(拉杆)层数和肋柱基础的嵌固程度不同,其内力计算图式也不同。当锚杆(拉杆)层数为三层或三层以上时,内力计算图式可近似地看成连续梁。当锚杆(拉杆)为二层,且基础为固定端或铰支端时,则按连续梁计算内力;而基础为自由端时,应按双支点悬臂梁计算内力。

(1)视肋柱为双支点悬臂梁时的内力计算。

肋柱上下两端自由,承受梯形分布土压力,计算图式如图 4-116 所示。

①肋柱支承反力。

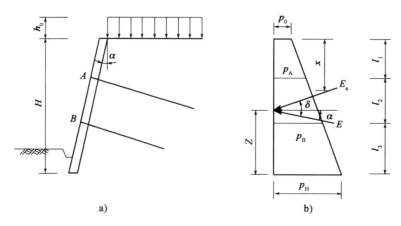

图 4-116 双支点悬臂梁内力计算图式

$$\left.\begin{array}{l}R_A = \dfrac{E(Z-l_3)}{l_2} \\ R_B = E - R_A\end{array}\right\} \qquad (4\text{-}276)$$

式中：E——一根肋柱分担，且方向垂直于肋柱的土压分力(kN)，$E = \dfrac{1}{2}(p_0 + p_H)H$，其中 p_0、p_H 为墙顶及墙底的土压应分力(kN/m)；

Z——土压力的作用点至肋柱底端的高度(m)。

应该指出，当 $Z < l_3$ 时，支承反力 $R_A < 0$，即 R_A 为推力，说明锚杆 B 的布置不当，应调整锚杆 B 在肋柱上的位置。

②肋柱弯矩。

A、B 支座处的弯矩分别为：

$$\left.\begin{array}{l}M_A = -\dfrac{1}{2}p_0 l_1^2 - \dfrac{1}{6}(p_A - p_0)l_1^2 \\ M_B = -\dfrac{1}{2}p_B l_3^2 - \dfrac{1}{3}(p_H - p_B)l_3^2\end{array}\right\} \qquad (4\text{-}277)$$

A、B 两支座间任意截面上的弯矩为：

$$M_{AB} = R_A(x - l_1) - \dfrac{p_0}{2}x^2 - \dfrac{p_H - p_0}{6H}x^3 \qquad (4\text{-}278)$$

式中：x——A、B 两支座间某一截面至肋柱顶的距离(m)。

根据极值原理，最大弯矩的截面位置由式(4-279)确定：

$$R_A - p_0 x - \dfrac{p_H - p_0}{2H}x^2 = 0 \qquad (4\text{-}279)$$

由式(4-279)解得 x 值，代入式(4-278)中，即可得 AB 间的最大弯矩值 M_{max}。

③肋柱支座剪力。

支座上、下两截面处的剪力分别为：

$$\left.\begin{aligned} Q_{A\text{上}} &= -\frac{1}{2}l_1(p_0 + p_A) \\ Q_{A\text{下}} &= R_A + Q_{A\text{上}} \\ Q_{B\text{上}} &= R_A - \frac{1}{2}(l_1 + l_2)(p_0 + p_B) \\ Q_{B\text{下}} &= R_B + Q_{B\text{上}} \end{aligned}\right\} \quad (4\text{-}280)$$

(2) 视肋柱为连续梁时的内力计算。

肋柱视为连续梁时,为超静定结构。超静定结构的内力计算,应先求支座弯矩,再根据静力平衡条件计算各截面弯矩、剪力以及各支座反力。

如果肋柱各支座在受力后的水平变形量相同,则可按刚性支承连续梁进行计算。对于锚定板挡土墙,由于各支承点的变形是由填土和拉杆的变形组成的,一般情况下,各支座变形量是不相同的,因而应按弹性支承连续梁计算肋柱内力。但是由于填土不均匀及土体变形十分复杂,因而各支点的柔度系数变化较大,很难准确计算。为了预防可能出现的各种不利因素,在锚定板挡土墙设计中,宜同时按刚性支承连续梁和弹性支承连续梁计算肋柱内力,并按两种情况计算所得的最不利弯矩、剪力进行肋柱截面设计和配筋,以保证肋柱有足够的安全储备并防止出现裂缝。

①按刚性支承连续梁计算肋柱内力。

按刚性支承连续梁[图4-117a)]计算肋柱内力时,一般采用三弯矩方程,其基本方程为:

$$M_{i-1}\frac{l_i}{I_i} + 2M_i\left(\frac{l_i}{I_i} - \frac{l_{i+1}}{I_{i+1}}\right) + M_{i+1}\frac{l_{i+1}}{I_{i+1}} = -6\left(\frac{B_i^\varphi}{I_i} + \frac{A_i^\varphi}{I_{i+1}}\right) \quad (4\text{-}281)$$

当肋柱截面相同时,惯性矩 I 为常数,即 $I_i = I_{i+1}$ 时,则式(4-281)可简化为:

$$M_{i-1}l_i + 2M_i(l_i + l_{i+1}) + M_{i+1}l_{i+1} = -6(B_i^\varphi + A_{i+1}^\varphi) \quad (4\text{-}282)$$

式中:A^φ、B^φ——把连续梁分割成若干简支梁,将简支梁的弯矩图作为虚梁荷载时的反力[图4-117b)]:

$$B_i^\varphi = \frac{\Omega_i a_i}{l_i} \quad (4\text{-}283)$$

$$A_{i+1}^\varphi = \frac{\Omega_{i+1} a_{i+1}}{l_{i+1}} \quad (4\text{-}284)$$

式中:Ω——简支梁弯矩图的面积。

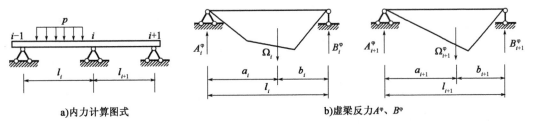

a) 内力计算图式 b) 虚梁反力 A^φ、B^φ

图4-117 刚性支承连续梁内力计算图式

虚梁反力 A^φ、B^φ 可查阅参考文献获得,常用的几个虚梁反力 A^φ、B^φ 列于表 4-31 中。

虚 梁 反 力　　　　　　　　　　　表 4-31

荷 载 情 况	A^φ	B^φ	当 $s = l$ 时	
			A^φ	B^φ
均布荷载图	$\dfrac{ps^4}{24l} - \dfrac{ps^3}{6} + \dfrac{ps^2 l}{6}$	$\dfrac{ps^2 l}{12} - \dfrac{ps^4}{24l}$	$\dfrac{pl^3}{24}$	$\dfrac{pl^3}{24}$
三角形荷载(右高)图	$\dfrac{ps^4}{30l} - \dfrac{ps^3}{8} + \dfrac{ps^2 l}{9}$	$\dfrac{ps^2 l}{18} - \dfrac{ps^4}{30l}$	$\dfrac{7pl^3}{360}$	$\dfrac{pl^3}{45}$
三角形荷载(左高)图	$\dfrac{ps^4}{120l} - \dfrac{ps^3}{24} + \dfrac{ps^2 l}{18}$	$\dfrac{ps^2 l}{36} - \dfrac{ps^4}{120l}$	$\dfrac{pl^3}{45}$	$\dfrac{7pl^3}{360}$
集中力矩图	$\dfrac{Ml}{3} - Ms + \dfrac{Ms^2}{2l}$	$\dfrac{Ml}{6} - \dfrac{Ms^2}{2l}$	$-\dfrac{Ml}{6}$	$-\dfrac{Ml}{3}$

注:l 为跨径,s 为荷载长度,p 为荷载强度,M 为弯矩。

对于连续梁的每一个中间支座,都可以列出一个如式(4-282)所示的补充方程,因而可求出全部中间支座的弯矩值。当支座弯矩已知时,则跨中弯矩和剪力便可按单跨简支梁来计算。

下面以基础为固定端、土压力呈三角形分布(图 4-118)为例,说明三弯矩方程的应用及肋柱内力计算方法。

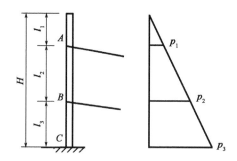

图 4-118　基础为固定端、土压力呈三角形分布的肋柱内力计算图式

a. 支座弯矩。

对于悬臂端,A 支座的弯矩为:

$$M_A = -\frac{1}{6} p_1 l_1^2 \tag{4-285}$$

以 AB、BC 跨建立三弯矩方程：

$$M_A l_2 + 2M_B(l_2 + l_3) + M_C l_3 = -6(B_B^\varphi + A_C^\varphi) \tag{4-286}$$

因在固定端处多了一个未知 M_C，为此可假想将 C 点延伸至 D 点（图 4-119），其中 $l_0 = 0$，$I_0 = \infty$，以 BC、CD 跨建立三弯矩方程，这样就增加了一个方程，即：

$$M_B l_3 + 2M_C l_3 = -6B_C^\varphi \tag{4-287}$$

联立式（4-285）~式（4-287），则可求得支座弯矩：

$$\left. \begin{array}{l} M_A = -\dfrac{1}{6} p_1 l_1^2 \\[2mm] M_B = -\dfrac{2M_A l_2 + 12(B_B^\varphi + A_C^\varphi) - 6B_C^\varphi}{4l_2 + 3l_3} \\[2mm] M_C = -\dfrac{1}{2l_3}(6B_C^\varphi + M_B l_3) \end{array} \right\} \tag{4-288}$$

式中：$B_B^\varphi = \dfrac{L_2^3}{360}(7p_1 + 8p_2)$；

$A_C^\varphi = \dfrac{L_3^3}{360}(8p_2 + 7p_3)$；

$B_C^\varphi = \dfrac{L_3^3}{360}(7p_2 + 8p_3)$。

b. 截面弯矩。

AB 跨截面弯矩（图 4-120）为：

$$M_x = M_x^0 + \frac{M_B - M_A}{l_2} x + M_A \tag{4-289}$$

式中：$M_x^0 = \dfrac{1}{6}(2p_1 + p_2) l_2 x - \dfrac{1}{2} p_1 x^2 - \dfrac{1}{6l_2}(p_2 - p_1) x^3$。

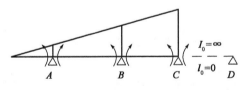

图 4-119 固定端支座弯矩计算图式

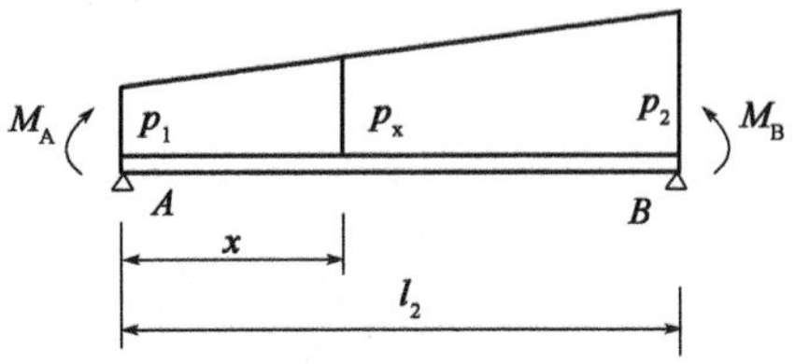

图 4-120 AB 跨截面弯矩计算图式

截面最大弯矩的位置可由极值原理 $\dfrac{\mathrm{d}M_x}{\mathrm{d}x} = 0$ 确定的式（4-290）得出：

$$3(p_2 - p_1) x^2 + 6l_2 p_1 x - l_2^2 (p_2 + 2p_1) - 6(M_B - M_A) = 0 \tag{4-290}$$

将解出的 x 值代入式（4-289）中，可得 AB 跨最大弯矩 $M_{(AB)\max}$。

BC 跨截面弯矩为：

$$M_x = M_x^0 + \frac{M_C - M_B}{l_3} x + M_B \tag{4-291}$$

$$M_x^0 = \frac{1}{6}(2p_2 + p_3) l_3 x - \frac{1}{2} p_2 x^2 - \frac{1}{6l_3}(p_3 - p_2) x^3 \tag{4-292}$$

同样令 $\dfrac{\mathrm{d}M_x}{\mathrm{d}x}=0$ 可得：

$$3(p_3-p_2)x^2+6l_3p_2x-l_3^2(p_3+2p_2)-6(M_C-M_B)=0 \qquad (4\text{-}293)$$

解出 x 值，并代入式(4-291)中，可得 BC 跨最大弯矩 $M_{(BC)\max}$。

c. 肋柱支座剪力。

$$\left.\begin{aligned}
Q_{A\text{上}} &= -\tfrac{1}{2}p_1l_1 \\
Q_{A\text{下}} &= \tfrac{1}{6}(2p_1+p_2)l_2+\tfrac{1}{l_2}(M_B-M_A) \\
Q_{B\text{上}} &= -\tfrac{1}{6}(p_1+2p_2)l_2+\tfrac{1}{l_2}(M_B-M_A) \\
Q_{B\text{下}} &= \tfrac{1}{6}(2p_2+p_3)l_3+\tfrac{1}{l_3}(M_C-M_B) \\
Q_{C\text{上}} &= -\tfrac{1}{6}(p_2+2p_3)l_3+\tfrac{1}{l_3}(M_C-M_B)
\end{aligned}\right\} \qquad (4\text{-}294)$$

d. 支座反力。

$$\left.\begin{aligned}
R_A &= Q_{A\text{下}}-Q_{A\text{下}} \\
R_B &= Q_{B\text{下}}-Q_{B\text{上}} \\
R_C &= -Q_{C\text{上}}
\end{aligned}\right\} \qquad (4\text{-}295)$$

②按弹性支承连续梁计算肋柱内力。

按弹性支承连续梁（图4-121）计算肋柱内力时，可采用五弯矩方程，其基本方程为：

$$\begin{aligned}
& M_{i-2}\frac{C_{i-1}}{l_{i-1}l_i}+M_{i-1}\left[\frac{l_i}{6EI}-\frac{C_{i-1}}{l_i}\left(\frac{1}{l_{i-1}}+\frac{1}{l_i}\right)-\frac{C_i}{l_i}\left(\frac{1}{l_i}+\frac{1}{l_{i-1}}\right)\right]+ \\
& \qquad M_i\left[\frac{l_i+l_{i+1}}{3EI}+\frac{C_{i-1}}{l_i^2}+C_i\left(\frac{1}{l_i}+\frac{1}{l_{i+1}}\right)^2-\frac{C_{i+1}}{l_{i+1}}\right]+ \\
& \qquad M_{i+1}\left[\frac{l_{i+1}}{6EI}-\frac{C_i}{l_{i+1}}\left(\frac{1}{l_i}+\frac{1}{l_{i+1}}\right)-\frac{C_{i+1}}{l_{i+1}}\left(\frac{1}{l_{i+1}}+\frac{1}{l_{i+2}}\right)\right]+M_{i+2}\frac{C_{i+1}}{l_{i+1}l_{i+2}} \\
& =-\left(\frac{B_i^\varphi}{EI}+\frac{A_{i+1}^\varphi}{EI}\right)-R_{i-1}^0\frac{C_{i-1}}{l_i}+R_i^0 C_i\left(\frac{1}{l_i}+\frac{1}{l_{i+1}}\right)-R_{i+1}^0\frac{C_{i+1}}{l_{i+1}} \qquad (4\text{-}296)
\end{aligned}$$

式中：R^0——荷载作用下基本结构（简支梁）的支座反力(kN)；

A、B——虚梁反力(kN)，见式(4-282)和表4-31；

E——肋柱的弹性模量(kPa)；

I——截面惯性矩(m^4)；

l——计算跨径(m)；

C——弹性支座的柔度系数(m/kN)。

由式(4-296)可知，按弹性支承连续梁计算肋柱内力，关键在于如何确定各支点的柔度系数 C_i。柔度系数 C_i 的含义为：在单位力作用下 i 支座的变形量。对于锚定板挡土墙而言，肋柱各支座的变形量包括拉杆的弹性伸长 ΔL 和锚定板前方土体的压缩变形 Δm 两部分。因此，各支座的柔度系数 C_i 也应由两部分组成：

$$C_i = C_{gi} + C_{ri} \tag{4-297}$$

式中：C_{ri}——单位力作用下 i 支点锚定板前方土体的压缩变形量(m/kN)；
C_{gi}——单位力作用下 i 支点的拉杆弹性伸长量(m/kN)：

$$C_{gi} = \frac{\Delta L}{R} = \frac{L}{A_g E_g} \tag{4-298}$$

式中：L——拉杆长度(m)；
A_g——拉杆截面积(m^2)；
E_g——拉杆的弹性模量(kPa)。

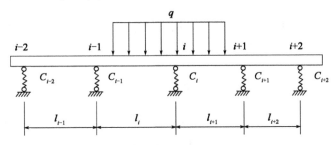

图 4-121 弹性支承连续梁内力计算图式

由于锚定板前方土体的压缩变形十分复杂，因此，确定土体压缩变形部分的柔度系数比较困难。可采用下面两种方法近似计算：一是按钻(挖)孔桩计算方法，采用弹性桩弹性抗力系数 m 值，来确定土体压缩在支座处引起的柔度系数 C_{ri}；二是根据计算基础沉降量的分层总和法，计算单位荷载作用下锚定板在土体中的位移量 Δm_i 来确定柔度系数 C_{ri}。

a. 弹性桩弹性抗力系数法（"m"法）。

为简化起见，假定锚定板前方土体的压缩变形为弹性变形，如果以 b、h 分别表示锚定板的宽度和高度，则有：

$$C_{ri} = \frac{1}{Kbh} \tag{4-299}$$

式中：K——地基系数(弹性抗力系数)，应通过试验测定，也可按式(4-300)近似计算：

$$K = mh_i \tag{4-300}$$

式中：h_i——拉杆支点距填土表面的深度(m)；
m——地基系数的比例系数(kN/m^4)。

则柔度系数为：

$$C_{ri} = \frac{1}{mh_i bh} \tag{4-301}$$

肋柱基础处的柔度系数为：

$$C_e = \frac{1}{2mHb_0 h_0} \tag{4-302}$$

式中：H——肋柱的总高度(m)；
b_0——柱座的宽度(m)；
h_0——柱座的高度(m)。

有关地基系数 K 和比例系数 m 可参考第五章第四节相关内容。

b. 分层总和法。

根据柔度系数的定义有：

$$C_{ri} = \Delta m_i \quad (4\text{-}303)$$

而

$$\Delta m_i = \sum_{j=1}^{n} \delta_j \quad (4\text{-}304)$$

式中：δ_j——将锚定板前方的土体划分为 n 层，在锚定板单位荷载作用下第 j 层土的压缩量：

$$\delta_j = \frac{\Delta t_i}{2EA_F}(K_j + K_{j-1}) \quad (4\text{-}305)$$

其中：Δt_i——第 i 层土的划分厚度(m)；

E——填土的压缩模量(kPa)，可根据现场锚定板抗拔试验应力-应变曲线的起始斜率确定，也可近似取 5000~10000kPa；

A_F——锚定板面积(m^2)；

K_i——土中应力分布系数，对于矩形锚定板，可按表4-32取值。

应力分布系数 K 值 表4-32

$\beta = \dfrac{l_j}{b}$	矩形锚定板边长比 $a = \dfrac{h}{b}$						
	1	1.5	2	3	6	10	20
0.25	0.898	0.904	0.908	0.912	0.934	0.940	0.960
0.50	0.696	0.716	0.734	0.762	0.789	0.792	0.820
1.0	0.336	0.428	0.470	0.500	0.518	0.522	0.549
1.5	0.194	0.257	0.286	0.348	0.560	0.373	0.397
2.0	0.114	0.157	0.188	0.240	0.268	0.279	0.308
3.0	0.058	0.076	0.108	0.147	0.180	0.188	0.209
5.0	0.008	0.025	0.040	0.076	0.096	0.106	0.129

注：$\beta = l_j/b$ 为锚定板前方土层的相对厚度，l_j 为计算土层到锚定板的距离，b、h 为锚定板宽度、高度。

锚定板前土体的压缩量 Δm_i 为各分层土压缩量 δ_j 的总和。一般取锚定板前方 $5h$ 范围内的土体并将其划分为 n 层，Δm_i 即为 $5h$ 范围内各层土的压缩量之和。

肋柱基础处的柔度系数 C_e 可取上述计算的 Δm_i 中最小值的 1/10，即：

$$C_e = 0.1\Delta m_{i(\min)} \quad (4\text{-}306)$$

3. 肋柱底端支承应力验算

(1) 容许应力法。

①基底应力验算。

肋柱底端作用于地基的压应力 σ 必须小于或等于地基的容许承载力 $[\sigma]$，即：

$$\sigma = \frac{\sum N'}{ab} \leqslant [\sigma] \quad (4\text{-}307)$$

式中：$\sum N'$——作用于肋柱底端的轴向力(kN)；

ab——肋柱底端截面积(m^2)，其中 a 为沿墙长方向肋柱的宽度，即受力面的宽度。

肋柱所受的轴向力由三部分组成(图4-122)，即锚杆(拉杆)拉力在肋柱轴向的分力、肋柱自重和土压力在肋柱轴向的分力：

$$\sum N' = \sum R_i \tan(\varepsilon_i - \alpha) + \gamma_h abH + E_a \sin\delta \quad (4\text{-}308)$$

式中：γ_h——肋柱材料的重度（kN/m^3）；

R_i——支座 i 的反力（kN）；

ε_i——锚杆（拉杆）i 的倾角，拉杆一般水平设置，即 $\varepsilon_i = 0$；

α——肋柱倾角，以图4-122所示的仰斜为正值。

为简化计算，土压力沿肋柱轴向分力一般可忽略不计。

②基脚侧向应力验算。

当肋柱基脚为固定端或铰支端时，还需验算肋柱基脚处侧向应力，而自由端不必验算。作用于肋柱基脚的力有支座弯矩 M_0（kN·m）（铰支端时 $M_0 = 0$）和反力 R_0（kN）。为简化计算，假定支座反力 R_0 作用点在基脚埋深 h_D 的中点，如图4-123所示。肋柱基脚侧向的最大应力为：

$$\sigma_{\max} = \frac{R_0 \cos\alpha}{ah_D} + \frac{6M_0}{ah_D^2} \leqslant [\sigma_h] \quad (4\text{-}309)$$

式中：$[\sigma_h]$——地基的侧向容许应力（kPa），$[\sigma_h] = K[\sigma]$，其中 K 为地基坚硬程度的系数，$K = 0.5 \sim 1.0$；$[\sigma]$ 为基底的容许应力（kPa）。

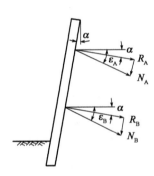

图 4-122 肋柱基脚应力验算图式

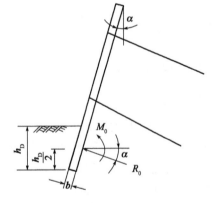

图 4-123 肋柱基脚侧向应力验算图式

或者，由式（4-310）确定肋柱的埋置深度：

$$h_D \geqslant \frac{R_0 \cos\alpha + \sqrt{R_0^2 \cos^2\alpha + 24a[\sigma_h]M_0}}{2a[\sigma_h]} \quad (4\text{-}310)$$

③肋柱基脚前边缘安全距离验算。

肋柱除埋置深度 h_D 范围内需要满足侧向土的支承反力要求外，还应保证有足够的前缘水平距离 l'（m），如图4-124所示，即：

$$l' \geqslant \frac{R_0 \cos\alpha}{a[\tau]} \quad (4\text{-}311)$$

式中：$[\tau]$——地基容许抗剪强度（kPa）。

（2）极限状态法。

①基底应力验算。

按轴心荷载计算基底应力，应满足下式要求：

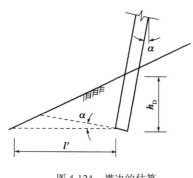

图 4-124 襟边的估算

$$p = \frac{\sum N'}{ab} \le f \quad (4\text{-}312)$$

$$\sum N' = \gamma_R \sum R_i \tan(\varepsilon_i - \alpha) + \gamma_G \gamma_h abH + \gamma_{Q1} E_a \sin\delta \quad (4\text{-}313)$$

式中：γ_R——分项系数，取 $\gamma_R = \gamma_{Q1}$；
　　　f——地基承载应力抗力值(kPa)，$f = 1.1 f_k$；
　　　f_k——地基承载应力标准值(kPa)。

②基脚侧向应力验算。

肋柱基脚侧向应力应满足式(4-314)的要求：

$$p_{\max} = \frac{\gamma_R R_0 \cos\alpha}{a h_D} + \frac{6\gamma_R M_0}{a h_D^2} \le 1.2 Kf \quad (4\text{-}314)$$

式中：$K = 0.5 \sim 1.0$。

③肋柱基脚前缘安全距离验算。

肋柱基脚前缘的水平安全距离应满足式(4-315)的要求：

$$\gamma_R R_0 \cos\alpha \le \frac{l' a R_j}{\gamma_f} \quad (4\text{-}315)$$

式中：R_j——地基土的抗剪强度(kPa)；
　　　γ_f——地基土性能的分项系数。

（三）锚杆

1. 锚杆的布置

锚杆的布置直接涉及锚杆挡土墙墙面构件，和锚杆本身设计的可行性和经济性。布设时，要考虑墙面构件的预制、运输、吊装和构件受力的合理性，同时要考虑锚杆施工条件、受力特点等。每级肋柱上视其高度可设计为两层或多层锚杆，一般布置 2~3 层，其间距不宜小于 2m。若锚杆布置太疏，则肋柱截面尺寸大，锚杆粗而长，但若布置过密，锚杆之间受力的相互影响，使锚杆抗拔力受到影响，此时锚杆拉力就变得比单根锚杆设计拉力低。根据已建工程的经验，锚杆的位置应尽可能使肋柱所受弯矩均匀分布。

2. 锚杆截面设计

锚杆截面设计主要是确定锚杆所用材料的规格和截面积，并根据锚杆的布置和灌浆管的尺寸确定钻孔的直径。

锚杆可采用 HPB235、HPB300 光圆钢筋和 HRB335、HRB400 带肋钢筋或钢丝索，还可采用高强钢绞线或高强粗钢筋。钢筋锚杆宜采用螺纹钢，直径一般应为 18~32mm。锚孔直径应与锚杆直径相匹配，一般为锚杆直径的 3 倍。锚杆应尽量采用单根钢筋，如果单根不能满足拉力需要，也可采用两根钢筋共同组成 1 根锚杆，但每孔钢筋数不宜多于 3 根。

作用于肋柱上的侧压力由锚杆承受。锚杆为轴心受拉构件，其每层锚杆所受拉力 N_p(kN)（图 4-125）为：

$$N_p = \frac{R}{\cos(\varepsilon - a)} \quad (4\text{-}316)$$

式中：R——由肋柱计算求得的支座反力(kN)。

按容许应力法设计时,当求得锚杆拉力 N_p 后,锚杆的有效截面积 $A_g(\text{mm}^2)$ 为:

$$A_g = \frac{KN_p \times 10^3}{R_g} \quad (4\text{-}317)$$

式中:R_g——钢筋的设计强度(MPa);
K——考虑超载和工作条件的安全系数,一般可取 $K=1.7\sim2.5$。

按极限状态法设计时,锚杆截面积可按式(4-318)计算:

$$A_g = \frac{10^3 \times \gamma_0 \gamma_{Q1} N_p}{R_g} \quad (4\text{-}318)$$

式中:γ_0——结构重要性系数;
γ_{Q1}——荷载分项系数;
A_g——锚杆有效截面积(mm^2);
R_g——钢筋的强度设计值。

锚杆钢筋直径除满足强度需要外,尚需增加 2mm 的防锈安全储备。为防止钢筋锈蚀,还需验算水泥砂浆(或混凝土)的裂缝,其值不应超过容许宽度(0.2mm)。

3. 锚杆长度设计

锚杆由非锚固段(即自由段)和有效锚固段组成。非锚固段不提供抗拔力,其长度 L_0 应根据肋柱与主动破裂面或滑动面(有限填土)的实际距离确定(图 4-126)。如果地质条件较好,不太可能形成主动破裂面,则非锚固段长度可以短于其到理论破裂面的距离。有效锚固段提供锚固力,其长度 L_e 应按锚杆承载力的要求,根据锚固段地层性质和锚杆类型确定。

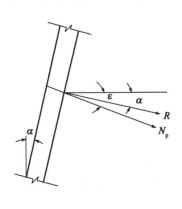

图 4-125 锚杆拉力计算图式

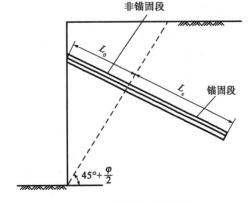

图 4-126 锚杆长度计算图式

在较完整的硬质岩层中,普通摩擦型灌浆锚杆的有效锚固长度为:

$$L_e \geq \frac{KN_p}{\pi d u} \quad (4\text{-}319)$$

式中:L_e——有效锚固长度(m)。

在软质岩层、风化破碎岩层及土层中,普通摩擦型锚杆的有效锚固长度为:

$$L_e \geq \frac{KN_p}{\pi D \tau} \quad (4\text{-}320)$$

锚杆有效锚固长度除满足抗拔稳定性要求外,还应控制锚杆最小长度,即岩层 $L_e \geq 4\text{m}$;土层 $L_e \geq 5\text{m}$。

按极限状态法设计时,有效锚固长度也可按式(4-319)或式(4-320)计算,但应用分项系数 γ_p 代替式中的安全系数 K,并取 $\gamma_p = 2.5$。

4. 锚杆与肋柱的连接

当肋柱采用就地浇筑的方法时,必须将锚杆钢筋伸入肋柱内,其锚固长度应满足钢筋混凝土结构规范的要求。当采用预制的肋柱时,锚杆与肋柱的连接形式有三种(图4-127):螺母锚固,弯钩锚固和焊短钢筋锚固。外露金属部分用砂浆包裹加以保护。

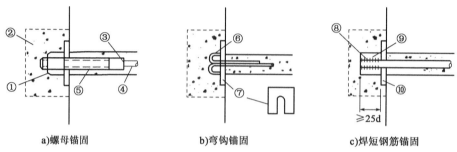

图 4-127　锚杆与肋柱的连接形式

①-螺母;②-砂浆包头;③-对焊或贴焊;④-锚杆;⑤-螺丝端杆;⑥-弯钩;⑦-∩形钢垫板;⑧-短钢筋;⑨-条贴角焊缝;⑩-钢垫板

图4-127a)所示的螺栓连接是由螺丝端杆、螺母、钢垫板以及砂浆包头组成。在锚杆钢筋端部焊接螺丝端杆,穿过肋柱的预留孔道,然后加钢垫板并用螺帽固定。与锚杆钢筋一样,螺丝端杆也应采用延伸性能和可焊性能良好的钢材。

螺丝端杆(包括螺纹、螺母、钢垫板及焊接)应按照与锚杆钢筋截面等强度的条件进行设计。其长度应大于 $(L_g + 0.1\mathrm{m})$,L_g 为肋柱厚度、螺母和钢垫板厚度以及焊接长度之和。如果采用45SiMnV精轧螺纹钢筋作锚杆,钢筋本身的螺旋即可作为丝扣并可安装螺帽,所以不需要再另外焊接螺丝端杆。

5. 锚杆的倾斜度

锚杆在地层中一般都沿水平方向向下倾斜一定的角度,通常为 $10° \sim 45°$,多为 $15° \sim 20°$。

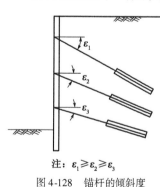

注:$\varepsilon_1 \geqslant \varepsilon_2 \geqslant \varepsilon_3$
图 4-128　锚杆的倾斜度

具体倾斜度应根据施工机具、岩层稳定的情况、肋柱受力条件以及挡土墙要求而定。锚杆的倾斜度是为保证灌浆的密实,有时也为了避开邻近的地下管道或浅层不良土质等。从受力的角度来看,水平方向为好,但这种水平锚杆往往由于上述原因而不能实现。当倾斜度为45°时,抗拔力仅为水平方向的 1/2,而且锚杆倾斜度的增加会使构造物位移加大,因此锚杆倾斜度不宜太大。对于多层锚杆挡土墙,为了减少墙的位移量,应使中层和低层锚杆缓于上层锚杆的倾斜度,如图4-128所示。

6. 锚杆防锈措施

钢筋的锈蚀作用受许多因素影响。暴露在湿空气中并与酸性水和空气反复接触的钢筋,其锈蚀速度最快。当埋在碱性土中且其周围孔隙水和空气不易流动时,钢筋不易锈蚀。一般埋在土中的钢筋锈蚀速度平均约为每年 0.01mm。因此,必须对锚杆钢筋进行防锈处理。

钢筋锚杆的防锈蚀措施应选用柔性材料,而不宜采用包混凝土等刚性防护。在目前情况下,锚杆钢筋采用沥青浸制麻布包裹的防锈蚀方法,不仅施工简便,造价低廉,而且经历了几十年的实践考验,是一种比较好的防锈蚀措施。一般在钢筋表面涂二层防锈漆(如沥青船底漆),并用热沥青浸透的玻璃纤维布缠裹两层,以完全隔绝钢筋与土中水及空气的接触。锚杆也可采用镀锌的方法进行防锈处理。

锚杆螺栓与肋柱连接部位无法包裹,是防锈的薄弱环节,应压注水泥砂浆或用沥青水泥砂浆充填其周围,并用沥青麻筋塞缝。此处应慎重处理。

(四)拉杆

锚定板挡土墙的拉杆为连接肋柱和锚定板的受拉杆件,通常是在拉杆两端分别焊接螺丝端杆与肋柱和锚定板相连接。拉杆与肋柱的连接处即为肋柱的水平支点,拉杆拉力即为肋柱支座反力。各层拉杆的拉力及肋柱基础水平反力的总和等于墙面所受土压力的水平分力。

1. 拉杆材质和截面设计

锚定板挡土墙是一种柔性结构,其特点是能适应较大的变形。为了能保证在较大变形的情况下仍有足够的安全度,应选择延伸性较好的钢材做锚定板挡土墙的拉杆。此外,由于拉杆钢筋因长度关系需要焊接,在拉杆两端往往需要焊接螺丝端杆,因此还必须选用可焊性能较好的钢材,才能保证拉杆焊接部位的质量。拉杆一般采用热轧螺纹钢筋。

拉杆直径不应小于22mm,亦不宜大于32mm,其截面积按式(4-317)或式(4-318)计算确定。拉杆计算直径尚需增加2mm,作为预防钢材锈蚀的安全储备。拉杆应尽量采用单根钢筋,如果单根钢筋不能满足设计拉力的需要,也可以采用两根钢筋共同组成一根拉杆。

2. 拉杆长度

拉杆长度应通过锚定板的稳定性验算及结构的整体稳定性验算来确定。最下层拉杆的长度除满足稳定性要求外,应使锚定板埋置于主动破裂面以外不小于 $3.5h$ 处(h 为矩形锚定板的高度);最上层拉杆的长度不应小于5m。考虑到上层锚定板的埋置深度对其抗拔力的影响,要求最上层拉杆至填土顶面的距离不得小于1m。当锚定板埋置深度不足时,可使拉杆向下倾斜,但其水平倾角宜控制在 $10° \sim 15°$。

(五)锚定板

1. 锚定板面积设计

锚定板一般采用方形钢筋混凝土板,混凝土强度等级不应低于C20,宜竖直埋置在填土中,一般忽略不计拉杆与填土之间的摩擦阻力,则锚定板承受的拉力即为拉杆拉力。

锚定板面积根据拉杆拉力及锚定板容许抗拔力来确定,即:

$$A_F = \frac{N_p}{T_R} \tag{4-321}$$

式中:A_F——锚定板面积(m^2);
N_p——拉杆拉力(kN);
T_R——锚定板单位面积容许抗拔力(kPa)。

除了满足上述计算要求外,锚定板面积不应小于 $0.5m^2$,一般采用 $1m \times 1m$ 的锚定板。

2. 锚定板配筋

锚定板的厚度和钢筋配置可分别在竖直方向和水平方向按中心支承的单向受弯构件计算,并假定锚定板竖直面上所受的水平土压力为均匀分布。除验算锚定板竖直方向和水平方向的抗弯及抗剪强度外,尚应验算锚定板与拉杆钢垫板连接处混凝土的局部承压和冲切强度。考虑到安装误差、施工、搬运及其他因素,应在锚定板前后面双向布置钢筋。

锚定板与拉杆连接处的钢垫板,也可按中心有支点的单向受弯构件进行设计。

锚定板预制时中心应预留穿过拉杆的孔道,其要求同肋柱的预留孔道。

(六) 肋柱基础

肋柱下面的地基承载能力不能满足要求时,应设置基础。肋柱基础可采用 C20 混凝土条形基础,基础厚度不应小于 0.5m,襟边宽度不应小于 0.1m,基础埋深应大于 0.5m。寒冷及严寒地区置于冻胀性土中的肋柱基础,其基底应位于冻结线以下 0.25m,或采取换填、保温等处理措施。

为了减少肋柱吊起时的支撑工作量,肋柱下的基础常采用杯座基础,如图 4-129 所示。杯座基础应满足以下要求:当 $b \leqslant 1.0$m 时,$H_1 \geqslant b$ 或 $H_1 \geqslant 0.05L$(L 为肋柱长);当 $b > 1.0$m 时,$H_1 \geqslant 0.8b$,且 $H_1 \geqslant 1.0$m。$a_1 = 15 \sim 35$cm,$a_2 = 15 \sim 35$cm,$b_1 = 20 \sim 40$cm,当 $b_1/b \geqslant 0.65$ 时,杯口一般不配钢筋。

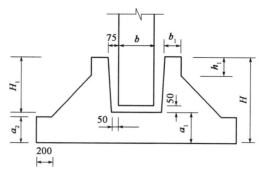

图 4-129 杯座基础(尺寸单位:mm)

肋柱基础也可采用桩基,当钻孔桩与肋柱刚性连接时,可按弹性支承的连续梁进行结构验算。

肋柱基础所承受的荷载包括肋柱和挡土板的重量、位于肋柱内侧基础以上的部分填土重量以及墙面土压力的竖向分力。基础尺寸可参照重力式挡土墙设计要求进行设计,并应进行基底应力验算。

如果挡土墙的地基有软弱土层,还应进行穿过基底土层的整体抗滑稳定验算,其稳定系数不应小于 1.25。

五、结构稳定性分析

锚杆挡土墙的稳定性分析,一般采用克朗兹(Kranz)法,锚定板挡土墙的稳定性分析可采用克朗兹法、折线滑面法、整体土墙法等。稳定系统一般不应小于 1.5~2.0。

(一) 克朗兹法

克朗兹法也称折线裂面法。下面主要以锚杆挡土墙为例,分单层锚杆和多层锚杆两种情况介绍克朗兹法。

1. 单层锚杆的稳定性分析

克朗兹根据大量模型试验和理论分析，认为锚固体埋设在中性土压区，在经过锚固体中心可能产生的所有破裂面中，折线 BCD 为最不利破裂面，如图 4-130 所示。其中 B 是挡土墙假想支点，即墙面的最下端；C 是锚固体（有效锚固段）中点；CD 是通过 C 点的垂直假想墙背 VC 的主动破裂面。

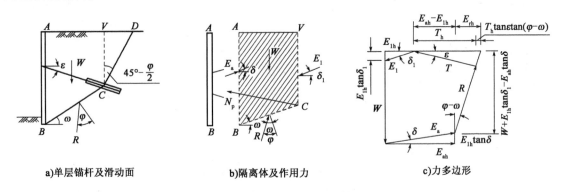

a) 单层锚杆及滑动面　　b) 隔离体及作用力　　c) 力多边形

图 4-130　单层锚杆克朗兹理论稳定性分析图式

取隔离土体 $ABCV$，作用于 $ABCV$ 隔离体上的力[图 4-130b)]处于极限平衡状态，其力多边形是闭合的[图 4-130c)]。根据力多边形的几何关系，可求得锚固体所能提供的最大拉力，即锚杆的抗拔力 T，其水平分力为：

$$T_h = f(E_{ah} - E_{1h} + E_{rh}) \tag{4-322}$$

$$f = \frac{1}{1 + \tan\varepsilon\tan(\varphi - \omega)} \tag{4-323}$$

$$E_{rh} = (W + E_{1h}\tan\delta_1 - E_{ah}\tan\delta)\tan(\varphi - \omega) \tag{4-324}$$

上述图中、式中：W——滑面 BC 上的土块 $ABCV$ 的重量（kN）；

E_{ah}、E_{1h}——E_a、E_1 的水平分力（kN）；

E_a——作用于从挡土墙上端 A 点到底部假想支点 B 的整个挡土墙高度上（即 AB 墙背）的库仑主动土压力（kN）；

E_1——作用于通过锚固体中心的垂直假想墙背 VC 上的库仑主动土压力（kN）；

φ——土的内摩擦角；

δ——挡土墙与填土之间的墙背摩擦角；

δ_1——VC 假想墙背摩擦角，$\delta_1 = \varphi$；

ω——滑面 BC 的倾角；

ε——锚杆的倾角。

锚杆挡土墙的稳定性取决于锚杆的抗拔力 T 和锚杆的拉力 N_p（即锚杆所受的轴向力），并用稳定系数 K_s 表示，即：

$$K_s = \frac{T_h}{N_h} \tag{4-325}$$

式中：N_h——锚杆拉力 N_p 的水平分力（kN）；

T_h——锚杆抗拔力 T_p 的水平分力（kN）。

当稳定性不能满足要求时,可加长锚杆。

对于锚定板挡土墙,克朗兹稳定性分析方法与锚杆挡土墙的克朗兹法一样,仅在于 C 点为锚定板底部(锚杆挡土墙则为锚固体的中心),即认为 BCD 为最危险滑动面,如图 4-131 所示,这与图 4-130 的分析图式是相同的。根据作用于隔离体 $ABCV$ 上的外力及平衡关系,即可求得拉杆的最大拉力 T,进而可求得锚定板及其前方土体 $ABCV$ 的抗滑稳定系数 K_s。

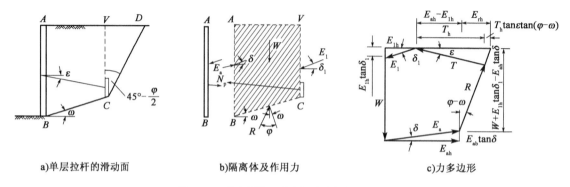

图 4-131　锚定板挡土墙克朗兹稳定性分析图式

当进行稳定性验算时,活载布置的位置视验算滑面的倾角 ω 而定。当倾角 ω 小于土的内摩擦角 φ(即 $\omega<\varphi$)时,活载通常布置在验算破裂面之外,如图 4-132a)所示,即不计活载的作用;当 $\omega>\varphi$ 时,活载布置在破裂面范围之内,如图 4-132b)所示。总之,应按稳定性最不利时的组合考虑。

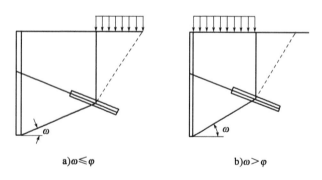

图 4-132　活载的布置

2. 多层锚杆的稳定性分析

当采用两层或两层以上锚杆时,应对各种组合进行稳定性验算,即不但应分别验算各单层锚杆的稳定性,而且还应分别验算两层、三层直至多层锚杆组合情况下的稳定性。下面以两层锚杆为例加以说明。

蓝克(Ranke)和达斯脱梅耶(Dstermayer)在克朗兹理论的基础上,根据结构特点,提出了两层锚杆四种配置情况的稳定性验算方法。

(1)上层锚杆短,下层锚杆长,且上层锚固体中心在下层锚固体中心的假想墙背切割体 $ABFV_1$ 内,如图 4-133 所示。

上层锚杆的稳定性,由滑面 BC 的锚杆拉力的稳定系数 $K_{(BC)}$ 来反映。$K_{(BC)}$ 可根据破裂体 $ABCV$ 上力的平衡[图 4-133a)]得到土体沿 BC 面滑动时的水平抗拔力 $T_{(BC)h}$ 与上层锚杆的水

平设计拉力 N_{1h} 之比值来求得,即:

$$K_{(BC)} = \frac{T_{(BC)h}}{N_{1h}} \tag{4-326}$$

$$T_{(BC)} = (E_{ah} - E_{1h} - E_{rh})\frac{1}{1 + \tan\varepsilon\tan(\varphi - \omega_1)} = (E_{ah} - E_{1h} - E_{rh})f \tag{4-327}$$

$$f = \frac{1}{1 + \tan\varepsilon\tan(\varphi - \omega_1)} \tag{4-328}$$

$$\begin{aligned} E_{rh} &= (W_1 + E_{1h}\tan\delta_1 - E_{ah}\tan\delta)\tan(\omega_1 - \varphi) \\ &= -(W_1 + E_{1h}\tan\delta_1 - E_{ah}\tan\delta)\tan(\varphi - \omega_1) \end{aligned} \tag{4-329}$$

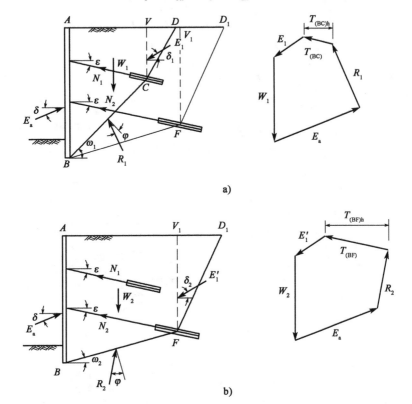

图 4-133 两层锚杆的克朗兹法分析图式(第一种情况)

对于下层锚杆的滑面 BF 来说,根据图 4-133b) 中割离体 $ABFV_1$ 上力的平衡可得 $T_{(BF)h}$,此时挡土墙作用荷载为锚杆所分担的水平拉力 $(N_{1h} + N_{2h})$,稳定系数 $K_{(BF)}$ 为 $T_{(BF)h}$ 与 $(N_{1h} + N_{2h})$ 的比值,即:

$$K_{(BF)} = \frac{T_{(BF)h}}{N_{1h} + N_{2h}} \tag{4-330}$$

式中:N_{2h}——下层锚杆设计拉力的水平分力(kN)。

(2)上层锚杆比下层锚杆稍长,而上层锚固体中心 C 在下层锚固体中心 F 的假想墙背 FV_1 形成的主动破裂体 V_1FD_1 范围之内,如图 4-134 所示。

上层锚杆滑面 BC 的稳定系数为:

$$K_{(BC)} = \frac{T_{(BC)h}}{N_{1h}} \tag{4-331}$$

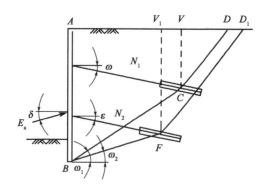

图 4-134　两层锚杆的克朗兹法分析图式（第二种情况）

下层锚杆滑面 BF 的稳定系数为：

$$K_{(BF)} = \frac{T_{(BF)h}}{N_{1h} + N_{2h}} \qquad (4\text{-}332)$$

由于上层锚固体在下层锚固体的破裂体 V_1FD_1 之内，因此实质上与第一种情况相似。

（3）上层锚杆比下层锚杆长，而上层锚固体中心 C 在下层锚固体中心的假想墙背 FV_1 形成的主动破裂面 FD_1 之外，且滑面 BC 的倾角 ω_1 大于滑面 BF 倾角 ω_2，如图 4-135 所示。

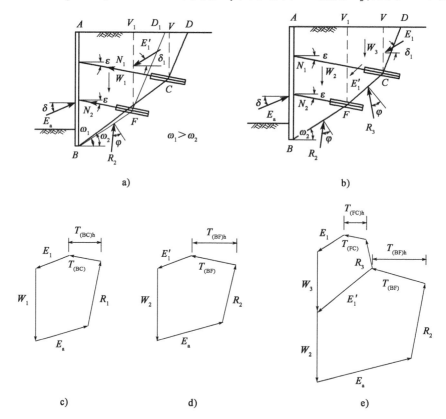

图 4-135　两层锚杆的克朗兹法分析图式（第三种情况）

此时，需分别计算滑面 BC、BF 和 BFC 的稳定系数 $K_{(BC)}$、$K_{(BF)}$ 和 $K_{(BFC)}$，即：

$$K_{(BC)} = \frac{T_{(BC)h}}{N_{1h}} \tag{4-333}$$

$$K_{(BF)} = \frac{T_{(BF)h}}{N_{2h}} \tag{4-334}$$

$$K_{(BFC)} = \frac{T_{(BFC)h}}{N_{1h} + N_{2h}} = \frac{T_{(BF)h} + T_{(FC)h}}{N_{1h} + N_{2h}} \tag{4-335}$$

式中：$T_{(BFC)h}$——ABFCV 范围内土体沿 BF 和 FC 面滑动的抗拔力的水平分力(kN)，其值等于 $T_{(BF)h} + T_{(FC)h}$；

$T_{(BF)h}$——$ABFV_1$ 范围内土体沿 BF 面滑动的抗滑力水平分力(kN)；

$T_{(FC)h}$——V_1FCV 范围内土体沿 FC 面滑动的抗滑力的水平分力(kN)。

(4) 上层锚杆很长，下层锚杆短，且 $\omega_1 < \omega_2$，如图 4-136 所示。

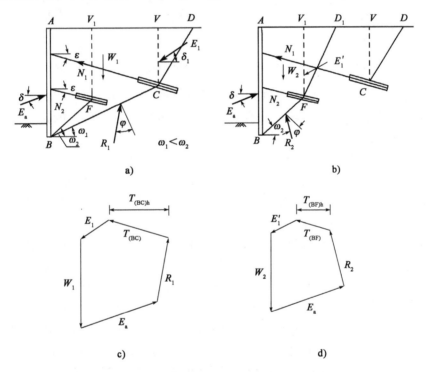

图 4-136 两层锚杆的克朗兹法分析图式(第四种情况)

此时，上层锚杆滑面 BC 和下层锚杆滑面 BF 的稳定系数为：

$$K_{(BC)} = \frac{T_{(BC)h}}{N_{1h} + N_{2h}} \tag{4-336}$$

$$K_{(BF)} = \frac{T_{(BF)h}}{N_{2h}} \tag{4-337}$$

(二) 折线滑面法

折线滑面法是由我国铁道科学研究院提出的，主要用于锚定板挡土墙稳定性分析。

克朗兹方法假定上层锚定板前方土体的临界滑动面通过墙面最下端，而且将墙面与土体分离计算，将拉杆拉力作为影响整体稳定性的因素之一。按照这种假定，上层拉杆必须比下层拉长很多,才能保证上层锚定板的稳定性。

折线滑面法认为上层锚定板前方土体的最不利滑动面通过下层拉杆与墙面连接点,而且应将墙面与土体合并考虑,拉杆拉力是墙面与土体之间的内力,并不影响这两者共同体的整体稳定。为此,作出如下3个基本假定:

(1)下层锚定板前方土体的最不利滑动面通过墙面底端(图4-137中B点);

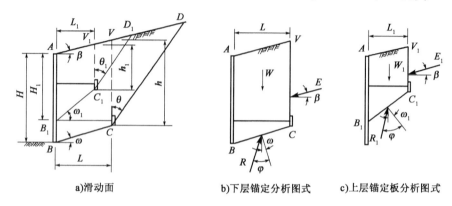

a)滑动面　　　　b)下层锚定分析图式　　　c)上层锚定板分析图式

图4-137　折线滑面法分析图式(第一种情况)

(2)上层锚定板前方土体的最不利滑动面通过被分析锚定板以下的拉杆与墙面的交点(图4-137中B_1点);

(3)每一层锚定板边界后方土体的应力状态为朗金主动状态。

由上述假定可知,单层锚定板折线滑面法与克朗兹法相似。所以,下面以双层锚定板为例说明折线滑面法,对于三层或三层以上锚定板的计算方法可仿照双层锚定板的分析计算。采用折线滑面法时,稳定系数不应小于1.8。

根据上述基本假定,双层锚定板折线滑面法分析图式如图4-137所示。其中,BCD为下层锚定板的最不利滑动面;$B_1C_1D_1$为上层锚定板的最不利滑动面;CD、C_1D_1为朗金主动破裂面。E、E_1分别为CV和C_1V_1竖直面上的朗金主动土压力(kN);R、R_1分别为BC和B_1C_1滑面上的反作用力;W、W_1分别为土体$ABCV$及$AB_1C_1V_1$的重量(kN);θ、θ_1分别为CV和C_1V_1假想墙背的朗金主动破裂面CD和C_1D_1的倾角;ω、ω_1分别为BC、B_1C_1滑面的倾角;β为填土坡面的倾角;H、H_1、h、h_1、L、L_1分别为挡土墙各部分的尺寸(m);φ为填土的内摩擦角。

根据静力平衡原理,作用于土体$ABCV$上的力W、E、R应形成闭合的力三角形,用BC滑动面上的抗滑力与下滑力的比值,即抗滑稳定系数K_s来反映抗滑稳定性。具体计算公式可分三种情况来建立。

(1)上层拉杆长度短于或等于下层拉杆长度,分析图式如图4-137所示。

从图4-137可见,下层锚定板C和上层锚定板C_1的稳定性分析图式基本相似。以下层锚定板C为例,推导其稳定性计算式,上层锚定板的稳定性分析计算可依此类推。

图4-137b)表示墙面及土体$ABCV$所受外力的情况。土压力E在BC面上的滑动力的分力为:

$$T_E = E[\cos(\beta - \omega) - \tan\varphi\sin(\beta - \omega)] \quad (4-338)$$

应该说明,式(4-338)中$E\tan\varphi\sin(\beta-\omega)$实际上是土压力$E$在$BC$面上的摩擦阻力,当$\beta<\omega$时,$E\tan\varphi\sin(\beta-\omega)<0$,表现为负的摩擦阻力。土压力$E$在$BC$面上的法向力$E\sin(\beta-$

ω)削弱了土体 W 的作用,因此负摩擦阻力使滑动力 T_E 增大,相当于使抗滑力 R_W 减小,即 $E\tan\varphi\sin(\beta-\omega)$ 使土体 W 在 BC 面上的摩擦阻力减小。

土体自重 W 在 BC 面上摩擦阻力的分力为:

$$R_W = W(\tan\varphi\cos\omega - \sin\omega) = \frac{1}{2}\gamma L(H+h)(\tan\varphi\cos\omega - \sin\omega) \quad (4-339)$$

因此,锚定板抗滑稳定系数 K_s 为:

$$K_s = \frac{R_W}{T_E} = \frac{W(\tan\varphi\cos\omega - \sin\omega)}{E[\cos(\beta-\omega) - \tan\varphi\sin(\beta-\omega)]}$$

$$= \frac{L(H+h)}{h^2 K_a} \times \frac{\tan\varphi\cos\omega - \sin\omega}{\cos(\beta-\omega) - \tan\varphi\sin(\beta-\omega)} \quad (4-340)$$

式中: K_a——朗金主动土压力系数。

当填土表面水平时,即 $\beta=0$,式(4-340)可简化为:

$$K_s = \frac{\tan(\varphi-\omega)}{\tan^2\left(45° - \frac{\varphi}{2}\right)} \times \frac{L(H+h)}{h^2} \quad (4-341)$$

(2)上层拉杆比下层拉杆长,但上层锚定板的位置处于下层破裂面 CD 之内,如图 4-138a)所示。

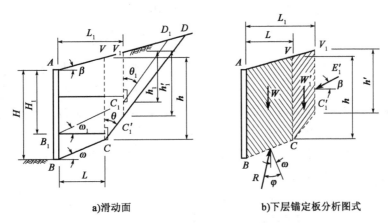

a)滑动面　　　　b)下层锚定板分析图式

图 4-138　折线滑面法分析图式(第二种情况)

上层锚定板 C_1 的稳定性分析与第一种情况相同,最不利滑动面为 $B_1C_1D_1$,其抗滑稳定系数 K_s 为:

$$K_s = \frac{L_1(H_1+h_1)}{h_1^2 K_a} \times \frac{\tan\varphi\cos\omega_1 - \sin\omega_1}{\cos(\beta-\omega_1) - \tan\varphi\sin(\beta-\omega_1)} \quad (4-342)$$

下层锚定板稳定性分析图式如图 4-138b)所示。滑动面为 BCD,稳定性分析时应考虑土体 $ABCC_1'V_1$ 各边界上所受的外力及其平衡条件。其中,C_1' 点为通过 C_1 的竖直线与滑动面 CD 的交点;E_1' 为作用在 $C_1'V_1$ 面上的朗金主动土压力(kN), W 为土体 ABCV 的自重(kN),W_1' 为土体 $VCC_1'V_1$ 的自重(kN)。显然,对于滑动面 BC 段来说,力 E_1' 及 W_1' 在 BC 面上的分力为滑动力,W 在 BC 面上的分力为抗滑力。因此,下层锚定板抗滑稳定系数为:

$$K_s = \frac{W(\tan\varphi\cos\omega - \sin\omega)}{T_E + T_W} \quad (4-343)$$

式中：$T_E = E_1'[\cos(\beta-\omega) - \tan\varphi\sin(\beta-\omega)]$；

$T_W = W_1'(\cos\theta - \tan\varphi\sin\theta)[\sin(\theta+\omega) - \tan\varphi\cos(\theta+\omega)]$；

$W = \dfrac{\gamma L}{2}(H+h)$；

$W_1' = \dfrac{\gamma(L_1 - L)}{2}(h + h_1')$；

$E_1' = \dfrac{1}{2}\gamma(h_1')^2 K_a$。

（3）上层拉杆比下层拉杆长，而且上层锚定板的位置在下层滑面 CD 线之外，如图4-139a）所示。

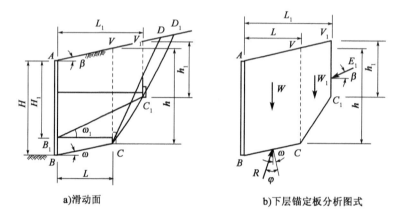

a）滑动面　　　　b）下层锚定板分析图式

图4-139　折线滑面法分析图式（第三种情况）

上层锚定板 C_1 的稳定性分析仍与第一种情况相同，最不利滑动面为 $B_1C_1D_1$，抗滑稳定系数 K_s 按式(4-342)计算。

下层锚定板稳定性分析图式如图4-139b）所示。E_1 为作用在 C_1V_1 面上的朗金主动土压力(kN)，W 为土体 $ABCV$ 的自重(kN)，W_1 为土体 VCC_1V_1 的自重(kN)，θ' 为滑面 CC_1 与竖向的夹角。对于滑面 BC 段来说，E_1 和 W_1 作用在 BC 面上的分力为滑动力，W 作用在 BC 面上的分力为抗滑力。因此，下层锚定板抗滑稳定系数为：

$$K_s = \dfrac{W(\tan\varphi\cos\omega - \sin\omega)}{T_E + T_W} \tag{4-344}$$

式中：$T_E = E_1[\cos(\beta-\omega) - \tan\varphi\sin(\beta-\omega)]$；

$T_W = W_1(\cos\theta' - \tan\varphi\sin\theta')[\sin(\theta'+\omega) - \tan\varphi\cos(\theta'+\omega)]$；

$W = \dfrac{\gamma L}{2}(H+h)$；

$W_1 = \dfrac{\gamma(L_1 - L)}{2}(h + h_1)$；

$E_1 = \dfrac{1}{2}\gamma h_1^2 K_a$。

当填土表面水平时，即 $\beta = 0$，式(4-344)可简化为：

$$K_s = \dfrac{W(\tan\varphi\cos\omega - \sin\omega)}{E_1[\cos\omega + \tan\varphi\sin\omega] + T_W} \tag{4-345}$$

(4)水平填土表面有活载作用的稳定性分析。

活载的最不利位置是在下层锚定板的后方,如图4-140和图4-141所示。

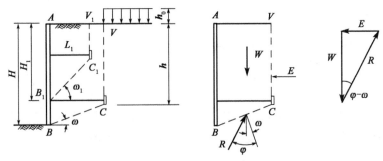

a)活载最不利位置　　b)下层锚定板的稳定性分析　　c)力三角形

图4-140　第一种情况的水平填土并有活载的分析图式

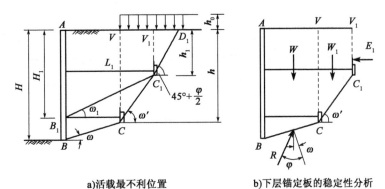

a)活载最不利位置　　b)下层锚定板的稳定性分析

图4-141　第三种情况的水平填土并有活载的分析图式

在第一种情况下,水平填土并有活载作用的锚定板挡土墙,其下层锚定板的稳定性分析如图4-140所示,土体 $ABCV$ 受力情况如图4-140b)所示,图4-140c)所示的为力三角形。E 为滑动推力,$W\tan(\varphi-\omega)$ 为抗滑阻力。因此,其抗滑系数 K_s 可表示为:

$$K_s = \frac{W\tan(\varphi - \omega)}{E} \tag{4-346}$$

式中:$W = \frac{1}{2}\gamma L(H+h)$;

$E = \frac{1}{2}\gamma h(h + 2h_0)\tan^2\left(45° - \frac{\varphi}{2}\right)$。

因此,下层锚定板的稳定系数 K_s 为:

$$K_s = \frac{\tan(\varphi - \omega)}{\tan^2\left(45° - \dfrac{\varphi}{2}\right)} \times \frac{L(H+h)}{h(h + 2h_0)} \tag{4-347}$$

对于第三种情况,水平填土并有活载的锚定板挡土墙,其下层锚定板的稳定性分析图式如图4-141所示,力 E_1 和 W_1 在 BC 滑面上产生滑动力,力 W 在 BC 滑面产生抗滑力。抗滑稳定系数可用式(4-345)计算,但在有活载的情况下,式中的 W_1 和 E_1 应按下式计算:

$$W_1 = \frac{\gamma(L_1 - L)}{2}(h + h_1 + 2h_0) \tag{4-348}$$

$$E_1 = \frac{1}{2}\gamma h_1(h_1 + 2h_0)K_a \tag{4-349}$$

(三)整体土墙法

整体土墙法是西南大学针对锚定板挡土墙提出的稳定性分析方法。

1. 适用条件

当锚定板挡土墙的锚定板尺寸及其布置符合下述形成"群锚"的条件时,即可认为墙面与锚定板及其中间的填土形成一个共同作用的整体土墙,将锚定板板背中心的连线视为整体土墙的假想墙背,按"整体土墙法"进行锚定板挡土墙整体稳定性验算。

形成"群锚"的条件为:

(1)各层锚定板面积之和不应小于墙面板面积的20%。

(2)锚定板应分散布置,两层拉杆的间距不应大于锚定板高度的2倍,肋柱的间距不大于锚定板宽度的3倍。

用整体土墙法验算锚定板挡土墙的整体稳定性时,同一肋柱上各锚定板板背中心的连线(即土墙的假想墙背)可以布置成俯斜、仰斜、垂直或中间宽的折线形(凸折形),如图4-142所示。如果布置成俯斜或仰斜时,其连线的坡度不宜大于1:0.25。

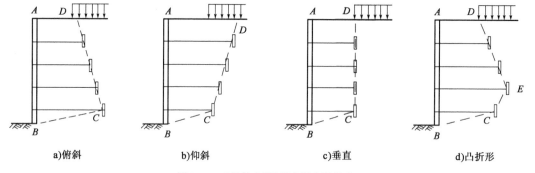

图4-142 "整体土墙"锚定板布置形式

2. 计算方法

整体土墙法的计算图式如图4-143所示。图中 $ABCD$ 为假想的整体土墙,CD 为其假想墙背。

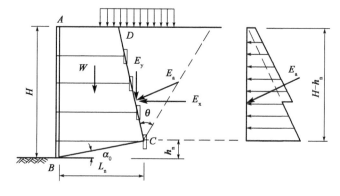

图4-143 整体土墙法稳定性分析图式

假想土墙 ABCD 的抗滑稳定性可按重力式挡土墙的设计原则进行验算。其抗滑稳定系数为：

$$K_s = \frac{(W + E_y - E_x \tan\alpha_0) \tan\varphi}{E_x + (W + E_y) \tan\alpha_0} \tag{4-350}$$

式中：W——假想土墙 ABCD 的自重(kN)；

E_y、E_x——假想墙背 CD 上主动土压力的竖向分力和水平分力(kN)；

α_0——假想土墙基底倾角，$\tan\alpha_0 = \dfrac{h_n}{L_n}$；

L_n——最下层拉杆计算长度(肋柱内侧至锚定板背的长度)(m)。

按极限状态法设计时，其抗滑稳定性应满足式(4-351)的要求：

$$(1.1W + \gamma_{Q1}E_y)\tan\varphi - \gamma_{Q1}E_x - \gamma_{Q1}E_x\tan\alpha_0\tan\varphi - (1.1W + \gamma_{Q1}E_y)\tan\alpha_0 > 0 \tag{4-351}$$

式中：γ_{Q1}——主动土压力分项系数。

计算假想墙背土压力时，填土与假想墙背的摩擦角 δ 采用$(1/2 \sim 1/3)\varphi$。

按整体土墙法验算稳定性时，一般可不进行抗倾覆稳定性验算。车辆荷载应布置在假想墙背之后。

对于图 4-142 所示各锚定板板背中心连线上下短、中间长的锚定板挡土墙，如果各锚定板板背中心连线为较规则的折线形(凸折形)，可按折线形假想墙背计算其土压力，进而验算锚定板挡土墙的整体稳定性。

第七节　桩板式挡土墙

一、基本概念

桩板式挡土墙系钢筋混凝土结构，由桩及桩间的挡土板两部分组成，如图 4-144 所示，利用桩深埋部分锚固段的锚固作用和被动土抗力，维护挡土墙的稳定。其适用于土压力大，墙高超过一般挡土墙限制的情况，地基强度的不足可由桩的埋深得到补偿。其可作为路堑、路肩和路堤挡土墙使用，也可用于处治中小型滑坡，多用于岩石地基，基岩的饱水无侧限抗压强度应大于 10MPa。

桩必须锚固于稳定的地基中，桩的悬臂长度不宜大于 15m。由于土的弹性抗力较小，设置桩板式挡土墙后，桩顶处可能产生较大的水平位移或转动，因而一般不宜用于土质地基。若需用于土质地基，宜在桩的上部(一般可在桩顶下 $0.29H$ 处)设置锚杆或锚索，以减小桩的位移和转动，提高挡土墙的稳定性。

桩板式挡土墙作路堑墙时，可先设置桩，然后开挖路基，挡土板可以自上而下安装，这样既保证了施工安全，又减少了开挖工程量。

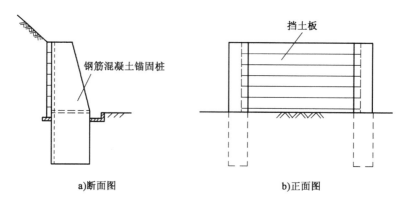

图 4-144 桩板式挡土墙

二、土压力计算

墙后土压力(包括车辆荷载所引起的侧向压力)的计算与重力式挡土墙的土压力计算方法相同,即以挡土板后的竖直墙背为计算墙背,按库仑主动土压力理论计算。在滑坡地段,则应按滑坡推力进行计算。

桩和板的计算仅考虑墙背主动土压力的水平分力,主动土压力的竖向分力及墙前被动土压力一般忽略不计,桩的自重一般也不予考虑。

三、桩设计

桩板式挡土墙中所采用的桩应就地整体浇筑,混凝土强度等级不应低于C20,钢筋视实际情况,选用HPB235、HPB235热轧光圆钢筋和HRB335、HRB400热轧带肋钢筋。受力钢筋应沿桩长方向通长布置,直径不应小于12mm。钢筋保护层不应小于50mm。

其可采用挖孔桩,也可采用钻孔桩。挖孔桩宜为矩形截面,高宽比 $h/b \leqslant 1.5$;钻孔桩一般为圆形截面。桩的直径 D 或宽度(顺墙长方向)b 不应小于 1.0m。嵌入基岩风化层底面以下不应小于 1.5 倍桩径(或桩宽),但也不宜大于 5 倍桩径(或桩宽)。为了计算方便,可先按经验初拟埋深,一般岩石地基取桩长的1/3,土质地基取桩长的1/2,然后根据验算适当调整。

桩的间距与桩间距范围内的土压力和挡土板的吊装能力有关,宜为墙高 H 的 1/5~1/2。由于桩是主要受力构件,对挡土墙的稳定性起着十分重要的作用,桩身混凝土必须连续灌注,不得中断。墙后填土应在混凝土达到设计强度的70%以后,才能进行填筑。桩视为固结于基岩内的悬臂梁进行内力计算,如图 4-145 所示,并按受弯构件设计。桩上的作用荷载为两侧桩间距各半的墙后土压力水平分力,土压力可近似按线性分布考虑,如图 4-145b)所示。在土压力水平分力的作用下,桩的最大剪力 Q_D(kN)及弯矩 M_D(kN·m)分别按式(4-352)和式(4-353)计算,并认为最大值出现在基岩强风化层的底面处。

$$Q_D = \frac{(2\sigma_0 + \sigma_H)HL}{2} \quad (4\text{-}352)$$

$$M_D = \frac{(3\sigma_0 + \sigma_H)H^2L}{6} \quad (4\text{-}353)$$

式中:H——桩顶至基岩风化层底的高度(m);

L——顺墙长方向桩两侧相邻挡土板跨中的间距(m);

σ_0——墙顶主动土压力的水平分应力(kPa),$\sigma_0 = \gamma h_0 K_a$;

h_0——车辆荷载换算土层高度(m);

K_a——主动土压力系数;

σ_H——以 H 为墙高计算而得的墙底主动土压力的水平分应力(kPa),$\sigma_H = \gamma H K_a$。

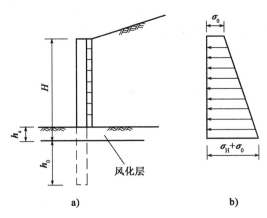

图 4-145 桩的计算图式

桩的埋深除满足构造要求外,主要取决于侧壁的承载能力,因此,桩的埋深与地基的性状有关。嵌入强风化层以下的最小深度 h_{Dmin}(m)可按式(4-354)计算:

$$\left. \begin{array}{l} h_{Dmin} = \dfrac{4Q_D + \sqrt{16Q_D^2 + 9.45\beta R_a M_D D}}{0.787\beta R_a D} \quad (\text{圆形桩}) \\[2ex] h_{Dmin} = \dfrac{4Q_D + \sqrt{16Q_D^2 + 12\beta R_a M_D b}}{\beta R_a D} \quad (\text{矩形桩}) \end{array} \right\} \quad (4\text{-}354)$$

式中:R_a——饱水状态下岩石的无侧限极限抗压强度(试件直径 7~10cm,试件高与直径相同)(kPa);

β——系数,$\beta = 0.5~1.0$,当基岩节理发达时,取小值,当节理不发达时,取大值;

D——桩的直径(m);

b——桩顺墙长方向的宽度(m)。

若基岩表面为风化层时,不考虑风化层对桩的作用,且埋置深度自基岩表面算起,如图 4-145a)所示。

桩顶水平位移 μ(m)应小于基岩顶面以上的墙高 H(m)的 1/300,即:

$$\mu < \frac{H}{300} \quad (4\text{-}355)$$

而桩顶水平位移 μ 为:

$$\mu = \frac{(15\sigma_0 + 4\sigma_H)LH^4}{120EI} \quad (4\text{-}356)$$

式中:E——桩的弹性模量(kPa);

I——桩的截面惯性矩(m^4)。

桩脚处的水平位移 μ_D 应小于桩径 D 或桩宽 b 的 1%,即:

$$\left. \begin{array}{l} \mu_D < 0.01D \quad (\text{圆形桩}) \\ \mu_D < 0.01b \quad (\text{矩形桩}) \end{array} \right\} \quad (4\text{-}357)$$

而桩脚(风化层底面)处的水平位移 μ_D 为:

$$\mu_D = Y_D \alpha \quad (4-358)$$

式中:Y_D——桩的旋转中心至风化层底面的深度(m);

$$Y_D = \frac{h_D(3M_D + 2Q_D h_D)}{3(2M_D + Q_D h_D)} \quad (4-359)$$

h_D——桩嵌入风化层以下的深度(m);

α——桩的变形转角(rad);

$$\left. \begin{array}{l} \alpha = \dfrac{6(2M_D + Q_D h_D)}{(b+1) h_D^3 K_b K_H} \quad (\text{矩形桩}) \\[2mm] \alpha = \dfrac{6(2M_D + Q_D h_D)}{0.9(D+1) h_D^3 K_D K_H} \quad (\text{圆形桩}) \end{array} \right\} \quad (4-360)$$

其中:K_H——水平地基系数(弹性抗力系数)(kN/m^3),$K_H = 0.7 K_v$;

K_v——竖向地基系数,详见第五章第四节;

K_D、K_b——斜坡地基折减系数:

$$K_D = \frac{Y_D \tan(90° - \theta)}{D} \leq 10 \quad (4-361)$$

$$K_b = \frac{Y_D \tan(90° - \theta)}{b} \leq 10 \quad (4-362)$$

山区横坡向外侧陡于10°以上时,如图4-146所示,还应验算斜坡岩石的桩基稳定性,并应满足式(4-363)的要求:

$$K_s \geq \frac{M_R}{M_1} \quad (4-363)$$

式中:K_s——抗倾覆稳定系数,一般情况下,$K_s = 3.0$,地震时 $K_s = 2.0$;

M_R——抗倾覆力矩($kN \cdot m$);

$$M_R = 0.4 Y_D R_q + 0.5(h_D - Y_D)(Q_D - R_q) \quad (4-364)$$

M_1——倾覆力矩($kN \cdot m$);

$$M_1 = M_D + Y_D Q_D \quad (4-365)$$

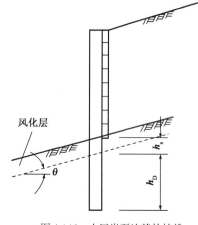

图4-146 山区岩石地基的桩基

R_q——桩的旋转中心(Y_D 处)以上地基水平向极限承载力(kN);

$$R_q = \frac{W(\cos\alpha + \sin\alpha \tan\varphi)}{\sin\alpha - \cos\alpha \tan\varphi} \quad (4-366)$$

W——滑动面(Y_D 处)以上地基滑动体重力(kN);

$$W = \gamma \left[\frac{D}{2} + \frac{\sin(90-\theta)\tan 30°}{\sin(90-\theta+a)} \times \frac{Y_D}{3} \right] \frac{\sin(90-\theta)\sin\alpha}{\sin(90-\theta+\alpha)} Y_D^2 \quad (4-367)$$

其中:γ——基岩重度(kN/m^3);

θ——风化层底面与水平面的倾角;

α——滑动面与竖面的夹角 $\alpha = 45° + \dfrac{\varphi}{2} + \dfrac{\theta}{2}$;

φ——岩石塑化后的内摩擦角,硬岩为 $20°\sim30°$,软岩为 $10°\sim20°$。

四、挡土板设计

挡土板可预制拼装,混凝土强度等级不应低于C20;截面一般为矩形、槽形,也可采用空心板。挡土板厚度不应小于20cm,板宽应根据吊装能力确定,但不应小于30cm,大多为50cm;板的规格不宜太多。板在桩上的搭接长度各端不得小于1倍的板厚,若为圆形桩应在桩后设置搭接挡土板用的凸形平台,平台宽度应比搭接长度宽 $2\sim3$ cm。

挡土板钢筋保护层厚度为 a,外露面 $a=35$ mm,内则 $a=50$ mm。

当采用拱形挡土板时,不宜用混凝土灌筑,而应沿径向和环向配置一定数量的构造钢筋,钢筋直径不宜小于10mm。

墙身不必专门设置泄水孔,可利用每块板上预留的吊装孔和拼装缝隙作为泄水孔,但应视墙后填土设置排水垫层、墙背排水层及反滤层。墙身也不专门设变形缝,但同一桩上两相邻跨的挡土板搭接处净间距不应小于3cm,并按伸缩缝处理。

挡土板的安装应在桩侧地面整平夯实后进行,当地面纵坡较陡时,可设浆砌片石垫块作挡土板的基础。

挡土板可视为支承在桩上的简支板进行内力计算,并按受弯构件设计。挡土板上的作用荷载,取板所在位置的墙后土压力的大值,按均布荷载考虑。对于预制钢筋混凝土挡土板,计算跨径 L 按式(4-368)计算。具体设计计算详见第六节锚固式挡土墙的挡土板设计。

$$\left.\begin{array}{l} L = L_c - 1.5t \quad (圆形桩) \\ L = L_0 + 1.5t \quad (矩形桩) \end{array}\right\} \quad (4\text{-}368)$$

式中:L_c——圆形桩的桩中心距(m);

L_0——矩形桩间的净距(m);

t——挡土板的厚度(m)。

桩与板间搭接部位的接触面还应进行抗压强度的验算。

思 考 题

1. 作用于挡土墙上的土压力是如何计算的?
2. 作用于挡土墙上的荷载有哪些?如何对各种荷载进行组合?
3. 试述常用挡土墙的设计原理。
4. 试述重力式挡土墙各种墙背的特点,选择墙背时应考虑哪些因素?
5. 试述重力式挡土墙的破坏形式以及稳定性验算的内容。
6. 试述提高和改善重力式挡土墙稳定性的措施。
7. 试述薄壁式挡土墙的结构特点和基本构造。
8. 确定薄壁式挡土墙墙底板宽度时应考虑哪些因素?并试述其确定方法。
9. 试述加筋土的基本机理。
10. 试述加筋土挡土墙各组成部分的基本要求。
11. 试述加筋土挡土墙(内部和外部)失稳形式以及改善加筋土挡土墙稳定性的措施。
12. 试述加筋土挡土墙内部稳定性分析的应力分析法和楔体平衡法的区别。

13. 试述锚固式挡土墙的结构特点及应用场合。
14. 试述锚固式挡土墙抗拔力来源以及确定方法。
15. 试述锚固式挡土墙整体稳定性分析方法以及各方法的特点。
16. 锚固式挡土墙整体稳定性分析时,车辆荷载是如何考虑的?
17. 试述桩板式挡土墙结构特点以及设计要点。

第五章

抗滑构造物设计

第一节 概 述

山坡上的土体或岩体在各种自然因素或人为因素的影响下失去稳定,沿着某一贯通的破坏面(或软弱面)整体向下滑动的现象,称为滑坡。滑坡是山区常见的一种不良物理地质现象,在山区道路中,经常会面临滑坡的危险。整治滑坡的工程措施分为两类:一是通过改变滑坡体的自然条件(如地形、土质、地下水等),使滑坡运动得以停止和减缓的减滑措施,相应的减滑构造物包括地表排水沟渠、坡面防渗设施和防护设施以及各类地下排水渗沟等,此外,采用滑体加压、刷方减重和改善滑动带土性质等措施也可起到减滑效果;二是支挡阻碍滑坡体运动的抗滑措施,相应的抗滑构造物包括各类抗滑挡土墙、抗滑桩、抗滑片石垛、抗滑明洞、抗滑拱涵和预应力锚索等。

恢复和保持山坡岩土体的平衡是处治滑坡的根本措施。如果滑坡的形成是由于下部支撑部分的切割或上部挤压部分过荷,可以在滑坡舌部或中前部修建各种形式的抗滑构造物,以恢复或增强下部支撑力,阻挡滑坡体的滑动,这对稳定滑坡长久有效。

抗滑挡土墙是目前整治滑坡中应用最广且较为有效的措施之一,采用抗滑挡土墙整治滑坡,其优点是山体破坏少,稳定滑坡收效快。对于大型滑坡,抗滑挡土墙常作为排水、减重等综合措施的一部分;对于中、小型滑坡,其可单独使用,也可与支撑渗沟联合使用;以抗滑桩为主要整治措施的工点,也可用抗滑挡土墙作为辅助措施,分担一部分滑坡推力。抗滑挡土墙尤其适用于以挖去山坡坡脚失去支撑而引起滑动为主要原因的牵引式滑坡,特别是滑动面较陡、含水率较小、整体性较强、滑动较急剧的滑坡,修建抗滑挡土墙后能起到抑制滑动的作用。但应用时必须弄清滑坡的性质、滑体结构、滑动面层位和层数、滑体的推力及基础的地质情况,否则,易使墙体因变形而失效。如果开挖基坑太深,则施工困难,又易加剧滑坡滑动,因此,深层滑坡和正在滑动的滑坡不宜采用抗滑挡土墙。

当滑坡体较厚、滑床埋藏较深且下有坚实地层,滑坡推力大,若采用抗滑挡土墙,圬工量大,施工开挖困难,且容易形成滑床下移时,宜采用抗滑桩来整治。抗滑桩是一种侧向受荷桩,它是利用桩在稳定地层中的嵌固力来支挡滑坡变形的一种构造物。采用抗滑桩整治滑坡的优点是操作简便,工作面多,设桩位置灵活,对滑坡扰动少,安全可靠,工期短,收效快等。工程实践表明,无论滑坡体的规模大小,无论是岩质滑坡还是土质滑坡,只要地下水含量未达到塑流状态,抗滑桩都是有效的整治措施。对于堆积土滑坡或错落转化的滑坡,采用抗滑桩为主要整治措施时,应辅以桩间挡土墙、支撑渗沟等措施。抗滑桩用于稳定滑坡时,桩体一般设置在前缘的抗滑段上,并垂直于滑坡主滑方向成排布置。

目前,抗滑挡土墙和抗滑桩仍是整治滑坡主要和有效的措施,预应力锚索在整治滑坡中也受到广泛重视。本章仅介绍抗滑构造物设计,有关减滑构造物设计请参阅其他章节。

第二节 滑坡推力计算

当道路路线穿越滑坡地段时,应根据滑坡勘测和稳定性分析结果,采取适当的工程措施来提高滑坡的稳定性。抗滑构造物设计时,必须了解滑坡推力的特点和性质,确定滑坡推力的大小。在确定滑坡推力时,除需知道滑动面的位置外,还必须知道滑坡体的重度 γ,滑动面土的抗剪强度指标 c、φ 值,以及设计所要求的安全系数 K。

滑坡体重度确定比较容易,通常采用试验的方法或凭经验确定。而抗剪强度指标确定比较困难,且它和安全系数对滑坡稳定性分析和滑坡推力计算影响很大。因此,应给予足够的重视。

一、滑坡推力的特征

作用在抗滑构造物上的侧压力为滑坡推力,它不同于作用在支挡构造物(一般为挡土墙)上的土压力,主要表现在力的大小、方向、分布和合力作用点等方面。

1. 大小

作用在支挡构造物上的土压力,是按库仑理论或朗金理论来计算,其破裂面和土压力的大小均随墙高和墙背形状的变化而变化。作用在抗滑构造物上的滑坡推力则在已知滑动面(如直线、折线或圆弧滑动面等)的情况下按剩余下滑力法来计算。一般情况下,滑坡推力远大于作用在支挡构造物上的土压力。

2. 方向

普通土压力,其方向与墙背法线成 δ 角(墙背摩擦角),它与墙背的形状及粗糙程度有关;对于朗金土压力来说,其方向则与墙顶填土(或土体)表面平行;而滑坡推力,其方向与墙(桩)后滑动面(带)有关,并认为与紧挨墙(桩)背的一段较长滑动面平行。

3. 分布及合力作用点

普通土压力一般为三角形分布,其合力作用点在墙踵以上 1/3 墙高处(如有车辆荷载作用或路堤墙,土压力为梯形分布)。滑坡推力分布和作用点则与滑坡的类型、部位、地层性质、变形情况等因素有关,如图5-1所示。

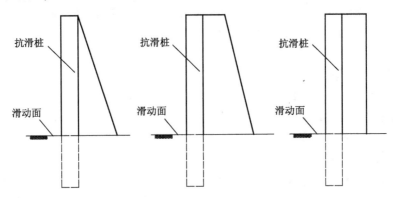

图5-1 滑坡推力在桩上的分布

(1)当滑坡体为黏聚力较大的土层时,如黏土、土夹石,或滑坡体为较完整的岩体时,滑坡体系均匀向下蠕动或整体向下移动,滑坡推力可按矩形分布考虑。

(2)当滑坡体为以内摩擦角为主要抗剪特性的堆积体,或滑坡体为松散体和堆积层时,其靠近滑动面的滑动速度较大,而滑坡体表层的滑动速度较小,可按三角形分布考虑。

(3)介于以上两种情况之间,滑坡推力可按抛物线形或简化为梯形分布考虑。

就抗滑桩而言,滑坡推力的分布实际上还与桩的变形性质、桩前滑坡体产生抗力的性质、滑坡体滑动的速度等因素有关。抗滑桩实体试验和模型试验表明,滑坡推力基本呈抛物线分布,最大值出现在滑坡体的中部,靠近滑动面的应力较小。当滑坡体土质为黏质土时,由于黏聚力的影响,顶部应力较松散介质时大,作用点也较高。

二、抗剪强度指标的确定

滑动面土的抗剪强度指标c、φ值的确定是抗滑构造物设计成败的关键,一般可通过土的剪切试验、根据滑坡过去或现在的状态进行反算以及选用经验数据三方面来获得。

1. 剪切试验法

根据滑坡的滑动性质用剪切试验法确定滑动面土的抗剪强度指标,关键在于尽可能地模拟它的实际状态,只有这样才可能获得符合实际情况的数值。

土样在剪切试验过程中,随着剪切变形的增加,剪切应力逐渐增加。当剪切破裂面完全形成时,剪切应力达到峰值(τ_F),然后随着变形的增加,剪切应力逐渐下降,最终趋近于一稳定值(τ_W)。其中,τ_F为峰值抗剪强度,τ_W为残余抗剪强度,如图5-2所示。

对于各种类型的滑坡,就其滑动面上的剪切状况来说,大致可分为三种情况:

①新生滑坡,即现在尚未滑动而即将发生滑坡的,显然这时潜在滑动面上并未发生剪切破坏。

②滑坡已滑动,而且持续不断发生剪切位移,滑动面土已剪坏。

③介于上述两者之间,历史上曾发生过滑动、但目前并非经常滑动的滑坡。

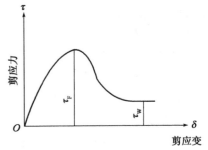

图5-2 剪应力与剪应变关系

（1）新生滑坡。

对于新生的即将滑动的滑坡,由于滑动面尚未完全形成,采用滑动面原状土根据滑动面土的充水情况(持续充水或季节充水)做固结快剪或快剪试验,取其峰值(图5-2所示的τ_F)作为抗剪强度指标。

（2）多次滑动的滑坡。

对于多次滑动并仍在活动的滑坡,由于滑动面已经完全形成,滑动面土原状结构已遭受破坏,所以应取残余值(图5-2所示的τ_W)作为抗剪强度指标。

残余抗剪强度指标可用以下试验方法测定：

① 滑动面重合剪切试验。

从试坑或钻孔中取含有滑动面的原状土试样,用直剪仪保持沿原有滑动方向剪切,试验方法同一般快剪试验。由于滑动面已多次滑动,取样及试验保持原有含水率,则得到的将为残余强度。若试样含水率太高,剪切时土易从剪切盒间挤出,此法将不适用。

② 重塑土多次直剪试验。

由于多次滑动后,滑动面土原状结构已遭破坏。在原状土不易取得时,用重塑土做剪切试验得到的残余强度,与用原状土试验得到的大致相同。试验时,用一般应变式直剪仪按常规快剪方法进行一次剪切后,在已有剪切面上,再重复做多次剪切,直至土的抗剪强度不再降低为止。

③ 环状剪力仪大变形剪切试验(简称环剪试验)。

试样可用重塑土或原状土,剪切时试样因上下限制环的相对旋转而产生环形剪切面。环剪试验的主要特点是试样在剪切时剪切面积保持不变,相应的正应力也是恒定的,适合于进行大变形的残余强度试验。

在室内试验中,也可以用三轴剪切试验来较快地测得黏质土的残余强度。试样为含有滑动面的原状土,或为人工制备剪切面的土,使剪切时剪切强度达到残余值时的剪切位移可以减小。

残余强度指标除用上述各种室内试验方法确定外,还可以做现场原位剪切试验。即在选定的土结构遭到破坏的滑动面上,沿滑动方向进行直接剪切,这样可以克服室内试验的一些限制,反映实际情况。试验多在滑坡前缘出口处挖试坑或探井进行。

（3）古滑坡。

对于古滑坡或滑动量不大的滑坡,滑动面土的抗剪强度介于峰值强度与残余强度之间,故较难确定。一般可在现场实际滑动面上做原位剪切试验测定。但是这种方法往往受条件限制,只能在滑坡体四周进行,而主滑地段滑动面太深,不易做到,用边缘部位的指标来代替则有一定出入。抗剪强度指标也可通过滑动面处原状土样的重合剪切试验来求得。另外还可以根据滑坡体当前所处的状态,用滑动面土的重塑土做多次剪切试验,选用其中某几次剪切试验结果作为抗剪强度指标。

滑动面土的抗剪强度指标不仅与滑坡体的滑动过程和当前所处状态有关,而且与季节含水情况有关。即使是同一滑动面,所取试样的位置不同,抗剪强度指标也会不同。因此,确定滑动面土的抗剪强度指标时应按最不利情况考虑,同时滑动面上各段指标应分别确定。

2. 反算法

滑坡的每一次滑动都可以看成是一次大型的模型试验。只要确定清楚滑动瞬间的条件,就可以求出该条件下滑动面土的抗剪强度指标。通常假定滑坡体行将滑动的瞬间处于极限平衡状态,令其剩余下滑力为零,按安全系数 $K=1$ 的极限平衡条件反算滑动面土的抗剪强度指标。反算法所求出 c、φ 值的可靠性取决于反算条件是否完备和可靠。实践证明,只要反算条件可靠,所得指标则能较好地反映土的力学性质。因此,反算法得到较广泛的应用。

根据滑动面土的性质不同,滑坡极限平衡状态抗剪强度指标的推算可分为综合 c 法、综合 φ 法及兼有 c、φ 法。

(1) 综合 c 法。

当滑动面土的抗剪强度主要受黏聚力控制且内摩擦角很小时,将摩擦阻力的实际作用纳入 c 的指标内(即认为 $\varphi \approx 0$),反算综合黏聚力 c。此种简化方法只适用于滑动面饱水且滑动中排水困难、滑动面又为饱和黏质土或虽含有少量粗颗粒但被黏土所包裹而滑动时粗颗粒不能相互接触的情况。

对于均质土,滑动面可假定为圆弧形,如图 5-3 所示。滑动面抗剪强度综合 c 值可按照式(5-1)推算:

$$K = \frac{W_2 d_2 + cLR}{W_1 d_1} = 1 \tag{5-1}$$

式中:c——极限平衡条件下滑动面(带)土的综合黏聚力(kPa);

R——滑动圆弧的半径(m);

W_1、W_2——滑动圆心铅垂线 OA 两侧的滑坡体重量,即滑坡体下滑部分和抗滑部分的重量(kN);

L——滑动面(带)土的长度(m);

d_1——W_1 重心至滑动圆心铅垂线 OA 的水平距离(m);

d_2——W_2 重心至滑动圆心铅垂线 OA 的水平距离(m)。

折线形滑动面如图 5-4 所示,根据主轴断面上折线的变坡点将滑坡体分为若干条块,将各条块的抗滑力和下滑力投影到水平面上,那么,综合黏聚力 c 可按式(5-2)计算:

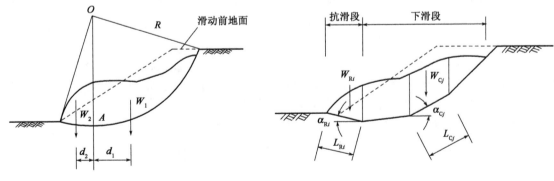

图 5-3 圆弧滑动面   图 5-4 折线形滑动面

$$K = \frac{\sum T_R + \sum C_R}{\sum T_C}$$
$$= \frac{\sum W_{Ri} \sin\alpha_{Ri} \cos\alpha_{Ri} + c \sum (L_{Ri} \cos\alpha_{Ri} + L_{Cj} \cos\alpha_{Cj})}{\sum W_{Cj} \sin\alpha_{Cj} \cos\alpha_{Cj}} = 1 \tag{5-2}$$

式中:$\sum T_R$、$\sum T_C$——滑坡体抗滑、下滑段的抗滑力及下滑力的水平投影;

$\sum C_R$——滑动面黏结力水平投影;

c——滑动面(带)土的综合黏聚力(kPa);
W_{Ri}、W_{Cj}——抗滑、下滑段滑体重量(kN);
α_{Ri}、α_{Cj}——抗滑、下滑段滑动面倾角;
L_{Ri}、L_{Cj}——抗滑、下滑段滑动面的长度(m)。

(2)综合 φ 法。

当滑动面土的抗剪强度主要为摩擦阻力而黏聚力很小时,可假定 $c \approx 0$,反算土的综合内摩擦角 φ。所谓综合是指包含了少量黏聚力的因素。这种简化方法适用于滑动面土由断层错动带或错落带等风化破碎岩屑组成,或为硬质岩的风化残积土的情况。因为在这种情况下,滑动面土中粗颗粒含量很大,抗剪强度主要受摩擦阻力控制。

对于折线形滑动面,其综合 φ 值可按式(5-3)推算:

$$K = \frac{\sum W_{Ri}\sin\alpha_{Ri}\cos\alpha_{Ri} + \tan\varphi(\sum W_{Ri}\cos^2\alpha_{Ri} + \sum W_{Cj}\cos^2\alpha_{Cj})}{\sum W_{Cj}\sin\alpha_{Cj}\cos\alpha_{Cj}} = 1 \quad (5\text{-}3)$$

式中:φ——滑动面(带)土的综合内摩擦角。

(3)c、φ 法。

当滑动面土由粗细颗粒混合组成时,必须同时考虑黏聚力和摩擦阻力,此时有如下几种方法反算 c、φ 值:①在同一次滑动中,找出两邻近的瞬间滑动计算断面,建立两个反算式联立求解;②根据同一断面位置,不同时间但条件相似的两次滑动瞬间计算断面,建立两个反算式联立解出;③根据滑动面土条件和滑动瞬间的含水率情况,参照类似土质情况的有关资料定出其中的一个指标值,反算另一个指标值。其计算公式为:

$$K = \frac{\sum W_{Ri}\sin\alpha_{Ri}\cos\alpha_{Ri} + \tan\varphi(\sum W_{Ri}\cos^2\alpha_{Ri} + \sum W_{Cj}\cos^2\alpha_{Cj}) + c\sum(L_{Rj}\cos\alpha_{Rj} + L_{Cj}\cos\alpha_{Cj})}{\sum W_{Cj}\sin\alpha_{Cj}\cos\alpha_{Cj}} = 1$$

(5-4)

用反算法只能求出一组 c、φ 值,它只能代表整个滑动面上的平均指标。对大多数滑坡来说,由于滑动面各段的性质有差别,从上到下使用同一组 c、φ 值将带来一定误差。为了消除这种影响,反算时可先用试验方法或经验数据确定上下两段(即所谓牵引段、抗滑段)的指标,只反算埋深较大的主滑段指标。

按上述方法反算的指标只能代表过去的情况,滑动后指标可能要低一些。对过去滑动次数较少的滑坡来说,这种降低将比较明显;对于多次滑动过的滑坡则不甚明显。因此,应用反算指标时应考虑这一情况,可以加适当的安全系数后再使用。

如果能够估计出现今滑坡的稳定状态,即目前的抗滑稳定系数有多大,也可按上述原则反算获得现今的滑动面土指标。当然,这种稳定状态的判断更具有经验性质。

3. 经验数据法

根据过去的经验发现,滑坡的出现具有一定规律,例如构成滑动面的土往往是某些性质特别软弱的土层,如风化的泥质岩层及含有蒙脱石等矿物的黏质土,滑动时滑动面土的含水率也比较高,或滑动面被水润湿。因此,可以从以往治理滑坡所积累的资料里,根据滑动面土的组成、含水率等情况和现今滑坡进行工程地质类比,参考选用指标。需要指出的是,使用经验数据时要特别注意地质条件的相似性。

对每一个滑坡的滑动面土的抗剪强度指标,为了确保其可靠性,通常都同时从上述三个方面来获得数据,再经过分析整理确定使用值。

三、安全系数的确定

安全系数 K 指滑坡必须具有的安全储备。安全系数应根据对滑坡的认识程度和经济合理的原则来确定,因此它不是一个定值,而是根据具体情况有所不同。

确定安全系数时要考虑的因素主要有:
(1)计算方法和计算指标的可靠性;
(2)对滑坡性质和形成原因的认识程度;
(3)结构物的重要程度;
(4)滑坡可能造成的危害程度;
(5)工程破坏后修复的难易程度。

安全系数的选取与整治滑坡的工程规模及整治效果有着密切的关系,安全系数越大,工程规模越大,整治效果越好。

一般情况下,滑坡推力计算中 K 值可取 $1.05 \sim 1.50$。对凡是计算中已考虑了一切不利因素,即不但考虑了主要受力,而且也考虑了附加力的滑坡;规模不大、形态和滑动性质、形成原因等容易判断、今后动向易于控制的滑坡;整治滑坡为附属或临时工程;危害性较小的滑坡以及掌握资料可靠的滑坡,安全系数可取小值。反之,对计算中仅考虑主要受力的滑坡;规模较大、一时不易摸清全部性质的滑坡等,安全系数取值应大一些。总之,为了工程建设的安全和人力物力的合理使用,安全系数的取用应尽可能做到基本符合实际,并稍留余地。按工程的重要性可以选用如下的 K 值:

临时性工程 $K = 1.05 \sim 1.10$,一般性工程 $K = 1.10 \sim 1.25$,重要性工程 $K = 1.25 \sim 1.50$。

四、滑坡推力的计算

滑坡推力是作用于抗滑构造物上的主要荷载。滑坡推力的计算是在已知滑动面形状、位置和滑动面土的抗剪强度指标的基础上进行的,并采用极限平衡理论来计算单位宽度上滑动断面的推力。计算滑坡推力时作如下假定:
(1)滑坡体是不可压缩的介质,不考虑滑坡体的局部挤压变形;
(2)块间只传递推力不传递拉力;
(3)块间作用力(即推力)以集中力表示,其方向平行于前一块滑动面;
(4)垂直于主滑动方向取 1m 宽的土条作为计算单元,忽略土条两侧的摩擦阻力;
(5)滑坡体的每一计算块体的滑动面为平面,并沿滑动面整体滑动。

根据滑动面的变坡点和抗剪强度指标变化点,将滑坡体分成若干条块,如图 5-5 所示,从上到下逐块计算其剩余下滑力,最后一块的剩余下滑力即为滑坡推力。

当滑动面为单一平面(图 5-6)时,滑坡推力为:

$$E = KW\sin\alpha - (W\cos\alpha\tan\varphi + cL) \tag{5-5}$$

式中:E——滑坡体下滑力(kN);
  W——滑坡体总重力(kN);
  α——滑动面与水平面间的倾角(°);
  L——滑动面长度(m);
  c——滑动面土的黏聚力(kPa);

φ——滑动面土的内摩擦角(°);

K——安全系数。

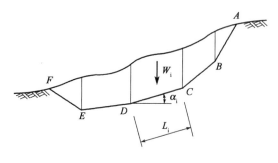

图 5-5 滑坡体分块

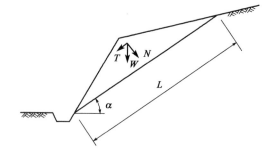

图 5-6 直线滑动面

当滑动面为折面(图 5-5)时,根据第 i 条块的受力情况(图 5-7),其剩余下滑力为:

$$E_i = KT_i + E_{i-1}\cos(\alpha_{i-1} - \alpha_i) - [N_i + E_{i-1}\sin(\alpha_{i-1} - \alpha_i)]\tan\varphi_i - c_iL_i \quad (5-6)$$

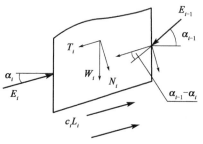

图 5-7 剩余下滑力计算图式

式中:E_i——第 i 条块的剩余下滑力(kN);

T_i——第 i 条块自重 W_i 的切向分力(kN),$T_i = W_i\sin\alpha_i$;

N_i——第 i 条块自重 W_i 的法向分力(kN),$N_i = W_i\cos\alpha_i$;

α_i——第 i 条块所在滑动面的倾角(°);

φ_i——第 i 条块滑动面土的内摩擦角(°);

c_i——第 i 条块滑动面土的黏聚力(kPa);

L_i——第 i 条块滑动面的长度(m)。

式(5-6)亦可表示为:

$$E_i = KT_i - (N_i\tan\varphi_i + c_iL_i) + E_{i-1}\psi_i \quad (5-7)$$

式中:ψ_i——传递系数,即上一条块的剩余下滑力 E_{i-1} 通过该系数转换变成下一条块剩余下滑力 E_i 的一部分,$\psi_i = \cos(\alpha_{i-1} - \alpha_i) - \sin(\alpha_{i-1} - \alpha_i)\tan\varphi_i$。

对于第一条块,其剩余下滑力 E_1 的计算与直线滑动面的相同,即:

$$\begin{aligned} E_1 &= KT_1 - (N_1\tan\varphi_1 + c_1L_1) \\ &= KW_1\sin\alpha_1 - (W_1\cos\alpha_1\tan\varphi_1 + c_1L_1) \end{aligned} \quad (5-8)$$

如果是圆弧滑动面,其滑坡推力可采用条分法进行计算。

当 E_i 为正值时,说明滑坡体有下滑推力,是不稳定的,应传给下一条块;当 E_i 为负值时,表示第 i 条块以上滑坡体处于稳定状态,E_i 不能传递;当 E_i 为零时,即第 i 条块以上滑坡体也是稳定的。

在滑坡推力计算中,关于安全系数 K 的使用目前在认识上尚不一致,有的建议采用 $c'_i = \dfrac{c_i}{K}$、$\tan\varphi'_i = \dfrac{\tan\varphi_i}{K}$ 来计算滑坡推力,或者对抗滑力进行折减来计算滑坡推力;而有的则扩大自重下滑力,即采用 $KW_i\sin\alpha_i$ 来计算滑坡推力。式(5-5)~式(5-8)即按后者来计算滑坡推力的。

用式(5-6)或式(5-7)计算推力时应注意:

(1)计算所得的 E_i 为负值时,说明以上各条块在满足安全的情况下已能自身稳定。根据假定,负值 E_i(即拉力)不再往下传递,因此,下一条块计算时按上一条块的推力等于零考虑。

(2)计算断面中有反坡时,由于滑动面倾角为负值,因而分块 $W_i\sin\alpha_i$ 也为负值,即它已不是下滑力,而是抗滑力了。在计算推力时,$W_i\sin\alpha_i$ 项就不应乘安全系数 K。

(3)计算断面有反坡时,除按实有滑动面计算推力外,尚应考虑沿新的滑动面滑动的可能性,如图 5-8 所示的虚线滑动面 $ABDEF$ 或 $ABCEF$。

应该指出,剩余下滑力法只考虑了力的平衡,而没有考虑力矩平衡的问题。虽有缺陷,但因其计算简便,工程上应用较广。

五、附加力的计算

在计算滑坡推力的同时,还需考虑附加力的影响。应考虑的附加力有以下几方面,如图 5-9 所示。

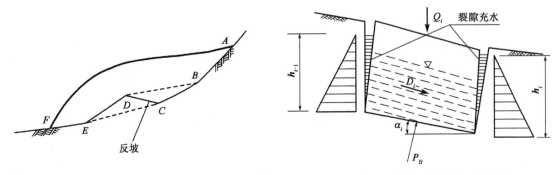

图 5-8　反坡滑动面　　　　　图 5-9　作用于滑块上的附加力(图中 P_{fi})

(1)当滑坡体上有外荷载 Q 时,将 Q 加在相应的滑块自重 W 之中。

(2)当滑坡体有水且与滑动面水连通时,应考虑动水压力 D,其作用点位于饱水面积的形心处,方向与水力坡度平行,大小为:

$$D = \gamma_w \Omega I \tag{5-9}$$

式中:γ_w——水的重度(kN/m³);

Ω——滑坡体条块饱水面积(m²);

I——水力坡降。

另外还应考虑浮力 P,其方向垂直于滑动面,大小为:

$$P = n\gamma_w \Omega \tag{5-10}$$

式中:n——滑坡体土的孔隙度。

(3)当滑动面水有承压水头 H_0 时,应考虑浮力 P_f,其方向垂直于滑动面,大小为:

$$P_f = \gamma_w H_0 \tag{5-11}$$

(4)滑坡体内有贯通至滑动面的裂隙,滑动时裂隙充水,则应考虑裂隙水对滑坡体的静水压力 J,作用于裂隙底以上 $h_i/3$ 高度处,水平指向下滑方向,大小为:

$$J = \frac{1}{2}\gamma_w h_i^2 \tag{5-12}$$

式中:h_i——裂隙水深度(m)。

(5)在地震烈度≥7度的地区,应考虑地震力 P_h 的作用,P_h 作用于滑坡体条块重心处,水平指向下滑方向。

为便于比较和应用,将各附加力汇总于表5-1中。

附 加 力 汇 总 表   表5-1

附 加 力	大 小	方 向	作 用 点
动水压力 D	$\gamma_w \Omega I$	平行于水力坡度	滑块饱水面积形心处
浮力 P	$n\gamma_w \Omega$	垂直于滑动画	
承压水浮力 P_f	$\gamma_w H_0$	垂直于滑动画	
静水压力 J	$\frac{1}{2}\gamma_w h_i^2$	水平指向下滑方向	距裂隙底 $h_i/3$ 处
地震力 P_h	$C_Z K_h W$	水平指向下滑方向	滑块重心处

第三节 抗滑挡土墙

抗滑挡土墙因其受力条件、材料和结构不同而有多种类型,如重力式抗滑挡土墙、锚杆式抗滑挡土墙、加筋土式抗滑挡土墙、桩板式抗滑挡土墙、竖向预应力锚杆式抗滑挡土墙等。一般多采用重力式抗滑挡土墙,利用墙身重量来抗衡滑坡体。本章仅介绍重力式抗滑挡土墙和竖向预应力锚杆抗滑挡土墙的设计。

一、重力式抗滑挡土墙

重力式抗滑挡土墙一般由片(块)石、混凝土预制块砌筑(浆砌),也可采用混凝土和钢筋混凝土直接浇筑。重力式抗滑挡土墙设计主要包括以下内容:

(1)断面形式的选择;
(2)挡土墙平面位置的布设;
(3)设计推力的确定;
(4)合理墙高的确定;
(5)墙基埋深的确定;
(6)稳定性和强度的验算。

1. 结构特征和断面形式

抗滑挡土墙承受的是滑坡推力,不同于普通重力式挡土墙。由于滑坡推力大,合力作用点高,因此,抗滑挡土墙具有墙面坡度缓、外形矮胖的特点,这有利于挡土墙自身的稳定。抗滑挡土墙墙面坡度常采用1:0.3~1:0.5的坡率,有时甚至缓至1:0.75~1:1.0。基底常做成反坡或锯齿形,为了增加抗滑挡土墙的稳定性和减少墙体圬工,可在墙后设置 1～2m 宽的衡重台或卸荷平台。图 5-10 是重力式抗滑挡土墙常用的几种断面形式。

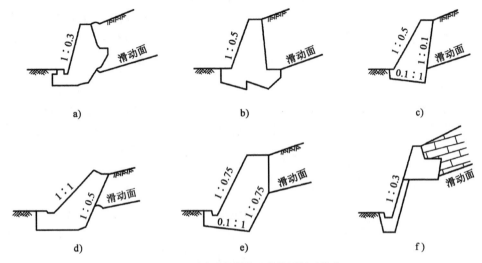

图 5-10 重力式抗滑挡土墙常用断面形式

抗滑挡土墙主要是用来稳定滑坡,因滑坡形式的多种多样,导致了抗滑挡土墙结构断面形式的不同。故不能像普通挡土墙那样采用标准断面,而是需视滑坡的具体情况,进行个别设计。

2. 平面布置

抗滑挡土墙的平面布置应根据滑坡范围、滑坡推力大小、滑动面位置和形状以及基础地质条件等因素确定。对于中小型滑坡,一般将抗滑挡土墙布设在滑坡的前缘;当滑坡中、下部有稳定岩层锁口时,可将抗滑挡土墙设在锁口处,如图 5-11 所示,锁口以下部分可另做处理。当滑动面出口在路基附近、滑坡前缘距路线有一定距离时,应尽可能将抗滑挡土墙靠近路线,墙后余地填土加载,以增强抗滑力,减少下滑力。当滑动面出口在路堑边坡上时,可按滑床地基情况决定布设抗滑挡土墙的位置。若滑床为完整岩层,可采用上挡下护的办法;若滑床为不宜设置基础的破碎岩层,可将基础置于坡脚以下的稳定地层内。对于多级滑坡或当滑坡推力较大时,可以分级支挡,如图 5-12 所示。

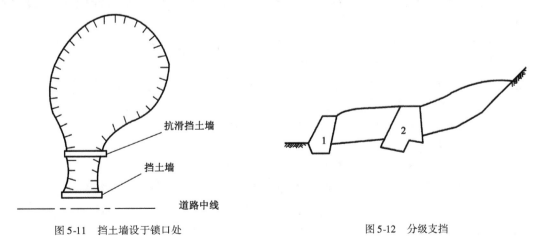

图 5-11 挡土墙设于锁口处

图 5-12 分级支挡

3. 设计推力的确定

抗滑挡土墙上所受的是滑坡推力,可按剩余下滑力求得,其方向与紧挨墙背的一段较长滑动面平行。当滑坡推力小于主动土压力时,应把主动土压力作为设计推力控制设计,但当滑坡推力的合力作用点位置较主动土压力高时,挡土墙的抗倾覆稳定性应取其力矩较大者进行验算。因此,抗滑挡土墙的设计既要满足抗滑挡土墙的要求,又要满足普通挡土墙的要求。

4. 合理墙高的确定

抗滑挡土墙的高度如果不合理的话,尽管它使滑坡体原来的出口受阻,滑坡体也可能沿新的滑动面发生越过抗滑挡土墙的滑动。因此,抗滑挡土墙的合理墙高应保证滑坡体不发生越过墙顶的滑动。合理墙高可采用试算的方法确定,如图 5-13 所示。先假定一适当的墙高,过墙顶 A 点做与水平线成 $(45°-\varphi/2)$ 夹角的直线,交滑动面于 a 点,以 Sa、aA 为最后滑动面,计算滑坡体的剩余下滑力。然后,再自 a 点向两侧每隔 $5°$ 作出 Ab、Ac……和 Ab'、Ac'……虚拟滑动面进行计算,直至出现剩余下滑力的负值低峰为止。若剩余下滑力计算结果为正值,则说明墙高不足,应予增高;当剩余下滑力为过大的负值时,则说明墙身过高,应予降低。

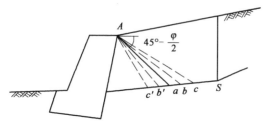

图 5-13 合理墙高计算图式

如此反复调整墙高,经几次试算直至剩余下滑力为不大的负值时,即可认为是安全、经济、合理的挡土墙高度。

5. 基础埋置深度的确定

基础埋置深度应通过计算予以确定,一般情况下,抗滑挡土墙的基础需埋入完整稳定的岩层中,且不应小于 0.5m,或者埋入稳定坚实的土层中,深度不应小于 2m,并置于可能向下发展的滑动面以下,即应考虑设置抗滑挡土墙后由于滑坡体受阻、滑动面可能向下伸延的情况。当基础埋置深度较大、墙前有形成被动土压力条件时(埋入密实土层 3m,中密土层 4m 以上),可酌情考虑被动土压力的作用。

6. 抗滑挡土墙的验算

重力式抗滑挡土墙的稳定性验算与普通重力式挡土墙的稳定性验算相同,仅由设计推力替代主动土压力。

由于抗滑挡土墙基础埋置较深,一般为 2m 以上,有的可达 5m,设计时可以计入部分墙前的被动土压力。同时应指出,实际的被动土压力达不到理论计算值。这是因为产生被动极限状态时的位移量远较主动极限状态大,这对一般挡土墙来说几乎是不可能的,有时也是不允许的。因此,当在设计中考虑土的被动抗力时,应对被动土压力的计算值进行大幅度折减,但容许应力设计法和极限状态设计法的折减方式有所不同。

验算内容包括:

(1)稳定性验算,包括抗滑稳定性验算和抗倾覆稳定性验算。

(2)基底应力及合力偏心距验算,应分别对基底应力和合力偏心距进行验算。

(3)墙身截面强度验算,包括法向应力和剪应力以及合力偏心距的验算(容许应力法),或强度和稳定性以及合力偏心距的验算(极限状态法),一般取 1~2 个控制截面即可。

由于滑坡推力远较主动土压力大，抗滑挡土墙往往受抗滑稳定性控制，应加强挡土墙上部各截面强度的验算。

抗滑挡土墙设计时，还应注意：

（1）若在墙后有两层以上滑动面存在，则应视其活动情况，将沿各层滑动面的滑坡推力绘制出综合推力图（取各图形之包络线），进行各项验算，特别应注意上面几层滑动面处挡土墙墙身截面的验算。

（2）如原建挡土墙不足以稳定滑坡或已被滑坡破坏而需要加固时，可经过验算另加部分圬工，使新旧墙成一整体共同抗滑。加固墙的设计计算与新墙基本相同，但应特别注意新旧墙的衔接和墙身截面验算，必要时可另加钢筋及其他材料，以保证新旧墙连成整体共同发挥作用。

（3）原滑坡的滑动面受挡土墙的阻止后，应防止滑动面向下延伸使挡土墙结构失效，必要时应对墙基以下可能产生的新滑动面进行稳定性验算。

二、竖向预应力锚杆抗滑挡土墙

竖向预应力锚杆抗滑挡土墙（简称竖向预应力锚杆挡土墙）由圬工砌体和竖向预应力锚杆构成，如图 5-14 所示。砌体一般由浆砌片（块）石或素混凝土筑成，竖向预应力锚杆竖向设置，它的一端锚固在岩石地基中，另一端砌筑于墙身内，并设锚具与圬工砌体连接，最后对锚杆进行张拉。竖向预应力锚杆挡土墙是利用锚杆的弹性回缩对墙身施加竖向预应力，以提高挡土墙的稳定性，从而代替部分挡土墙圬工的重量，减少挡土墙圬工截面，达到节省圬工、降低造价的目的。

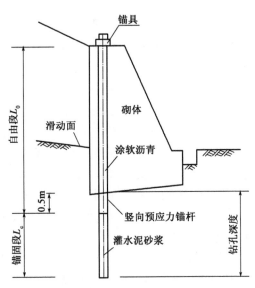

图 5-14　竖向预应力锚杆挡土墙结构图

竖向预应力锚杆挡土墙一般在墙身承受较大侧压力（如滑坡推力）的情况下使用，适用于岩石地基（即要求地基承载力高）。我国于 1975 年首次在成昆铁路狮子山滑坡整治工程中应用此种挡土墙，随后在其他滑坡治理工程中陆续使用。

1. 锚杆设计

灌浆预应力锚杆利用锚孔中灌注的水泥砂浆锚固在挡土墙基底稳定岩层的钻孔中,锚杆受拉后,由锚杆周边的砂浆握裹力将拉应力通过砂浆传递到岩层中。它由锚固段、张拉自由段及垫板锚具三部分组成,如图5-14所示。

锚固段是指在挡土墙基底以下、锚固在稳定地基中的一段锚杆,它是利用水泥砂浆对锚杆的握裹力、砂浆和孔壁岩层间的黏结力和摩擦阻力进行锚固的。锚固段以上部分称为自由段,其长度根据墙身抗剪强度的需要和预应力的损失而定,这段锚杆的周围应灌注软沥青,以免与砌体黏结,并可起防锈作用。锚杆顶端设置有预制的钢筋混凝土垫块和钢垫板,垫板上安有锚具,以备张拉后锚固锚杆。锚头采用螺丝端杆锚具,其结构如图5-15所示,螺丝端杆与锚杆用对焊连接。

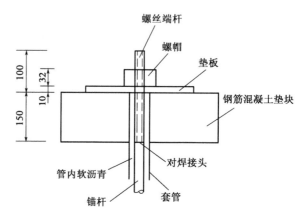

图 5-15 锚具图(尺寸单位:mm)

锚杆设计包括锚杆材料的选定和截面尺寸的确定,以及锚杆间距、锚杆锚固深度的确定等。

锚杆宜用经过双控冷拉处理后的单根粗钢筋制作,双控冷拉处理的目的在于提高钢筋的极限强度,一般采用螺纹钢筋。其截面应根据受力大小而定,锚杆直径尚需增加2mm作为防锈的安全储备,目前常用直径为18～32mm。锚孔直径一般比锚杆直径大15～30mm,约为50～100mm,视岩石的风化程度、水泥砂浆与岩石的黏结强度等综合选定。锚杆的间距应根据锚杆的抗拔力、墙身圬工数量等因素确定。在纵向尽可能均匀布置,以不引起锚孔周围地层应力的重叠和过分集中为原则,其纵向间距一般不宜小于1.0m,并以大于20倍的锚孔直径为宜;为增加抗倾覆能力,锚杆在横向宜靠近墙背,但应使墙身能承受垫块压力而不致破坏。一般距墙背0.5m,要求墙背砌筑整齐、坐浆密实。

锚固深度是指锚杆埋入稳定地基中的长度,其长度可按抗拔力要求根据锚固地层性质确定。设计时,尚应考虑岩层构造,防止挡土墙位移时切断锚杆,同时避免基底处应力过于集中,有效锚固深度自挡土墙基底以下0.5m处算起,即基底以下0.5m设置为自由段(涂以软沥青)。根据锚杆拉拔试验,当采用冷拉螺纹钢筋作锚杆时,在较完整的硬质岩层中,砂浆强度大于M30时,其锚杆有效锚固深度约为2m即可。对于埋置于软质或严重风化岩层中的锚杆,则宜根据现场拉拔试验确定,如狮子山工点(地基为页岩)根据拉拔试验,采用16Mn钢 $\phi^l 22$ 钢筋的锚杆,有效锚固深度约为3.5～4.0m。

根据锚杆自由段长度与挡土墙高度的关系不同,锚头分为埋入式及出露式两种,如图5-16所示。低墙或处于试验阶段时宜用出露式;墙身较高或有可靠的预应力损失实测资料时,可选用埋入式。埋入式锚头埋设位置,应综合考虑锚杆自由段的长度(预应力损失)和墙身截面强度等因素决定。

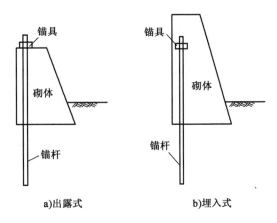

图5-16 锚头锚固位置

2. 锚杆有效预拉力计算

锚杆有效预拉力是由控制张拉力扣除预应力损失值加以确定,即:

$$N_g = N_z - N_s \tag{5-13}$$

式中:N_g——锚杆有效预拉力(kN);
N_z——锚杆控制张拉力(kN);
N_s——锚杆预应力的各种损失值(kN)。

锚杆张拉力由锚杆材料及拉拔试验资料确定。一般情况下,张拉控制应力 $\sigma_k = 0.85R_g$,超张拉时的最大控制应力 $\sigma_k = 0.95R_g$,其中 R_g 为钢筋抗拉设计强度。

预应力损失是由锚具的变形、锚杆的松弛以及墙身砌体的收缩和徐变三方面引起的,其中锚具是引起预应力损失的主要原因。由锚具变形引起的预应力损失值可按式(5-14)计算:

$$N_{s1} = \sigma_{s1} A_g = \frac{\lambda}{L_0} E_g A_g \tag{5-14}$$

式中:N_{s1}——锚具变形引起的预拉力损失值(kN);
σ_{s1}——预应力损失值(kPa);
λ——锚具变形值(mm),带螺帽的锚具 $\lambda = 2$mm;
L_0——锚杆自由段长度(m);
A_g——钢筋截面积(m^2);
E_g——钢筋弹性模量(MPa)。

锚杆松弛引起的预应力损失为:

$$N_{S2} = \sigma_{s2} A_g \tag{5-15}$$

对于冷拉热轧钢筋,一般张拉时按5%损失计(即 $\sigma_{s2} = 0.05\sigma_k$),超张拉时按3.5%损失计(即 $\sigma_{s2} = 0.035\sigma_k$)。

墙身砌体收缩和徐变所引起的预应力损失,对于浆砌片(块)石挡土墙,由于影响徐变的胶体物质很少,故可以忽略不计。

总的预应力损失则为:
$$N_s = N_{s1} + N_{s2} \tag{5-16}$$

在实际计算锚杆预应力损失时,如果缺乏经验,可近似地取控制张拉力的 25%~30%,当挡土墙较矮时,取大值。

锚具变形引起的预应力损失是主要的,由式(5-14)可知,由其引起的预应力损失值与锚杆自由段长度(L_0)有关,并随自由段长度的缩短而增大,特别是当 $L_0 < 3m$ 时,N_{s1} 增大很快,但当 $L_0 > 6m$ 时,增加自由段长度对 N_{s1} 的减小作用已不明显。因此,在设计中应避免自由段长度小于 3m;同样,为减少预应力损失,自由段长度也无需大于 6m。

3. 挡土墙验算

由于竖向预应力锚杆挡土墙利用了锚杆由弹性回缩而对墙身施加的竖向预应力,与普通重力式挡土墙相比,作用于挡土墙的力系发生了微小变化,即增加了对稳定有利的锚杆有效预拉力 N_g,如图 5-17 所示。但竖向预应力锚杆挡土墙验算方法与普通重力式挡土墙基本相同,仅在验算时增加有效预拉力 N_g,并列入竖向力系和稳定力矩中。对于如图 5-17 所示的倾斜基底,其基底的法向分力和切向分力为:

$$\left. \begin{array}{l} \sum N' = (G + N_g + E_y)\cos\alpha_0 + E_x\sin\alpha_0 \\ \sum T' = E_x\cos\alpha_0 - (G + N_g + E_y)\sin\alpha_0 \end{array} \right\} \tag{5-17}$$

抗滑稳定系数为:
$$K_c = \frac{\sum N'}{\sum T'} = \frac{[(G + N_g + E_y) + E_x\tan\alpha_0]\mu}{E_x - (G + N_g + E_y)\tan\alpha_0} \tag{5-18}$$

抗倾覆稳定系数为:
$$K_0 = \frac{GZ_G + N_g Z_{N_g} + E_y Z_y}{E_x Z_x} \tag{5-19}$$

作用于基底合力的法向分力对墙趾的力臂为:
$$Z'_N = \frac{\sum M_y - \sum M_0}{\sum N'} \tag{5-20}$$

合力偏心距为:
$$e' = \frac{B'}{2} - Z'_N \tag{5-21}$$

基底法向应力为:
$$\left. \begin{array}{ll} \dfrac{\sigma_1}{\sigma_2} = \dfrac{\sum N'}{B'}\left(1 \pm \dfrac{6e'}{B'}\right) & \left(e' \leq \dfrac{B'}{6}\right) \\ \sigma_{max} = \dfrac{2\sum N'}{3Z'_N} & \left(e' > \dfrac{B'}{6}\right) \end{array} \right\} \tag{5-22}$$

式中,各符号意义如图 5-17 所示。图中 ω 与作用于墙背的侧向压力有关,当滑坡推力作用于墙背时,ω 为紧挨墙背滑动面的倾角;当其为主动土压力时,$\omega = \delta - \alpha$。

按照极限状态法设计时,各项验算表达式分列如下:

抗滑稳定性:
$$[1.1G + \gamma_N N_g + \gamma_{Q1}(E_y + E_x\tan\alpha_0)]\mu + (1.1G + \gamma_N N_g + \gamma_{Q1}E_y)\tan\alpha_0 - \gamma_{Q1}E_x > 0 \tag{5-23}$$

抗倾覆稳定性：
$$0.8GZ_G + \gamma_N N_g Z_{Ng} + \gamma_{Q1}(E_y Z_y - E_x Z_x) > 0 \quad (5\text{-}24)$$
合力偏心距：
$$e_0 = \frac{M_d}{N_d} \quad (5\text{-}25)$$

对于岩石地基，e_0不应大于$B/4$。

基底法向应力：

$$\left.\begin{array}{l}\dfrac{\sigma_{max}}{\sigma_{min}} = \dfrac{N_d}{B'}\left(1 \pm \dfrac{6e_0}{B'}\right) \quad \left(|e_0| \leqslant \dfrac{B'}{6}\right) \\ \sigma_{max} = \dfrac{2N_d}{3a_1} \quad \left(|e_0| > \dfrac{B'}{6}\right)\end{array}\right\} \quad (5\text{-}26)$$

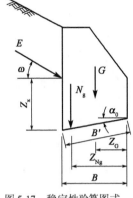

图 5-17 稳定性验算图式

式中：γ_N——锚杆有效预拉力分项系数，取$\gamma_N = 0.9$；

M_d——采用荷载效应标准组合时，作用于基底形心的力矩组合设计值($kN \cdot m$)；

N_d——采用荷载效应标准组合时，作用于基底的垂直荷载组合设计值(kN)；

a_1——作用于基底的总竖向力N_d对受压边缘的力臂(m)，$a_1 = \dfrac{B}{2} - e_0$，且a_1不能小于零。

此外，锚杆截面应满足抗剪强度要求，对于埋入式锚头，还需验算锚头处墙身截面强度。

第四节 抗 滑 桩

一、基本概念

抗滑桩是一种承受侧向荷载的桩，又称锚固桩。其依靠埋于稳定滑床中桩与桩周土体的相互嵌制作用，把滑坡推力传递到稳定地层，利用稳定地层的锚固作用和被动抗力，使滑坡得到稳定，即依靠埋入滑坡的滑动面以下部分的锚固作用，和滑动面以上桩前滑体的被动抗力来承受滑坡的推力，如图5-18所示，使滑坡的推力通过桩的作用传递到滑动面以下的稳定层中，保证整个滑坡具有足够的稳定性。抗滑桩埋入滑动面以下的部分称为锚固段，处于滑动面以上的部分称为受荷段。

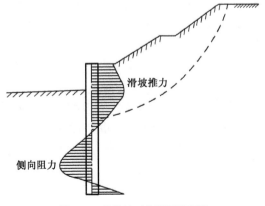

图 5-18 抗滑桩工作原理示意图

工程实践表明，抗滑桩能迅速、安全、经济地解决一些特殊困难的工程，具有如下特点：

(1) 抗滑能力大，圬工数量小，在滑坡推力大、滑动面深的情况下，较其他抗滑构造物经济、有效。

(2) 桩位灵活，可以设在滑坡体中最有利于抗滑的部位，可单独使用，也能与其他建筑物配合使用。分排设置，可将巨大的滑坡体切割成若干分散的单元体，对滑坡起到分而治之的功效。

(3) 施工方便，设备简单，具有工程进度快、施工质量好、比较安全等优点。施工时可间隔开挖，不会引起滑坡条件的恶化，因此，对整治已通车路段上的滑坡和处在缓慢滑动阶段的滑坡特别有利。

(4) 开挖桩孔，能校核地质情况，这样可以检验和修改原有的设计，使其更符合实际。

鉴于抗滑桩的作用原理和上述特点，使用抗滑桩最基本的条件应该是：滑坡具有明显的滑动面，滑体为非塑流性的地层，能被桩所稳定，滑床为较完整的基岩或密实的土层，能够提供足够的锚固力。在有条件时，尽量充分利用桩前地层的被动抗力，使其效果更显著，工程更经济。

为使滑坡体得到有效治理，抗滑桩设计一般应满足以下要求：

(1) 抗滑桩提供的抗滑力应使整个滑坡体具有足够的稳定性，同时保证滑坡体不从桩顶滑出，也不从桩间挤出。

(2) 桩身要有足够的强度和稳定性。桩的截面和配筋合理，能满足桩内应力和桩身变形的要求。

(3) 桩周的地基抗力和滑坡体的变形在容许范围内。

(4) 桩的间距、尺寸、埋深等都应适当，保证安全，利于施工，并使工程量最省，造价经济。

因此，抗滑桩的设计包括以下几个方面：①桩的平面布置，确定桩位；②桩截面尺寸及间距确定；③桩长及锚固深度确定；④作用于桩身的外荷载计算；⑤桩的内力和变位计算；⑥地基强度验算。除此之外，还应包括桩的配筋设计。

抗滑桩设计计算按以下步骤进行：

(1) 首先应了解和弄清滑坡的原因、性质、范围、厚度，分析滑坡的稳定状态、发展趋势。

(2) 根据地质断面及滑动面处土的抗剪强度指标计算滑坡推力。

(3) 根据地形、地质及施工条件等确定设桩的位置及范围。

(4) 根据滑坡推力大小、地形及地层性质，拟定桩长、锚固深度、桩截面尺寸及桩间距。

(5) 确定桩的计算宽度，并根据滑坡体的地层性质选定地基系数。

(6) 根据地基系数及桩的截面形式、尺寸，计算桩的变形系数（α 或 β）及其计算深度（αh 或 βh），判断是刚性桩还是弹性桩，并据此进行设计。

(7) 根据桩底的边界条件，计算桩身各截面的变位、内力及侧壁应力等，并计算桩最大剪力、弯矩及其部位。

(8) 校核地基强度。若桩身作用于地基的弹性应力超过地层容许值或者小于其容许值过多，则应调整桩的埋深、桩的截面尺寸或桩的间距，重新计算，直至满足要求。

(9) 根据计算结果，绘制桩身的剪力图和弯矩图，进行配筋设计。

二、抗滑桩的分类

抗滑桩的分类形式较多，分类方法也很多。

按桩的埋置情况和受力状态不同,抗滑桩可分为全埋式桩和悬臂式桩两种,如图 5-19 所示。全埋式桩的桩前桩后均受外力作用,如果桩前滑体对桩不产生被动抗力,则称为悬臂式桩。

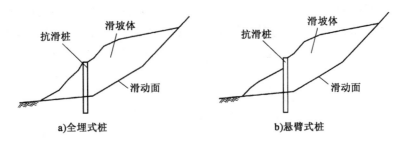

图 5-19　全埋式桩和悬臂式桩

按结构形式的不同,抗滑桩可分为单桩、排桩、群桩和有锚桩,排桩形式常见的有桩板式桩、椅式桩、门式桩和排架桩。为增强支挡斜坡的稳定性,防止受荷段桩间土体下滑,在桩间增设挡土板,构成桩和板组成的桩板式抗滑桩,如图 5-20a) 所示;椅式桩由内桩、外桩、承台、上墙和拱板 5 部分组成,如图 5-20b) 所示,其工作原理为用拱板支承滑坡体,将推力通过内外两桩传至稳定地层,因用刚性承台将内、外桩联立成框架,转动惯量大,能承受较大的弯矩,而桩壁应力小,在软弱地层更显其优越性;门式桩中内桩受拉、外桩受压,每排由两根竖向桩和一根横向梁组成,如图 5-20c) 所示,能承受较大的推力;排架桩受力同门式桩,每排由 2 根竖向桩和 2~3 根横向梁组成,如图 5-20d) 所示;有锚桩常见的有锚杆桩和锚索桩,如图 5-21 所示,锚杆桩有单锚和多锚,锚索桩多用单锚。

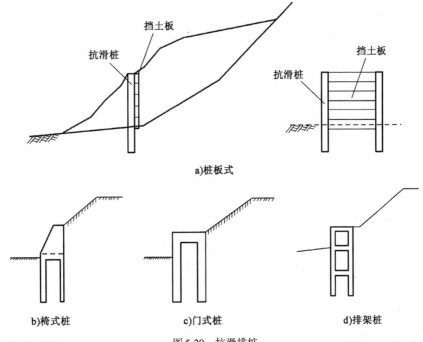

图 5-20　抗滑排桩

单桩是抗滑桩的基本形式,也是常用的结构形式,其特点是简单,受力和作用明确。当滑坡推力较大、用单桩不足以承担其推力或使用单桩不经济时,可采用排架桩。排架桩的特点是转动惯量大,抗弯能力强,桩壁阻力较小,桩身应力较小,在软弱地层中应用有较明显的优越性。有锚桩的锚可用钢筋锚杆或预应力锚索,锚杆(索)和桩共同工作,改变桩的悬臂受力状况和桩完全靠侧向地基反力抵抗滑坡推力的机理,使桩身的应力状态和桩顶变位大大改善,是一种较为合理、经济的抗滑结构。但锚杆或锚索的锚固端需要有较好的地层,对锚索而言,更需要有较好的岩层以提供可靠的锚固力。抗滑桩群一般指在横向两排以上、在纵向两列以上的组合抗滑结构,类似于墩台或承台结构,它能承担更大的滑坡推力,可用于特殊的滑坡治理工程。

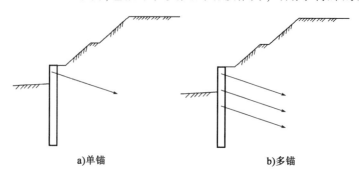

图 5-21 有锚抗滑桩

按材料不同,抗滑桩可分为木桩、钢桩和钢筋混凝土桩。木桩便于就地取材,易于施工,但桩长有限,桩身强度不高,一般用于浅层滑坡的治理、临时工程或抢险工程。钢桩的强度较高,施工快速方便,但横向刚度较小,造价偏高。钢筋混凝土桩应用十分广泛,桩截面刚度大,抗弯能力强,施工方式多样,但抗拉能力有限。

按施工方法不同,抗滑桩可分为钻孔桩、挖孔桩、打入桩和沉井桩等。进行打入桩施工时,应充分考虑施工振动对滑坡稳定性的影响,同时还应确定下卧层的可打性。机械成孔速度快,且桩径可大可小,适用于各种地质条件,但机械的进场受各种地形条件的限制,且成孔时水会对边坡的稳定性产生极大的影响。人工成孔方便快捷,但劳动强度较高,且遇不良地层和桩径过小时,施工比较困难。沉井桩的施工工艺比较复杂。

按桩的刚度和变形条件不同,抗滑桩可分为刚性桩和弹性桩两种。桩的刚度大于围岩刚度的为刚性桩,刚性桩的桩身在侧向推力作用下挠曲变形很小,可忽略不计,桩在土中产生整体转动位移。桩的刚度小于围岩的刚度的为弹性桩,弹性桩的桩身在侧向推力作用下以挠曲变形为主,而桩整体转动所引起的变形可忽略不计。

按截面形状不同,抗滑桩又可分为圆形桩、矩形桩、管形桩和"工"字形桩等。

三、抗滑桩的抗力计算

作用于桩身的荷载有滑坡推力、受荷段地层(滑坡体)抗力、锚固段地基抗力、桩侧摩擦阻力和黏着力以及桩身自重和桩底反力等,这些力均为分布力。一般桩侧摩擦阻力和黏着力、桩身自重和桩底反力不予考虑,其中受荷段地层抗力和锚固段地基抗力起稳定滑坡的作用。

1. 锚固段地基抗力

抗滑桩所承受的滑坡推力经过桩的传递,为地基抗力所平衡。但是,地基抗力是一个未知量,它的大小、分布与地基土的性质、桩的变形量等有关。锚固段桩前、桩后的岩土体受力后随应力的大小而变形:弹性阶段,应力和应变成正比;当侧应力增加不多而变形骤增时,为塑性阶段;当应力不再增大而变形不停止时,则达到破坏阶段。当桩周地基的变形处于弹性阶段时,抗力按弹性抗力计算;当变形处于塑形阶段时,按地基侧向容许承载力计算;当处于变形范围较大的塑性阶段时,则采取极限平衡法计算岩土层的抗力值。一般条件下,若不产生塑性变形,均可按弹性抗力考虑。为了简化计算,如果不考虑桩身自重,桩与其周围的摩擦阻力一般可忽略不计。

所谓弹性抗力是指从弹性理论出发,根据地基系数计算桩周抗力,即假定地层为弹性介质,地基抗力与桩的位移量成正比,即:

$$P = KB_\mathrm{p} x_\mathrm{z} \tag{5-27}$$

式中:P——地基抗力(kN/m);

K——地基系数(kN/m³),又称弹性抗力系数;

B_p——桩的计算宽度(m);

x_z——地层 z 处桩的位移量(m)。

(1)抗滑桩的计算宽度。

抗滑桩受滑坡推力的作用产生位移,则桩侧土对桩作用着抗力。当土体变形处于弹性变形阶段时,桩受到土体的弹性抗力作用。土体对桩的弹性抗力及其分布与桩的作用范围有关。桩在水平荷载作用下,不仅桩身宽度内桩侧土受挤压,而且在桩身宽度以外的一定范围内也受影响(空间受力),同时对于不同截面形状的桩,土体的影响范围也不相同。为了将空间受力简化为平面受力,并考虑桩截面形状的影响,将桩的设计宽度(或直径)换算成相当于实际工作条件下的矩形桩宽 B_p,B_p 即为桩的计算宽度。

试验研究表明,对不同尺寸的圆形桩和矩形桩施加水平荷载时,直径为 d 的圆形桩与正面边长为 $0.9d$ 的矩形桩,在其两侧土体开始被挤出的极限状态下,其临界水平荷载值是相等的。所以,矩形桩的形状换算系数 $K_\mathrm{f}=1$,而圆形桩的形状换算系数 $K_\mathrm{f}=0.9$。

同时,由于将空间受力状态简化成为平面受力状态,在决定桩的计算宽度时,应将实际宽度乘以受力换算系数 K_B。由试验资料可知,对于正面边长 b 大于或等于 1m 的矩形桩,受力换算系数为 $1+\dfrac{1}{b}$;对于直径 d 大于或等于 1m 的圆形桩,受力换算系数为 $1+\dfrac{1}{d}$。

故桩的计算宽度为:

矩形桩 $$B_\mathrm{p} = K_\mathrm{f} K_\mathrm{B} b = 1.0 \times \left(1 + \dfrac{1}{b}\right) b = b + 1 \tag{5-28}$$

圆形桩 $$B_\mathrm{p} = K_\mathrm{f} K_\mathrm{B} d = 0.9 \times \left(1 + \dfrac{1}{d}\right) d = 0.9(d + 1) \tag{5-29}$$

(2)地基系数。

地基系数即弹性抗力系数,是地基土的一个物理量。其表示单位面积地层一个单位变形所需施加的力,可理解为单位岩土体在弹性限度内产生单位压缩变形值所须施加于其单位面积上的力。由于土的可变性和复杂性,地基系数沿深度的变化规律也比较复杂,应根据地层的性质和深度来确定。

自滑动面沿桩身至桩底,在同一高程处的桩前、桩后围岩的地基系数一般是相等的;当桩前、桩后有高差时,对一般土层和严重风化破碎及其他第四纪松散堆积地层而言,地基系数则是不相等的。在同一地层中沿桩轴的地基系数的分布形状有矩形、梯形、抛物线形、三角形和反抛物线形等,如图 5-22 所示。

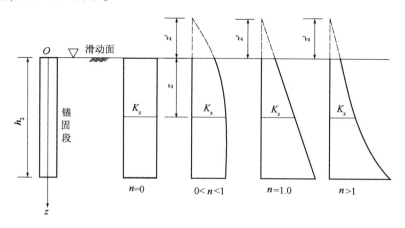

图 5-22 地基系数分布形式

图中 n 为线性指数。当 $n=0$ 时,地基系数为矩形分布;当 $0<n<1$ 时,地基系数为抛物线形分布;当 $n=1$ 时,地基系数为梯形或三角形分布;当 $n>1$ 时,地基系数为反抛物线形分布。

①当岩层较完整或为硬黏土时,地基系数应为矩形分布,即认为地基系数是常数(不随深度而变化),相应的计算方法称之为"K"法。水平方向的地基系数以符号"K_H"表示,竖直方向的地基系数以"K_V"表示。

不随深度变化的地基系数 K 宜采用试验资料值,若无实测资料,可参考以往的经验数据来确定。表 5-2 根据饱和极限抗压强度,给出了较完整岩层的地基系数 K_V 值。

较完整岩层的地基系数值表　　　　表 5-2

序号	饱和极限抗压强度 R (kPa)	K_V 值 (kN/m³)	序号	饱和极限抗压强度 R (kPa)	K_V 值 (kN/m³)
1	10000	$(1.0 \sim 2.0) \times 10^5$	6	50000	8.0×10^0
2	15000	2.5×10^5	7	60000	12.0×10^5
3	20000	3.0×10^5	8	80000	$(15.0 \sim 25.0) \times 10^5$
4	30000	4.0×10^5	9	>80000	$(25.0 \sim 28.0) \times 10^5$
5	40000	6.0×10^5			

注:一般水平方向 K_H 为竖直方向 K_V 的 $0.6 \sim 0.8$ 倍,当岩层为厚层或块状整体时 $K_H = K_V$。

表 5-3 是《铁路路基支挡结构设计规范》(TB 10025—2019)给出的地基系数。

抗滑桩地基系数及地层物理力学指标　　　　表 5-3

地层类别	内摩擦角 (°)	弹性模量 E_0 (kPa)	泊松比 μ	地基系数 K (kN/m³)	剪切应力 (kPa)
细粒花岗岩、正长岩	80 以上	5430~6900	0.25~0.30	$2.0 \times 10^6 \sim 2.5 \times 10^6$	1500 以上
辉绿岩、玢岩		6700~7870	0.28	2.5×10^6	
中粒花岗岩	80 以上	5430~6500	0.25	$1.8 \times 10^6 \sim 2.0 \times 10^6$	1500 以上
粗粒正长岩、坚硬白云岩		6560~7000	0.25		

续上表

地层类别	内摩擦角 (°)	弹性模量 E_0 (kPa)	泊松比 μ	地基系数 K (kN/m³)	剪切应力 (kPa)
坚硬石灰岩	0	4400～10000	0.25～0.30	$1.2×10^6$～$2.0×10^6$	1500
坚硬砂岩、大理岩		4660～5430			
粗粒花岗岩、花岗片麻岩		5430～6000			
较坚硬石灰岩	75～80	4400～9000	0.25～0.30	$0.8×10^6$～$1.2×10^6$	1200～1400
较坚硬砂岩		4460～5000			
不坚硬花岗岩		5430～6000			
坚硬页岩	70～75	2000～5500	0.15～0.30	$0.4×10^6$～$0.8×10^6$	700～1200
普通石灰岩		4400～8000	0.25～0.30		
普通砂岩		4600～5000	0.25～0.30		
坚硬泥灰岩	70	800～1200	0.29～0.38	$0.3×10^6$～$0.4×10^6$	500～700
较坚硬页岩		1980～3600	0.25～0.30		
不坚硬石灰岩		4400～6000	0.25～0.30		
不坚硬砂岩		1000～2780	0.25～0.30		
较坚硬泥灰岩	65	700～900	0.29～0.38	$0.2×10^6$～$0.3×10^6$	300～500
普通页岩		1900～3000	0.15～0.20		
软石灰岩		4400～5000	0.25		
不坚硬泥灰岩	45	30～500	0.29～0.38	$0.06×10^6$～$0.12×10^6$	150～300
硬化黏土		10～300	0.30～0.37		
软片岩		500～700	0.15～0.18		
硬煤		50～300	0.30～0.40		
密实黏土	30～45	10～300	0.30～0.37	$0.03×10^6$～$0.06×10^6$	100～150
普通煤		50～300	0.30～0.40		
胶结卵石		50～100	—		
掺石土		50～100	—		

《铁路桥涵地基和基础设计规范》(TB 10093—2017)和《建筑桩基技术规范》(JGJ 94—2008)根据岩石的单轴抗压强度也给出了地基系数，见表5-4。

岩石的竖向地基系数 K 值　　　　　　　表5-4

序　号	R(kPa)	K(kN/m³)	序　号	R(kPa)	K(kN/m³)
1	1000	300000	2	≥25000	15000000

注：中间值采用内插法。表中 R 为岩石的单轴抗压强度极限值。

一般水平方向的地基系数可根据竖直方向的地基系数来确定。《铁路隧道手册》《建筑地基与基础技术规范》(GB 50007—2011)和《建筑桩基技术规范》(JGJ 94—2008)，分别给出了两个系数的比值，见表5-5。

横向和竖向地基系数比值　　　　表5-5

依据	《铁路隧道手册》	《建筑地基基础设计规范》	《建筑桩基技术规范》
$\dfrac{K_H}{K_V}$	0.8	0.5	0.7

②硬塑、半干硬的砂黏土、密实土、碎石土或风化破碎的岩层,认为地基系数是随深度而变化的,即:

水平方向的地基系数　　　　$K_H = A_H + m_H z^n$　　　　(5-30)

竖直方向的地基系数　　　　$K_V = A_V + m_V z^n$　　　　(5-31)

式中:A_H、A_V——滑动面处地层水平方向、竖直方向的地基系数(kN/m^3);

m_H、m_V——水平方向、竖直方向地基系数随深度变化的比例系数(kN/m^3);

z——自滑动面沿桩轴向下的距离(m);

n——线性指数,一般取 $n=1$。

当桩前滑动面以上无滑坡体和超载时,地基系数为三角形分布,此时 $A_H=0$ 和 $A_V=0$;当桩前滑动面以上有滑坡体和超载时,地基系数为梯形分布。

由于地基系数随深度变化的比例系数(常数)以"m"表示,相应的计算方法称为"m"法。地基系数随深度变化的比例系数宜采用试验资料值,若无实测资料,可参考以往的经验数据来确定,见表5-6。

非岩石地基的地基系数　　　　表5-6

序　号	土 的 名 称	m_H 和 m_V 值(kN/m^4)
1	流塑黏质土($I_L \geq 1.0$),淤泥	3000~5000
2	软塑黏质土($1 > I_L \geq 0.5$),粉砂	5000~10000
3	硬塑黏质土($0.5 > I_L \geq 0$),细砂、中砂	10000~20000
4	半干硬的黏质土、粗砂	20000~30000
5	砾砂、角砾砂、砾石土、碎石土、卵石土	30000~80000
6	块石土、漂石土	80000~120000

注:1.因表中 m_H 和 m_V 采用同一值,而 m_H 值当平均深度约为10m时,接近垂直荷载作用下的垂直方向地基系数 K_V 值,故 K_V 不得小于 $10 m_V$;

2.适用于结构在地面处水平位移最大不超过6mm的情况,当位移较大时应适当折减;

3.当基础侧面设有斜坡或台阶,且其坡度或台阶总宽度与地面以下或局部冲刷线以下深度之比大于1:20时,m 值应减半采用。

《铁路路基支挡结构设计规范》(TB 10025—2019)也给出了地基比例系数 m,见表5-7。

地基比例系数　　　　表5-7

序号	土 的 名 称	竖直方向 m_H(kN/m^4)	水平方向 m_V(kN/m^4)
1	$0.75 < I_L < 1.0$ 的软塑黏土及粉质黏土;淤泥	1000~2000	500~1400
2	$0.5 < I_L < 1.75$ 的软塑粉质土及黏土;	2000~4000	1000~2800
3	硬塑粉质黏土及黏土;细砂和中砂	4000~6000	2000~4200
4	坚硬的粉质黏土及黏土;粗砂	6000~10000	3000~7000
5	砾砂;碎石土;卵石土	10000~20000	5000~14000
6	密实的大漂石	80000~120000	40000~84000

注:表中数值为相应于桩顶位移6~10mm时的地基比例系数 m_H 和 m_V 值。

表 5-8 为《建筑桩基技术规范》(JGJ 94—2008)给出的地基比例系数的建议值。

水平地基比例系数　　　　　　　　表 5-8

序号	地基土类别	预制桩、钢柱		灌注桩	
		m_H (kN/m⁴)	相应单桩在地面处水平位移 (mm)	m_H (kN/m⁴)	相应单桩在地面处水平位移 (mm)
1	淤泥、淤泥质土、饱和湿陷性黄土	2000~4500	10	2500~6000	6~12
2	流塑($I_L>1$)、软塑($0.75<I_L\leqslant 1$)桩黏质土,$e>0.9$ 粉土,松散细砂、松散稍密填土	4500~6000	10	6000~14000	4~8
3	可塑($0.25<I_L<0.25$)状黏质土,$e=0.75~0.9$ 粉土,湿陷性黄土,中密填土、稍密细砂	6000~10000	10	14000~35000	3~6
4	可塑($0<I_L<0.25$)坚硬($I_L\leqslant 0$)状黏质土、湿陷性黄土,$e<0.75$ 粉土、中密的中细砂、密实老填土	10000~22000	10	35000~100000	2~5
5	中密、密实的砾砂、碎石类土	—	—	100000~300000	1.5~3

注:1. 当桩顶水平位移大于表列数值或灌注桩配筋率较高($\geqslant 0.65\%$)时,m_H 值应适当减小;当预制桩的水平向位移小于 10mm 时,m_H 值可适当提高;
　　2. 当水平荷载为长期或经常出现的荷载时,应将表列数值乘以 0.4;
　　3. 当地基为可液化土层时,应将表列数值乘以土层液化折减系数。

2. 受荷段地层抗力

设置抗滑桩后,当抗滑桩受到滑坡推力的作用产生变形时,一部分滑坡推力通过桩体传给锚固段地层,另一部分传给桩前滑坡体。而桩前滑坡体的抗力与滑坡的性质和桩前滑坡体的大小等因素有关。试验研究表明,桩前滑坡体的体积越大,抗剪强度越高,滑动面越平缓、越粗糙,桩前滑坡体抗力越大;反之则越小。

桩前滑坡体的抗力一般采用与滑坡推力相同的应力分布形式,也可采用抛物线的分布形式。当采用抛物线的分布形式时,如图 5-23 所示,可将抗力分布图形简化为一个三角形和一个倒梯形。

受荷段地层抗力按桩前滑坡体处于极限平衡时的滑坡推力和桩前被动土压力确定,取两者小值。

若桩前滑动面以上滑坡体可能滑走,则桩上部受荷段的前面无抗力作用,按悬臂桩计算;若桩前滑动面以上的滑坡体基本稳定,则应考虑受荷段的抗力作用,但此抗力不应大于桩前滑坡体的剩余抗滑

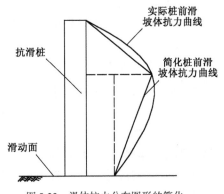

图 5-23　滑体抗力分布图形的简化

力或被动土压力。

四、抗滑桩的构造设计

1. 基本构造

(1)桩身混凝土。

①桩身混凝土的强度等级不应低于C20。当地下水有侵蚀性时,水泥应按有关规定选用。

②抗滑桩井口应设置锁口,当桩井位于土和风化破碎的岩层时宜设置护壁,锁口和护壁混凝土强度等级不应低于C15(一般地区常采用C15,严寒地区则采用C20)。

(2)钢筋。

①主筋一般采用HRB400带肋钢筋,箍筋一般采用HPB300或HPB235光圆钢筋,构造钢筋则采用HPB235光圆钢筋。

②纵向受力钢筋直径不应小于16mm,沿桩身均匀布置,净距不宜小于120mm,困难情况下可适当减少,但不得小于80mm。其可以单根布置,也可以成束布置,当用束筋时,每束不宜多于3根。当配置单排钢筋有困难时,可设置2排或3排。纵向受力钢筋的截断点应按国家标准《混凝土结构设计规范(2015年版)》(GB 50010—2011)确定。

③箍筋宜采用封闭式(如螺旋式或焊接环式),直径不宜小于14mm,间距不应大于500mm。在钢筋骨架中,应每隔2m左右设一道焊接加强箍筋。在滑动面和地表处的箍筋要适当加密。

④抗滑桩内不宜设置斜筋,可采用调整箍筋的直径、间距和桩身截面尺寸等措施,满足斜截面的抗剪强度。

⑤桩的两侧和受压边应适当配置纵向构造钢筋,其间距宜为40~50cm,直径不宜小于12mm。桩的受压边两侧应配置架立钢筋,使钢筋骨架有足够的刚度,其直径不宜小于16mm。当桩身较长时,纵向构造钢筋和架立筋的直径应加粗,使钢筋骨架有足够的刚度。

⑥钢筋的连接应采用焊接方式。焊接接头的种类和质量控制要求按《钢筋焊接及验收规程》(JGJ 18—2012)执行。纵向受力钢筋的接头宜设置在受力较小处,且应相互错开。在同一钢筋上要少设接头。钢筋焊接接头的连接区段的长度为35d(d为纵向钢筋的较大直径),且不应小于50cm。位于同一连接区段内纵向受力钢筋的焊接接头(凡接头中心位于连接区段长度内的焊接接头都属于同一连接区段)面积的百分率不应大于50%。

⑦配筋率一般不应低于0.20%~0.65%(小桩径取高值,大桩径取低值)。

(3)混凝土保护层。

受力钢筋的混凝土保护层厚度不应小于60mm,箍筋和构造钢筋的保护层厚度一般不宜小于15mm。

2. 桩的平面布置

桩的平面布置一般根据边坡的地层性质、推力大小、滑动面坡度和滑坡体厚度、施工条件等因素综合确定。在滑坡的下部,下滑力较小且滑动面较缓,是设抗滑桩较好的部位。一般滑坡常布置一排桩,排的走向与滑坡体的滑动方向垂直,在平面上呈直线形或弧形,以利于稳定滑坡。对于较潮湿的滑坡体和较小截面的桩,也可布置成2~3排,按品字形和梅花形交错布设。关于多排桩每桩所受的滑坡推力如何分配的问题,现在尚无统一定论,可从滑坡体的密实和潮湿程度及施工便利方面来考虑选定。一般排距为桩截面宽度的2~3倍。

3. 桩截面形状及间距

桩的截面形状要求使其上部受荷段正面能产生较大的阻滑力,而侧面能产生较大的摩阻力,并使其下部锚固段能产生较大的反力。桩的截面形状应使抗滑桩具有良好的抗剪能力和抗弯刚度,最常用的截面形状有矩形(包括方形)和圆形两种。一般情况下,多采用正面边长较短而侧面边长较长的竖设矩形。为了便于施工,截面最小宽度不应小于1.25m,一般边长为2~4m,以1.5m×2.0m及2.0m×3.0m两种尺寸的截面较为常见。在主滑方向不确定的情况下,可采用圆形截面。

桩的间距到目前为止尚无成熟的计算方法,可根据不使上方滑坡体从桩间滑走、又不致过密的原则来确定。有滑坡体试验资料时,应根据试验资料确定,无试验资料时,可参照经验数据确定。一般情况下,桩间距以5~10m为宜,当滑坡体完整(岩块)、密实,或滑坡推力较小时,桩间距可取大些,反之取小些;在滑坡主轴附近间距可取小些,两边部可适当大些。

4. 桩长及锚固深度

桩的长度和锚固深度需经计算确定。当桩的位置确定后,桩的全长等于滑坡体厚度加上桩的锚固深度。抗滑桩锚固段的长度与滑坡推力的大小、锚固段地层的强度、桩的相对刚度有关,如何考虑桩前滑动面以上滑坡体对桩身的反力,也会对抗滑桩锚固段的长度产生影响。原则上,由桩的锚固段传递到滑动面以下地层的侧向压应力不得大于该地层的容许侧向抗压强度、桩基底的最大压应力不得大于地基容许承载力来确定。

锚固深度是抗滑桩发挥抵抗滑坡推力作用的前提和条件。如锚固深度不足,抗滑桩不足以抵抗滑坡推力,易引起桩的失效;但锚固过深,则会导致工程量增加,使施工困难。可通过缩小桩的间距以减小每根桩所承受的滑坡推力,或通过增大桩的截面以增加桩的相对刚度等措施,来减小锚固深度。

(1)桩侧支承验算。

①土层及严重风化破碎岩层。

当锚固段地层为土层及严重风化破碎岩层时,桩身对地层的侧向压应力 σ_{max}(kPa)应符合下列条件:

$$\sigma_{max} \leqslant \frac{4}{\cos\varphi}(\gamma h \tan\varphi + c) \tag{5-32}$$

式中:γ——地层岩土体的重度(kN/m³);

φ——地层岩土体的内摩擦角(°);

c——地层岩土体的黏聚力(kPa);

h——地面至计算点的深度(m)。

②比较完整的岩质、半岩质地层。

当锚固段地层为比较完整的岩质、半岩质地层时,桩身对围岩的侧向压应力 σ_{max}(kPa)应符合下列条件:

$$\sigma_{max} \leqslant K'_1 K'_2 R_0 \tag{5-33}$$

式中:K'_1——折减系数,根据岩层产状的倾角大小取0.5~1.0;

K'_2——折减系数,根据岩层的破碎和软化程度取0.3~0.5;

R_0——岩石单轴抗压极限强度(kPa)。

一般验算桩身侧压应力最大处，若不满足式(5-32)和式(5-33)的条件，则应调整桩的锚固深度或截面尺寸、间距，直至满足为止。

上述验算只能作为确定桩的锚固深度及校核地基强度时的参考。从以往的实践经验看，土层或软质岩层常用的锚固深度以 1/3～1/2 桩长比较合适；而对于完整、较坚硬的岩层，可以采用桩长的 1/4。

(2) 桩底的支承条件。

抗滑桩的顶端一般为自由支承，而底端由于锚固程度不同，可以分为自由支承、铰支承、固定支承三种，通常采用前两种支承条件。

① 自由支承。

如图 5-24a)所示，当锚固段地层为土体、松软破碎岩层时，现场试验研究表明，在滑坡推力作用下，桩底有明显的位移和转动。这种条件下桩底可按自由支承处理，即令 $Q_B=0$，$M_B=0$。

② 铰支承。

如图 5-24b)所示，当桩底岩层完整并较 AB 段地层坚硬，但桩嵌入此层不深时，桩底可按铰支承处理，即令 $x_B=0$，$M_B=0$。

③ 固定支承。

如图 5-24c)所示，当桩底岩层完整、极坚硬，桩嵌入此层较深时，桩身 B 点处可按固定端处理，即令 $x_B=0$，$\varphi_B=0$。但抗滑桩出现此种支承情况是不经济的，故极少采用。

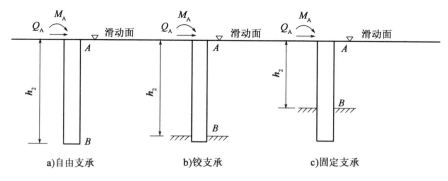

图 5-24　桩底支承条件

其中，x_B 和 φ_B 为桩底 B 端的水平位移和转角；Q_B 和 M_B 则为剪力和弯矩。

五、弹性桩内力和变位计算

抗滑桩受到滑坡推力后，将产生一定的变形。根据桩和桩周土的性质以及桩的几何性质，其变形有两种情形：一种是桩的位置发生偏离，但桩轴线仍保持原有线形，变形是由于桩周土的变形所致；另一种是桩的位置和桩轴线同时发生改变，即桩轴线和桩周土同时发生变形。前一种情况下桩犹如刚体一样，仅发生了转动，故称其为刚性桩；而后者则称为弹性桩。

大量的试验研究表明，当抗滑桩埋入稳定地层内的计算深度为某一临界值时，可视桩的刚度为无穷大，桩的侧向极限承载力仅取决于桩周土的弹性抗力大小，而与桩的刚度无关。计算深度(即锚固段计算长度)为此临界值时，不管按弹性桩还是刚性桩计算，其侧向承载力及传递给地层的压力图形均比较接近。因此，工程中将这个临界值作为判别刚性桩和弹性桩的标准，判别标准与桩的变形系数(α 或 β)和计算方法("K"或"m"法)有关。

(1)按"K"法计算。

当 $\beta h \leqslant 1$ 时,属刚性桩;当 $\beta h \geqslant 1$ 时,属弹性桩。

其中,β 为桩的变形系数,以 m^{-1} 计,可按式(5-34)计算:

$$\beta = \left(\frac{K_H B_P}{4EI}\right)^{\frac{1}{4}} \tag{5-34}$$

式中:K_H——水平地基系数,不随深度而变(kN/m^3);
　　B_P——桩的正面计算宽度(m);
　　E——桩的弹性模量(kN/m^2);
　　I——桩的截面惯性矩(m^4)。

(2)按"m"法计算。

当 $\alpha h \leqslant 2.5$ 时,属刚性桩;当 $\alpha h > 2.5$ 时,属弹性桩。

其中,α 为桩的变形系数,以 m^{-1} 计,可按式(5-35)计算:

$$\alpha = \left(\frac{m_H B_P}{EI}\right)^{\frac{1}{5}} \tag{5-35}$$

式中:m_H——水平地基系数随深度变化的比例系数(kN/m^4);
　　其余符号意义同前。

对于弹性桩,按滑动面以上桩身和滑动面以下桩身两种情况分别计算其内力和变位,计算图式如图 5-25 所示。

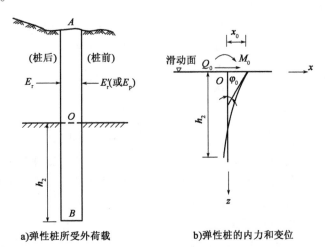

a)弹性桩所受外荷载　　b)弹性桩的内力和变位

图 5-25　弹性桩的计算图式

1.滑动面以上桩身内力和变位计算

(1)弯矩和剪力。

滑动面以上桩所承受的外力为滑坡推力和桩前反力之差 H,其分布形式一般为三角形、梯形和矩形。内力计算时按一端固定的悬臂梁考虑。现以梯形分布(图 5-26)为例,给出弯矩和剪力的计算公式。

如图 5-26 所示,土压力的分布图形中:

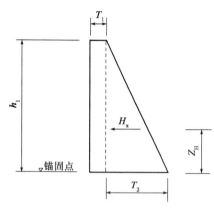

图 5-26 土压力分布形式

$$T_1 = \frac{6M_0 - 2H_x h_1}{h_1^2}\\ T_2 = \frac{6H_x h_1 - 12M_0}{h_1^2}\}\quad(5\text{-}36)$$

式中：h_1——滑动面以上桩长；

H_x——H 的水平分力。

当 $T_1 = 0$ 时，土压力呈三角形分布；当 $T_2 = 0$ 时，土压力呈矩形分布。

锚固段顶点桩身的弯矩 M_0、剪力 Q_0 为：

$$M_0 = H_x Z_H \quad(5\text{-}37)$$
$$Q_0 = H_x \quad(5\text{-}38)$$

式中：Z_H——桩上外力的作用点至锚固点的距离（m）。

滑动面以上桩身各点的弯矩 M_z 和剪力 Q_z 为：

$$M_z = \frac{T_1 z^2}{2} + \frac{T_2 z^3}{6h_1} \quad(5\text{-}39)$$

$$Q_z = T_1 z + \frac{T_2 z^2}{2h_1} \quad(5\text{-}40)$$

式中：z——锚固点以上桩身某点距桩顶的距离（m）。

（2）水平位移和转角。

滑动面以上桩身水平位移 x_z 和转角 φ_z 为：

$$x_z = x_0 - \varphi_0(h_1 - z) + \frac{T_1}{EI}\left(\frac{h_1^4}{8} - \frac{h_1^3 z}{6} + \frac{z^4}{24}\right) + \frac{T_2}{EI h_1}\left(\frac{h_1^5}{30} - \frac{h_1^4 z}{24} + \frac{z^5}{120}\right) \quad(5\text{-}41)$$

$$\varphi_z = \varphi_0 - \frac{T_1}{6EI}(h_1^3 - z^3) - \frac{T_2}{24 EI h_1}(h_1^4 - z^4) \quad(5\text{-}42)$$

2. 滑动面以下的桩身内力和变位计算

滑动面以下桩身首先应根据桩周地层的性质确定地基系数，建立桩的挠曲微分方程式，然后通过数学求解方法，求得滑动面以下桩身任一截面的内力和变位计算的一般表达式，最后根据桩底边界条件计算出滑动面处的位移和转角，进而计算桩身任一深度处的变位和内力。

在建立挠曲微分方程之前，作出以下 3 个假设：

①弹性假设，即桩身的材料在弹性范围内工作，应力和应变成正比。

②平面假设，即当忽略剪力所引起的变形时，桩在变形前为平面的横截面，在变形后仍保持平面。

③小变形假设，即在外力作用下，桩的弹性变形与原始尺寸相比甚小，可忽略不计，即均可按桩的原始尺寸来计算桩的内力和变位。

根据地基系数的不同，滑动面以下的桩身内力和变位分"K"法和"m"法两种方法计算。

（1）"K"法

当用"K"法计算滑动面以下的桩身内力和变位时，锚固段计算长度为 βh。桩顶受水平荷载的挠曲微分方程为：

$$EI\frac{\mathrm{d}^4 x}{\mathrm{d}z^4} + xK_H B_P = 0 \tag{5-43}$$

式中:$xK_H B_P$——地基作用于桩上的水平抗力。

引入变形系数 β[式(5-34)],则式(5-43)的挠曲微分方程可改写为:

$$\frac{\mathrm{d}^4 x}{\mathrm{d}z^4} + 4\beta^4 x = 0 \tag{5-44}$$

通过数学求解,得到滑动面以下任一截面的变位、侧向应力和内力的计算公式:

$$\left.\begin{aligned}
\text{变位} \quad & x_z = x_0\varphi_1 + \frac{\varphi_0}{\beta}\varphi_2 + \frac{M_0}{\beta^2 EI}\varphi_3 + \frac{Q_0}{\beta^3 EI}\varphi_4 \\
\text{转角} \quad & \varphi_z = \beta\left(-4x_0\varphi_4 + \frac{\varphi_0}{\beta}\varphi_1 + \frac{M_0}{\beta^2 EI}\varphi_2 + \frac{Q_0}{\beta^3 EI}\varphi_3\right) \\
\text{弯矩} \quad & M_z = -4x_0\beta^2 EI\varphi_3 - 4\varphi_0\beta EI\varphi_4 + M_0\varphi_1 + \frac{Q_0}{\beta}\varphi_2 \\
\text{剪力} \quad & Q_z = -4x_0\beta^3 EI\varphi_2 - 4\varphi_0\beta^3 EI\varphi_3 - 4M_0\beta\varphi_4 + Q_0\varphi_1 \\
\text{侧向应力} \quad & \sigma_z = K_H x_z
\end{aligned}\right\} \tag{5-45}$$

式中: E——混凝土的弹性模量($\mathrm{kN/m^2}$);
I——桩的截面惯性矩($\mathrm{m^4}$);
φ_1、φ_2、φ_3、φ_4——"K"法的影响函数值,按式(5-46)计算:

$$\left.\begin{aligned}
\varphi_1 &= \cos(\beta z)\mathrm{ch}(\beta z) \\
\varphi_2 &= \frac{1}{2}[\sin(\beta z)\mathrm{ch}(\beta z) + \cos(\beta z)\mathrm{sh}(\beta z)] \\
\varphi_3 &= \frac{1}{2}\sin(\beta z)\mathrm{sh}(\beta z) \\
\varphi_4 &= \frac{1}{4}[\sin(\beta z)\mathrm{ch}(\beta z) - \cos(\beta z)\mathrm{sh}(\beta z)]
\end{aligned}\right\} \tag{5-46}$$

式(5-45)为"K"法的一般表达式,计算时先求滑动面处的 x_0 和 φ_0,然后根据下述三种支承条件,求桩身任一截面的变位、内力和侧向应力。

①当桩底为固定端时,$x_B = 0$,$\varphi_B = 0$,将其代入式(5-45)的第1、2式,联立求解得:

$$\left.\begin{aligned}
x_0 &= \frac{M_0}{\beta^2 EI} \times \frac{\varphi_2^2 - \varphi_1\varphi_3}{4\varphi_4\varphi_2 + \varphi_1^2} + \frac{Q_0}{\beta^3 EI} \times \frac{\varphi_2\varphi_3 - \varphi_1\varphi_4}{4\varphi_4\varphi_2 + \varphi_1^2} \\
\varphi_0 &= -\frac{M_0}{\beta EI} \times \frac{\varphi_1\varphi_2 + 4\varphi_3\varphi_4}{4\varphi_4\varphi_2 + \varphi_1^2} - \frac{Q_0}{\beta^2 EI} \times \frac{\varphi_1\varphi_3 + 4\varphi_4^2}{4\varphi_4\varphi_2 + \varphi_1^2}
\end{aligned}\right\} \tag{5-47}$$

②当桩底为铰支端时,$x_B = 0$,$M_B = 0$,不考虑桩底弯矩的影响,将其代入式(5-45)的第1、3式,联立求解得:

$$\left.\begin{aligned}
x_0 &= \frac{M_0}{\beta^2 EI} \times \frac{4\varphi_3\varphi_4 + \varphi_1\varphi_2}{4\varphi_2\varphi_3 - 4\varphi_1\varphi_4} + \frac{Q_0}{\beta^3 EI} \times \frac{4\varphi_4^2 + \varphi_2^2}{4\varphi_2\varphi_3 - 4\varphi_1\varphi_4} \\
\varphi_0 &= -\frac{M_0}{\beta EI} \times \frac{\varphi_1^2 + 4\varphi_3^2}{4\varphi_2\varphi_3 - 4\varphi_1\varphi_4} - \frac{Q_0}{\beta^2 EI} \times \frac{4\varphi_3\varphi_4 + \varphi_1\varphi_2}{4\varphi_2\varphi_3 - 4\varphi_1\varphi_4}
\end{aligned}\right\} \tag{5-48}$$

③当桩底为自由端时，$M_B = 0, Q_B = 0$。将其代入式(5-45)的第3、4式，联立求解得：

$$\left.\begin{array}{l} x_0 = \dfrac{M_0}{\beta^2 EI} \times \dfrac{4\varphi_4^2 + \varphi_1\varphi_3}{4\varphi_3^2 - 4\varphi_2\varphi_4} + \dfrac{Q_0}{\beta^3 EI} \times \dfrac{\varphi_2\varphi_3 - \varphi_1\varphi_4}{4\varphi_3^2 - 4\varphi_2\varphi_4} \\[2mm] \varphi_0 = -\dfrac{M_0}{\beta EI} \times \dfrac{4\varphi_3\varphi_4 + \varphi_1\varphi_2}{4\varphi_2^3 - 4\varphi_2\varphi_4} - \dfrac{Q_0}{\beta^2 EI} \times \dfrac{\varphi_2^2 - \varphi_1\varphi_3}{4\varphi_3^2 - 4\varphi_2\varphi_4} \end{array}\right\} \tag{5-49}$$

将上述各种支承条件相应的 x_0 和 φ_0 代入式(5-45)，即可求得滑动面以下桩身任一截面的变位和内力。

(2)"m"法。

当用"m"法计算滑动面以下的桩身内力和变位时，锚固段计算长度为 αh。此法以弹性地基上的弹性梁为基础。梁的挠曲微分方程为：

$$EI \frac{\mathrm{d}^4 x}{\mathrm{d}z^4} = -P \tag{5-50}$$

式中：P——土作用于桩上的水平反力(kN/m^3)。

假定桩作用于岩土体上的水平应力等于桩上各点的水平位移 x 与该点处岩土体的地基系数 K_H 的乘积，即 $P = xK_H B_P$，由于 K_H 随深度 z 成正比例变化，故：

$$P = xK_H B_P = m_H z x B_P \tag{5-51}$$

将其代入式(5-50)，得：

$$EI \frac{\mathrm{d}^4 x}{\mathrm{d}z^4} = -m_H z x B_P \tag{5-52}$$

式(5-52)为桩承受水平处荷载后的挠曲微分方程，通过数学求解可得一组幂级数的表达式，经换算整理后，得：

$$\left.\begin{array}{l} x_z = x_0 A_1 + \dfrac{\varphi_0}{\alpha} B_1 + \dfrac{M_0}{\alpha^2 EI} C_1 + \dfrac{Q_0}{\alpha^3 EI} D_1 \\[2mm] \varphi_z = \alpha \left(x_0 A_2 + \dfrac{\varphi_0}{\alpha} B_2 + \dfrac{M_0}{\alpha^2 EI} C_2 + \dfrac{Q_0}{\alpha^3 EI} D_2 \right) \\[2mm] M_z = \alpha^2 EI \left(x_0 A_3 + \dfrac{\varphi_0}{\alpha} B_3 + \dfrac{M_0}{\alpha^2 EI} C_3 + \dfrac{Q_0}{\alpha^3 EI} D_3 \right) \\[2mm] Q_z = \alpha^3 EI \left(x_0 A_4 + \dfrac{\varphi_0}{\alpha} B_4 + \dfrac{M_0}{\alpha^2 EI} C_4 + \dfrac{Q_0}{\alpha^3 EI} D_4 \right) \\[2mm] \sigma_z = m_H z x_z \end{array}\right\} \tag{5-53}$$

式中：x_z、φ_z、M_z、Q_z——锚固段桩身任一截面的位移(m)、转角(rad)、弯矩($kN \cdot m$)、剪力(kN)；

x_0、φ_0、M_0、Q_0——滑动面处桩的位移(m)、转角(rad)、弯矩($kN \cdot m$)、剪力(kN)；

E——混凝土的弹性模量(kN/m^2)；

I——桩的截面惯性矩(m^4)；

A_i、B_i、C_i、D_i——随桩的计算深度(αz)而变的系数，$i = 1、2、3、4$。

其中系数 A_1、B_1、C_1、D_1 按式(5-54)计算：

$$\left.\begin{aligned}
A_1 &= 1 + \sum_{k=1}^{\infty} (-1)^k \times \frac{(5k-4)!!}{(5k)!}(\alpha z)^{5k} (k=1,2,3,4\cdots) \\
&= 1 - \frac{(\alpha z)^5}{5!} + \frac{1 \times 6}{10!}(\alpha z)^{10} - \frac{1 \times 6 \times 11}{15!}(\alpha z)^{15} + \frac{1 \times 6 \times 11 \times 16}{20!}(\alpha z)^{20} + \cdots \\
B_1 &= \alpha z + \sum_{k=1}^{\infty}(-1)^k \times \frac{(5k-3)!!}{(5k+1)!}(\alpha z)^{5k+1} \\
&= \alpha z - \frac{2}{6!}(\alpha z)^6 + \frac{2 \times 7}{11!}(\alpha z)^{11} - \frac{2 \times 7 \times 12}{16!}(\alpha z)^{16} + \cdots - \\
&\quad \frac{4}{8!}(\alpha z)^3 + \frac{4 \times 9}{13!}(\alpha z)^{13} - \frac{4 \times 9 \times 14}{18!}(\alpha z)^{18} + \cdots \\
C_1 &= \frac{(\alpha z)^2}{2!} + \sum_{k=1}^{\infty}(-1)^k \times \frac{(5k-2)!!}{(5k+2)!}(\alpha z)^{5k+2} \\
&= \frac{1}{2!}(\alpha z)^2 - \frac{3}{7!}(\alpha z) + \frac{3 \times 8}{12!}(\alpha z)^{12} - \frac{3 \times 8 \times 13}{17!}(\alpha z)^{17} + \cdots \\
D_1 &= \frac{(\alpha z)^3}{3!} + \sum_{k=1}^{\infty}(-1)^k \times \frac{(5k-1)!!}{(5k+3)!}(\alpha z)^{5k+3} \\
&= \frac{1}{3!}(\alpha z)^3 - \frac{4}{8!}(\alpha z)^3 + \frac{4 \times 9}{13!}(\alpha z)^{13} - \frac{4 \times 9 \times 14}{18!}(\alpha z)^{18} + \cdots
\end{aligned}\right\} \quad (5\text{-}54)$$

A_2、B_2…A_4、B_4、C_4、D_4 各系数由 A_1、B_1、C_1、D_1 逐次计算,即:

$$\left.\begin{aligned}
A_2 &= -\frac{(\alpha z)^4}{4!} + \frac{6(\alpha z)^9}{9!} - \frac{6 \times 11}{14!}(\alpha z)^{14} + \frac{6 \times 11 \times 16}{19!}(\alpha z)^{19} - \cdots \\
A_3 &= -\frac{(\alpha z)^3}{3!} + \frac{6(\alpha z)^8}{8!} - \frac{6 \times 11}{13!}(\alpha z)^{13} + \frac{6 \times 11 \times 16}{18!}(\alpha z)^{18} - \cdots \\
A_4 &= -\frac{(\alpha z)^2}{2!} + \frac{6(\alpha z)^7}{7!} - \frac{6 \times 11}{12!}(\alpha z)^{12} + \frac{6 \times 11 \times 16}{17!}(\alpha z)^{17} - \cdots \\
B_2 &= 1 - \frac{2}{5!}(\alpha z)^5 + \frac{2 \times 7}{10!}(\alpha z)^{10} - \frac{2 \times 7 \times 12}{15!}(\alpha z)^{15} + \cdots \\
B_3 &= -\frac{2}{4!}(\alpha z)^4 + \frac{2 \times 7}{9!}(\alpha z)^9 - \frac{2 \times 7 \times 12}{14!}(\alpha z)^{14} + \cdots \\
B_4 &= -\frac{2}{3!}(\alpha z)^3 + \frac{2 \times 7}{8!}(\alpha z)^8 - \frac{2 \times 7 \times 12}{13!}(\alpha z)^{13} + \cdots \\
C_2 &= (\alpha z) - \frac{3}{6!}(\alpha z)^6 + \frac{3 \times 8}{11!}(\alpha z)^{11} - \frac{3 \times 8 \times 13}{16!}(\alpha z)^{16} + \cdots \\
C_3 &= 1 - \frac{3}{5!}(\alpha z)^5 + \frac{3 \times 8}{10!}(\alpha z)^{10} - \frac{3 \times 8 \times 13}{15!}(\alpha z)^{15} + \cdots \\
C_4 &= -\frac{3}{4!}(\alpha z)^4 + \frac{3 \times 8}{9!}(\alpha z)^9 - \frac{3 \times 8 \times 13}{14!}(\alpha z)^{14} + \cdots \\
D_2 &= \frac{(\alpha z)^2}{2!} - \frac{4}{7!}(\alpha z)^7 + \frac{4 \times 9}{12!}(\alpha z)^{12} - \frac{4 \times 9 \times 14}{17!}(\alpha z)^{17} + \cdots \\
D_3 &= (\alpha z) - \frac{4}{6!}(\alpha z)^6 + \frac{4 \times 9}{11!}(\alpha z)^{11} - \frac{4 \times 9 \times 14}{16!}(\alpha z)^{16} + \cdots \\
D_4 &= 1 - \frac{4}{5!}(\alpha z)^5 + \frac{4 \times 9}{10!}(\alpha z)^{10} - \frac{4 \times 9 \times 14}{15!}(\alpha z)^{15} + \cdots
\end{aligned}\right\} \quad (5\text{-}55)$$

式(5-53)即为弹性桩内力计算"m"法的一般表达式。为求得桩身任一点的变位、转角、弯矩、剪力和岩土体对该点的侧向应力,必须求出滑动面处的 x_0 和 φ_0,此时需根据桩底的三种不同支承条件来确定。

①当桩底为固定端时,将 $x_B = 0$,$\varphi_B = 0$ 代入式(5-53)的第1、2式,联立求解得:

$$\left.\begin{aligned} x_0 &= \frac{M_0}{\alpha^2 EI} \times \frac{B_1 C_2 - C_1 B_2}{A_1 B_2 - B_1 A_2} + \frac{Q_0}{\alpha^3 EI} \times \frac{B_1 D_2 - D_1 B_2}{A_1 B_2 - B_1 A_2} \\ \varphi_0 &= \frac{M_0}{\alpha EI} \times \frac{C_1 A_2 - A_1 C_2}{A_1 B_2 - B_1 A_2} + \frac{Q_0}{\alpha^2 EI} \times \frac{D_1 A_2 - A_1 D_2}{A_1 B_2 - B_1 A_2} \end{aligned}\right\} \quad (5\text{-}56)$$

②当桩底为铰支端时,将 $x_B = 0$ 和 $M_B = 0$ 代入式(5-53)的第1、3式,联立求解得:

$$\left.\begin{aligned} x_0 &= \frac{M_0}{\alpha^2 EI} \times \frac{C_1 B_3 - C_3 B_1}{A_3 B_1 - B_3 A_1} + \frac{Q_0}{\alpha^3 EI} \times \frac{B_3 D_1 - D_3 B_1}{A_1 B_3 - B_1 A_3} \\ \varphi_0 &= \frac{M_0}{\alpha EI} \times \frac{C_3 A_1 - A_3 C_1}{A_3 B_1 - B_3 A_1} + \frac{Q_0}{\alpha^2 EI} \times \frac{D_3 A_1 - A_3 D_1}{A_3 B_1 - B_3 A_1} \end{aligned}\right\} \quad (5\text{-}57)$$

③当桩底为自由端时,将 $Q_B = 0$ 和 $M_B = 0$ 代入式(5-53)的第3、4式,联立求解得:

$$\left.\begin{aligned} x_0 &= \frac{M_0}{\alpha^2 EI} \times \frac{C_4 B_3 - C_3 B_4}{A_3 B_4 - B_3 A_4} + \frac{Q_0}{\alpha^3 EI} \times \frac{B_3 D_4 - D_3 B_4}{A_3 B_4 - B_3 A_4} \\ \varphi_0 &= \frac{M_0}{\alpha EI} \times \frac{C_3 A_4 - A_3 C_4}{A_3 B_4 - B_3 A_4} + \frac{Q_0}{\alpha^2 EI} \times \frac{D_3 A_4 - A_3 D_4}{A_3 B_4 - B_3 A_4} \end{aligned}\right\} \quad (5\text{-}58)$$

将上述各种支承条件下的 x_0 和 φ_0 代入式(5-53),即可求得锚固段桩身任一处的内力和变位。

(3)当滑动面处抗力不为零时的处理。

"m"法的计算公式是按滑动面处抗力为零的情况导出的。结合抗滑桩的实际情况,滑动面以上往往有滑坡体存在,在滑动面处土的抗力不为零,而是某一数值 A,则滑动面以下某一深度处土抗力的表达式为 $K_z = A + m_H z$,即滑动面以下的地基系数为梯形分布。此时,为了利用"m"法推导的计算公式和影响系数,可通过下述方法处理,如图 5-27 所示。

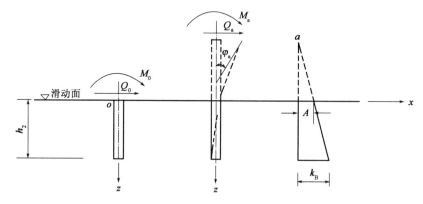

图 5-27 滑坡面处的抗力不为零的处理

①将地基系数变化图形向上延伸至虚点 a,延伸的高度 $h_a = \dfrac{h_2}{m_H}$。

②自虚点 a 向下计算便可以直接应用上述公式,但必须重新确定 a 点处的初参数 M_a、Q_a、

x_a、φ_a。

③ a 点处的初参数可由滑动面处条件和桩底处的支承条件确定,即在 M_a 和 Q_a 的作用下,必须满足下述条件:

当 $z=0$ 时(滑动面处),$M=M_0$,$Q=Q_0$;当 $z=h_2$ 时(桩底处),$M_B=0$,$Q_B=0$(桩底为自由端时);$x_B=0$,$\varphi_B=0$(桩底为固定端时)。

桩底为自由端时可建立下列方程:

$$\left. \begin{aligned} \alpha^2 EI \left(x_a A_3^0 + \frac{\varphi_a}{\alpha} B_3^0 + \frac{M_a}{\alpha^2 EI} C_3^0 + \frac{Q_a}{\alpha^3 EI} D_3^0 \right) &= M_0 \\ \alpha^3 EI \left(x_a A_4^0 + \frac{\varphi_a}{\alpha} B_4^0 + \frac{M_a}{\alpha^2 EI} C_4^0 + \frac{Q_a}{\alpha^3 EI} D_4^0 \right) &= Q_0 \\ x_a A_3^B + \frac{\varphi_a}{\alpha} B_3^B + \frac{M_a}{\alpha^2 EI} C_3^B + \frac{Q_a}{\alpha^3 EI} D_3^B &= 0 \\ x_a A_4^B + \frac{\varphi_a}{\alpha} B_4^B + \frac{M_a}{\alpha^2 EI} C_4^B + \frac{Q_a}{\alpha^3 EI} D_4^B &= 0 \end{aligned} \right\} \quad (5\text{-}59)$$

桩底为固定端时可建立下列方程:

$$\left. \begin{aligned} x_a A_1^B + \frac{\varphi_a}{\alpha} B_1^B + \frac{M_a}{\alpha^2 EI} C_1^B + \frac{Q_a}{\alpha^3 EI} D_1^B &= 0 \\ x_a A_2^B + \frac{\varphi_a}{\alpha} B_2^B + \frac{M_a}{\alpha^2 EI} C_2^B + \frac{Q_a}{\alpha^3 EI} D_2^B &= 0 \end{aligned} \right\} \quad (5\text{-}60)$$

式中:A_3^0——在滑动面处的系数 A_3 值;

A_3^B——在桩底处的系数 A_3 值;

其余类推。

联立式(5-59)及式(5-60),即可求得 M_a、Q_a、x_a、φ_a 的值,此时便可用上述公式计算滑动面以下任一点的内力和变位。

六、刚性桩内力和变位计算

刚性桩在滑坡推力的作用下,将沿滑动面以下桩轴线某点旋转 φ 角,使桩周岩土体受到压缩。当桩底嵌入完整、坚硬岩层时,刚性桩将绕桩底转动。

滑动面以上桩身内力和变位计算同弹性桩。

滑动面以下桩身的内力计算方法较多,目前常用的方法是:滑动面以上抗滑桩受荷段上所有的力均视为外荷载,桩前的滑坡体抗力按其大小从外荷载中予以折减,将滑坡推力和桩前滑动面以上的抗力折算成在滑动面上作用的弯矩和剪力并视为外荷载。将桩周岩土体视为弹性体,以此来计算侧向应力和土抗力,进而计算锚固段桩的内力和变位。

在计算滑动面以下桩身的内力和变位时,作如下假设:

(1)由于不考虑滑动面以上桩前滑坡体的弹性抗力,因而桩前滑坡体的抗力取决于桩前滑坡体的剩余抗滑力或被动土压力(取其小者)。

(2)假定滑动面以下地层为弹性变形介质,在水平力的作用下,其变形性质可根据其组成的岩土体不同,用各种不同的地基系数表示,对于密实土层和岩层,视地基系数随深度成正比增加。

(3)桩与土之间的黏着力和摩擦阻力均忽略不计,故基底应力的影响亦不考虑。

对于单一地层而言,滑动面以下为同一 m 值,桩底自由,滑动面处的地基系数分别为 A_1、A_2,H 为滑坡推力与剩余抗滑力之差,z_0 为下部桩段转动轴心距滑动面的距离,φ 为旋转角,Z_H 为作用力 H 至滑动面的距离,如图 5-28 所示。

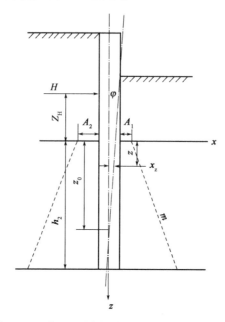

图 5-28 置单一地层中的刚性桩内力和变位计算图式

下面分几种情况加以讨论。

(1)当 $0 \leq z \leq z_0$ 时。

变位 $$x_z = (z_0 - z)\tan\varphi = (z_0 - z)\varphi \tag{5-61}$$

侧向应力 $$\sigma_z = (A_1 + mz)(z_0 - z)\varphi \tag{5-62}$$

剪力 $$Q_z = H - \frac{1}{2}B_P A_1 \varphi z(2z_0 - z) - \frac{1}{6}B_P m\varphi z^2(3z_0 - 2z) \tag{5-63}$$

弯矩 $$M_z = H(Z_H + z) - \frac{1}{6}B_P A_1 \varphi z^2(3z_0 - z) - \frac{1}{12}B_P m\varphi z^3(2z_0 - z) \tag{5-64}$$

(2)当 $z_0 \leq z \leq h_2$ 时。

变位 $$x_z = (z_0 - z)\varphi \tag{5-65}$$

侧向应力 $$\sigma_z = (A_2 + mz)(z_0 - z)\varphi \tag{5-66}$$

剪力 $$Q_z = H - \frac{1}{6}B_P m\varphi z^2(3z_0 - 2z) - \frac{1}{2}B_P A_1 \varphi z_0^2 + \frac{1}{2}B_P A_2 \varphi(z - z_0)^2 \tag{5-67}$$

弯矩

$$M_z = H(Z_H + z) - \frac{1}{6}B_P A_1 \varphi z_0^2(3z - z_0) + \frac{1}{6}B_P A_2 \varphi(z - z_0)^3 + \frac{1}{12}B_P m\varphi z^3(z - 2z_0) \tag{5-68}$$

根据 $\sum X = 0$ 的平衡方程,可求得:

$$\varphi = \frac{6H}{B_P[3z_0^2(A_1 - A_2) + 3h_2 z_0(mh_2 + 2A_2) - h_2^2(2mh_2 + 3A_2)]} \tag{5-69}$$

根据静力平衡条件 $\sum X = 0$ 和 $\sum M = 0$，可解得：

$(A_1 - A_2)z_0^3 + 3Z_H(A_1 - A_2)z_0^2 + [h_2^2 m(3Z_H + 2h_2) + 3h_2 A_2(2Z_H + h_2)]z_0 - 0.5h_2^3 m(4Z_H + 3h_2) - h_2^2 A_2(3Z_H + 2h_2) = 0$

令 $A = (A_1 - A_2)$、$B = 3Z_H(A_1 - A_2)$、$C = h_2^2 m(3Z_H + 2h_2) + 3h_2 A_2(2Z_H + h_2)$、$D = h_2^3 m(2Z_H + 1.5h_2) + h_2^2 A_2(3Z_H + 2h_2)$，则有：

$$Az_0^3 + Bz_0^2 + Cz_0 - D = 0 \tag{5-70}$$

用试算法解方程式(5-70)，可求得 z_0，然后将其代入(5-69)，即可求得 φ 值。

以上计算公式适用于以下四种情况：

① 当 $A_1 \neq A_2$ 时，桩两侧同深度处的地基系数不等，必须用试算法求出 z_0，再计算 φ 和内力。

② 当 $A_1 = A_2 = A$ 时，桩两侧同深度处的地基系数相等，这时的 z_0 和 φ 可以直接求得，分别为：

$$z_0 = \left[\frac{2A(2h_2 + 3Z_H) + mh_2(3h_2 + 4Z_H)}{3A(h_2 + 2Z_H) + mh_2(2h_2 + 3Z_H)}\right] \times \frac{h_2}{2} \tag{5-71}$$

$$\varphi = \frac{6H}{B_P[3A(2h_2 z_0 - h_2^2) + mh_2^2(3z_0 - 2h_2)]} \tag{5-72}$$

③ 当 $A_1 = 0$ 时，桩两侧同深度处的地基系数不等，且桩前滑动面处的地基系数为零，这时 z_0 也需用试算法求得。

④ 当 $m = 0$ 时，桩侧地基系数为常数(即"K"法)，此时将 $A_1 = A_2 = K$、$m = 0$ 代入式(5-70)和式(5-69)，便可直接求得 z_0 和 φ，分别为：

$$z_0 = \frac{h_2(3Z_H + 2h_2)}{3(2Z_H + h_2)} \tag{5-73}$$

$$\varphi = \frac{2H}{B_P K h_2(2z_0 - h_2)} \tag{5-74}$$

根据上述原理即可求得单一地层在各种情况下，刚性桩的内力计算公式。

如果桩身置于两种不同的地层，桩底按自由端考虑，当桩变位时，旋转中心将随地质情况变化而变化。此时仍可采用单一土层时求静力平衡方程 $\sum X = 0$ 和 $\sum M = 0$ 的条件求解。先求解出 z_0，再计算 φ。

第五节　预应力锚索

预应力锚索是通过对锚索施加张拉力以加固岩土体，使其达到稳定状态或改善内部应力状况的支挡和抗滑构造物。锚索是一种主要承受拉力的杆状构件，它是通过钻孔及注浆将钢绞线固定于深部稳定地层中，在被加固体表面对钢绞线张拉产生预应力，从而达到使被加固体稳定和限制其变形的目的。预应力锚索一般用于滑坡的整治，也可用于边坡的加固和稳定。

在整治滑坡的工程中，预应力锚索可单独使用，如图 5-29 所示，也可与其他构造物联合使用，如构成预应力锚索桩(图 5-30)和预应力锚索墙等。

图 5-29　预应力锚索整治滑坡

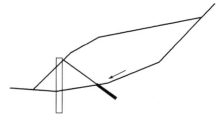
图 5-30　预应力锚索桩

一、预应力锚索特点

预应力锚固技术最大的特点是能够充分利用岩土体自身强度和自承能力,大大减轻结构自重,节省工程材料,是高效和经济的加固技术。预应力锚索与圬工类结构相比,具有以下特点:

(1)柔性可调。

锚索是一种细长受拉杆状构件,柔度较大,具有柔性可调的特点,用于加固岩土体时,能与岩土体共同作用,充分发挥两者的能力。

(2)主动加固。

由于锚索是在岩土体及被加固建筑物产生变形之前就发挥作用,所以预应力锚索能够主动控制岩土体的变形,调整其应力状态,利于岩土体的稳定。

(3)深层加固。

预应力锚索的长度可根据工程需要确定,加固深度可达数十米。

(4)随机补强、应用范围广。

预应力锚索既可对有缺陷或存在病害的既有建筑物、支挡构造物进行加固补强,又可在新建工程中显示其独特的功能,具有应用范围广的特点。

(5)施工快捷灵活。

预应力锚索采用机械化施工作业,工艺灵巧、施工进度快、工期短、施工安全,用于应急抢险更具有独特优势。

(6)经济性好。

预应力锚索既可单独使用,充分利用岩土体自身强度,从而节省大量工程材料;同时可与其他构造物组合使用,改善其受力状态,节省大量的圬工,经济性能好。

根据不同的岩体强度理论,对预应力锚固机理有以下几点不同的理解和解释:

(1)从结构面剪切破坏角度分析,锚索具有承载阻滑的作用。

(2)从脆性断裂强度理论分析,锚索具有降低裂隙间应力强度因子、阻碍裂隙扩展的作用。

(3)从节理岩体的强度理论分析,锚索具有增强节理岩体的裂隙前缘岩土断裂韧度的作用。

预应力锚索是通过主动建立的后张预应力场,来抑制、减小、消除天然力场对工程地质体或构造物所造成的危害。它能充分调动工程地质体或构造物自身潜在的稳定性,并改善其内部应力状态。预应力锚索具有以下基本特征:

(1)预应力锚索以群组形式出现。在加固工程中,预应力锚索数量少则几根,多则可达数百根,甚至上千根,这些锚索在空间上是独立存在、非连续分布的。可通过一群预应力锚索建立的锚固力场,达到加固补强的目的。

(2)预应力锚索具有很强的主动调控性。预应力锚索安装数量,安放位置、深度、方向,施加预应力的大小,均可依据现场需求加以调整。

(3)预应力锚索属高效预应力范畴。锚索使用的预应力筋,如预应力钢丝、预应力钢绞线、精轧螺纹钢筋等,均为高强度材料,只要利用较小材料截面,即可获得较高的预应力。

(4)预应力锚索将结构与地层紧密地连接在一起,形成共同工作的体系。这是一项将工程地质体视作工程材料,而加以改造利用的工程技术。

(5)预应力锚索能够在尽可能少地扰动被锚固体的状况下,达到加固、增稳的目的。

二、预应力锚索类型

预应力锚索使用类型种类繁多,按不同的分类方法可将预应力锚索划分为不同的类型,例如按锚头的结构形式分为 OVM 锚、QM 锚、XM 锚、费氏锚等;按锚索体种类分为钢绞线束锚索、高强钢丝束锚索;按锚固段结构受力状态分为拉力型锚索、压力型锚索、荷载分散型锚索等。

目前从国内的技术发展现状来看,锚头部位和锚索体材料参数都不难满足技术的需要,而锚固段却因地质条件复杂,较难确保其可靠性。因此,将锚索按锚固段的受力状态分类,更具实用性。

1. 拉力型锚索

拉力型锚索主要依靠锚固段提供足够的抗拔力,以保证预应力的施作。

锚固段有两种:一种是采用水泥净浆或水泥砂浆将锚固段部分的锚索体锚固在岩体的稳定部分;另一种是采用机械式锚固段,如胀壳式内锚头。由于机械式锚头适应性差,加工量大,现已很少使用。

拉力型锚索结构简单,施工方便,造价较低,其结构如图 5-31 所示。但这种锚索的锚固段受力机制不尽合理,其会在锚固段底部岩体产生拉应力,且应力集中,使锚固段上部产生较大的拉力,浆体易拉裂,影响抗拔力和锚索的永久性。

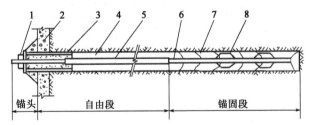

图 5-31 拉力型锚索结构
1-锚具;2-结构物;3-油脂;4-注浆体;5-套管;6-锚索体;7-裂纹;8-对中支架

2. 压力型锚索

压力型锚索与拉力型锚索的受力机理不同,如图 5-32 所示。压力型锚索荷载分布的特点是:

(1)在锚索的根部荷载大,靠近孔口方向荷载明显变小,这样有利于将不稳定体锚固在地层的深部,充分利用有效锚固段,从而缩短锚索长度。

(2)浆体受压,被锚固体受压范围更大,可提供更大锚固力。

(3)压力型锚索的锚索体采用无黏结钢绞线,因而多一层防护措施,如果在涂锌或环氧喷涂钢绞线外再包裹一层或二层高密度聚乙烯(即 PE)套管,就具有更高防护性能。

(4)锚索安放后可一次性全孔注浆,这样不仅减少注浆工序,而且即使没施加预应力,靠浆体和土体的黏结力也可起到一定的作用,这对于正在滑动的滑坡体整治加固是很有必要的。

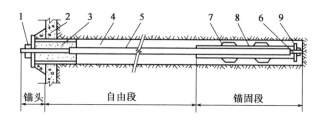

图 5-32　压力型锚索结构

1-锚具;2-结构物;3-油脂;4-注浆体;5-套管;6-锚索体;7-对中支架;8-波纹管;9-端部压板

3. 荷载分散型锚索

上述拉力型锚索和压力型锚索,都将预应力过于集中地传递给锚固段的局部部位。拉力型锚索易把浆体拉裂,即使是压力型锚索,在承载板上部 25～30cm 内的浆体也有受压破坏的情况发生。

荷载分散型锚索是将施加的预应力分散在整个锚固段上,使应力应变分散、减小,从而确保锚固体不受破坏。这类锚索多种多样,可分为拉力分散型锚索、压力分散型锚索、拉压分散型锚索和剪力型锚索等,如图 5-33～图 5-36 所示。

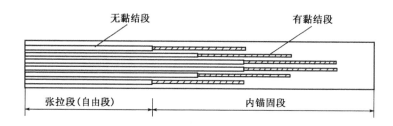

图 5-33　拉力分散型锚索结构

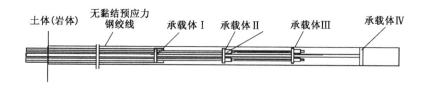

图 5-34　压力分散型锚索结构

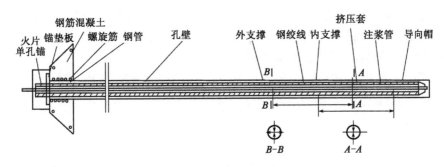

图 5-35 拉压分散型锚索结构

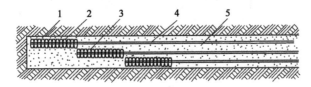

图 5-36 剪力型锚索结构

1-钢绞线;2-黏结材料;3-剪力块;4-塑料套管;5-注浆体

目前,注浆拉力型锚索和注浆压力分散型锚索应用较为广泛。

三、预应力锚索基本构造

与锚杆一样,预应力锚索也是由锚固段、自由段和锚头(紧固头)等三部分组成,如图5-37所示。

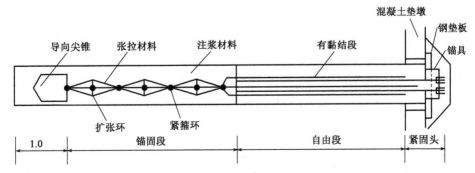

图 5-37 预应力锚索构造图(尺寸单位:m)

1.锚固段

锚固段为锚索伸入滑动面(潜在滑动面或破裂面)以下稳定岩土体内的段落,是锚索结构的固定段,通过锚固体周围地层的抗剪强度承受锚索所传递的拉力。锚固段通过灌浆形成心状结构,锚索居中,四周为砂浆裹护。通过砂浆,锚索与孔壁形成整体,从而使孔周稳固岩土体成为承受预应力的载体。

对于拉力型锚索,锚固段锚体主要承受锚体的拉伸,将导致水泥砂浆体受拉开裂,当裂缝扩展并贯通裂缝时,锚孔周围的侵蚀物质可通过裂缝侵入腐蚀钢绞线。通常在锚索制作时,锚固段每隔1m将钢绞线用紧箍环(束线环)和扩张环(隔离架)固定,灌注水泥砂浆后形成枣核状(糖葫芦),呈现拉伸和压缩作用,从而改善锚固体内砂浆的受力性状和开裂状态。

对于永久性锚索,通常在锚索外水泥砂浆体中设置隔离波纹套管,使水泥砂浆体中裂缝不致贯通,从而形成防护效果。隔离波纹套管可使管内外水泥砂浆体紧密结合,受力时不会沿管滑动或破坏,同时波纹管具有一定的拉伸变形能力。

一般情况下,为防止钢绞线锈蚀,要求水泥或水泥砂浆保护层的厚度不应小于20mm。为使锚索居中定位,应在锚固段中每隔1~2m设置一圈弹性定位片,以确保水泥砂浆保护层厚度。

2. 自由段

自由段是传力部分,为锚索穿过被加固岩土体的段落,其下端为锚固段,上端为紧固头。自由段中的每根钢绞线均被塑料套管所套护,为无黏结钢绞线,灌浆只使护套与孔壁联结,而钢绞线可在套管内自由伸缩。这样可以确保张拉段施加的预应力传递到锚固段,并将锚固段的反力传递回紧固头。

3. 锚头

锚头是将锚索固定于外锚结构物上的锁定部分,也是施加预应力的张拉部件。紧固头由部分钢绞线、承压钢垫板、锚具、夹片以及外锚结构物等组成,其中钢绞线是自由段的延伸部分,为承力、传力、张拉的部件。待锚索最终锁定后,采用不小于25cm厚的混凝土封闭防护(即混凝土封头)。

四、预应力锚索材料和防腐

(一)锚索材料

1. 钢绞线

制作锚索的材料主要有不同规格的钢绞线和高强钢丝。选取锚索用材料时,应考虑材料的特点、锚固力大小、锚索长度和施工场地等因素,一般采用高强度低松弛钢绞线制作。

使用的锚索材料应从外观和力学性能两方面对其进行检验。当使用非国家标准的材料时,应对材料的性能进行充分论证,并出具相应的技术鉴定材料。

2. 锚具

锚具是锚索的重要部件,锚索锚固性能是否能满足设计要求,关键是锚具的质量。锚具应选用符合现行《预应力筋用锚具、夹具和连接器应用技术规程》(JGJ 85)规定的合格产品。

用于钢绞线锚固的锚具主要有 JM 系列、XM 系列、XYM 系列、QM 系列和 OVM 系列。表5-9列出了 OVM 系列锚具规格尺寸及配套千斤顶。

OVM 系列锚具规格及配套千斤顶 表5-9

锚具规格	钢绞线根数	锚固能力(kN)			配套千斤顶
		理论破断力	张拉时	超张拉时	
15-1	1	259	181.3	207.2	YDC240Q
15-3	3	777	543.9	621.6	YCW100B
15-4	4	1036	725.2	828.8	YCW100B
15-5	5	1295	906.5	1036.0	YCW100B
15-6	6	1554	1087.8	1243.2	YCW150B

续上表

锚具规格	钢绞线根数	锚固能力(kN)			配套千斤顶
		理论破断力	张拉时	超张拉时	
15-8	8	2072	1450.4	1657.6	YCW250B
15-10	10	2590	1813.0	2072.0	YCW250B
15-12	12	3108	2175.6	2486.4	YCW250B
15-16	16	4144	2900.8	3315.2	YCW350A
15-19	19	4921	3444.7	3936.8	YCW400B
15-27	27	6993	4895.1	5594.4	YCW650A
15-31	31	8029	5620.3	6423.2	YCW650A
15-37	37	9583	6708.1	7666.4	YCW650A
15-43	43	11137	7795.9	8909.6	YCW900A

在设计时,常用的钢垫板尺寸见表 5-10。

锚具规格和钢垫板尺寸　　　　　　　表 5-10

锚具规格	钢垫板尺寸(mm)		
	边长,≥	厚度,≥	中孔直径
15-4	200	25	65
15-6	220	30	80
15-8	250	35	92
15-10	280	40	105
15-12	300	45	118
15-16	330	50	150

除锚具外,还应配置导向帽、隔离支架和束线环等配件。

导向帽主要用于钢绞线和高强钢丝制作的锚索,如图 5-38a)所示,其功能是便于锚索推送。导向帽由于在锚固段的远端,即便锈蚀也不会影响锚索性能,所以其材料可使用一般的金属薄板或相应的钢管制作。

隔离支架作用是使锚固段各钢绞线相互分离,以保证锚固段钢绞线周围均有一定厚度的注浆体覆盖,其结构如图 5-38b)所示。

对中支架用于张拉段,其作用是使张拉段锚索体在孔中居中,以使锚索体被一定厚度的注浆体覆盖,其结构如图 5-38c)所示。

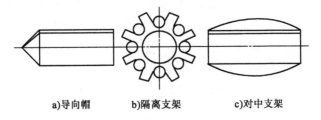

a)导向帽　　b)隔离支架　　c)对中支架

图 5-38　锚索的主要配件

隔离支架和对中支架位于锚索体上,均属锚索的重要配件,所以隔离和对中装置应使用耐久性和耐锈蚀性良好,且对锚索体无锈蚀性的材料,一般宜选用硬塑料。

3. 套管

(1) 自由段套管。

自由段套管的材料常用聚乙烯、聚丙乙烯或聚丙烯,在施工时,可选用与钢绞线尺寸相符的优质塑料管在现场套制。工厂化生产的带套管的钢绞线,使用方便且质量可靠,但施工时,要剥去锚固段部分的套管,并用清洁剂除净附在钢绞线周围的油脂。套管壁厚不应小于1mm,以防在锚索施工中破损。

自由段套管有以下两个功能:

①用于锚索体的防锈,阻止地层中有害气体和地下水通过注浆体向锚索体渗透;

②隔离效果,即将锚索体与周围注浆体隔离,使锚索体能自由伸缩,达到应力和应变全长均匀分布的目的。

(2) 锚固段套管。

锚固段套管可使用具有一定韧性和硬度的塑料波纹管制作,其功能有以下两方面:

①锚索体防锈,同自由段套管;

②保证锚固段应力向地层传递的有效性。

4. 注浆料

目前工程中常用水泥质注浆料,包括水泥纯浆和水泥砂浆,水灰比宜为 0.4 ~ 0.45,根据需要可掺入外加剂,一般注浆体抗压强度不应小于 30MPa。水泥应根据工程具体情况和设计要求选用,常采用硅酸盐水泥和普通硅酸盐水泥,在腐蚀性地层中宜选用抗硫酸盐水泥。细集料一般选用细砂。外加剂主要为早强剂、减水剂、缓凝剂、膨胀剂和抗泌剂等,对永久性锚索,外加剂中不得含有有害性腐蚀性元素。表5-11为水泥砂浆注浆料常用外加剂及掺量。

水泥砂浆注浆料常用外加剂　　　　表5-11

外加剂类型	名　　称	掺量(%)	作　　用
早强剂	三乙醇胺	0.02 ~ 0.05	加速凝结、硬化,提高早期强度
减水剂	UNF-5	0.5 ~ 0.6	减少拌和用水量,增大流动度,提高强度
膨胀剂	明矾石	10 ~ 15	膨胀量可达15%
抗泌剂	纤维素醚	0.2 ~ 0.3	防止泌水,相当于拌和水的0.5%
缓凝剂	木质素硫酸钙	0.2 ~ 0.5	延缓凝固,增大流动性

(二) 防腐要求

锚索所在的特定介质环境和其高拉应力特点使未经防腐或防腐不当的锚杆(索)发生腐蚀,甚至导致破坏。根据钢筋腐蚀的不同机理,一般分为应力腐蚀、氢脆、化学腐蚀和电化学腐蚀。地层对锚索的腐蚀是从锚索体表面开始,首先腐蚀金属表面的纯化层,继而腐蚀锚索体本身,腐蚀锚索体的速度取决于注浆体的质量、渗透性、注浆体是否开裂、裂缝宽度、锚索的工作环境和锚索的应力状态。处于高应力状态工作的锚索、腐蚀性地层中的锚索都会加速腐蚀。

从地层腐蚀性角度出发,国际预应力协会(FIP1990)规定在下列地层中不宜设置永久性锚索,当条件限制不能避开时,应对锚固段采取特别防腐措施。

①地下水 pH 值小于 6.5 的地层；
②地下水中 CaO 的含量大于 30mg/L 的地层；
③CO_2 含量大于 30mg/L 的地层；
④NH_4^+ 含量大于 30mg/L 的地层；
⑤Mg^{2+} 含量大于 100mg/L 的地层；
⑥SO_4^{2-} 含量大于 200mg/L 的地层。

目前锚索防腐的方法主要有水泥质注浆体防护、物理隔离防护和改善锚固体结构形式三种。对于锚固力较低的锚索，当处于非侵蚀性和低渗水性的地层时，可仅使用水泥质注浆体进行防护。锚固力较高的永久性锚索，即使在低渗水性的地层中，原则上也要进行物理隔离防护。

(1) 锚固段防腐。

①水泥质注浆体防护。由于钢材具有在 pH 值为 9~13 的碱性环境中可以防止锈蚀的性质，而水泥质注浆体能够对锚索提供碱性环境，从而达到对锚索的保护目的。

②物理隔离防护。为防止水泥质注浆体开裂后，水气进入裂缝接触锚索钢材，在锚索体材料上直接覆盖波纹管等隔离材料，从而阻止外部腐蚀性物质与锚索体接触。

③改善锚固体结构形式。为了改善锚固体的纯拉性状，将拉力型锚索的形状设计成棱形，使锚固段注浆体处于既受拉又受压的复杂受力状态，避免纯拉伸开裂，也可设计成压力型或压力分散型锚索，使注浆体处于受压状态，改善注浆体的裹护效果。

另外，为了使锚索体在孔中居中，在锚固段每间隔一定距离设置一个隔离支架。

(2) 自由段防腐。

对于自由段钢绞线一般采用三层防护体系防腐，即防腐剂涂层、塑料套管及水泥砂浆体。为防止浆体压碎后防护失效，必要时还可将锚固段的波纹套管延长至自由段，并于套管内外灌浆。

自由段塑料套管宜选用聚氯乙烯或聚丙烯塑料管，套管内用油脂充填。钢绞线防腐剂涂层具备以下特征：对钢绞线有牢固的黏结性，且无有害反应；能与钢绞线同步变形，在高应力状态下不脱壳、不裂；具有较好的化学稳定性，在强碱条件下不降低其耐久性。

(3) 锚头防腐。

锚头防腐主要是对垫板上下两部分进行处理。垫板下部由于注浆体收缩而形成空洞，防腐措施主要是孔口补注浆后对垫板下部注入油脂，要求油脂充满空间。

对需要补偿张拉的锚索，垫板上部的锚头采用可拆除式的防护帽进行防护，防护帽与电板应有可靠的联结和密封，内部用油脂充填。当锚索不需要补偿张拉时，可使用混凝土进行封头处理。覆盖层厚度不应小于 25cm。

五、预应力锚索设计

预应力锚索设计内容主要包括以下几方面：
(1) 根据地层情况合理选择锚索锚固类型及结构尺寸；
(2) 确定锚索的锚固力、预应力以及锚索体材料、截面积；
(3) 根据锚固体与锚孔壁的抗剪强度、钢绞线束与水泥砂浆的黏结强度以及钢绞线强度确定锚固体的承载能力；

(4)确定锚索锚固段长度、自由段长度和张拉段长度;
(5)确定锚固体(钻孔)直径以及锚索的结构形式及防腐措施;
(6)确定锚头的锚固形式及防护措施。

(一)设计荷载

作用在锚索结构上的荷载主要为滑坡或边坡失稳的下滑力(滑坡推力),或侧向土压力以及加固作用力。荷载类型有土压力、水压力、滑坡推力、上覆荷载、地震力和其他荷载等。预应力锚索设计时,一般仅考虑主要荷载,在浸水和地震等特殊情况下,尚应计算附加力和特殊力。

预应力锚索用于整治滑坡时,滑坡推力可采用传递系数法计算,由于滑坡推力计算时已考虑安全系数 K,因此滑坡推力即为预应力锚索的设计荷载。

预应力锚索用于边坡加固时,与支挡构造物一样承受的是侧向土压力。大量测试结果表明,预应力锚索作为支挡构造物用于边坡加固时,预应力锚索承受的侧向土压力一般介于主动土压力与静止土压力之间。因此,按库仑或朗金理论计算的主动土压力乘以 1.05~1.4 倍的增大系数后,才能作为预应力锚索的设计荷载。

另外,预应力锚索设计时,还应考虑施加预应力时超张拉对构造物的影响。

(二)设计锚固力计算

预应力锚索设计锚固力可在稳定性分析基础上进行,根据滑坡推力来确定(图 5-39):

$$P_d = \frac{E}{\sin(\alpha+\beta)\tan\varphi + \cos(\alpha+\beta)} \tag{5-75}$$

式中:P_d——设计锚固力(kN);
  E——滑坡推力(kN);
  φ——滑动面土体内摩擦角(°);
  α——锚索与滑动面相交处滑动面倾角(°);
  β——锚索与水平面的夹角(°),以下倾为正,上仰(图 5-40)为负。

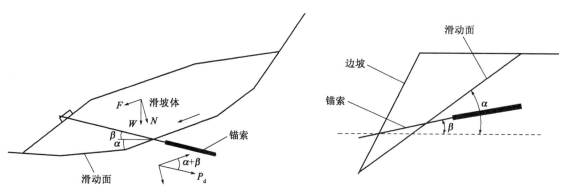

图 5-39 预应力锚索锚固力计算图式 图 5-40 仰斜锚索

式(5-75)不仅考虑了锚索沿滑动面产生的抗滑力,而且考虑了锚索在滑动面产生的法向阻力。

对于土质边坡及加固厚度较大(锚索自由段长度较长)的岩质边坡,锚索在滑动面产生的法向阻力应进行折减,则设计锚固力按式(5-76)计算:

$$P_{\mathrm{d}} = \frac{E}{\lambda \sin(\alpha+\beta)\tan\varphi + \cos(\alpha+\beta)} \tag{5-76}$$

式中：λ——折减系数，与边坡岩性及加固厚度有关，其值为 $0\sim1$。

设计锚固力 P_d 不应大于容许锚固力 P_a，即 $P_\mathrm{d} \leq P_\mathrm{a}$，对于锚固钢材，其容许荷载应满足表 5-12 的要求。

锚固钢材容许荷载　　　　表 5-12

荷载	形式	
	永久性锚固	临时性锚固
设计荷载作用时	$P_\mathrm{a} \leq 0.6P_\mathrm{u}$ 或 $0.75P_\mathrm{y}$	$P_\mathrm{a} \leq 0.65P_\mathrm{u}$ 或 $0.8P_\mathrm{y}$
张拉预应力时	$P_\mathrm{at} \leq 0.7P_\mathrm{u}$ 或 $0.85P_\mathrm{y}$	$P_\mathrm{at} \leq 0.7P_\mathrm{u}$ 或 $0.85P_\mathrm{y}$
预应力锁定中	$P_\mathrm{ai} \leq 0.8P_\mathrm{u}$ 或 $0.9P_\mathrm{y}$	$P_\mathrm{ai} \leq 0.8P_\mathrm{u}$ 或 $0.9P_\mathrm{y}$

注：P_u 为极限张拉荷载(kN)，P_y 为屈服荷载(kN)。

对于永久性锚固结构，设计中应考虑预应力钢材的松弛损失及被锚固岩土体蠕变的影响，以此确定锚索的补充张拉力。

(三)锚固体设计

锚固体设计主要确定锚索锚固段长度、孔径、锚固类型等。锚固体的承载能力由锚固体与锚孔壁的抗剪强度、钢绞线束与水泥砂浆的黏结强度、钢绞线强度控制，并取其最小值作为锚固体的承载能力。

1. 安全系数

锚固的承载能力受许多不确定因素(如地质条件、锚固材料、施工方法等)的影响，设计时应考虑一定的安全储备。而且一般将锚索划分为永久性锚固和临时性锚固两类，并分别考虑其重要性。表 5-13 给出了不同条件下的锚固安全系数，其中 K_s1 为锚固体的抗拉安全系数，K_s2 和 K_s3 为锚固体的抗拔安全系数。

锚固设计安全系数　　　　表 5-13

类型	钢绞线 K_s1		注浆体与锚孔壁界面 K_s2		注浆体与钢绞线 K_s3	
	普通地层	高腐蚀地层	普通地层	高腐蚀地层	普通地层	高腐蚀地层
临时性锚固	1.5	1.7	1.5	2.0	1.5	2.0
永久性锚固	1.7	2.0	2.5	3.0	2.5	3.0

对于仰斜锚索，因注浆难度较大、不易灌注饱满密实，故抗拔安全系数 K_s2 和 K_s3 应适当提高。

2. 锚索束数确定

每孔锚索钢绞线的束数 n 由每孔锚索设计锚固力 P_d 及选用钢绞线的强度确定：

$$n = \frac{K_\mathrm{s1} P_\mathrm{d}}{P_\mathrm{u}} \tag{5-77}$$

式中：K_s1——安全系数，见表 5-13；

P_u——锚固钢材极限张拉荷载。

为使锚索体中每根钢绞线的受力尽可能均匀，在整体张拉前应进行调直张拉，将每根钢绞线拉直。若组成锚索的钢绞线编束严重不直,在整体张拉前又未做调直预拉,则可能会造成各根钢绞线受力不均,使个别钢绞线受力偏大,超出钢材的极限破断强度而破坏。严禁使用有机械损伤、严重锈蚀、电烧伤等造成强度降低的锚索材料。

3. 锚固段长度计算

(1) 拉力型锚索的锚固段长度。

①按水泥砂浆与锚索张拉钢材黏结强度确定锚固段长度 l_{sa},即:

$$l_{sa} = \frac{K_{s3} P_d}{\pi d_s u} \tag{5-78}$$

当锚索锚固段为枣核状时,锚固段长度 l_{sa} 为:

$$l_{sa} = \frac{K_{s3} P_d}{n \pi d u} \tag{5-79}$$

②按锚固体与孔壁的抗剪强度确定锚固段长度 l_a,即:

$$l_a = \frac{K_{s2} P_d}{\pi D \tau} \tag{5-80}$$

式中: d_s ——张拉钢材外表直径(束筋外表直径)(m);

d ——单根张拉钢材直径(m);

D ——锚固体(即钻孔)直径(m);

K_{s2}、K_{s3} ——安全系数,见表5-13;

u ——锚索张拉钢材与水泥砂浆的极限黏结强度,一般可按砂浆标准抗压强度 f_{ck} 的 10% 取值(kPa);

τ ——锚孔壁对砂浆的极限抗剪强度(kPa),见表5-14。

锚孔壁对砂浆的极限剪应力　　　　表 5-14

岩土类型	岩土状态	孔壁摩擦阻力 τ (kPa)	岩土类型	岩土状态	孔壁摩擦阻力 τ (kPa)
岩石	硬岩	1200~2500	粉质土	中密	100~150
	软岩	1000~1500	土质砂	松散	90~140
	泥岩	600~1200		稍密	160~200
黏质土	软塑	30~40		中密	220~250
	硬塑	50~60		密实	270~400
	坚硬	60~70			

锚索的锚固段长度采用 l_{sa}、l_a 中的大值。

对通常采用的注浆拉力型锚索,其锚固段长度一般为 4~10m,且要求锚固段必须位于良好的地层之中。因为此类锚索锚固段的破坏通常是从靠近自由段处开始,然后灌浆材料与地层间的黏结力逐渐被剪切破坏,当锚固段长度超过 8~10m 后,即使增加锚固段长度,其锚固力的增量也很小,几乎不可能提高锚固效果,因此锚固段并非越长越好。但当锚固段太短时,由于实际施工期间锚固地层的局部强度降低,使锚固危险增大。因此,在设计中一般按 4~10m 选取。当锚固段计算长度超过 10m 时,通常采用增大孔径、减小锚索间距或增加锚索孔数等方法来调整。

(2)压力分散型锚索锚固段长度。

压力分散型锚索借助按一定间距分布的承载体,由若干个单元锚索组成锚固系统,每个单元锚索都有自己的锚固长度,承受的荷载也是通过各自的张拉千斤顶施加的。由于组合成这类锚索的单元锚索长度较小,所承受的荷载也较小,锚固长度上的轴向力和黏结力分布较均匀,使较大的总拉力值转化为几个作用于承载体上的较小的压缩力,避免了严重的黏结摩阻应力集中现象,在整个锚固体长度上,黏结摩阻应力分布均匀,从而最大限度地利用了孔壁地层强度。

从理论上讲,压力分散型锚索的整个锚固段长度并无限制,锚索承载力随整个锚固段长度的增加而提高。因此,这种锚索可用于孔壁摩阻力较低的软弱地层中。

压力分散型锚索的锚固段长度按以下方法计算:
① 按式(5-80)计算确定总的锚固段长度 l_a;
② 按式(5-57)计算确定锚索钢绞线根数 n;
③ 初拟承载体个数 m,则每个承载体分担的设计锚固力 P_{d1}:

$$P_{d1} = \frac{P_d}{m} \quad (5-81)$$

④ 验算浆体强度:

$$\sigma = \frac{4K_{s1}P_{d1}}{\pi D^2} \leq f_c \quad (5-82)$$

式中:σ——注浆体的计算抗压强度(kPa);
f_c——注浆体的极限抗压强度(MPa),由试验确定,一般不宜低于40MPa;
D——注浆体直径(m)。

当注浆体抗压强度满足要求时,计算长度 l_a 可作为锚索的锚固段长度;如注浆体抗压强度不满足要求,一般采用增加承载体个数、提高注浆体抗压强度、增大孔径、减小锚索间距或增加锚索孔数等方法来调整。

压力分散型锚索的承载体分布间距(单元锚索锚固长度)不宜小于15倍锚索钻孔孔径,一般为3~7m。总体设计原则是使每个承载体受力均等,而每个承载体上所受的力应与该承载段注浆体表面上的黏结摩阻力相平衡。由于注浆体与土体界面黏结摩阻力较与岩体界面黏结摩阻力小,因此,承载体间距在土体中比岩体要小些。具体设计时,在硬质岩中取小值,软质岩中取中值,土体中取大值。

图5-41为黏结摩阻力在注浆体上的分布状态,图5-41a)表明岩土体强度未得到充分发挥,过于安全,设计中可进一步缩短承载体间距和锚固段长度;图5-41b)表明前一个承载体的压力值未被该承载段黏结摩阻力相平衡,剩余压力值传给下一个承载体,使后面的承载区段黏结摩阻应力及分布范围增大,偏于不安全,设计中可通过加大承载体间距和锚固段长度来调整;图5-41c)表明合理的设计应使各承载区段都分布有黏结摩阻力,在整个锚固体长度上黏结摩阻应力峰值也较均匀。

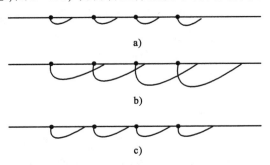

图5-41 几种黏结摩阻应力分布状态

4. 锚固体直径确定

锚固体的直径应根据设计锚固力、地基性状、锚固类型、张拉材料根数、造孔能力等因素来确定,常采用 $\varphi100\mathrm{mm} \sim \varphi150\mathrm{mm}$ 的锚孔直径。

为了增加锚固段的抗拔能力,也可采用扩孔的形式,即扩大锚固体的直径。这样做需更换钻具,不仅施工困难,而且费时,效果也不是很好。对于较软弱的地层应采用扩孔锚固方案还是采用增大孔径方案来提高锚固力的问题,应进行综合分析比较后确定。若将锚固段制成连续的枣核状,当对锚索施加拉力进行张拉时,钢绞线力求调直,除枣核状中心段外,其余部分浆体将受挤压。挤压力向内夹紧锚索,向外传至孔壁形成正压力,从而增大锚固段的摩擦阻力,达到提高抗拔能力的目的。

(四)锚索布置

1. 锚索间距

锚索的平面、立面布置以工程需要为准,而锚索间距应以锚固力能对地层提供最大的张拉力为原则。预应力锚索是群锚机制,锚索的间距不宜过大。但锚索间距太小时,受群锚效应的影响,单根锚索的承载力会减小,故间距也不宜太小。以往的设计经验和张拉试验表明,为间距小于 1.2m 时,应考虑锚孔孔周岩土体松弛区的影响,因此锚索间距宜大于 1.5m 或 5 倍孔径。设计时,还应考虑施工偏差而造成锚索的相互影响。因此,锚索间距通常为 3~6m,最小不应小于 1.5m。

2. 锚固角

预应力锚索与水平面的夹角称为锚固角,如图 5-39 和图 5-40 中的 β。锚索的布置方向是设计中一个至关重要的问题,最有效的布置方向为逆滑动方向布置,但由于受施工条件、滑体边界条件限制,只能以一定的方向布置,所以必须经过综合比较,选择最佳的锚固方向,以达到最有效的加固效果。

从施工工艺考虑,锚固角以下倾为宜。因为近水平方向布置的锚索,注浆后注浆体会产生沉淀和泌水现象,从而影响锚索的承载能力,故锚固角不宜采用 $-10° \sim 10°$,也不宜大于 $45°$,一般多采用下倾 $15° \sim 30°$,也可按式(5-83)估算:

$$\beta = \frac{45°}{A+1} + \frac{2A+1}{2(A+1)}\varphi - \alpha \tag{5-83}$$

式中:A——锚索锚固段长度与自由段长度之比;

α——锚索与滑动面相交处滑动面倾角(°)。

从受力状态考虑,应按单位长度锚索提供最大抗滑力时的锚索布置方向为最佳锚固角,可按式(5-84)的经验公式计算:

$$\beta = \alpha + \left(45° + \frac{\varphi}{2}\right) \tag{5-84}$$

3. 锚索长度

锚索总长度由锚固段长度、自由段长度及张拉段长度组成。锚索自由段长度受稳定地层界面控制,设计时,应保证自由段伸入滑动面或潜在滑动面的长度不小于 1m。自由段的长度越短,受锚固段地层的蠕变影响越大,其锚固力损失越大,应力松弛现象越明显。另外,为使锚索使用过程中不因锚头松动而引起预拉力的显著衰减,自由段的长度也不宜太短。自由段长度不得小于 3~5m。

张拉段长度应根据张拉机具决定,锚索外露部分长度一般为 1.5m 左右。

锚固段长度如前所述。

六、预应力锚索桩设计

预应力锚索桩由预应力锚索和锚固桩组成,由于在桩的上部设置预应力锚索,使桩的变形受到约束,大大改善了悬臂桩的受力及变形状态,从而减少了桩的截面及埋置深度。

锚索桩可按横向变形约束地基系数法进行设计计算。

(一)计算假定条件

(1)假定每根锚索桩承受相邻两桩"中—中"的滑坡推力或侧向土压力,作用于桩上的力主要有滑坡推力或侧向土压力、锚索拉力及锚固段桩周岩土体作用力,一般不计桩体自重、桩底反力及桩与岩土体间的摩擦阻力。

(2)将桩、锚固段桩周岩土体及锚索系统视为一整体,桩简化为受横向变形约束的弹性地基梁,锚拉点桩的位移与锚索伸长相等。

(二)锚索受力计算

锚索桩结构计算图式如图 5-42 所示,假定桩上设置 n 排锚索,则桩为 n 次超静定结构。桩锚固段顶端 O 点处桩的弯矩 M_0 及剪力 Q_0 为:

$$M_0 = M - \sum_{j=1}^{n} R_j h_j \tag{5-85}$$

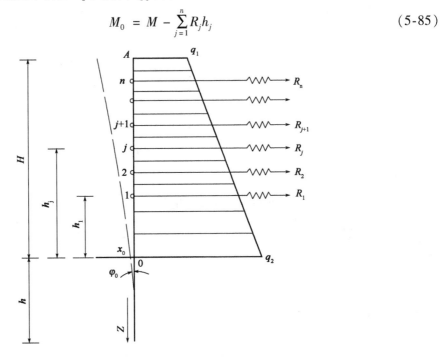

图 5-42 锚索桩结构计算图式

$$Q_0 = Q - \sum_{j=1}^{n} R_j \tag{5-86}$$

式中：M、Q——滑坡推力或土压力作用于桩 0 点的弯矩、剪力；

R_j——第 j 排锚索拉力；

h_j——第 j 排锚索锚拉点距 0 点的距离。

根据位移变形协调原理，每根锚索伸长量 Δ_i 与该锚索所在点桩的位移 f_i 相等，由此建立位移平衡方程：

$$\Delta_i = f_i \tag{5-87}$$

$$f_i = x_0 + \varphi_0 h_i + \Delta_{iq} - \sum_{j=1}^{n} \Delta_{ij} \tag{5-88}$$

$$\Delta_i = \eta_i (R_i - R_{i0}) \tag{5-89}$$

式中：x_0、φ_0——桩锚固段顶端 0 点处的位移、转角；

Δ_{iq}、Δ_{ij}——滑坡推力（或土压力）和其他层锚索拉力 R_j 作用于 i 点桩的位移；

R_{i0}——第 i 根锚索的初始预应力；

η_i——第 i 根锚索的柔度系数（第四章用 C_i 表示），即单位力作用下锚索的弹性伸长量：

$$\eta_i = \frac{l_i}{N E_g A_s} \tag{5-90}$$

其中：l_i——第 i 根锚索自由段长度；

A_s——每束锚索截面积；

E_g——锚索弹性模量；

N——每孔锚索的束数。

当滑坡推力（或土压力）为梯形分布时（图 5-42），在其作用下，i 点桩的位移为：

$$\Delta_{iq} = \frac{H^4}{120 EI} [5 q_1 (3 - 4\xi_i + \xi_i^4) + q_0 (4 - 5\xi_i + \xi_i^5)] \tag{5-91}$$

$$\xi_i = 1 - \frac{h_i}{H}$$

$$q_0 = q_2 - q_1$$

$$\Delta_{ij} = R_j \delta_{ij}$$

δ_{ij} 为第 j 根锚索拉力 R_j 作用于桩上 i 点的位移系数，可按结构力学方法计算确定。

当 $j \geq i$ 时，则 $\delta_{ij} = \frac{h_j^3}{6EI}(2 - 3\gamma + \gamma^3)$，$\gamma = 1 - \frac{h_j}{h_i}$；当 $j < i$ 时，则 $\delta_{ij} = \frac{h_j^2 h_i}{6EI}(3 - \gamma)$，$\gamma = \frac{h_j}{h_i}$。

x_0 和 φ_0 可由地基系数法（简化为多层"K"法）计算确定：

$$x_0 = \frac{Q_0}{\beta^3 EI} \varphi_1 + \frac{M_0}{\beta^2 EI} \varphi_2 \tag{5-92}$$

$$\varphi_0 = \frac{Q_0}{\beta^2 EI} \varphi_2 + \frac{M_0}{\beta EI} \varphi_3 \tag{5-93}$$

式中：φ_1、φ_2、φ_3——桩的无量纲系数；

E, I——桩的弹性模量、截面惯性矩；

β——桩的变形系数。

$$x_0 + \varphi_0 H = \left(\frac{\varphi_1}{\beta^3 EI} + \frac{\varphi_2}{\beta^2 EI} h_i\right) Q_0 + \left(\frac{\varphi_2}{\beta^2 EI} + \frac{\varphi_3}{\beta EI} h_i\right) M_0 \tag{5-94}$$

令 $A_i = \frac{\varphi_1}{\beta^3 EI} + \frac{\varphi_2}{\beta^2 EI} h_i, B_i = \frac{\varphi_2}{\beta^2 EI} + \frac{\varphi_3}{\beta EI} h_i$，则：

$$x_0 + \varphi_0 H = A_i Q_0 + B_i M_0 \tag{5-95}$$

将上述相关公式代入式(5-87)：

$$A_i \left(Q - \sum_{j=1}^n R_j\right) + B_i \left(M - \sum_{j=1}^n R_j h_j\right) + \Delta_{iq} - \sum_{j=1}^n R_j \delta_{ij} = \eta_i (R_i - R_{i0})$$

整理得：

$$\sum_{j=1}^n (A_i + B_j h_j + \delta_{ij}) R_j + \eta_i R_i = A_i Q + B_i M + \Delta_{iq} + \eta_i R_{i0} \tag{5-96}$$

令 $\xi_{ij} = A_i + B_i h_j + \delta_{ij}, C_i = A_i Q + B_i M + \Delta_{iq} + \eta_i R_{i0}$，则：

$$\sum_{j=1}^n \xi_{ij} R_j + \eta_i R_i = C_i \tag{5-97}$$

解线性方程组[式(5-97)]，可确定各排锚索拉力 R_j：

$$R_j = \frac{D_K}{D} \tag{5-98}$$

式中：

$$D = \begin{vmatrix} \xi_{11} + \eta_1 & \xi_{12} & \cdots & \xi_{1j} & \cdots & \xi_{1n} \\ \xi_{21} & \xi_{22} + \eta_2 & \cdots & \xi_{2j} & \cdots & \xi_{2n} \\ \vdots & \vdots & & \vdots & & \vdots \\ \xi_{n1} & \xi_{n2} & \cdots & \xi_{nj} & \cdots & \xi_{nn} + \eta_n \end{vmatrix}$$

$$D_k = \begin{vmatrix} \xi_{11} + \eta_1 & \xi_{12} & \cdots & \xi_{1(j-1)} & C_1 & \xi_{1(j+1)} & \cdots & \xi_{1n} \\ \xi_{21} & \xi_{22} + \eta_2 & \cdots & \xi_{2(j-1)} & C_2 & \xi_{2(j+1)} & \cdots & \xi_{2n} \\ \vdots & \vdots & & \vdots & \vdots & \vdots & & \vdots \\ \xi_{n1} & \xi_{n2} & \cdots & \xi_{n(j-1)} & C_n & \xi_{n(j+1)} & \cdots & \xi_{nn} + \eta_n \end{vmatrix}$$

(三)桩身内力计算

1. 非锚固段 OA 桩身内力

令 $h_0 = 0, h_{n+1} = H, R_{n+1} = 0$，当 $z = H - h_i$ 时，取 $k = n + 1 - i (i = 1, 2, \cdots, n)$：

$$Q_z^- = Q(z) - \sum_{j=1}^k R_{n+2-j} \tag{5-99}$$

$$Q_z^+ = Q(z) - \sum_{j=1}^k R_{n+1-j} \tag{5-100}$$

$$M_z = M(z) - \sum_{j=1}^k R_{n+1-j} [z - (H - h_{n+1-j})] \tag{5-101}$$

当 $H - h_{i-1} > z \geqslant H - h_i$ 时,取 $k = n + 2 - i(i = 1,2,\cdots,n+1)$:

$$Q_z = Q(z) - \sum_{j=1}^{k} R_{n+2-j} \tag{5-102}$$

$$M_z = M(z) - \sum_{j=1}^{k} R_{n+2-j}[z - (H - h_{n+2-j})] \tag{5-103}$$

式中:Q_z、M_z——桩身剪力、弯矩;

$Q(z)$、$M(z)$——仅滑坡推力(或土压力)作用于桩上的剪力、弯矩;

k——从桩顶往下数锚索支承点个数。

2. 锚固段桩身内力

锚固段桩身内力计算同普通抗滑桩。

思 考 题

1. 试述抗剪强度指标的确定方法。
2. 试述滑坡推力的计算方法,滑坡推力与土压力有何不同?
3. 试述重力式抗滑挡土墙和竖向预应力锚杆挡土墙的结构特点。
4. 试述抗滑桩的工作原理及结构形式。
5. 何为刚性抗滑桩和弹性抗滑桩?如何判别?
6. 试述抗滑桩的平面布置原则。
7. 试述抗滑桩内力计算方法。
8. 试述弹性抗滑桩内力计算的 K 法和 m 法的特点。
9. 试述预应力锚索的类型及基本构造。
10. 试述预应力锚索设计内容和设计要点。

第六章

建筑材料及性能

路基构造物所用材料主要包括圬工材料(石料、混凝土预制块和黏土砖等)、砂浆、水泥混凝土和钢筋混凝土、喷射混凝土以及钢材等。

第一节 圬 工 材 料

圬工材料是路基构造物的基础材料和主要材料,常用于排水沟渠、坡面防护和以重力式挡土墙为主的支挡构造物。圬工材料主要有石料(包括片石、块石、粗料石等)、混凝土预制块和黏土砖等。

一、石料

石料应是结构密实、石质均匀、不易风化、无裂缝的硬质石料,石料强度等级一般不应小于MU25,对于浸水挡土墙、严寒地区的构造物,所用石料不应小于MU30,镶面石的强度等级也不应小于MU30。其强度等级以5cm×5cm×5cm含水饱和试件的极限抗压强度为准。

1月平均气温低于 -10°C 的冰冻地区,所用石料和混凝土等材料均需通过冻融试验检验,要求材料在含水饱和状态下,经 -15℃ 的冻融循环25次后,无明显裂缝、脱层,其强度不应低于试验前的0.75倍。

石料根据其形状不同,分为片石、块石、粗料石3种。

1. 片石

片石一般指用爆破法或楔劈法开采的石块,片石应具有两个大致平行的面,其厚度不应小于15cm(卵形薄片者不得使用),宽度及长度不应小于厚度的1.5倍,如图6-1a)所示,重量约30kg。用来做镶面的片石应表面平整,尺寸较大,并应稍加修整。

2. 块石

块石一般形状大致方正,上下面也大致平整,厚度不应小于20cm,宽度宜为厚度的1～1.5倍,长度约为厚度的1.5～3倍,如有锋棱锐角,应敲除。块石用来做镶面石时,应由外露面四周向内加以修凿;后部可不修凿,但应略小于修凿部分,其加工形状如图6-1c)所示。

3. 粗料石

粗料石是由岩层或大块石料开裂并经粗略修凿而成的,外形方正成六面体,厚度为20～30cm,宽度为厚度的1～1.5倍,长度为厚度的2.5～4倍,表面凹陷深度不应大于2cm,如图6-1b)所示。用来做镶面的粗料石,丁石长度应比相邻顺石宽度至少长15cm。修凿面每10cm长需有錾路约4～5条,侧面修凿面应与外露面垂直,正面凹陷深度不应超过1.5cm,外露面应有细凿边缘,宽度为3～5cm。

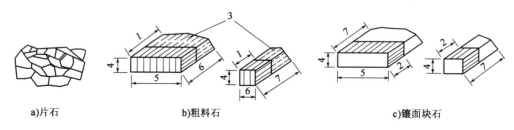

图 6-1　石料类型

a)片石　　b)粗料石　　c)镶面块石

1-修凿进深不小于10cm;2-修凿进深不小于7cm;3-尾部大致凿平;4-粗料石厚度;5-粗料石长度;6-丁石宽度;7-丁石长度

二、普通黏土砖

普通黏土砖是用黏土经焙烧而成的,其尺寸为240mm×115mm×53mm,强度等级分为MU30、MU25、MU20、MU15、MU10和MU7.5。挡土墙所用普通黏土砖强度等级不应低于MU7.5,可用于一般地区四级公路的挡土墙。

三、混凝土砌块

普通混凝土预制块是用水泥混凝土预制而成的。一般按块体的高度不同,其分为小型砌块、中型砌块和大型砌块。小型砌块高度为180～350mm,中型砌块高度为360～900mm,大型砌块高度大于900mm。强度等级分为MU15、MU10、MU7.5、MU5和MU3.5。路基构造物所用砌块一般为小、中型砌块,其强度等级不低于MU10。

第二节　砌筑砂浆

砂浆按其用途不同,可分为砌筑砂浆和抹面砂浆两类。在挡土墙砌筑中,主要使用砌筑砂浆。

砌筑用的砂浆是圬工砌体的重要组成部分。用以砌筑圬工构造物的砂浆,主要作用是将圬工砌块胶结在一起,使之形成一个整体,增强砌体的稳定性,提高砌体的强度。在砂浆结硬后,砌块可通过其均匀地传递应力,并可填满砌块间的缝隙。

一、砂浆的组成材料及技术要求

砂浆一般由水泥、砂、水按一定比例拌和而成,称为水泥砂浆;也可用水泥、石灰、砂与水拌和而成,称为水泥混合砂浆;或用石灰、砂、水拌和而成,称为石灰砂浆。砂浆中常掺入外加剂,以改善砂浆的技术性能。

1. 水泥

水泥是砂浆的胶结材料,亦即结合料,常用的各品种水泥均可使用,一般采用硅酸盐水泥和普通硅酸盐水泥(普通水泥),也可采用矿渣硅酸盐水泥(矿渣水泥)、火山灰质硅酸盐水泥(火山灰质水泥)和粉煤灰硅酸盐水泥(粉煤灰水泥),由于砂浆的强度较低,所以水泥的强度不宜太高,否则水泥的用量太少,会导致砂浆的保水性不良。通常水泥的强度等级应为砂浆强度等级的 4~5 倍,配制 M15 以下的砂浆,水泥的强度等级宜采用 32.5 级;配制 M15 以上的砂浆,水泥的强度等级宜采用 42.5 级。

2. 砂

砂浆所用砂宜采用洁净的中砂、粗砂。当用于浆砌片石时,砂的最大粒径不宜超过 4.75mm,当砌筑块石或粗料石时,砂的最大粒径不宜大于 2.36mm。

采用中砂拌制砂浆,既能满足施工和易性要求,又能节约水泥。当缺乏中砂和粗砂时,在适当增加水泥用量的条件下也可采用细砂。砂中含泥量应有所控制,含泥量过大,不但会增加水泥用量,而且还可能使砂浆的收缩增大,耐水性降低,影响砌筑质量。

砂中含泥对强度影响较为明显,因此砂的含泥量不应大于 5%,同时硫化物含量折合为三氧化硫(SO_3)应小于 2%。

3. 拌和用水

拌和用水应干净,不含酸、盐、有机质等杂质,一般饮用的水均能满足砂浆的拌和要求,但工业废水、污水、沼泽水以及 pH 值小于 5 的酸性水和含硫酸盐量按 SO_4^{2-} 计超过水的质量 $0.27mg/cm^3$ 的水不能使用。

4. 掺合料

为提高砂浆的和易性,除水泥外,还可掺加石灰、粉煤灰等掺合料作为胶结材料,可配制成各种混合砂浆,以达到提高质量、降低成本的目的。

砂浆所用石灰等级宜三级以上,应纯净,燃烧均匀,熟化透彻,一般采用石灰膏和熟石灰,也可采用磨细生石灰粉。熟石灰和石灰膏应用孔径不大于 3mm×3mm 的网筛过滤,熟化时间不得少于 7d。沉淀池内储存的石灰膏,应采取防止干燥、冻结和污染的措施,严禁使用脱水硬化的石灰膏。磨细生石灰粉的细度要求为 0.08mm,筛孔的筛余量不应大于 15%,不得直接应用消石灰粉。

为节省水泥、石灰用量,充分利用工业废料,砂浆中可掺入粉煤灰,粉煤灰的技术品质应符合国家有关标准。

5. 外加剂

为改善和提高砂浆的某些性能,更好地满足施工条件和使用功能的要求,节省结合料的用量,必要时可掺入外加剂。最常用的外加剂是微沫剂,这是一种松香熟聚物,掺量为水泥质量的 0.005%~0.010%。此外,还可使用早强剂、减水剂、抗冻剂等外加剂。

二、砌筑砂浆的技术性能

1. 砂浆拌合物的密度

由砂浆拌合物捣实后的密度,可以确定每立方米砂浆拌合物中各组成材料的实际用量。砌筑砂浆拌合物的密度:水泥砂浆不应小于 $1900kg/m^3$,水泥混合砂浆不应小于 $1800kg/m^3$。

2. 新拌砂浆的和易性

新拌砂浆应具有良好的和易性。砂浆的和易性是指新拌的砂浆是否便于施工操作,并保证硬化后砂浆的质量以及砂浆与底面材料间的黏结质量的综合性能。和易性好的砂浆可以比较容易在粗糙、多孔的底面上铺成均匀连接的薄层,且与底面紧密地黏结。新拌砂浆的和易性可根据其流动性和保水性来综合评定。

(1)流动性。

砂浆流动性又称稠度,表示砂浆在重力或外力作用下产生流动的性能。砂浆流动性的大小用"稠度"表示,通常用砂浆稠度仪测定,并以试锥下沉深度作为稠度值(或称沉入度)。稠度值越大,表示砂浆的流动性越好。

影响流动性的因素主要有用水量,胶结料的种类和用量,细集料种类、颗粒形状、粗细程度和级配等。当原材料、胶结材料与细集料的比例一定时,主要取决于单位用水量。砂浆流动性的选择,应根据施工方法及砌体材料吸水程度和施工环境的温度、湿度等条件来确定。底面为多孔吸水材料,或在干热气候条件下施工时,砂浆的流动性应大些。相反,当使用密实的吸水很少的底面材料,或者在湿冷气候条件下施工时,流动性应小些。流动性可参考表6-1选用。

砂浆流动性选用值(稠度)(cm)   表 6-1

砌体种类	干热环境或多孔吸水材料	湿冷环境或密实材料
砖砌体	8~10	6~8
普通毛石砌体	6~7	4~5
振捣毛石砌体	2~3	1~2
炉渣混凝土砌块	7~9	5~7

(2)保水性。

砂浆保水性是指砂浆保持水分和整体均匀一致的能力,即指搅拌好的砂浆在运输、存放和使用过程中,水与胶结材料及集料分离快慢的性质。保水性良好的砂浆水分不易流失,易于摊铺成均匀密实的砂浆层;反之,保水性差的砂浆,在施工过程中容易泌水、分层离析、水分流失,使流动性变坏,不易施工操作,而且由于水分易被砌体吸收,影响水泥正常硬化,从而降低砂浆黏结强度。

砂浆保水性用"分层度"表示,通常可用砂浆分层度仪测定。保水性良好的砂浆,其分层度值较小,一般分层度以10~20mm为宜。对于分层度小于10mm的砂浆,虽然保水性好,无分层现象,但往往胶结材料用量过多,或砂过细,致使砂浆干缩较大,易发生干缩裂缝;分层度大于20mm的砂浆,保水性不良,容易离析,不便于施工,因而不宜使用。

砂浆保水性主要取决于砂浆组分中微细颗粒的含量。由于保持水分是颗粒表面吸附的结果,因此,加大胶结材料的数量,掺入适量的掺合料,采用较细砂并加大掺量等方法都可以有效地改善砂浆的保水性。因此,水泥砂浆中水泥用量不宜小于 200kg/cm³,水泥混合砂浆中胶结材料(水泥和掺合料)总用量应为 300~350kg/cm³。

3. 强度

圬工砌体的强度不仅取决于砌块的强度,而且取决于砌筑砂浆的强度。砂浆强度等级以 7.07cm×7.07cm×7.07cm 的立方体试件在温度为 20℃±3℃和规定湿度(水泥砂浆相对湿度为 90% 以上、水泥混合砂浆相对湿度为 60%~80%)的标准条件下养护 28d 龄期的平均极限抗压强度,并考虑具有 95% 的保证率,单位为 MPa。水泥砂浆强度等级分为 M30、M25、M20、M15、M10、M7.5、M5 7 个等级,混合砂浆强度等级分为 M15、M10、M7.5、M5 4 个等级,重力式浆砌砌体挡土墙所用砂浆强度等级、类别应符合设计规定。一般地区及寒冷地区,采用 M5 水泥砂浆;浸水挡土墙浸水部分,采用 M7.5 水泥砂浆;严寒地区的挡土墙和抗震挡土墙,砌筑砂浆的强度等级应适当提高;勾缝用砂浆应比砌筑所用砂浆强度提高一个等级。

砌筑砂浆的实际强度除了与水泥的强度和用量有关外,还与砌体材料的吸水性有关,可分为砌石砂浆和砌砖砂浆两种情况。

(1)砌石砂浆。

砌石砂浆是指铺设在不吸水密实底面(如密实的石料)上的砂浆。砌石砂浆强度主要取决于水泥强度和水灰比,可用式(6-1)表示:

$$f_{m,o} = Af_{ce}\left(\frac{C}{W} - B\right) \tag{6-1}$$

式中:$f_{m,o}$——砂浆 28d 的抗压强度(MPa);

f_{ce}——水泥 28d 的抗压强度(MPa);

C/W——灰水比;

A、B——经验系数,用普通水泥时,取 $A=0.29$,$B=0.4$。

(2)砌砖砂浆。

砌砖砂浆是指铺设在吸水的多孔底面(如砖、多孔混凝土)上的砂浆。虽然砂浆具有一定的保水性,但因底面材料吸水能力很强,使砂浆中的一部分水被多孔底面吸去,即使拌和水量不同,经底面吸水后保留在砂浆中的水分却大致相同。因此,砌砖砂浆的强度主要取决于水泥的强度及水泥用量,而与拌和水量无关。强度计算公式如式(6-2):

$$f_{m,o} = \frac{Af_{ce}Q_c}{1000} + B \tag{6-2}$$

式中:$f_{m,o}$——砂浆 28d 的抗压强度(MPa);

f_{ce}——水泥 28d 的抗压强度(MPa);

Q_c——水泥用量(kg/m³);

A、B——砂浆的特征系数,根据表 6-2 选用。

A、B 系数值 表 6-2

砂浆品种	A	B
水泥砂浆	1.03	3.50
水泥混合砂浆	1.50	-4.25

4. 黏结力

砌块通过砂浆黏结成为一个坚固整体,因此,砂浆与砌块之间应有足够的黏结力。一般情况下,砂浆黏结力随其抗压强度增大而提高。此外黏结力还与砌块表面的粗糙程度、洁净程度、润湿情况及施工养护条件等因素有关。在充分润湿的、粗糙的、清洁的表面上使用,且养护良好的条件下,砂浆与表面黏结较好。

5. 变形性

砂浆在承受荷载或在温度条件变化时容易变形,如果变形过大或者不均匀,都会降低砌体的质量,引起沉降或开裂。若使用轻集料拌制砂浆或混合料掺量太多,也会引起砂浆收缩变形过大。

6. 抗冻性

在某些使用环境下,要求砂浆具有一定的抗冻性。凡按工程技术要求,具有明确冻融循环次数要求的砌筑砂浆,经冻融试验后,应同时满足重量损失率不大于5%、强度损失率不大于25%的要求。砂浆等级在 M2.5 及 M2.5 以下者,一般不耐冻融。

其中稠度、分层度和抗压强度三项技术指标是砌筑砂浆的必检项目,而且当三项技术指标都满足要求时,则称其为合格砂浆。

三、砌筑砂浆的配合比设计

砌筑砂浆配合比设计按以下步骤进行:
(1)计算砂浆试配强度;
(2)计算水泥用量;
(3)计算石灰膏用量;
(4)确定砂用量;
(5)确定用水量;
(6)试配。

1. 计算砂浆试配强度($f_{m,o}$)

$$f_{m,o} = k f_2 \tag{6-3}$$

式中:$f_{m,o}$——砂浆的试配强度,精确至 0.1 MPa;

f_2——砂浆强度等级值,精确至 0.1 MPa;

k——系数,见表 6-3。

砂浆强度标准差 S 及 k 值   表 6-3

施工水平	强度标准差 S(MPa)							k 值
	M5	M7.5	M10	M15	M20	M25	M30	
优良	1.00	1.50	2.00	3.00	4.00	5.00	6.00	1.15
一般	1.25	1.88	2.50	3.75	5.00	6.25	7.50	1.20
较差	1.50	2.25	3.00	4.50	6.00	7.50	9.00	1.25

2. 计算砂浆强度标准差(S)

$$S = \frac{\sqrt{\sum_{i=1}^{n} f_{m,j}^2 - n\mu_{f_m}^2}}{n-1} \tag{6-4}$$

式中：$f_{m,j}$——统计周期内同一品种砂浆第 j 组试件的强度（MPa）；

μ_{f_m}——统计周期内同一品种砂浆 n 组试件强度的平均值（MPa）；

n——统计周期内同一品种砂浆试件的总组数，$n \geq 25$。

当不具有近期统计资料时，S 可按表6-3取用。

3. 计算水泥用量（Q_c）

$$Q_c = \frac{1000(f_{m,o} - \beta)}{\alpha f_{ce}} \tag{6-5}$$

式中：Q_c——每立方米砂浆的水泥用量（kg/m³）；

$f_{m,o}$——砂浆的试配强度（MPa）；

f_{ce}——水泥的实测强度，即水泥28d龄期的抗压强度，精确至0.1MPa；

α、β——砂浆的特征系数，其中 α 为3.03，β 为 -15.09。

无法取得水泥的实测强度时，可采用水泥强度等级按式（6-6）计算 f_{ce}：

$$f_{ce} = \gamma_{ce} f_{ce,g} \tag{6-6}$$

式中：$f_{ce,g}$——水泥强度等级值（MPa）；

γ_{ce}——水泥强度等级值的富余系数，宜按实际统计资料确定，无统计资料时可取 $\gamma_{ce} = 1.0$。

当计算水泥用量 Q_c 不足200kg/cm³ 时，应按200kg/cm³ 采用。

4. 按水泥用量计算石灰膏用量（Q_D）

$$Q_D = Q_A - Q_C \tag{6-7}$$

式中：Q_D——每立方米砂浆的石灰膏用量（kg/m³）；

Q_C——每立方米砂浆的水泥用量（kg/m³）；

Q_A——每立方米砂浆的胶结材料总量，一般可取300kg/m³。

5. 确定砂用量（Q_s）

每立方米砂浆中的砂用量应以干燥状态（含水率小于0.5%）的堆积密度值作为计算值，单位以 kg/m³ 计，即：

$$Q_s = \rho_s(1 + w) \tag{6-8}$$

式中：Q_s——每立方米砂浆的砂用量（kg/m³）；

ρ_s——干燥状态砂的堆积密度（kg/m³）；

w——砂的含水率（以小数计）。

6. 按砂浆稠度选定用水量（Q_w）

用水量应根据砂浆选用稠度等要求选定，一般用水量为210~310kg/m³。

应该说明：①混合砂浆中的用水量，不包括石灰膏中的水；②当采用细砂或粗砂时，用水量分别取上限或下限；③稠度小于70mm时，用水量可小于下限；④施工现场气候炎热或干燥季节，可酌量增加用水量。

7. 砂浆试配

采用工程中实际使用的材料和相同的搅拌方法，按计算配合比进行试拌，测定其拌合物的稠度和分层度，若不能满足要求，则应调整用水量或掺合料，直至符合要求，然后确定为试配时的砂浆基准配合比。

8.配合比确定

试配时至少应采用三个不同的配合比,其中一个为砂浆基准配合比,另外两个配合比的水泥用量按基准配合比分别增加、减少10%,在保证稠度、分层度合格的条件下,可相应调整用水量或掺合料用量。然后对成型标准试件测定砂浆强度等级,并选定符合强度要求且水泥用量较少的砂浆配合比。

当原材料变更时,其配合比必须重新通过试验确定。

水泥砂浆的配合比也可直接根据工程类别和砌体部位确定砂浆的设计强度等级,然后依据表6-4并结合经验确定。

砌筑水泥砂浆材料用量(kg/m^3) 表6-4

强度等级	水泥用量	砂用量	用水量
M5	200~230	$1m^3$ 砂的堆积密度值	270~330
M7.5	230~260		
M10	260~290		
M15	290~330		
M20	340~400		
M25	360~410		
M30	430~480		

注:M15及M15以下的水泥砂浆,水泥强度等级为32.5级,M15以上的水泥砂浆,水泥强度等级为42.5级。

第三节 水泥混凝土

水泥混凝土是用途最广的人造材料,在路基构造物中被广泛应用。

一、水泥混凝土的组成材料及技术要求

水泥混凝土由水泥、粗集料、细集料和水组成。为了改善混凝土拌合物的某些性能,必要时可掺加适量的外加剂。

1.水泥

水泥是水泥混凝土的胶结料,它能在空气中硬化,并能把砂、石等材料牢固地胶结在一起,使混凝土的强度不断增长。水泥混凝土的性能很大程度上取决于水泥的质量。同时,在水泥混凝土组成材料中,水泥消耗所产生的费用最高。所以在选择混凝土组成材料时,对水泥的品种和强度等级的选择必须特别慎重。

水泥品种应根据混凝土工程的特点、所处环境、施工条件和气候因素等进行选用。路基构造物中一般选用硅酸盐水泥和普通水泥,也可选用矿渣、火山灰质、粉煤灰水泥。使用水泥的技术要求须符合现行《通用硅酸盐水泥》(GB 175)的规定。

选用水泥的强度等级应与要求配制的混凝土强度等级相适应。若水泥强度等级选用过

高,则混凝土中水泥用量过低,会影响混凝土的和易性和耐久性。反之,若水泥强度等级选用过低,则混凝土中水泥用量太多,非但不经济,而且会降低混凝土的某些技术品质(如收缩率增大等)。通常,配制 C30 以下混凝土时,水泥强度为混凝土抗压强度的 1.2~2.2 倍;配制 C30 以上混凝土时,为混凝土抗压强度的 1.1~1.5 倍。当水泥强度等级与混凝土强度等级相接近或略小时,除水灰比小且在浇筑时应施以强力振动捣实外,还必须掺加早强剂。常用水泥的强度等级与抗压强度的关系见表 6-5。

常用水泥的强度等级与抗压强度的关系 表 6-5

品 种	强 度 等 级	抗压强度(MPa)	
		3d	28d
硅酸盐水泥	42.5	≥17.0	≥42.5
	42.5R	≥22.0	
	52.5	≥23.0	≥52.5
	52.5R	≥27.0	
	62.5	≥28.0	≥62.5
	62.5R	≥32.0	
普通硅酸盐水泥	42.5	≥17.0	≥42.5
	42.5R	≥22.0	
	52.5	≥23.0	≥52.5
	52.5R	≥27.0	
矿渣硅酸盐水泥、火山灰硅酸盐水泥、粉煤灰硅酸盐水泥、复合硅酸盐水泥	32.5	≥10.0	≥32.5
	32.5R	≥15.0	
	42.5	≥15.0	≥42.5
	42.5R	≥19.0	
	52.5	≥21.0	≥52.5
	52.5R	≥23.0	

2. 粗集料

混凝土使用的粗集料,应质地坚硬、耐久、洁净。它可以是碎石或卵石(砾石),是水泥混凝土的主要组成材料,也是影响水泥混凝土强度的重要因素。

为保证混凝土强度,要求碎石和卵石必须具有一定的强度,可用岩石立方体抗压强度和压碎值两个指标控制。碎石和卵石要求的压碎指标值,应根据混凝土的强度等级确定;当混凝土强度等级为 C60 及以上时,用于混凝土的碎石和卵石应进行岩石抗压强度检验。此外,如对碎石质量有怀疑或有特殊需要,亦应进行岩石抗压强度试验。岩石抗压强度与混凝土强度等级之比,对于大于或等于 C30 的混凝土不应小于 2;其他不应小于 1.5。而且岩石抗压强度,对于岩浆岩不宜低于 80MPa,变质岩不宜低于 60MPa,沉积岩不宜低于 40MPa。混凝土强度在 C10 及以下时,针片状颗粒含量可放宽至 40%。不同强度等级的混凝土对粗集料的技术等级要求见表 6-6,粗集料的技术要求见表 6-7。

混凝土强度等级与粗集料技术等级的关系　　　　　　　　　　表 6-6

混凝土的强度等级	≥C60	C30 ~ C60	<C30
碎石、卵石的技术等级	Ⅰ级	Ⅱ级	Ⅲ级

粗集料的技术要求　　　　　　　　　　表 6-7

技术指标	技术要求		
	Ⅰ级	Ⅱ级	Ⅲ级
碎石压碎指标(%)	<10	<20	<30
卵石压碎指标(%)	<12	<16	<16
针片状颗粒含量(%)	<5	<15	<25
含泥量(按质量计)(%)	<0.5	<1.0	<1.5
泥块含量(按质量计)(%)	≤0	≤0.5	≤0.7
有机物含量(比色法)	合格	合格	合格
硫化物及硫酸盐含量(按 SO_3 质量计)(%)	<0.5	<1.0	<1.0
坚固性(按质量损失计)(%)	<5	<8	<12
岩石抗压强度	在饱水状态下,岩浆岩不应小于 80MPa;变质岩不应小于 60MPa;沉积岩不应小于 40MPa		
密度	表观密度 >2500kg/m^3,松散堆积密度 >1350kg/m^3,		
空隙率	<47%		
碱集料反应	经碱集料反应试验后,由卵石、碎石、碎卵石配制的试件无裂缝、酥裂、胶体外溢等现象,在规定试验龄期的膨胀率应小于 0.10%		

为获得密实、高强的混凝土,并节约水泥,要求粗细集料组成的矿质混合料要有良好的级配。矿质混合料的级配首先取决于粗集料的级配。粗集料的级配可采用连续级配或间断级配,见表 6-8。当连续粒级不能配合成满意的混合料时,可掺加单粒级集料。连续级配所配制的新拌混凝土较为密实,特别是具有优良的工作性,不易产生离析现象,故为经常采用的级配。但连续级配与间断级配矿质混合料相比较,配制相同强度的混凝土所需要的水泥耗量较高。

碎石或卵石的颗粒级配　　　　　　　　　　表 6-8

级配情况	公称粒径(mm)	下列筛孔(mm)上的累计筛余(%)										
		2.36	4.75	9.5	16	19	26.5	31.5	37.5	50	63	75	90
连续级配	5 ~ 10	95 ~ 100	80 ~ 100	0 ~ 15	0	—	—	—	—	—	—	—	—
	5 ~ 16	95 ~ 100	85 ~ 100	30 ~ 60	0 ~ 10	0	—	—	—	—	—	—	—
	5 ~ 20	95 ~ 100	90 ~ 100	40 ~ 80	—	0 ~ 10	0	—	—	—	—	—	—
	5 ~ 25	95 ~ 100	90 ~ 100	—	30 ~ 70	—	0 ~ 5	0	—	—	—	—	—
	5 ~ 31.5	95 ~ 100	90 ~ 100	70 ~ 90	—	15 ~ 45	—	0 ~ 5	0	—	—	—	—
	5 ~ 40	—	95 ~ 100	70 ~ 90	—	30 ~ 65	—	—	0 ~ 5	0	—	—	—

续上表

级配情况	公称粒径(mm)	下列筛孔(mm)上的累计筛余(%)										
		2.36	4.75	9.5	16	19	26.5	31.5	37.5	50	63	75	90
单粒级	10~20	—	95~100	85~100	—	0~15	0	—	—	—	—	—	—
	16~31.5	—	95~100	—	85~100	—	—	0~10	0	—	—	—	—
	20~40	—	—	95~100	—	80~100	—	—	0~10	0	—	—	—
	31.5~63	—	—	—	95~100	—	—	75~100	45~75	—	0~10	0	—
	40~80	—	—	—	—	95~100	—	—	70~100	—	30~60	0~10	0

在用水量和水灰比不变的条件下，增大最大粒径，可获得较好的和易性，或减小水灰比而提高混凝土强度和耐久性。集料最大粒径应根据混凝土结构的具体情况及施工方法选取，但最大粒径不得超过结构最小边尺寸的1/4和钢筋最小净距的3/4。泵送混凝土碎石不宜超过输送管径的1/3，卵石不宜超过输送管径的1/2.5。同时混凝土的最大粒径不得超过80cm。

3. 细集料

混凝土选用的细集料，应采用级配良好、质地坚硬、颗粒洁净、粒径小于4.75mm的河砂，当河砂不易得到时，也可用山砂或用硬质岩石加工的机制砂。由于海砂中常含有碎贝壳、盐类和有害杂质，一般不宜使用，若不得已需采用时，应按规定做技术检验。

水泥混凝土使用细集料同样应具有一定的强度和坚固性。混凝土的强度等级与细集料的技术等级关系见表6-9。细集料的技术要求见表6-10。

混凝土强度等级与细集料技术等级的关系   表6-9

混凝土的强度等级	≥C60	C30~C60	<C30
细集料的技术等级	Ⅰ级	Ⅱ级	Ⅲ级

细集料的技术要求   表6-10

技术指标	技术要求		
	Ⅰ级	Ⅱ级	Ⅲ级
机制砂单粒级最大压碎指标(%)	<20	<25	<30
氯化物含量(按氯离子质量计)(%)	<0.01	<0.02	<0.06
坚固性(按质量损失计)(%)	<6	<8	<10
云母含量(按质量计)(%)	<1.0	<2.0	<2.0
天然砂、机制砂含泥量(按质量计)(%)	<1.0	<2.0	<3.0
天然砂、机制砂泥块含量(按质量计)(%)	0	<1.0	<2.0
机制砂MB值<1.4或合格石粉含量(按质量计)(%)	<3.0	<5.0	<7.0
机制砂MB值≥1.4或不合格石粉含量(按质量计)(%)	<1.0	<3.0	<5.0
有机质含量(比色法)	合格	合格	合格
硫化物及硫酸盐含量(按SO_3质量计)(%)	<0.5	<0.5	<0.5
轻物质含量(按质量计)(%)	<1.0	<1.0	<1.0
机制砂母岩抗压强度	在饱水状态下，火成岩不应小于80MPa；变质岩不应小于60MPa；水成岩不应小于40MPa		

续上表

技术指标	技术要求		
	Ⅰ级	Ⅱ级	Ⅲ级
密度	表观密度>2500kg/m³,松散堆积密度>1350kg/m³		
空隙率	<47%		
碱集料反应	经碱集料反应试验后,由砂配制的试件无裂缝、酥裂、胶体外溢等现象,在规定试验龄期的膨胀率应小于0.10%		

砂的粗细程度和颗粒级配是评定砂质量的重要指标。砂的粗细程度,用细度模数来表示。按细度模数不用,砂分为粗砂、中砂、细砂等三级,见表6-11。细度模数主要反映全部颗粒的粗细程度,不完全反映颗粒的级配情况,因此,配制混凝土时除应考虑砂的细度模数外,还应考虑砂的级配情况,其级配应符合表6-12中任何一个级配区所规定的级配范围。Ⅱ区属于中砂范畴,是配制水泥混凝土时优先采用的级配;Ⅰ区属于粗砂范畴,当用Ⅰ区砂配制水泥混凝土时,应采用较Ⅱ区砂更大的砂率;Ⅲ区则由细砂和部分偏细的中砂组成,当用Ⅲ区砂配制水泥混凝土时,应采用较Ⅱ区砂小的砂率。

砂 的 分 类　　　　　　　　　　　　　　表6-11

砂组	粗砂	中砂	细砂
细度模数	3.1~3.7	2.3~3.0	1.6~2.2

砂的分区及级配范围　　　　　　　　　　表6-12

级配区	下列筛孔(mm)上的累计筛余(%)						
	0.15	0.30	0.60	1.18	2.36	4.75	9.5
Ⅰ区	90~100(85~100)	85~95	71~85	35~65	5~35	0~10	0
Ⅱ区	90~100(80~100)	70~92	41~70	10~50	0~25	0~10	0
Ⅲ区	90~100(75~100)	55~85	16~40	0~25	0~15	0~10	0

注:1. 砂的实际颗粒级配除了4.75mm和0.6mm筛孔外,其余各筛孔可以略超出表中所列数据,但超出总量应小于5%。
　　2. 括号中的数据为机制砂可放宽的范围。

4. 拌和用水

水是混凝土的主要组成材料之一,拌和用水的水质不纯,可能产生多种有害作用,最常见的有:①影响混凝土的和易性和凝结;②有损于混凝土强度发展;③降低混凝土的耐久性、加快钢筋的腐蚀和导致预应力钢筋的脆断;④使混凝土表面出现污斑等。为保证混凝土的质量和耐久性,必须使用合格的水拌制混凝土。

混凝土拌和用水可采用饮用水、洁净的天然水、地下水、海水及经适当处理后的工业废水,选用时应根据有害物杂质含量和对混凝土物理力学性质的影响进行区分。混凝土拌和用水应符合表6-13的规定。水中不应含有影响水泥正常凝结和硬化的有害杂质,如油脂、糖类及游离酸类等。不得使用污水。海水可以拌制素混凝土,但不得用于拌制钢筋混凝土和预应力混凝土。

混凝土拌和用水质量要求　　　　表6-13

项　目	预应力混凝土	钢筋混凝土	素混凝土
pH值，≥	4	4	4
不溶物(mg/L)，≤	2000	2000	5000
可溶物(mg/L)，≤	2000	5000	10000
氯化物(mg/L)，≤	500	1200	3500
硫酸盐(mg/L)，≤	600	2700	2700
硫化物(mg/L)，≤	100	—	—

注：使用钢丝或热处理钢筋的预应力混凝土氯化物的含量不得超过350mg/L。

饮用的水一般若能满足上述条件，使用时可以不经试验。若对拌和用水存在疑问，可将该水和洁净水分别制成混凝土或砂浆试件进行强度对比试验，若该水制成的试件抗压强度不低于洁净水制成的试件强度的90%，则该水可用于拌制混凝土。

5. 外加剂

混凝土外加剂是在拌制混凝土过程中掺入的，用以改善混凝土性能的物质。混凝土外加剂按其主要功能可分为下列四类：

（1）改善混凝土拌合物流变性能的外加剂，如各种减水剂、引气剂、泵送剂、保水剂、灌浆剂等，其中较为常用的是减水剂。减水剂是在混凝土工作性基本相同的条件下，能减少拌和用水的外加剂。使用减水剂主要有下列技术经济效益：

①在保证混凝土工作性和水泥用量不变的条件下，可以减少用水量，提高混凝土强度。特别是高效减水剂可大幅度减少用水量，可配制早强、高强混凝土。

②在保证混凝土用水量和水泥用量不变的条件下，可增大混凝土的流变性，如采用高效减水剂可配制大流动混凝土。

③在保证混凝土工作性和强度不变的条件下，可减少水泥用量。

（2）调节混凝土凝结时间和硬化性能的外加剂，如缓凝剂、早强剂、速凝剂等，其中较为常用的是早强剂。早强剂是加速混凝土早期强度发展的外加剂。对水泥中的硅酸三钙和硅酸二钙等矿物的水化有催化作用，能加速水泥的水化和硬化，具有早强的作用。

（3）改善混凝土耐久性的外加剂，如引气剂、阻锈剂、防水剂等，其中较为常见的是引气剂。引气剂是在搅拌混凝土过程中引入大量均匀分布稳定而封闭的微小气泡的外加剂。

（4）改善混凝土其他性能的外加剂，如加气剂、膨胀剂、防冻剂、着色剂、碱-集料反应抑制剂等。

使用时，应根据外加剂的特点，结合使用目的，通过技术、经济比较来确定外加剂的使用品种。如果使用一种以上的外加剂，必须经过配合比设计，并按要求加入混凝土拌合物中。在外加剂的品种确定后，掺量应根据使用要求、施工条件、混凝土原材料的变化进行调整。

所采用的外加剂，必须是经过有关部门检验并附有检验合格证明的产品，其质量应符合混凝土外加剂规范的规定，使用前应复验其效果。不同品种的外加剂应分别存储，做好标记，在运输和存储时不得混入杂物和遭受污染。

除以上规定外，在混凝土中掺入外加剂时，还应符合下列规定：

（1）在钢筋混凝土中不得掺入氯化钙、氯化钠等氯盐；无筋混凝土的氯化钙或氯化钠掺量,以干质量计,不得超过水泥用量的3%。

(2)位于温暖或寒冷地区、无侵蚀性物质影响及与土直接接触的钢筋混凝土构件,混凝土中的氯离子含量不宜超过水泥用量的0.3%;位于严寒和海水区域、受侵蚀环境的混凝土构件,氯离子含量不宜超过水泥用量的0.15%。从各种组成材料引入的氯离子含量(折合氯盐含量)如大于上述数值时,应采取有效的防锈措施(如掺入阻锈剂、增加保护层厚度、提高混凝土密实性等)。当采用洁净水和无氯集料时,氯离子含量主要由外加剂或混合料中的氯离子含量控制。

(3)掺入加气剂的混凝土的含气量宜为3.5%~5.5%。

(4)对由外加剂带入混凝土的碱含量应加以控制。每立方米混凝土的总含碱量,一般情况下不宜大于$3.0kg/m^3$,当构造物处于严重侵蚀的环境时,不得使用有碱活性反应的集料。

二、水泥混凝土的技术性能

水泥混凝土尚未凝结硬化前,称其为混凝土拌合物或称新拌混凝土,硬化后的人造石材称为硬化混凝土。混凝土拌合物的主要技术性能为和易性,硬化混凝土的主要技术性能为强度、耐久性和变形性能。

1. 和易性

和易性是指混凝土拌合物易于施工操作(包括搅拌、运输、振捣和养护等),并能获得质量均匀、成型密实的性能,也称工作性。和易性是一项综合性能,具体包括流动性、黏聚性、保水性和振实性等方面的含义。

(1)流动性是指拌合物在本身自重或施工机械振捣的作用下,能产生流动并且均匀密实地填满模板的性能。流动性的大小反映拌合物的稀稠,它直接影响着浇筑施工的难易和混凝土的质量。若拌合物太干稠,混凝土难以捣实,易产生内部孔隙;若拌合物过稀,振捣后混凝土易出现水泥砂浆和水上浮而粗集料下沉的分层离析现象,影响混凝土的匀质性。

(2)黏聚性是指混凝土拌合物在施工过程中,其组成材料之间有一定的黏聚力,不会产生分层离析的现象。混凝土拌合物是由密度、粒径不同的固体材料及水组成,各组成材料本身存在有分层的趋势,如果混凝土拌合物中各种材料比例不当,黏聚性差,则在施工中易发生分层(拌合物中各组分出现层状分离现象)、离析(混凝土拌合物内某些组分的分离、析出现象)、泌水(水从水泥浆中泌出的现象)。在混凝土施工过程中泌水过多,则会使混凝土丧失流动性,从而严重影响混凝土的工作性,给工程质量造成严重后果,致使混凝土硬化后产生"蜂窝""麻面"等缺陷,影响混凝土的强度和耐久性。

(3)保水性是指拌合物保持水分不易析出的能力。混凝土拌合物中的水,一部分是保持水泥水化所需的水量,另一部分是为保证混凝土具有足够的流动性、便于浇捣所需的水量。前者以化合水的形式存在于混凝土中,水分不易析出;而后者,若保水性差则会发生泌水现象。泌水会在混凝土内部形成泌水通道,使混凝土密实性变差,降低混凝土的质量。

(4)振实性是指混凝土拌合物易于振捣密实、排出所有被挟带空气的性质。在相同的材料组成条件下,经过充分振捣成型密实的混凝土强度较高。

由此可知,混凝土拌合物的流动性、黏聚性、保水性和振实性有其各自的性质,它们之间经常相互矛盾,如黏聚性好,则保水性也往往较好,但流动性差;当流动性增大时,则黏聚性和保水性往往变差,在一定的流动性条件下,具有较好的振实性。因此,和易性就是这几方面性质在特定条件下矛盾的统一体。

和易性的内涵比较复杂,目前还没有一种能够全面表征混凝土拌合物和易性的测试方法和定量指标。通常采用定量方法来测定拌合物的流动性,再辅以直观经验来评定拌合物的黏聚性和保水性。混凝土拌合物的流动性用坍落度和维勃稠度来表示。坍落度适用于集料最大粒径不大于37.5mm,坍落值不小于10mm的塑性和流动性混凝土拌合物;维勃稠度适用于集料最大粒径不大于37.5mm,维勃稠度值在5~30s之间的干硬性混凝土拌合物。

影响混凝土和易性的因素很多,主要有原材料的性质(水泥品种及细度、集料的性质)、原材料之间的相对含量(水泥浆量、水灰比、砂率)、环境因素及施工条件等。在拌制混凝土时,加入少量的外加剂,如引气剂、减水剂等,能使混凝土拌合物在不增加水量的条件下,获得很好的和易性,并能够增大流动性和改善黏聚性、降低泌水性。

2. 强度

混凝土的强度包括抗压强度、抗拉强度、抗折强度、抗剪强度及钢筋与混凝土的黏结强度,抗压强度与其他强度之间有一定的相关性,可根据抗压强度的大小来估计其他强度值。

(1)立方体抗压强度和强度等级。

混凝土立方体抗压强度是指按标准方法制作的、边长为150mm的立方体试件,在标准养护条件(温度20℃±2℃,相对湿度95%以上)下,养护至28d龄期,经标准方法测试,得到的抗压强度值以f_{cu}来表示。而立方体抗压强度标准值是按标准试验方法制作和养护的、边长为150mm的立方体试件,在28d龄期,用标准试验方法测得的立方体抗压强度总体分布值中的一个值,强度低于该值的百分率不超过5%,即具有95%的保证率,以$f_{cu,k}$来表示。

$$f_{cu,k} = \bar{f} - 1.645S \tag{6-9}$$

式中:$\bar{f}$——强度总体分布的平均值(MPa);

S——强度总体分布的标准偏差(MPa)。

为便于设计选用和施工控制,根据混凝土立方体抗压强度标准值的不同,将混凝土划分为C10、C15、C20、C25、C30、C35、C40、C45、C50、C55、C60、C65、C70、C75、C80、C85、C90、C95和C100等,C60以上的混凝土称为高强混凝土。

(2)轴心抗压强度。

混凝土立方体试件在进行抗压强度试验时,由于材料试验机的承压板对试件端部的摩阻效应,使其强度有较大的提高。为使混凝土试件中抗压强度试验时的受力状态更接近其在结构中的承压状态,通常采用棱柱体(高宽比为2)或圆柱体(高径比为2)试件测定其轴心抗压强度。

测定轴心抗压强度应以150mm×150mm×300mm的棱柱体为标准试件,试件制作和养护同立方体试件,以f_{cp}表示。在立方体抗压强度$f_{cu} = 10 \sim 55$MPa的范围内,轴心抗压强度与立方体抗压强度之间具有如下的关系:$f_{cp} = (0.7 \sim 0.8)f_{cu}$。

(3)抗拉强度。

混凝土是一种脆性材料,在直接受拉时,很小的变形就会开裂,且断裂前没有残余变形。混凝土的抗拉强度只有抗压强度的1/20~1/10,且随着混凝土强度等级的提高,比值有所降低,即抗拉强度不及抗压强度增加得快。因此在钢筋混凝土结构中,一般不依靠混凝土抗拉,而是由其中的钢筋承担拉力。但抗拉强度对抵抗裂缝的产生有着重要的意义,是确定抗裂程度的重要指标。大多采用立方体或圆柱体试件的劈裂拉伸试验来测定的混凝土的抗拉强度,称为劈裂抗拉强度f_{ts},简称劈裂强度或劈拉强度。

立方体混凝土劈裂抗拉强度测定是采用边长为150mm的立方体试件,在试件的两个相对表面中线上加垫条,施加均匀分布的压力,则在外力作用的竖向平面内产生均匀分布的拉应力,该应力可以根据弹性理论计算得出。此方法不仅大大简化了抗拉试件的制作,并且能较正确地反映试件的抗拉强度。劈裂抗拉强度可按式(6-10)计算:

$$f_{ts} = \frac{2F}{\pi A} = 0.637 \frac{F}{A} \tag{6-10}$$

式中:f_{ts}——混凝土劈裂抗拉强度(MPa);

　　　F——破坏荷载(N);

　　　A——试件劈裂面积(mm^2)。

混凝土受力破坏后,其破坏形式一般有三种:一是集料本身的破坏,这种破坏的可能性很小,因为在通常情况下,集料强度大于混凝土强度;二是水泥石的破坏,这种现象在水泥石强度较低时发生;三是集料与水泥石分界面上的黏结面破坏,这是最常见的破坏形式,因为在水泥石与集料的界面往往存在孔隙和潜在微裂缝。所以,混凝土的强度主要取决于水泥石的强度及其与集料表面的黏结强度。而水泥石强度及其与集料的黏结强度又与水泥强度等级、水灰比及集料的性质有密切关系,此外,混凝土的强度还受施工质量、养护条件及龄期的影响。

(4)抗弯拉强度。

抗弯拉强度也称抗折强度,采用标准方法制成的150mm×150mm×550mm梁式试件,在标准条件下养护28d后,按三分点加载方式进行试验。如试件折断面位于两个集中荷载之间时,抗弯拉强度按式(6-11)计算:

$$f_{cf} = \frac{FL}{bh^2} \tag{6-11}$$

式中:f_{cf}——混凝土抗弯拉强度(MPa);

　　　F——破坏荷载(N);

　　　L——支座间距,即跨度(mm);

　　　b——试件截面宽度(mm);

　　　h——试件截面高度(mm)。

影响混凝土抗弯拉强度的因素与抗拉强度的影响因素相仿,主要有水泥强度等级和品种、水灰比、集料的性质和级配以及养护条件、龄期等。

3.耐久性

硬化混凝土除应具有足够的强度,保证构造物能安全承受荷载外,还应具有良好的耐久性。混凝土耐久性是指混凝土在使用条件下,抵抗周围环境各种因素长期作用的能力,主要包括抗渗性、抗冻性、抗侵蚀性、抗碳化及碱-集料反应等性能。

(1)抗渗性。

抗渗性是指混凝土抵抗水、油等压力液体渗透作用的性能。它是一项非常重要的耐久性指标,直接影响混凝土的抗冻性和抗侵蚀性。

混凝土的抗渗性用抗渗等级表示,它是以28d龄期的标准试件,用每组6个试件中4个试件未出现渗水时的最大水压力来表示。混凝土的抗渗等级有P4、P6、P8、P10、P12、>P12 6个等级,即相应表示混凝土能抵抗 0.4MPa、0.6MPa、0.8MPa、1.0MPa、1.2MPa、>1.2MPa 的静水压力而不渗水。

混凝土渗水的主要原因是内部的孔隙形成了连通的渗水通道。这些渗水通道主要来源于水泥浆中多余水分蒸发而留下的毛细孔、水泥浆泌水形成的泌水通道、各种收缩形成的微型缝等。而这些渗水通道的多少,主要与水灰比的大小、集料品质等因素有关。为了提高混凝土的抗渗性,可采用以下措施:掺加引气剂、减小水灰比、选用良好的颗粒级配及合理砂率、加强养护及精心施工等,尤其是掺加引气剂,在混凝土内部产生不连通的气泡,改变了混凝土的孔隙特征,截断了渗水通道,可以显著提高混凝土的抗渗性。

(2)抗冻性。

抗冻性是指混凝土在吸水饱和状态下,能经受多次冻融循环而不破坏,同时也不严重降低强度的性能。

混凝土的抗冻性用抗冻等级表示。抗冻等级是以 28d 龄期的试件吸水饱和后,在 -20 ~ -15℃至 15 ~ 20℃的温度条件下反复冻融循环,以抗压强度下降不超过 25%,而且质量损失不超过 5% 时所能承受的最大冻融循环次数来确定。混凝土的抗冻等级分为 F10、F15、F25、F50、F100、F150、F200、F250 和 F300 九个等级,分别表示混凝土能承受最大冻融循环次数为 10、15、25、50、100、150、200、250 和 300 次。

混凝土产生冻融破坏有两个必要条件:一是混凝土必须接触水或混凝土中有一定的游离水;二是构造物所处的自然条件存在反复交替的正负温度。混凝土的抗冻性主要取决于混凝土的构造特征和含水程度。具有较高密实度及含闭口孔多的混凝土具有较高的抗冻性,混凝土中饱和水程度越高,产生的冰冻破坏越严重。

提高混凝土抗冻性的有效途径是掺入引气剂,在混凝土内部产生互不连通的微细气泡,这不仅截断了渗水通道,使水分不易渗入,而且气泡有一定的适应变形能力,对冰冻的破坏作用有一定的缓冲作用。除此之外,可采用减小水灰比、提高水泥强度等级等措施。

(3)碱-集料反应。

混凝土的碱-集料反应,是指水泥中的碱(Na_2O 和 K_2O)含量较高时与集料中的活性 SiO_2 发生反应,在集料表面生成碱-硅酸凝胶,这种凝胶具有吸水膨胀特性,会使包裹集料的水泥石胀裂,这种现象称为碱-集料反应(简称 AAP)。含有这种碱活性矿物的集料,简称碱-集料。碱-集料反应会使混凝土产生膨胀、开裂、崩裂、强度降低,甚至导致混凝土破坏。

碱-集料反应有两种类型:

①碱-硅反应(ASR)是指碱与集料中的活性 SiO_2 反应;

②碱-碳酸盐反应(ACR)是指碱与集料中的活性碳酸盐反应。

碱-集料反应必须具备以下条件,才会进行:

①水泥中含有较高的碱量,当总碱量(按 $Na_2O + 0.658K_2O$ 计)>0.6% 时,才会与活性集料发生碱-集料反应。

②集料中含有活性 SiO_2 并超过一定数量。

③存在水分,在干燥状态下不会发生碱-集料反应。

三者缺一均不会发生碱-集料反应。但是,如果混凝土内部具备了碱-集料反应因素,就很难控制其反应的发展。抑制碱-集料反应的主要措施有:控制水泥总含碱量不超过 0.6%;选用非活性集料;降低混凝土的单位水泥用量;在水泥中掺某些混合材料,吸收和消耗水泥中的碱,淡化碱-集料反应带来的不利影响;掺加引气剂等。

4. 变形

混凝土在硬化和使用过程中,受外界各种因素的影响会产生变形。变形是混凝土产生裂缝的主要原因之一。混凝土的变形包括非荷载作用下的变形和荷载作用下的变形。非荷载作用下的变形包括混凝土的化学收缩、干湿变形及温度变形;荷载作用下的变形分为短期荷载作用下的变形、长期荷载作用下的变形——徐变。

(1)非荷载作用下的变形。

①化学收缩。

混凝土在硬化过程中,水泥水化产物的体积小于水化前反应物体积,从而使混凝土产生收缩,即为化学收缩。化学收缩是不可恢复的,其收缩量随混凝土硬化龄期的延长而增大。一般在混凝土成型后40d内增长较快,以后逐渐趋于稳定。化学收缩值很小,一般对混凝土结构没有破坏作用,但在混凝土内部可能产生微细裂缝。

②干湿变形。

混凝土的干湿变形是指由于外界湿度变化,致使其中水分变化而引起的体积变化,即干缩湿胀。

混凝土的湿胀变形很小,一般无破坏作用,但过大的干缩变形会对混凝土产生较大的危害,使混凝土的表面产生较大的拉应力而引起开裂,严重影响混凝土的耐久性。

③温度变形。

混凝土与普通的固体材料一样呈现热胀冷缩现象,相应的变形为温度变形,混凝土的温度变形系数约为$(1 \sim 1.5) \times 10^{-5}/℃$。温度变形对大体积混凝土或大面积混凝土以及纵向很长的混凝土极为不利,易使这些混凝土产生温度裂缝。

在实际施工中,可采用低热水泥减少水泥用量,也可采用人工降温和沿纵向较长的钢筋混凝土结构设置温度伸缩缝等措施。

(2)荷载作用下的变形。

①短期荷载作用下的变形。

混凝土是非匀质的复合材料,属于弹塑性体。在加荷和卸荷过程中,应力路径是不同的,既产生可以恢复的弹性变形,又产生不可以恢复的塑性变形。在应力-应变曲线上任一点的应力 σ 与应变 ε 的比值,称为混凝土在该应力状态下的变形模量,它反映混凝土所受拉应力与所产生应变之间的关系。

根据普通混凝土力学性能试验方法的规定,以 150mm × 150mm × 300mm 的棱柱体为标准试件,使混凝土的应力在 0.5MPa 和 $1/3f_{cp}$ 之间经过至少两次预压,在最后一次预压完成后,应力与应变关系基本成为直线关系,此时测得的变形模量值即为混凝土弹性模量。

混凝土的弹性模量随集料和水泥石的弹性模量而异。在材料质量不变的条件下,混凝土的集料含量较多、水灰比较小、养护条件较好及龄期较长时,混凝土的弹性模量就较大。另外,弹性模量一般随强度提高而增大。

②长期荷载作用下的变形。

混凝土在长期不变荷载作用下,随时间增长的变形称为徐变。混凝土在加荷的瞬间,产生瞬时变形,随着荷载持续时间的延长,逐渐产生徐变变形。混凝土徐变在加荷早期增长较快,然后逐渐减慢,一般要2~3年才趋于稳定。当混凝土卸荷后,一部分变形瞬间恢复,其值小于在加荷瞬间产生的瞬时变形,在卸荷后的一段时间内变形还会继续恢复,称为徐变恢复,最后残存的不能恢复的变形称为残余变形。

产生徐变的原因,一般认为是水泥石中凝胶体在长期荷载作用下的黏性流动,并向毛细孔内迁移的结果。早期加荷时,水泥尚未充分熟化,所含凝胶体较多且水泥石中毛细孔较多,凝胶体易流动,所以徐变发展较快;而在后期,由于凝胶体的移动及水化的进行,毛细孔逐渐减少,且水化物结晶程度不断提高,因此黏性流动变难,徐变的发展减缓。

影响混凝土徐变的主要因素包括水泥用量和水灰比、集料的弹性模量、集料的规格及质量、养护龄期、养护湿度等。

三、水泥混凝土的配合比设计

混凝土配合比设计的目的,就是合理选择混凝土各组成材料,并根据构造物设计中制定的混凝土性能和经济性原则,确定混凝土各组分的最佳配合比和用量。混凝土配合比设计包括两方面的内容:第一是选料,即按照工程设计和施工的要求,选择适合制备所需混凝土的材料;第二是配料,即根据设计中指定的混凝土技术性能指标(包括和易性、强度和耐久性等)和经济合理、可行的原则,选择混凝土各组分的最佳配合比例。混凝土配合比设计,应满足下列基本要求:

(1)满足构造物设计强度的要求;
(2)满足施工工作性的要求;
(3)满足环境耐久性的要求;
(4)满足经济性要求。

由水泥、粗集料、细集料和水组成的水泥混凝土的配合比设计,实际上就是确定这四组分之间的分配比例,四组分的比例可以由下列三个参数来控制。

(1)水灰比。

水与水泥的使用比例称为水灰比,水灰比是影响水泥混凝土强度的主要因素之一。降低水灰比对混凝土收缩和徐变的减小也有较大的作用。但考虑到经济性及和易性的要求,水灰比不宜过低,因此对水灰比应做一定的限制。

(2)砂率。

细集料的用量占集料总用量的质量百分率称为砂率,用以表征细集料与粗集料之间的相对含量,即砂石比。合理的砂率能使混凝土获得最大的流动性,且能保持黏聚性能和保水性能良好。

(3)集浆比。

集浆比就是单位混凝土拌合物中,集料绝对体积与水泥浆绝对体积之比。水泥浆使混凝土拌合物具有一定的流动性。但水泥浆过多,会出现流浆现象,使混凝土拌合物的黏聚性和保水性变差,同时也会影响混凝土的强度;水泥浆过少时,拌合物黏聚性也会变差,强度同样不能保证。因此,在满足和易性要求的前提下,考虑到强度的耐久性,应尽量采用较大的集浆比,以节约水泥用量。通常以用水量来表示集浆比。

上述三个参数与四组分间的关系可用图 6-2 表示。在混凝土配合比设计中,如能正确处理好四种组成材料之间的三个参数关系,就能使设计的混凝土达到上述基本要求。

混凝土配合比设计包括配合比计算、试配和调整等步骤。

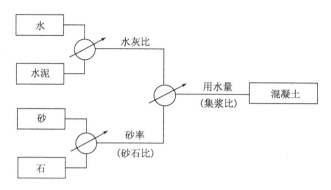

图 6-2 混凝土四组分与三参数的关系

1. 确定混凝土的配制强度($f_{cu,o}$)

混凝土配制强度($f_{cu,o}$)应根据设计要求的混凝土强度等级和施工单位质量管理水平,按式(6-12)确定。

$$f_{cu,o} = f_{cu,k} + tS \tag{6-12}$$

式中:$f_{cu,o}$——混凝土的施工配制强度(MPa);

$f_{cu,k}$——混凝土立方体抗压强度标准值(即设计要求的混凝土强度等级)(MPa);

t——信度界限,决定保证率 P 的积分下限,当保证率 $P=95\%$ 时,$t=1.645$;

S——混凝土强度标准偏差(MPa)。

混凝土标准偏差(S)值按式(6-13)计算:

$$S = \frac{\sqrt{\sum_{i=1}^{n} f_{cu,i}^2 - n\mu_{f_{cu}}^2}}{n-1} \tag{6-13}$$

式中:$f_{cu,i}$——第 i 组混凝土试件立方体抗压强度值(MPa);

$\mu_{f_{cu}}$——n 组混凝土试件立方体抗压强度平均值(MPa);

n——统计周期内相同等级的试件组数,$n \geq 30$ 组。

混凝土强度标准偏差可根据近期 1~3 个月的同一品种、同一强度等级混凝土的强度资料求得,其试件组数不应少于 30 组。对于强度等级不大于 C30 的混凝土,当强度标准偏差计算值小于 3.0MPa 时,计算配制强度的标准偏差应取 3.0MPa;对于强度等级大于 C30 且小于 C60 的混凝土,当标准偏差计算值小于 4.0MPa 时,计算配制强度的标准偏差应取 4.0MPa。

若无历史统计资料时,强度标准偏差可根据要求的强度等级,按表 6-14 规定取用。

标准偏差 S 值　　　　表 6-14

强度等级(MPa)	≤C20	C25~C45	C50~C55
标准偏差 S(MPa)	4.0	5.0	6.0

2. 确定水胶比(W/B)

$$\frac{W}{B} = \frac{\alpha_a f_b}{f_{cu,o} + \alpha_a \alpha_b f_b} \tag{6-14}$$

式中:α_a、α_b——回归系数;

f_b——胶凝材料 28d 胶砂抗压强度。

回归系数 α_a、α_b 与集料品种、水泥品种、施工方法有关,应通过试验确定,当不具备试验条件时,可按表 6-15 选取。

回归系数 α_a 和 α_b　　　　　　　　　表 6-15

回归系数	碎 石	卵 石
α_a	0.53	0.49
α_b	0.20	0.13

胶凝材料 28d 的胶砂抗压强度 f_b 也应通过实测确定;当无实测值时,可按式(6-15)计算:

$$f_b = \gamma_f \gamma_s f_{ce} \quad (6-15)$$

式中:γ_f、γ_s——粉煤灰影响系数和粒化高炉矿渣粉影响系数,按表 6-16 选用;
　　　f_{ce}——水泥的 28d 实测强度。

影响系数 γ_f、γ_s 参考值　　　　　　　　　表 6-16

外掺合料掺量(%)	γ_f	γ_s
0	1.00	1.00
10	0.85~0.95	1.00
20	0.75~0.85	0.95~1.00
30	0.65~0.75	0.90~1.00
40	0.55~0.65	0.80~0.90
50	—	0.70~0.80

注:1. 采用Ⅰ级、Ⅱ级粉煤灰宜取上限值。
　　2. 采用 S75 级粒化高炉矿渣粉宜取下限值,采用 S95 级粒化高炉矿渣粉宜取上限值,采用 S105 级粒化高炉矿渣粉可取上限值加 0.05。
　　3. 当超出表中的掺量时,粉煤灰和粒化高炉矿渣粉影响系数应经试验确定。

如 28d 的水泥强度无实测值时,可按式(6-16)估计:

$$f_{ce} = \gamma_{ce} f_{ce,g} \quad (6-16)$$

式中:$f_{ce,g}$——水泥强度等级值(MPa);
　　　γ_{ce}——水泥强度等级值的富余系数,由水泥生产质量来决定,应按实际统计资料确定,一般 $\gamma_{ce}=1.06~1.25$;当缺乏实际统计资料时,可按表 6-17 选用。具体取值与砌筑砂浆配合比设计有所不同。

水泥强度富裕系数 γ_{ce} 取值　　　　　　　　　表 6-17

水泥强度等级值(MPa)	32.5	42.5	52.5
γ_{ce} 值	1.12	1.16	1.10

为了保证混凝土具备必要的耐久性,水胶比不得大于表 6-18 中规定的最大水胶比值。

混凝土最大水胶比和最低强度限值　　　　　　　　　表 6-18

环境条件	最大水胶比	最低强度等级	最大氯离子含量(%)	最大碱含量(kg/m³)
室内干燥环境;无侵蚀性静水浸没环境	0.60	C20	0.30	不限制
室内潮湿环境;非严寒和非寒冷地区的露天环境、与无侵蚀的水或土壤直接接触的环境;严寒和寒冷地区的冻融线以下与无侵蚀的水或土壤直接接触的环境	0.55	C25	0.20	3.0

续上表

环境条件	最大水胶比	最低强度等级	最大氯离子含量(%)	最大碱含量(kg/m³)
干湿交替环境;水位频繁变动环境;严寒和寒冷地区的露天环境、严寒和寒冷地区的冰冻线以上与无侵蚀的水或土壤直接接触的环境	0.50(0.55)	C30(C25)	0.15	3.0
受除冰盐影响环境;严寒和寒冷地区冬季水位变动的环境;海风环境	0.45(0.50)	C35(C30)	0.15	3.0
盐渍土环境;受除冰盐作用环境;海岸环境	0.40	C40	0.10	3.0

注:1. 素混凝土构件的水胶比及最低强度等级的要求可适当放松。
   2. 有可靠工程经验或使用引气剂时,可采用括号中的有关参数。

3. 确定用水量(m_{w0})

当水胶比为 0.40~0.80 时,按表 6-19 选取混凝土的单位用水量;当水胶比小于 0.40 时,可通过试验确定。对于流动性或大流动性混凝土的用水量,应以坍落度 90mm 的用水量为基础,按坍落度每增加 20mm,用水量增加 5kg 计算出未掺外加剂的混凝土单位用水量。

塑性和干硬性混凝土单位用水量选用表(kg/m³)   表 6-19

项目	指标	卵石最大粒径(mm)				碎石最大粒径(mm)			
		10.0	20.0	31.5	40.0	16.0	20.0	31.5	40.0
坍落度(mm)	10~30	190	170	160	150	200	185	175	165
	35~50	200	180	170	160	210	195	185	175
	55~70	210	190	180	170	220	205	195	185
	75~90	215	195	185	175	230	215	205	195
维勃稠度(s)	16~20	175	160	—	145	180	170	—	155
	11~15	180	165	—	150	185	175	—	160
	5~10	185	170	—	155	190	180	—	165

注:1. 本表用水量系采用中砂时的平均取值。采用细砂时,混凝土用水量可增加 5~10kg/m³;采用粗砂时,可减少 5~10kg/m³。
   2. 掺用各种外加剂或掺合料时,用水量应作相应调整。
   3. 水胶比小于 0.40 的混凝土以及采用特殊成型工艺的混凝土,用水量应通过试验确定。

对于掺外加剂的混凝土,其单位用水量可按式(6-17)计算:

$$m_{w0} = m'_{w0}(1-\beta) \tag{6-17}$$

式中:m_{w0}——掺外加剂的混凝土用水量(kg/m³);

m'_{w0}——未掺外加剂的混凝土用水量(kg/m³);

β——外加剂的减水率(%),应经试验确定。

混凝土中外加剂用量 m_{a0}(kg/m³)应按式(6-18)计算:

$$m_{a0} = m_{b0}\beta_a \tag{6-18}$$

式中:m_{b0}——混凝土中胶凝材料用量(kg/m³);

β_a——外加剂掺量(%)。

4. 确定胶凝材料用量(m_{b0})

胶凝材料用量m_{b0}(kg/m³)根据单位用水量(m_{w0})和水胶比(W/B)确定：

$$m_{b0} = \frac{m_{w0}}{W/B} \tag{6-19}$$

为保证混凝土的耐久性，胶凝材料用量还应满足表6-20规定的最小胶凝材料用量的要求。

混凝土最小胶凝材料用量(kg/m³)　　　　表6-20

最大水胶比	素混凝土	钢筋混凝土	预应力混凝土
0.60	250	280	300
0.55	280	300	300
0.50	320		
≤0.45	320		

混凝土的矿物掺合料用量m_{f0}(kg/m³)按式(6-20)计算：

$$m_{f0} = m_{b0} \beta_f \tag{6-20}$$

式中：β_f——矿物掺合料掺量(%)。

每立方米混凝土的水泥用量m_{c0}应按式(6-21)计算：

$$m_{c0} = m_{b0} - m_{f0} \tag{6-21}$$

5. 确定砂率(β_s)

合理的砂率值应根据混凝土拌合物的坍落度、黏聚性和保水性特征来确定。当无历史资料可参考时，混凝土砂率的确定应符合下列规定：

(1) 坍落度为10~60mm的混凝土砂率，可根据粗集料品种、粒径及水胶比按表6-21选取。

混凝土的砂率(%)　　　　表6-21

水胶比 (W/B)	卵石最大粒径(mm)			碎石最大粒径(mm)		
	10.0	20.0	40.0	16.0	20.0	40.0
0.40	26~32	25~31	24~30	30~35	29~34	27~32
0.50	30~35	29~34	28~33	33~38	32~37	30~35
0.60	33~38	32~37	31~36	36~41	35~40	33~38
0.70	36~41	35~40	34~39	39~44	38~43	36~41

注：1. 本表数值系中砂的选用砂率，对细砂或粗砂，可相应减小或增大砂率。
　　2. 只用一个单粒级粗集料配制混凝土时，砂率应适当增大；采用人工砂配制混凝土时，砂率可适当增大。
　　3. 对薄壁构件，砂率取偏大值。

(2) 坍落度大于60mm的混凝土砂率，可经试验确定，也可在表6-21的基础上，按坍落度每增大20mm，砂率增大1%的幅度予以调整。

(3) 坍落度小于10mm的混凝土，其砂率应经试验确定。

6. 确定粗、细集料的用量(m_{g0}、m_{s0})

计算粗、细集料的用量的方法有两种，质量法和体积法。

(1) 当采用质量法时,应按下列公式计算:

$$m_{f0} + m_{c0} + m_{g0} + m_{s0} + m_{w0} = m_{cp} \qquad (6-22)$$

$$\beta_s = \frac{m_{s0}}{m_{g0} + m_{s0}} \qquad (6-23)$$

式中:m_{g0}——粗集料用量(kg/m^3);

m_{s0}——细集料用量(kg/m^3);

β_s——砂率(%);

m_{cp}——混凝土拌合物的假定密度(kg/m^3),可取 2350~2450kg/m^3。

(2) 当采用体积法时,应按下列公式计算:

$$\frac{m_{c0}}{\rho_c} + \frac{m_{f0}}{\rho_f} + \frac{m_{g0}}{\rho_g} + \frac{m_{s0}}{\rho_s} + \frac{m_{w0}}{\rho_w} 0.01\alpha = 1 \qquad (6-24)$$

$$\beta_s = \frac{m_{s0}}{m_{g0} + m_{s0}} \qquad (6-25)$$

式中:ρ_c——水泥密度(kg/m^3),可实测,也可取 2900~3100kg/m^3;

ρ_f——矿物掺合料密度(kg/m^3);

ρ_g——粗集料的表观密度(kg/m^3);

ρ_s——细集料的表观密度(kg/m^3);

ρ_w——水的密度(kg/m^3),可取 1000kg/m^3;

α——混凝土含气量百分数(%),在不使用引气剂或引气型外加剂时,α 可取 1。

由此可得到计算配合比(即初步配合比)。

7. 确定试拌配合比

混凝土的计算配合比是基于经验公式或利用以往历史数据资料计算确定的,对于目前的一些实际情况和因素没有考虑进去,因此,所获得的计算配合比可能并不符合实际要求,需要对混凝土的计算配合比进行试配和调整,从而获得试拌配合比(或"基准配合比")。

首先进行试拌,检查拌合物的和易性,当试拌制得的拌合物的坍落度或维勃稠度不能满足要求或者黏聚性和保水性不良时,应保持水胶比不变,以节约水泥为原则,调整水泥用量、用水量、外加剂用量和砂率等,直到混凝土拌合物性能符合设计和施工要求,然后修正计算配合比,提出试拌配合比。

通常,若实测坍落度小于设计要求,在水胶比不变的情况下,每增加 10mm 坍落度,需增加水泥浆用量5%~8%;若实测坍落度超过设计要求,在砂率不变的情况下,每减小 10mm 坍落度,需增加集料5%~10%;若是黏聚性和保水性不良,则要调大砂率,保持石子用量不变,单独增加砂的用量。

进行试配时,应采用工程中实际使用的原材料,搅拌方法宜和施工时采用的方法相同。

8. 确定设计配合比

按试拌配合比配制的混凝土,和易性达到了要求,但需要对其进行强度试验,并应符合下列规定:

(1) 应至少采用三个不同的配合比,其中一个应为试拌配合比,另外两个配合比的水胶比应在试拌配合比的基础上分别增加和减少 0.05,并且用水量应和试拌配合比的用水量相同,砂率可分别增加和减少1%。外加剂掺量也做减少和增加的微调。

（2）三个配合比下混凝土拌合物的性能都应符合设计和施工的要求。

（3）每个配合比下均应至少制作一组（每组3块）试件，并对其进行标准养护到28d或设计规定龄期时试压。

根据试验得出的混凝土强度与其相对应的胶水比（B/W）关系，用作图法或计算法求出略大于混凝土配制强度（$f_{cu,0}$）所对应的胶水比，并按下列原则确定每立方米混凝土的材料用量：

（1）在试拌配合比基础上，用水量（m_w）和外加剂用量（m_a）应根据制作试件时测得的坍落度或维勃稠度进行调整确定。

（2）胶凝材料用量（m_b）应以用水量乘以确定好的胶水比计算确定。

（3）粗、细集料的用量（m_g、m_s）应在试拌配合比的粗、细集料用量的基础上，按确定的用水量和胶凝材料用量进行调整。

上述各材料用量确定之后，所获得的配合比还须按下列步骤进行校正：

（1）根据上面确定的材料用量按式（6-26）计算混凝土的表观密度计算值（$\rho_{c,c}$）：

$$\rho_{c,c} = m_c + m_f + m_g + m_s + m_w \tag{6-26}$$

式中：m_c——每立方米混凝土的水泥用量（kg/m³）；

m_f——每立方米混凝土的矿物掺合料用量（kg/m³）；

m_g——每立方米混凝土的粗集料用量（kg/m³）；

m_s——每立方米混凝土的细集料用量（kg/m³）；

m_w——每立方米混凝土的用水量（kg/m³）。

（2）应按式（6-27）计算混凝土配合比校正系数δ：

$$\delta = \frac{\rho_{c,t}}{\rho_{c,c}} \tag{6-27}$$

式中：$\rho_{c,t}$——混凝土表观密度实测值（kg/m³）；

$\rho_{c,c}$——混凝土表观密度计算值（kg/m³）。

（3）当混凝土表观密度实测值与计算值之差的绝对值不超过计算值的2%时，前述确定的配合比应维持不变；当二者之差超过2%时，应将配合比中每项材料的用量均乘以校正系数δ。

对设计有耐久性要求的混凝土应进行相关耐久性试验验证，符合规定的配合比方可确定为设计配合比（或实验室配合比）。

9. 确定施工配合比

上述确定的设计配合比，都以原材料的干燥状态为基准，实际在施工现场或混凝土搅拌站，砂、石材料通常都不可避免地含有一定的水分，且含水率经常变化。因此，工地现场称量必须事先测定砂、石的含水率，根据其含水率随时修正其配合比，换算成施工配合比。

第四节　喷射混凝土

喷射混凝土是借助喷射机械，利用压缩空气或其他动力，将按一定比例配合的拌合料，通过管道输送并以高速喷射到受喷面上凝结硬化而成的一种混凝土。

一、喷射混凝土的组成材料及技术要求

1. 水泥

水泥品种和等级的选择主要应满足工程使用要求,当加入速凝剂时,还应考虑水泥与速凝剂的相容性。

喷射混凝土应选用硅酸盐水泥或普通硅酸盐水泥,因为这两种水泥的 C_3S 和 C_3A 含量较高,同速凝剂的相容性好,能速凝、快硬,后期强度也较高。矿渣水泥凝结硬化较慢,但对抗矿物水(硫酸盐、海水)腐蚀的性能比普通硅酸盐水泥好。

当喷射混凝土遇到含有较高可溶性硫酸盐的地层或地下水的地方,应使用抗硫酸盐类水泥;当构造物要求喷射混凝土早强时,可使用硫铝酸盐水泥或其他早强水泥;当集料与水泥中的碱可能发生反应时,应使用低碱水泥。

在选择喷射混凝土的水泥时,应注意下述指标:

(1)铁率(铝氧率)。

铁率高的水泥易速凝,但若含量过高,掺加速凝剂后,喷射物干稠,回弹量大,甚至使施工无法进行。因此,水泥的含铁率 ρ 应控制在 $1.2\% \sim 1.5\%$。

(2)硅率。

考虑到水泥与速凝剂的相容性和强度的发展,喷射混凝土的水泥硅率 n 宜为 $1.9 \sim 2.1$。

(3)饱和比。

喷射混凝土用的水泥,其饱和比(KH 值)宜控制在 $0.87 \sim 0.89$。

2. 细集料

喷射混凝土中最好采用天然石英砂,而不宜采用人工砂,砂的细度模数应大于2.5,亦即应采用平均粒径为 $0.315 \sim 0.475$mm 的中砂,或平均粒径大于 0.475mm 的粗砂。干喷法施工时,含水率不应大于6%。一般细集料颗粒级配应满足表6-22的要求。细集料过细,会使干缩增大;细集料过粗,则会增加回弹。细集料中小于 0.075mm 的颗粒不应超过20%,否则由于集料周围粘有灰尘,会妨碍集料与水泥的良好黏结。

细集料的级配 表6-22

筛孔尺寸(mm)	通过率(以重量计)(%)	筛孔尺寸(mm)	通过率(以重量计)(%)
9.5	100	0.6	25~60
4.75	95~100	0.3	10~30
2.36	80~100	0.15	2~10
1.18	50~85		

3. 粗集料

粗集料应选用坚硬耐久的卵石或碎石,以卵石为好。卵石对设备及管路磨蚀小,也不像碎石那样因针片状含量多而易引起管路堵塞。尽管目前国内生产的喷射机能使用最大粒径为26.5mm(甚至更大粒径)的集料,但为了减少回弹,集料的最大粒径不宜大于12mm,且不宜大于输送管道直径的 $1/3 \sim 1/2$。当使用碱性速凝剂时,不得使用含有活性 SiO_2 的石料,以免碱-集料反应而使喷射混凝土开裂破坏。

粗细集料的级配应符合表 6-23 的限度。集料级配对喷射混凝土拌合物的可泵性、通过管道的流动性、在喷嘴处的水化、对受喷面的黏附以及最终产品的表观密度和经济性都有重要影响。为取得最大的表观密度，应避免使用间断级配的集料。经过筛选后应将所有超过尺寸的大块去掉，因为这些大块常常会引起管路堵塞。

喷射混凝土集料级配 表 6-23

筛孔尺寸(mm)		0.15	0.3	0.6	1.12	2.36	4.75	9.5	13.2
通过率 (%)	级配Ⅰ	5~7	10~15	17~22	23~31	35~43	50~60	73~82	100
	级配Ⅱ	4~8	5~22	13~31	18~41	26~54	40~70	62~90	100

4. 拌和用水

喷射混凝土用水要求与普通混凝土相同，不得使用污水、pH值小于5的酸性水、硫酸盐含量按 SO_4^{2-} 计超过水质量 $0.27mg/cm^3$ 的水及海水。

5. 外加剂

喷射混凝土用的外加剂有速凝剂、引气剂、减水剂、增黏剂和早强剂等，应根据实际工程情况、材料性质和外加剂的作用综合考虑使用。

(1) 速凝剂。

使用速凝剂的主要目的是使喷射混凝土速凝快硬，减少回弹损失，防止喷射混凝土因重力作用所引起的脱落，提高它在潮湿或含水岩层中使用的适合性能，并可适当加大一次喷射厚度和缩短喷射层间的间隔时间。

喷射混凝土用的速凝剂与普通混凝土用的速凝剂在成分上有很大不同。普通混凝土常用的氯化钙不能满足喷射混凝土要求的速凝效果，喷射混凝土用的速凝剂一般含有下列可溶盐：碳酸钠、铝酸钠和氢氧化钙。某一速凝剂认为可以采用某一品种水泥时，应符合下列条件：

① 水泥净浆初凝不应大于3min，终凝不应大于12min；
② 喷射混凝土28d强度不应低于不加速凝剂强度的90%；
③ 宜用无碱或低碱型速凝剂。

(2) 减水剂。

喷射混凝土中掺入减水剂后，可在保持流动性的条件下显著地降低水灰比，一般减水剂的减水率为5%~15%。产生减水的原因主要是由于减水剂的吸附和分散作用。

水泥和水混合以及在凝结硬化过程中，由于水泥矿物所带电荷不同、产生异性电荷相吸等原因，会产生一些絮凝状结构，如图 6-3 所示。在这些絮凝状结构中，水泥颗粒包裹着很多拌和水，从而减少了水泥水化所需的水量，降低了喷射混凝土的和易性。为了保持混凝土必要的和易性，就必须在混合时相应地增加用水量，这就会在水泥石结构中形成过多的孔隙，从而影响硬化混凝土的一系列物理力学性能。

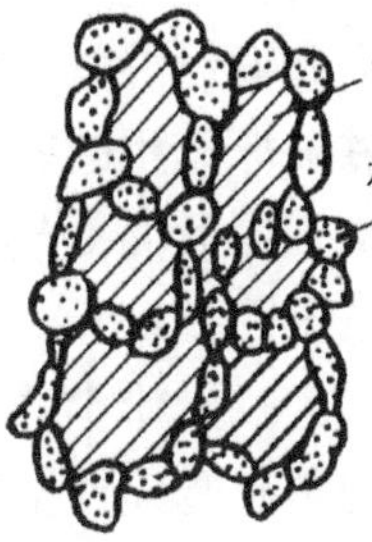

国内外的实践表明，在喷射混凝土中加入少量(一般占水泥重量 0.5%~1.0%)减水剂可以提高混凝土强度，减少回弹，并明显地改善其不透水性和抗冻性。

(3) 早强剂。

喷射混凝土的早强剂也不同于普通混凝土，一般同时要求速凝和早强，而且速凝效果应当与其他速凝剂相当。

图 6-3 絮凝状结构

喷射混凝土中常用的 TS 早强速凝剂是由工业废渣加工制得的,其主要化学成分是硅酸钙、铝酸钙及部分水化产物,还有少量活性物质,在硫铝酸盐水泥中掺入 6% 的 TS 剂,既能使水泥在 5min 内初凝,8min 内终凝,而且有明显的早强作用,8h 后的试件强度达 12MPa 以上。

(4)增黏剂。

在喷射混凝土拌合物中,掺入增黏剂可明显地减少施工粉尘和回弹损失,同时可降低回弹损失,但可能使早期强度降低。其中 8604 型和 SPR6 型是常用的两种增黏剂。

(5)防水剂。

喷射混凝土用高效防水剂的配制原则是减少混凝土用水量,减少或消除混凝土的收缩裂缝,增强混凝土的密实性。

采用明矾石膨胀剂、三乙醇胺和减水剂三者复合的防水剂,可使喷射混凝土抗渗等级达 P30 以上,比普通喷射混凝土提高 1 倍;抗压强度达到 40MPa,比普通喷射混凝土提高 20% ~ 80%。

(6)引气剂。

对湿法喷射混凝土,可在拌合物中加入适量的引气剂。

引气剂是一种表面活性剂,通过表面活性作用,降低水溶液的表面张力,引入大量微细气泡,这些微细气泡可增大固体颗粒间的润滑作用,改善混凝土的塑性与和易性。气泡还对水转化成冰所产生的体积膨胀起缓冲作用,因而能够显著地提高其抗冻融性和不透水性,同时还能够增加一定的抵抗化学侵蚀的能力。

我国使用最普遍的引气剂是松香皂类的松香热聚物和松香酸钠,其次是合成洗涤剂类的烷基苯磺酸钠、烷基磺酸钠或洗衣粉。上述两类引气剂的技术性能基本相同,合成洗涤剂是石油化工产品,料源比较广泛。

需要指出的是,铝粉和双氧水(过氧化氢)与水泥作用,也能产生直径为 0.25mm 左右的气泡,但不能形成提高混凝土抗冻性的气孔体系,只能作为生产多孔混凝土的加气剂使用,不能作为湿喷混凝土的引气剂。

(7)粉尘抑制剂。

粉尘抑制剂指用以抑制喷射混凝土的粉尘。但掺入以脂化纤维素类材料为主要成分的粉尘抑制剂,将出现喷射混凝土的硬化延迟、后期强度的增长变慢等问题。

6. 矿物掺合料

硅粉和粉煤灰是喷射混凝土中经常掺入矿物掺合料。

大量的试验研究和工程应用已经证实,将硅粉掺入喷射混凝土中有许多明显的优点。这主要表现在:

①提高喷射混凝土的抗压强度,改善喷射混凝土结构的密实性,从而可提高其抗化学侵蚀和抗机械破坏作用的能力;

②增强喷射混凝土与其他介质的黏结效应;

③减少回弹;

④大大减少粉尘的发生。

硅粉是制造硅铁金属的一种副产品。将高纯度的石英和煤在电弧炉内还原,从过滤炉排出的气体中可得到硅粉。这种散发在气体中含有相当多极小的非晶体的二氧化硅,其微粒尺寸为正常水泥颗粒的1/60。用于喷射混凝土的硅粉,其比表面积不应小于15000m^2/kg、二氧化硅含量不应小于85%,掺量一般为水泥重量的10%。

用于喷射混凝土的粉煤灰不应低于Ⅱ级,烧失量不应大于5%。

二、喷射混凝土的技术性能

喷射混凝土的性能除与原材料的品种和质量、拌合物配合比、施工条件等因素有关外,与施工人员的操作方式也有直接的影响。

1. 力学性能

(1)抗压强度。

喷射混凝土抗压强度常用来作为评定喷射混凝土质量的主要指标。喷射混凝土的抗压强度是指用喷射法将混凝土拌合物喷射在450mm×350mm×120mm的模型内,当混凝土达到一定强度后,用切割机锯掉周边,加工成100mm×100mm×100mm的试件,在标准条件下(温度20℃±3℃,相对湿度为90%以上)养护28d,所测得的抗压强度值乘以0.95的尺寸换算系数后得到的强度值。喷射混凝土的强度等级也以C15、C20、C25、C30、C40、C50等表示。

喷射法施工时,当拌合物以较高的速度喷向受喷面时,水泥颗粒和集料的重复冲击使混凝土层连续地得到压密,同时喷射工艺可以使用较小的水灰比,因而喷射混凝土一般都具有良好的密实性和较高的强度。

喷射混凝土的抗压强度受多种因素影响,如拌合物设计(用水量、水泥用量、砂率、速凝剂用量等)和施工工艺(喷射压力、喷嘴与受喷面的距离、角度以及拌合物的停放时间等)都对抗压强度有影响。

关于分层喷射混凝土抗压强度的影响问题,研究表明,施工质量良好的喷射混凝土并没有因为分层施作而影响其强度。

(2)抗拉强度。

一般测定喷射混凝土抗拉强度有两种方法,即轴向拉伸或劈裂拉伸试验。喷射混凝土抗拉强度试件的制取方法同喷射混凝土抗压强度试件。测定喷射混凝土劈裂抗拉强度可采用100mm×100mm×100mm试件。采用100mm×100mm×100mm试件得到的劈裂强度值,应乘以尺寸换算系数0.85。

根据国内外大量实测资料的统计,喷射混凝土的劈裂抗拉强度约为抗压强度的10%~12%,约大于中心受拉强度15%。

喷射混凝土抗拉强度随抗压强度的增大而增大。因此,提高抗压强度的各项措施,基本上也适用于抗拉强度。采用粒径较小的集料,用碎石配制喷射混凝土拌合物,采用铁铝酸四钙(C_4AF)含量高而铝酸三钙(C_3A)含量低的水泥,以及掺加适宜的减水剂,都有利于提高喷射混凝土的抗拉强度。

(3)抗弯拉强度。

抗弯拉强度与抗压强度的关系与普通混凝土相似,即约为抗压强度的15%~20%。

喷射混凝土抗弯拉试验可采用100mm×100mm×400mm试件(由喷射混凝土大板上切割而成),并采用三分点加载方式。同组试件抗弯拉强度的计算方法与抗拉强度的计算方法相同。试验得到的抗弯拉强度应乘以0.85的尺寸换算系数。

(4)弹性模量。

由于拌合物配合比、龄期和试件类型不同,定义也不相同,因而国内外文献报道的喷射混凝土弹性模量有较大的差异。

与普通混凝土一样,喷射混凝土的弹性模量与下列因素有关:

①混凝土的强度和表观密度。混凝土强度和表观密度越大,弹性模量则越高。

②集料。集料弹性模量越大,喷射混凝土的弹性模量则越高;轻集料喷射混凝土弹性模量只有相同强度的普通喷射混凝土的50%~80%。

2. 变形性能

(1)收缩。

喷射混凝土的硬化过程常伴随着体积变化,最大的变形是当喷射混凝土在大气中或湿度不足的介质中硬化时,所产生的体积减小。这种变形被称为喷射混凝土的收缩。国内外的资料都表明,喷射混凝土在水中或潮湿条件下硬化时,其体积可能不会减小,在某些情况下甚至其体积稍有膨胀。

与普通混凝土一样,喷射混凝土的收缩也是由其硬化过程中的物理化学反应以及混凝土的湿度变化引起的。

喷射混凝土的收缩变形主要包括干缩和温缩。干缩主要由水灰比决定,较高的含水率会出现较大的收缩,而粗集料则能限制收缩的发展。因此,采用尺寸较大和级配良好的粗集料,可以减少收缩。温缩是由水泥水化过程的温升值所决定的。水泥用量大、掺加速凝剂或采用速凝快硬水泥的喷射混凝土温缩大;厚层结构比含热量少的薄层结构温缩大。

由于喷射混凝土水泥用量大,含水率大,而且掺有速凝剂,因此较普通混凝土的收缩大。影响喷射混凝土的收缩因素主要是速凝剂和养护条件。

(2)徐变。

徐变变形是其在恒定荷载长期作用下,变形随时间增长的性能。一般认为,徐变变形取决于水泥石的塑性变形及混凝土基本组成材料的状态。

影响混凝土徐变的因素有许多,并且多数因素无论对徐变还对收缩都是相似的,如水泥品种和用量、水灰比、粗集料的种类、混凝土的密度、龄期、周围介质、混凝土本身的温湿度状态及混凝土的相对应力值均会影响混凝土的徐变。

喷射混凝土的徐变规律在定性上与普通混凝土的徐变规律是一致的,当喷射混凝土的水泥品种和用量、水灰比、粗集料种类等条件不变时,影响徐变的主要因素有:持续荷载时间和加荷应力,龄期和周围介质干湿程度,是否掺加速凝剂及掺量。

3. 抗渗性和抗冻性

(1)抗渗性。

渗透性在一定程度上对材料的抗冻性及抵抗各种大气因素、腐蚀介质影响起决定作用。

喷射混凝土的抗渗性主要取决于孔隙率和孔隙结构。喷射混凝土的水泥用量大,水灰比小,砂率高,并采用较小粒径的粗集料,这些基本配置特征有利于在粗集料周边形成足够数量和良好质量的砂浆包裹层,使粗集料彼此隔离,有助于阻隔沿粗集料互相连通的渗水孔网;也可以减少混凝土中多余水分蒸发后形成的毛细孔渗水通路。因而,喷射混凝土具有较好的抗渗性。

应当指出,级配良好的坚硬集料,密实度高和孔隙率低均可增进材料的防渗性能。任何能造成蜂窝、回弹裹入、分层、孔隙等不良情况的喷射条件,都会恶化喷射混凝土的抗渗性。

(2)抗冻性。

抗冻性是它在饱和水状态下经受反复冻结和融化的性能。引起冻融破坏的主要原因是水结冰时对孔壁及微型裂缝孔所产生的压力。水的体积在结冰时增长9%,而混凝土的刚性骨架阻碍水的膨胀,因此在骨架中产生很高的应力,经多次冻融循环,混凝土将逐步遭到破坏,冻融循环次数越多,破坏也越甚。

喷射混凝土具有良好的抗冻性,这是因为在拌合物喷射过程中会自动带入一部分空气,空气含量为2.5%~5.3%。气泡一般是不贯通的,并且有适宜的尺寸和分布状态,这类似于加气混凝土的气孔结构,它有助于减少水的冻结压力对混凝土的破坏。

抗冻性试验表明,在经过200次冻融循环后,试件的强度和重量损失变化不大,强度降低率在10%以下。

有多种因素影响着喷射混凝土的抗冻性。坚硬的集料,较小的水灰比,较多的空气含量和适宜的气泡组织等,都有利于提高喷射混凝土的抗冻性。相反,采用软弱的、多孔易吸水的集料,密实性差的或混入回弹料并出现蜂窝、夹层及养护不当而造成早期脱水的喷射混凝土,都不可能具有良好的抗冻性。

三、喷射混凝土的配合比设计

无论干喷或湿喷,配合比设计必须符合下列要求:

(1)喷射混凝土的设计强度等级不应低于C20,与岩石基底的黏结强度不应小于0.2MPa,与混凝土基底的黏结强度不应小于0.5MPa;

(2)能向喷面喷射指定的厚度;

(3)4~8h的强度应具有控制边坡变形的能力;

(4)在速凝剂用量满足可喷性和早期强度的要求下,必须达到28d龄期的设计强度;

(5)有良好的耐久性,回弹小;

(6)不发生管路堵塞。

1. 胶凝材料

喷射混凝土的胶凝材料用量应符合下列规定:

(1)胶凝材料总量不宜小于400kg/m³;

(2)水泥用量不宜小于300kg/m³;

(3)矿物外掺量不宜大于胶凝材料总量的40%。

2. 胶集比

喷射混凝土的胶集比,即水泥与集料之比,常为1:4.0~1:4.5。水泥过少,回弹量大,初期强度增长慢;水泥过多,不仅粉尘量增多,而且硬化后的混凝土收缩也增大。

混凝土的收缩值取决于其配合比及所用原材料的性能。当水泥用量及用水量增大,则混凝土的收缩变形增大。在浆体中引入集料,可以约束水泥浆体的体积变化,从而减少水泥浆体的收缩。苏联提出了如式(6-28)所示的混凝土收缩与其配合比之间的关系:

$$\frac{S_\mathrm{p}}{S_\mathrm{c}} = 1 + \beta \frac{V_\mathrm{g}}{V_\mathrm{p}} \tag{6-28}$$

式中：S_p、S_c——水泥石及混凝土的收缩变形；
　　　V_g、V_p——集料和水泥的体积；
　　　　β——与水灰比、集料粒径及其他因素有关的材料系数，$\beta = 1.5 \sim 3.1$。

因此，喷射混凝土中的水泥过多，无论在经济上或技术上都是不可取的。水泥过多，对喷射混凝土后期强度的增长也有不利影响。研究结果表明，当水泥用量超过 400kg/m^3 时，喷射混凝土强度并不随水泥用量的增大而提高。

水泥用量对喷射混凝土抗压强度的影响，除了因混凝土中起结构骨架作用的集料太少外，水泥用量过多，拌合物在喷嘴处瞬间混合时，水与水泥颗粒混合不均匀，水化不充分，也是降低喷射混凝土强度的重要原因之一。

3. 砂率

砂率对喷射混凝土施工性能及力学性能的影响见表 6-24。综合权衡砂率大小所带来的利弊，喷射混凝土拌合物的砂率以 50%～60% 为宜。

砂率对喷射混凝土性能的影响　　　　　　　　　　　　　表 6-24

性　能	砂率(%)		
	<50	50～60	>60
回弹损失	大	较小	较小
管路堵塞	易	不易	不易
湿喷时的可泵性	不好	较好	好
水泥用量	少	较少	多
混凝土强度	高	较高	低
混凝土收缩	较小	较小	大

4. 水灰比

水灰比是影响喷射混凝土强度的主要因素，当水灰比为 0.2 时，水泥不能获得足够的水分与其水化，硬化后有一部分未水化的水泥质点。当水灰比为 0.4 时，水泥有适宜的水分与其水化，硬化后形成致密的水泥石结构。当水灰比为 0.6 时，过量的多余水蒸发后，在水泥石中形成毛细孔。对于干喷法施工，预先不能准确地给定拌合物的水灰比，水量全靠喷射手在喷嘴处调节。一般来说，当喷射混凝土表面出现流淌、滑移、拉裂时，表明水灰比太大；若喷射混凝土表面出现干斑，作业中粉尘大，回弹多，则表明水灰比太小。水灰比适宜时，混凝土表面平整，呈水亮光泽，粉尘和回弹均较少。因此，使用干喷法时，水灰比不宜大于 0.45；使用湿喷法时，水灰比不宜大于 0.55。

5. 速凝剂掺量

在下列情况中应掺加速凝剂：
(1) 要求快速凝结，以便尽快喷射到设计厚度；
(2) 要求很高的早期强度；
(3) 封闭渗漏水。

鉴于速凝剂的掺入在一定程度上会降低混凝土的最终强度，故速凝剂的掺量应严格控制。在下列情况下作业，可不掺加速凝剂：

(1)向下喷射；
(2)在干燥的受喷面(包括岩石或混凝土)上喷射薄层混凝土；
(3)需要严格限制混凝土收缩开裂的工程。

第五节 钢 材

一、钢材的分类和钢号的表示方法

1. 钢材的分类

钢材用途广泛，品种繁多。为了便于管理和使用，钢材的品种必须按各种属性和标志进行归类、分组，常见分类见表6-25。

钢材的分类 表6-25

分类方法	类 别		特 性
按化学成分分类	碳素钢	低碳钢	含碳量<0.25%
		中碳钢	含碳量0.25%~0.60%
		高碳钢	含碳量>0.60%
	合金钢	低合金钢	合金元素总含量<5%
		中合金钢	合金元素总含量5%~10%
		高合金钢	合金元素总含量>10%
按冶炼方法分类	按脱氧程度分	沸腾钢	脱氧不完全，硫、磷等杂质偏析较严重，代号为"F"
		镇静钢	脱氧完全，同时去硫，代号为"Z"
		半镇静钢	脱氧程度介于沸腾钢和镇静钢之间，代号为"B"
		特殊镇静钢	比镇静钢脱氧程度还要充分彻底，代号为"TZ"
	按炉种分	平炉钢	炼钢方法不同
		转炉钢	
		电炉钢	
按品质分类	普通钢		含硫量≤0.055%~0.065%，含磷量≤0.045%~0.085%
	优质钢		含硫量≤0.03%~0.045%，含磷量≤0.035%~0.045%
	高级优质钢		含硫量≤0.02%~0.030%，含磷量≤0.027%~0.035%
按用途分类	结构钢		工程结构构件用钢、机械制造用钢
	工具钢		各种刀具、量具及模具用钢
	特殊钢		具有特殊物理、化学或机械性能的钢，如不锈钢、耐热钢、耐酸钢、耐磨钢、磁性钢等
	专业用钢		如桥梁用钢、船舶用钢、锅炉用钢、压力容器用钢
综合分类	普通钢		碳素结构钢、低合金结构钢、特定用途普通结构钢
	优质钢		结构钢、工具钢、特殊性能钢

目前,建筑工程中常用的钢种是普通碳素结构钢和普通低合金结构钢。

2.钢号的表示方法

钢材的牌号简称钢号,是对每一种具体钢产品所取的名称,是人们了解钢的一种共同语言。凡列入国家标准和行业标准的钢铁产品,均应按《钢铁产品牌号表示方法》(GB/T 221—2008)规定的牌号表示方法编写牌号。一般采用汉语拼音字母、化学元素符号和阿拉伯数字相结合的方法表示,具体含义及表示方法如下:

(1)钢号中化学元素采用国际化学符号表示。

(2)采用汉语拼音字母表示产品名称、用途、特性和工艺方法时,一般从代表产品名称的汉语拼音中选取第一个字母。当和另一个产品所选用的字母重复时,改取第二个字母或第三个字母,或同时选取两个汉字中的第一个拼音字母。采用汉语拼音字母,原则上只取一个,一般不超过三个。暂时没有可采用的汉字及汉语拼音的,采用符号为英文字母。

(3)钢中主要化学元素含量(%)采用阿拉伯数字表示。

下面仅介绍碳素结构钢和低合金高强度钢以及焊接用钢的牌号表示方法。

(1)碳素结构钢和低合金高强度钢。

通用结构钢采用代表屈服点的拼音字母"Q"、屈服点数值(单位为 MPa)和质量等级(A、B、C、D、E)、脱氧方法(F、B、Z、TZ)等符号按顺序组成牌号,镇静钢符号"Z"和特殊镇静钢符号"TZ"可省略。根据需要,通用低合金高强度结构钢的牌号也可以采用两位阿拉伯数字(表示平均含碳量,以万分之几计)和化学元素符号按顺序表示。

例如:碳素结构钢牌号为 Q235AF 和 Q235BZ,分别表示屈服点值≥235MPa 的质量等级为 A 级的沸腾碳素结构钢和 B 级的镇静碳素结构钢,其中 Q235BZ 也可以省略为 Q235B;低合金高强度结构钢牌号表示为 Q345C 和 Q345D。Q235 和 Q345 这两个牌号是工程用钢最典型,生产和使用量最大,用途最广泛的牌号。

(2)焊接用钢。

焊接用钢包括焊接用碳素钢、焊接用合金钢和焊接用不锈钢等,其牌号表示方法是在各类焊接用钢牌号头部加符号"H",如:"H08""H08Mn2Si""H1Cr18Ni9"等。高级优质焊接用钢,在牌号尾部加符号"A",如:"H08A""H08Mn2SiA"等。

二、钢材的技术性能

钢材的基本技术性能包括:强度(屈服强度和抗拉强度)、塑性(伸长率和断面收缩率)、冲击韧性、耐疲劳性、硬度、冷弯性能、焊接性能等。

1.强度

图 6-4 是碳素结构钢的应力-应变关系图。从图中可了解到碳素结构钢下列特征性能指标。

(1)屈服强度。

它是钢材开始丧失对变形的抵抗能力,并开始产生大量塑性变形时所对应的应力。在屈服阶段,锯齿形的最高点(B_U)所对应的应力称为

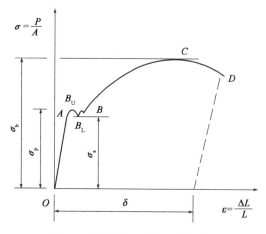

图 6-4 碳素结构钢的应力-应变关系图

上屈服点;锯齿形的最低点(B_L)所对应的应力称为下屈服点。因为上屈服点与试验过程中的许多因素有关,而下屈服点较为稳定,所以常以下屈服点的应力作为钢材的屈服强度(σ_s)。

如果没有明显的屈服点,通常以残余变形 0.2% 的应力作为屈服强度,表示为 $\sigma_{s(0.2)}$。

屈服强度对钢材使用有重要的意义,当实际应力超过屈服点时,将产生不可恢复的永久变形;另一方面,当应力超过屈服点时,受力较高的部位应力不再提高,而自动将荷载重新分配给某些应力较低的部分。因此,屈服强度是确定钢材容许应力的主要依据。

(2)抗拉强度(或强度极限)。

抗拉强度是钢材所能承受的最大拉应力,即当拉应力达到强度极限时,钢材完全丧失了对变形的抵抗能力而断裂。对应于最高点 C 的应力值即为极限抗拉强度(或强度极限),简称抗拉强度(σ_b)。抗拉强度虽然不能直接作为计算依据,但屈服强度和抗拉强度的比值,即"屈强比"(σ_s/σ_b)对使用有较大的意义。比值越小,则结构的可靠性越高,即延缓结构损坏过程的潜力越大,但此值太小时,钢材强度的有效利用率低。所以屈服强度和抗拉强度是钢材力学性能的主要检验指标。

2. 塑性

钢材在受力破坏前可以经受永久变形的性能,称为塑性。良好的塑性使结构在使用中能因塑性变形而避免突然破断。在工程应用中,钢材的塑性指标通常用伸长率和断面收缩率表示。

(1)伸长率。

伸长率是钢材发生断裂时所能承受的永久变形的能力。试件拉断后标距长度的增量与原标距长度之比的百分率即为伸长率(δ)。

(2)断面收缩率。

收缩率是试件拉断后缩颈处横断面积的最大缩减量占横截面积的百分率,断面收缩率以 ψ 表示。

3. 冲击韧性

冲击韧性是指钢材抵抗冲击荷载的能力。钢材的冲击韧性是用按规定制成有槽口的标准试件,在冲击试验机的一次摆锤冲击下,以破坏后缺口处单位面积上所消耗的功来表示。冲击韧性值低的钢材在断裂前没有显著的塑性变形,属脆性材料,不宜用作承担冲击荷载的构件。

4. 耐疲劳性

钢材在交变荷载的反复作用下,往往在最大应力远小于其抗拉强度时就发生破坏,这种现象称为钢材的疲劳性。疲劳破坏的危险应力用疲劳强度(或称疲劳极限)表示,它是指疲劳试验时试件在交变应力作用下,在规定的周期基数内不发生断裂所能承受的最大应力。一般把钢材承受交变荷载 $10^6 \sim 10^7$ 次时不发生破坏的最大应力作为疲劳强度。钢材的疲劳破坏是拉应力引起的,首先在局部开始形成微细裂纹,其后由于裂纹尖端处产生应力集中而使裂纹迅速扩展直至钢材断裂。疲劳破坏经常是突然发生的,因而具有很大的危险性,往往会造成严重事故。

5. 硬度

硬度是指钢材抵抗硬物压入表面的能力,也反映钢材的耐磨性能。测定钢材硬度采用压入法,即以一定的静荷载,把一定的压头压在金属表面,然后测定压痕的面积或深度来确定硬度。按压头或压力不同可分为布氏法、洛氏法等,相应的硬度试验指标称布氏硬度(HB)和洛氏硬度(HR)。布氏硬度法较准确,但压痕较大,不宜用于成品检验;洛氏硬度法的压痕小,所以常用于判断工件的热处理效果。

钢材的强度越大,塑性变形抵抗力越强,硬度值也就越大。

6. 冷弯性能

冷弯性能是钢材在常温条件下承受规定弯曲程度的弯曲变形的能力,并且是显示缺陷的一种工艺性能。

钢材的弯曲性能是以规定尺寸的试件,在常温条件下进行弯曲试验测得的。弯曲的指标与试件被弯曲的角度、弯心的直径与试件厚度(或直径)的比值有关。弯曲角度越大,弯心直径与试件厚度比越小,则表示弯曲性能的要求越高。按规定试件弯曲处不产生裂纹、断裂和起层等现象即为合格。

7. 焊接性能

各种型钢、钢板、钢筋及预埋件等通常需用焊接加工,90%以上钢结构是焊接结构。焊接的质量取决于焊接工艺、焊接材料及钢的焊接性能。

钢材的可焊性是指钢材是否适应通常的焊接方法和工艺的性能。可焊性好的钢材指用一般焊接方法和工艺施焊,焊口处不易形成裂纹、气孔、夹渣等缺陷。焊接后钢材的力学性能,特别是强度不低于原有钢材,硬脆倾向小。钢材可焊性能的好坏,主要取决于钢的化学成分。含碳量高将增加焊接接头的硬脆性,含碳量小于0.25%的碳素钢具有良好的可焊性。

三、路基构造物常用钢材

1. 钢筋

在路基构造物中热轧钢筋的使用较多,热轧钢筋分为热轧光圆钢筋和热轧带肋钢筋。

(1) 热轧光圆钢筋。

热轧光圆钢筋按屈服强度特征值分为 HRB235 和 HRB300 两级,其公称横截面积和公称质量、力学性能见表 6-26 和表 6-27。

钢筋的公称横截面积和公称质量　　表 6-26

公称直径(mm)	6(6.5)	8	10	12	14	16	18	20	22
公称横截面积(mm²)	28.27(33.18)	50.27	78.54	113.1	153.9	201.1	254.5	314.2	380.1
公称质量(按7.85g/cm³计)(kg/m)	0.222(0.260)	0.395	0.617	0.888	1.21	1.58	2.0	2.47	2.98

热轧光圆钢筋的力学性能　　表 6-27

牌号	屈服强度 R_{eL} (MPa)	抗拉强度 R_m (MPa)	断后伸长率 A (%)	最大力下总延伸率 A_{gt} (%)	180°冷弯试验
HPB235	≥235	≥370	≥25.0	≥10.0	弯芯直径 d = 钢筋公称直径 a
HPB300	≥300	≥420			

(2) 热轧带肋钢筋。

热轧带肋钢筋按屈服强度特征值不同,可分为 HRB(F)335、HRB(F)400 和 HRB(F)500 三级,其技术要求见表 6-28。

热轧带肋钢筋的力学性能 表 6-28

牌 号	屈服强度 R_{eL} (MPa)	抗拉强度 R_m (MPa)	断后伸长率 A (%)	最大力下总延伸率 A_{gt} (%)	180°冷弯试验	
					钢筋公称直径(a)	弯芯直径(d)
HPB(F)335	≥335	≥455	≥17	7.5	6~25	3a
					28~40	4a
					>40~50	5a
HPB(F)400	≥400	≥540	≥16		6~25	4a
					28~40	5a
					>40~50	6a
HPB(F)500	≥500	≥630	≥15		6~25	6a
					28~40	7a
					>40~50	8a

注：直径 28~40mm 各牌号钢筋断后伸长率 A 可降低 1%；直径大于 40mm 各牌号钢筋断后伸长率可大于 2%。

2. 钢丝和钢绞线

直径小于 6mm 的钢筋称为钢丝，有冷拉钢丝、钢绞线之分。钢绞线是由 2 根、3 根或 7 根等高强度碳素钢丝经捻制和热处理后制成。冷拉钢丝和钢绞线技术性能见表 6-29~表 6-31。

冷拉钢丝力学性能 表 6-29

公称直径 (mm)	抗拉强度 (MPa), ≥	规定非比例伸长应力 (MPa), ≥	最大力下总伸长率 (%), ≥	弯曲次数 (次/180°), ≥	弯曲半径 (mm)	断面收缩率 (%), ≥	每 210mm 扭矩的扭转次数, ≥	初始应力相当于 70% 公称抗拉强度时，1000h 后应力松弛率(%), ≥
3.00	1470	1100	1.5	4	7.5	35	—	8
	1570	1180						
4.00	1670	1250		4	10		8	
5.00	1770	1330		4	15		8	
6.00	1470	1100		5	15	30	7	
7.00	1570	1180		5	20		6	
	1670	1250						
8.00	1770	1330		5	20		5	

钢绞线的尺寸、容许偏差和力学性能 表 6-30

公称直径 (mm)	强度级别 (MPa)	整根绞线破断荷载 (kN), ≥	屈服荷载 (kN), ≥	伸长率 (%), ≥	1000h 松弛率(%), ≤				直径容许偏差 (mm)	公称截面积 (mm^2)	中心钢丝直径加大范围 (mm), ≥	每 1000m 的质量 (kg)
					I 级松弛		II 级松弛					
					70%破断负荷	80%破断负荷	70%破断负荷	80%破断负荷				
9.0	1670	83.89	71.30	3.5	8.00	12.00	2.50	4.50	+0.40 −0.20	50.34	2.50	392.19
9.0	1700	88.79	75.46	3.5	8.00	12.00	2.50	4.50		50.34	2.50	392.19
12.0	1570	140.24	119.17	3.5	8.00	12.00	2.50	4.50	+0.45 −0.20	89.45	2.50	697.08
12.0	1670	149.06	126.71	3.5	8.00	12.00	2.50	4.50		89.45	2.50	697.08

续上表

公称直径(mm)	强度级别(MPa)	整根绞线破断荷载(kN),≥	屈服荷载(kN),≥	伸长率(%),≥	1000h 松弛率(%),≤					直径容许偏差(mm)	公称截面积(mm²)	中心钢丝直径加大范围(mm),≥	每1000m的质量(kg)
					I级松弛		II级松弛					
					70%破断负荷	80%破断负荷	70%破断负荷	80%破断负荷				
15.0	1470	205.8	174.93	3.5	8.00	12.00	2.50	4.50	+0.50 −0.20	139.98	2.50	1091.11
15.0	1570	219.52	186.59	3.5	8.00	12.00	2.50	4.50	+0.50 −0.20	139.98	2.50	1091.11
15.2	1860	259	220	3.5	8.00	12.00	2.50	4.50	+0.40 −0.20	139	2.50	1101

预应力钢绞线规格 表 6-31

名称	公称直径(mm)	强度级别(MPa)	公称截面积(mm²)	单位质量(kg/m)	极限张拉荷载 P_u (kN)	屈服张拉荷载 P_y (kN)	伸长率(%)	1000h 松弛率(%)		设计荷载作用时(kN)		
								初始负荷		使用状态		预应力施加过程中 $0.7 P_y$	预应力传递时 $0.7 P_u$
								$0.7 P_u$	$0.8 P_u$	$0.6 P_u$	$0.65 P_u$		
由7根钢丝构成 φ12.7mm	12.7	1860	98.7	0.774	184	156	3.5	<2.5	<4.5	110.4	119.6	140.4	128.8
由7根钢丝构成 φ15.2mm	15.2	1860	139	1.101	259	220	3.5	<2.5	<4.5	155.4	168.4	198	181.3

思 考 题

1. 路基构造物常用材料有哪些?
2. 试述砌筑砂浆的技术性能。
3. 试述砌筑砂浆的配合比设计。
4. 试述水泥混凝土的技术性能。
5. 试述水泥混凝土的配合比设计。
6. 试述喷射混凝土的技术性能。
7. 试述钢材的分类和钢号的表示方法。
8. 试述钢材的技术性能。

参考文献

[1] 中华人民共和国交通运输部.公路路基设计规范:JTG D30—2015[S].北京:人民交通出版社股份有限公司,2015.

[2] 交通部第二公路勘察设计院.公路设计手册·路基[M].2版.北京:人民交通出版社,1996.

[3] 黄晓明.路基路面工程[M].6版.北京:人民交通出版社股份有限公司,2019.

[4] 陈忠达.路基路面工程[M].北京:人民交通出版社,2009.

[5] 铁道部第一勘测设计院.铁路工程设计技术手册·路基(修订版)[M].北京:中国铁道出版社,1992.

[6] 李峻利,姚代禄.路基设计原理与计算[M].北京:人民交通出版社,2001.

[7] 中华人民共和国交通运输部.公路排水设计规范:JTG/T D33—2012[S].北京:人民交通出版社,2013.

[8] 孙家驷.公路小桥涵勘测设计[M].5版.北京:人民交通出版社股份有限公司,2017.

[9] 刘培文,等.公路小桥涵设计示例[M].北京:人民交通出版社,2005.

[10] 张洪林,吴华金.公路排水设施施工手册[M].北京:人民交通出版社,2005.

[11] 李志勇.道路防排水技术[M].北京:人民交通出版社,2011.

[12] 高冬光,王亚玲.桥涵水文[M].5版.北京:人民交通出版社股份有限公司,2016.

[13] 顾克明,苏清洪.涵洞[M].北京:人民交通出版社,1993.

[14] 张国堂.道路立交排水工程设计[J].山西建筑,2010,36(4).

[15] 杜新宇.路堑式道路立交排水设计探析[J].中国给水排水,2009,25(16).

[16] 高雪香,赵铁立,杨其新.下穿式立交雨水排水系统改进[J].工程结构,2006,26(3).

[17] 马明飞.浅谈高速公路立交区排水设计[J].黑龙江交通科技,2013(4).

[18] 赵明阶.边坡工程处治技术[M].北京:人民交通出版社,2003.

[19] 杨航宇,颜志平.公路边坡防治与治理[M].北京:人民交通出版社,2002.

[20] 蒋鹏飞,李志勇.公路边坡防护技术[M].北京:人民交通出版社,2011.
[21] 郭长庆,梁勇旗.公路边坡处治技术[M].北京:中国建筑工业出版社,2007.
[22] 闫莫明,徐祯祥.岩土锚固技术手册[M].北京:人民交通出版社,2004.
[23] 中国岩土锚固工程协会.岩土锚固工程技术[M].北京:人民交通出版社,1998.
[24] 彭振斌.锚固工程设计计算与施工[M].武汉:中国地质大学出版社,1997.
[25] 中国工程建设标准化协会标准.土层锚杆设计与施工规范:CECS 22—90[S].北京:中国建筑工业出版社,1998.
[26] 梁炯鋆.锚固与注浆技术手册[M].北京:中国电力出版社,1999.
[27] 程良奎,杨志银.喷射混凝土与土钉墙[M].北京:中国建筑工业出版社,1998.
[28] 程良奎,张作湄,杨志银.岩土加固实用技术[M].北京:地震出版社,1994.
[29] 陈忠达,原喜忠.路基支挡工程[M].北京:人民交通出版社,2008.
[30] 陈忠达.公路挡土墙设计[M].北京:人民交通出版社,1999.
[31] 中交第二公路勘察设计研究院有限公司.公路挡土墙设计与施工技术细则[M].北京:人民交通出版社,2008.
[32] 梁钟琪.土力学及路基[M].北京:中国铁道出版社,1993.
[33] 中华人民共和国铁道部行业标准.铁路路基支挡结构物设计规则:TBJ 25—1990[S].北京:中国铁道出版社,1993.
[34] 尉希成.支挡结构设计手册[M].2版.北京:中国建筑工业出版社,2004.
[35] 李海光.新型支挡结构设计与工程实例[M].2版.北京:人民交通出版社,2011.
[36] 中华人民共和国交通行业标准.公路加筋土工程设计规范:JTJ 015—1991[S].北京:人民交通出版社,1992.
[37] 何光春.加筋土工程设计与施工[M].北京:人民交通出版社,2000.
[38] 卢肇钧.锚定板挡土结构[M].北京:中国铁道出版社,1989.
[39] 张续萱,吴肖茗.新型支挡——锚定板挡土结构的理论与实践[M].北京:中国铁道出版社,1996.
[40] 凌天清,曾德荣.公路支挡结构[M].北京:人民交通出版社,2006.
[41] 曾廉.挡土墙设计[M].北京:中国铁道出版社,1999.
[42] 池淑兰,孔书祥.路基及支挡结构[M].北京:中国铁道出版社,2001.
[43] 王成,梁波.新型支挡结构[M].成都:西南交通大学出版社,2011.
[44] 铁道部第二勘测设计院.抗滑桩设计与计算[M].北京:中国铁道出版社,1983.
[45] 马永潮.滑坡整治及防治工程养护[M].北京:中国建筑工业出版社,1996.
[46] 申爱琴.道路工程材料[M].2版.北京:人民交通出版社股份有限公司,2016.
[47] 李立寒,张南鹭.道路工程材料[M].6版.北京:人民交通出版社股份有限公司,2018.
[48] 中华人民共和国住房和城乡建设部.砌筑砂浆配合比设计规程:JGJ/T 98—2010[S].北京:中国建筑工业出版社,2011.
[49] 中华人民共和国住房和城乡建设部.普通混凝土配合比设计规程:JGJ 55—2011[S].北京:中国建筑工业出版社,2011.
[50] 中华人民共和国住房和城乡建设部.岩土锚杆与喷射混凝土支护工程技术规范:GB 50086—2015[S].北京:中国计划出版社,2015.

[51] 吴科如,张雄.建筑材料[M].2版.上海:同济大学出版社,1999.
[52] 田文玉,江利民.道路建筑材料[M].北京:人民交通出版社,2004.
[53] 范文昭.建筑材料[M].北京:中国建筑工业出版社,2004.
[54] 王宝民,潘宝峰.道路建筑材料[M].北京:中国建材工业出版社,2010.
[55] 王修山,董晓明.道路建筑材料[M].北京:机械工业出版社,2016.